Veda Vyāsa
Shrīmad Devī Bhāgavatam

Wovon handelt Band IV des Shrīmad Devi Bhāgavatam?

Die ewige, höchste Wirklichkeit des Lebens tritt in dem viele Jahrtausende alten Text des Shrīmad Devī Bhāgavatam als die Große Göttin, als Mutter Natur in Erscheinung. Der 4. Band beschreibt unter anderem die vielfältigen Erscheinungsformen der Devī als Verkörperungen von Mutter Natur: Durgā, Lakshmī, Sarasvatī, Gāyatrī, Rādhikā, Gangā, Tulasī, Manasā, Shashthī, Mangala Chandikā, Kālī und andere. Auch die Entstehung der verschiedenen Kräfte (Shaktis) der Natur (prakriti) wird ausführlich beschrieben.

Die Natur der Prakriti ist Brahman. Sie ist ewig. So wie das Feuer und seine Brennkraft nicht voneinander verschieden sind, so gibt es auch keine trennende Unterscheidung zwischen dem Ātman und Seiner Shakti, zwischen Purusha und Prakriti. Daher sehen die höchsten und besten Yogis keinerlei Unterschied zwischen einem Mann und einer Frau. Alles ist Brahman. Es existiert immerdar als Mann und Frau. Es gibt nichts in dieser Welt, das auch nur für einen Augenblick ohne das aus Mann und Frau bestehende Brahman existieren könnte.

Unter den spannenden Geschichten in Band 4 ist insbesondere die Erzählung von Shankhachūda hervorzuheben, der durch einen „kosmischen Unfall" seinen Status in Vaikuntha, der Welt der Einheit, verliert und ihn erst nach vielen Irrungen und Wirrungen wiedererlangt.

Das Māhāpurānam Shrīmad Devī Bhāgavatam von Maharishi Veda Vyāsa

Band IV von V

Nach Swami Vijnananandas englischer Übersetzung ins Deutsche übertragen von Michael Stibane

Alfa-Veda

Titel der englischen Übersetzung: The Shrīmad Devī Bhāgavatam
Translated by Swami Vijñanananda, 1921-22

Umschlaggestaltung und Satz: Jan Müller
Umschlagbild Band 4: Shrī Lakshmī Devī, die Göttin der Fülle und des Glücks

Druck und Bindung: Books on Demand GmbH, Norderstedt
Alfa-Veda Verlag, Oebisfelde, März 2021
alfa-veda.com

Paperback ISBN: 978-3-945004-51-7
Hardcover ISBN 978-3-945004-74-6

Inhalt Band IV

Buch 8

Buch 9

Buch 8

Kapitel 1
Die Beschreibung der Welten

Janamejaya fragte: O Herr, ich habe alles vernommen, was du über die süßen, nektargleichen Persönlichkeiten der Herrscher der Sonnen- und der Mond-Dynastien berichtet hast.

Nun sei bitte so freundlich und beschreibe die wahre Natur (tattva) der Virāt-Gestalt der großen Devī, wie sie in jedem Zeitalter (manvantara) von dem Regenten des jeweiligen Manvantara verehrt wurde und welches die entsprechenden Herrscher waren.

In welchem Abschnitt eines Jahres, an welchem Ort, unter welchen Umständen, in welcher Gestalt und mit welchen Mantras wurde die Devī verehrt? Ich bin äußerst begierig, all dies zu erfahren.

O Guru, und beschreibe mir bitte die groben Formen der Ādhya Shakti, der Devī Bhagavatī, auf die ich meine Aufmerksamkeit richten kann, um allmählich die Fähigkeit zu erlangen, die feineren Formen der Devī zu verstehen und wahrzunehmen und so in dieser Welt das höchste Gut zu verwirklichen.

Vyāsa sprach: O König, so höre denn. Ich werde dir im Einzelnen die Verehrung der Devī Bhagavatī beschreiben, die zum Wohlergehen der ganzen Welt führt und von der zu hören und sie zu praktizieren einen dazu befähigt, das höchste Gut zu verwirklichen.

Vor Zeiten befragte der Devarishi Nārada den Bhagavān Nārāyana genau zu diesem Thema. Ich werde dir nun berichten, wie der

Bhagavān, der Verkünder des Yoga Tattva, Nārada hierüber unterwies.

Einstmals reiste der überaus mächtige Devarishi Nārada, der aus dem Körper von Brahmā hervorging und sämtliche Yogakräfte beherrschte, über die Erde und gelangte schließlich zu der Einsiedelei des Rishi Nārāyana.

Nachdem er sich eine Weile ausgeruht und von den Anstrengungen seiner Reise erholt hatte, verneigte er sich vor dem Yogi Nārāyana und stellte ihm dann die Frage, die du mir eben gestellt hast.

Nārada sagte: O Deva Mahādeva, o uranfänglicher Purusha, o Herrlicher, o Allwissender, o Stütze des Universums, o Schatzhaus aller guten Eigenschaften, der du von allen gepriesen wirst, o Deva, bitte sage mir, was die höchste Ursache dieses Universums ist. Woraus ist dieses Universum hervorgegangen und worin ist es gegründet? Zu wem nimmt es Zuflucht? Worin löst es sich zur Zeit der Auflösung (pralaya) auf?

Worin gehen all die Karmas der Wesen ein? Und was ist das, was man wissen muss, damit durch dieses Wissen die Māyā, die Ursache allen Wahns (moha), für alle Zeiten zerstört wird?

Wen sollte man verehren, wessen Namen wiederholen (japam) und auf wen sich in der Meditation im Lotus des Herzens ausrichten, o Deva, damit die Erkenntnis des höchsten Selbst (paramātman) im Herzen erwacht, so wie die Dunkelheit der Nacht beim Aufgehen der Sonne schwindet?

O Deva, bitte sei so freundlich und beantworte diese meine Fragen auf solche Weise, dass die unwissenden Menschen in diesem Samsāra es verstehen und so den Ozean des Samsāra überqueren können!

Vyāsa sprach: Auf diese Bitte des Devarishi hin antwortete der uranfängliche Nārāyana, der beste aller Munis, der große Yogi, voller Freude: O Devarishi, ich werde dir nun das Wissen verkünden, mit dessen Hilfe die Sterblichen, die es sich aneignen, niemals mehr der Illusion dieser Welt anheimfallen.

O mein Kind, die höchste und erste Ursache dieses Universums ist die Devī Mahā Māyā – dies ist die Überzeugung der Rishis, der Devas, der Gandharvas und anderer intelligenter Persönlichkeiten.

In den Veden und anderen Shāstras steht geschrieben, dass die Devī Bhagavatī, die von allen im Universum verehrt wird, das Universum durch den Einfluss ihrer drei Gunas erschafft, erhält und zerstört. Ich beschreibe dir nun die Natur der Devī, die von den Siddhas, Gandharvas und Rishis verehrt wird und die, schon wenn man sie sich nur in Erinnerung ruft, alle Sünden zerstört und ewige Freiheit (moksha) schenkt. Der mächtige Svāyambhuva Manu, der Erste, der Gemahl von Shatarūpā, der überaus wohlhabende Herrscher über alle Manvantaras, verehrte einst mit wahrhafter Hingabe seinen Vater, den sündlosen Prajāpati Brahmā. Darüber erfreut sprach der Großvater der Welten, der Hieranyagarbha, zu seinem Sohn: Du solltest dich der hervorragenden Verehrung der Devī widmen. Durch ihre Gnade, o mein Sohn, wird deine Tätigkeit der Erschaffung der Welten erfolgreich sein.

Nachdem Brahmā dies zu ihm gesagt hatte, verehrte der Bibhu Svāyambhuva Manu, die Verkörperung des Virāt, die Weltenmutter mit großer Askese. Mit seiner konsequenten Hingabe gelang es ihm, die Devī Deveshī zu erfreuen und er begann ihr, der Erstgeborenen, der großen Māyā, der Shakti von allen und der Ursache aller Ursachen, Hymnen zu chanten.

Manu sprach: Du bist Brahmā, der Ozean der Veden, Krishna, zu dem Lakshmī Zuflucht nimmt und Purandara. Ich verneige mich wieder und wieder vor dir, der Deveshī, der Ursache der Māyā, dem Ursprung dieses Universums.

Du hältst Muschelhorn (shankha), Diskus (chakra) und Keule (gadā) in Händen und du hast deinen Sitz im Herzen von Nārāyana.

Du bist die Verkörperung der Veden, die Weltenmutter, die Segensreiche, vor der sich alle Devas verneigen, und die Kennerin der drei Veden.

O Devī, alle Kräfte und alle Herrlichkeit sind dein! O Mahāmāye, Mahābhāge, Mahodaye, du bist die bessere Hälfte von Mahā Deva und du tust alles, was ihm lieb ist.

Du wirst von dem Kuhhirten Nanda über alles geliebt. Du schenkst alle Freude und bist die Ursache aller Festlichkeiten. Du beseitigst die Furcht vor Seuchen und anderen Katastrophen. Du, die allherrliche Bhagavatī, wirst von allen Devas verehrt. Du bist das Wohlergehen aller verkörperten Wesen. Du lässt die Wünsche aller Wesen zum Erfolg heranreifen. Du bist die Eine, zu der alle Zuflucht suchen und die alle Gefahren von ihnen abwendet.

O dreiäugige Mutter der Welten, o Gaurī, o Nārāyanī, Verehrung dir!

Ich verneige mich vor dem Ozean allen Glanzes und aller Herrlichkeit, vor dem einen Bewusstsein, das weder Anfang noch Ende hat, aus dem zahllose Universen sich erheben und stets in ihm eingewoben bleiben.

Ich verneige mich vor der Devī, deren gnädiger Blick Brahmā, Vishnu und Maheshvara dazu befähigt, ihre jeweiligen Aufgaben der Erschaffung, Erhaltung und Zerstörung des Universums auszuführen.

O Devī, du bist die Eine und Einzige, vor der sich zu Recht alle verneigen, denn der lotusgeborene Brahmā wurde allein durch deine unermessliche Kraft gerettet, als er von den schreckenerregenden Daityas in große Furcht versetzt wurde.

O Bhagavatī, du bist Sittsamkeit, Ruhm, Gedächtnis und Glanz. Du bist Lakshmī, du bist Girijā, die Tochter des Himalaya und du bist Satī, Dakshas Tochter. Du bist Sāvitrī, die Mutter der Veden, du bist die Intelligenz von allen und du bist die Ursache für vollkommene Furchtlosigkeit.

Ich beginne jetzt damit, dein Japam zu rezitieren, dir Hymnen zu chanten und dich zu verehren. Ich will mich dir in der Meditation zuwenden, will deine herrliche Gestalt in meinem Herzen schauen und den Lobpreisungen über dich zuhören. Bitte sei gnädig und nimm dies freundlich an, o Devī. Allein durch deine Gnade ist Brahmā der Offenbarer der vier Veden, ist Vishnu der Gemahl der Lakshmī, ist Indra der Herrscher über die Devas und über die drei Welten, ist Varuna der Herr der Gewässer, Kubera der Herr der Reichtümer, Yama der Herr des Totenreiches, Nairrita der Herr der Rākshasas und Soma der in allen drei Welten gepriesene Herr des Wasserelements. Daher, o segensreiche Weltenmutter, verneige ich mich wieder und wieder vor dir.

Nārāyana sagte: O mein Kind, als Svāyambhuva Manu, der Sohn des Brahmā, der Ādhya Shakti Bhagavatī Nārāyanī Hymnen vorgetragen hatte, war sie darüber erfreut und sprach zu ihm.

Die Devī sagte: O König, o Sohn Brahmās, ich bin erfreut über deine hingebungsvolle Verehrung und deine Hymnen. Erbitte daher von mir, was du dir wünschst.

Manu antwortete: O Devī, wenn du mir gnädig gewogen bist, dann gewähre mir bitte, dass meine Schöpfung frei von jeder Störung vollendet wird.

Die Devī sprach: O König der Könige, durch meinen Segen soll deine Tätigkeit der Erschaffung ohne jedes Hindernis vollendet werden und infolge deines Schatzes an gutem Karma (punyam) wird deine Schöpfung sich weiter und weiter entfalten.

Wer hingebungsvoll diese von dir verfasste Hymne liest, wird Söhne, Ruhm und Schönheit in der Welt erlangen und am Ende seines Lebens in die höchste Stätte eingehen; niemand wird seine Kräfte überwinden können, er wird Reichtümer und Nahrung in Fülle besitzen, immer und überall siegreich und glücklich sein und seine Feinde werden zuschanden werden.

Nārāyana sagte: O mein Kind, nachdem die Devī Bhagavatī Ādhya Shakti dem Svāyambhuva Manu seinen Herzenswunsch erfüllt hatte, verschwand sie sogleich vor seinen Augen. Nach der Gewährung seines Wunsches sprach der mächtige Manu zu seinem Vater: O mein

Vater, weise mir nun einen einsamen Ort zu, an dem ich die Devī mit Opfern verehren und dann mein Werk der Erschaffung einer Vielzahl von Menschen beginnen kann.

Als der Prajāti, der Herr der Welten, diese Worte seines Sohnes gehört hatte, dachte er lange Zeit darüber nach: Wie kann dieses Werk vollbracht werden? Ach, endlose Zeiten habe ich mich bereits der Tätigkeit der Schöpfung gewidmet, aber noch immer ist nichts erreicht, denn die Erde, die Heimstätte und Grundlage aller Wesen, ist im Wasser versunken und befindet sich tief in der Unterwelt (rasātala). Was ist da zu tun? Es gibt nur eine einzige Hoffnung und das ist diese: Wenn der Bhagavān, die uranfängliche kosmische Person, auf dessen Befehl hin ich mich mit diesem Werk der Schöpfung befasse, mir bei meiner Arbeit helfen würde – dann und nur dann würde es zweifellos vollendet werden.

Hier endet im achten Buch des Shrimad Devī Bhāgavatam, des Mahāpurānam von 18.000 Versen von Maharishi Veda Vyāsa, das erste Kapitel: Die Beschreibung der Welten.

Kapitel 2
Das Emporheben der Erde durch den kosmischen Eber

Nārāyana sprach: O mein Kind, wenn du deine Sinne unter deine Herrschaft gebracht und Lust, Zorn und andere feindselige Leidenschaften überwunden hast, dann bist du gewiss berechtigt, dieses Geheimnis zu erfahren.

Während Brahmā sich noch mit Marīchi und den anderen Brahmārishis und mit Svāyambhuva Manu beriet, ging plötzlich aus der Nase des nachsinnenden Brahmā ein junger Eber hervor, der nur so groß wie ein Finger war. Während sie den jungen, in der Luft schwebenden Eber erstaunt betrachteten, wuchs er augenblicklich zur Größe eines mächtigen Elefanten heran – wahrlich, ein sehr überraschender Anblick!

Als die Kumāras Sanaka und andere, Marīchi und die anderen sieben Rishis und der Schöpfer Brahmā ihn erblickten, waren sie von Staunen überwältigt und Brahmā begann zu überlegen: O, dieser junge Eber ist ganz plötzlich aus meiner Nase hervorgegangen. Er ist ja sehr klein, aber sicherlich verbirgt sich eine große Macht in dieser Gestalt, die uns alle in einen Ozean des Staunens versinken lässt.

Ob sich eine Gottheit von großer Reinheit (Sattva) in der Gestalt dieses Ebers verbirgt? Eben war er noch daumengroß und jetzt gleicht er in seiner gewaltigen Größe bereits dem Gebirge Himalaya!

O, ist dies etwa der Bhagavān, der Yagya Purusha?

Während Brahmā und die Rishis noch solchen Überlegungen nachhingen, begann der Bhagavān in Gestalt eines Ebers laute Geräusche von sich zu geben, die dem Donnergrollen der Wolkenberge glich, das zur Zeit des Weltunterganges (pralaya) alle Himmelsrichtungen erfüllt.

Als Brahmā und die um ihn versammelten Rishis dies hörten, wurden sie von großer Freude erfüllt. Als dieses Ghurghura-Grollen des mächtigen Ebers erklang, lösten sich alle Sorgen und aller Kummer auf, und die Bewohner von Janarloka, Taparloka, Satyaloka und sämtliche Devas freuten sich sehr und begannen dem Ādi Purusha, dem Bhagavān, von allen Seiten liebliche Hymnen im Versmaß (chhandas) der Rik-, Yajus-, Sāma- und Atharva-Veden zuzusingen.

Als der Bhagavān Hari ihre Lobeshymnen vernahm, warf er ihnen einen gütigen Blick zu und stürzte sich dann sogleich in die Tiefen des Welten-Ozeans.

Der Ozean wurde in große Aufregung versetzt, als die Borsten des Ebers ihn mit großer Gewalt aufwühlten, als dieser sich in die Wasser stürzte und der Ozean flehte ihn an: O Deva, o Vernichter aller Leiden derer, die zu dir Zuflucht nehmen, – bitte beschütze mich!

Als der Gott Hari diese Worte des Ozeans gehört hatte, riss er zahllose im Wasser lebende Tiere in Stücke und tauchte noch tiefer in die Wasser des Ozeans ein. Nachdem er eine Weile eifrig hier und dort umhergesucht hatte, fand er schließlich die Erde anhand ihres Geruches. Sogleich eilte der Bhagavān Hari, der Herr über alle, zu der Erde und rettete die Erde, die Heimstätte aller Wesen, indem er sie mit seinen gewaltigen Hauern emporstemmte.

Als der Bhagavān, der Herr über alle Opferhandlungen, mit der Erde auf seinen Hauern auftauchte, glich sein prächtiger Anblick dem eines Elefanten der Weltgegenden, der gerade eine tausendblättrige Lotusblüte entwurzelt hat und sie nun auf seinen Stoßzähnen emporhält.

Als der Bhagavān so die Erde gerettet hatte, indem er sie auf seinen Hauern emporhob, begannen Brahmā und Indra, der Herr der Devas, und der mächtige Manu, ihn mit süßen Worten zu preisen.

Brahmā sprach: O Lotusäugiger, o Bhagavān, o Allsiegreicher, o Vernichter allen Kummers deiner Verehrer (bhakta), durch deine unermessliche Kraft beschämst du alle Himmelswelten, die Heimstätten der Götter, bis hinauf zu Satyaloka!

O Erfüller aller Wünsche, o Deva, die Erde erstrahlt so herrlich auf deinen Hauern wie eine Lotusblume, die von einem wütenden Elefanten mit der Wurzel ausgerissen wurde und nun auf dessen beiden Stoßzähnen erstrahlt. O Bhagavān, diese deine Erscheinungsform als kosmischer Eber, der die Erde trägt, sieht wahrlich genauso schön aus wie eine Lotusblume auf den Stoßzähnen eines Elefanten.

O Herr, wir verneigen uns vor dir, dem Erschaffer und Zerstörer von allem. Du nimmst zahlreiche Gestalten an, um die Dānavas zu vernichten. Du verbringst zahlreiche Taten, die deinen Ruhm mehren, wir verneigen uns von vorne und von hinten und aus allen Richtungen vor dir. Du bist der Beschützer und Erhalter der Himmlischen und Unsterblichen. Deine strahlenden Augen sind überall gegenwärtig. O Deva, durch deine Macht bin ich zum Leben erwacht und habe die Aufgabe der Schöpfung auf mich genommen. Auf deinen Befehl hin erschaffe ich in jedem Zeitalter (kalpa) dieses Universum und zerstöre es wieder.

O Herr der Unsterblichen, vor Zeiten haben die Devas mit deiner Hilfe den weiträumigen Ozean gequirlt und haben ihren Verdiensten entsprechend ihren Anteil an den Gaben erhalten, die daraus hervorgingen.

O Hari, Indra, der Herr der Devas, erfreut sich der Herrschaft über das weithin ausgedehnte Königreich des Himmels allein durch deinen Willen und auf deine Anweisung hin und daher verehren ihn alle Devas. Der Feuergott Agni erhielt von dir seine flammende Kraft, mit der er als Verdauungsfeuer in den Bäuchen der Devas, Asuras, Menschen und aller anderen Wesen wirkt und so alle erfreut.

Yama, der König des Dharma ist auf deine Anweisung hin der Herr der südlichen Himmelsgegenden, herrscht über die Ahnen (pitri), ist Zeuge der guten und schlechten Taten aller Wesen und weist ihnen entsprechend die Früchte ihrer Handlungen zu.

Nairrita, der Herr über die Rākshasas, der Zeuge der Handlungen aller Wesen, zerstört auf deine Anweisung hin die Hindernisse, die sich deinen Verehrern, die zu dir Zuflucht nehmen, in den Weg stellen – er tut dies, obwohl er ein Yaksha ist.

Varuna Deva wurde auf deinen Befehl hin zum Herrscher über die Gewässer und zu einem Regenten der Himmelsgegenden (dikpāla).

Auch der Luftgott Vāyu, der den Lebensatem aller Wesen verkörpert, der Träger der Wohlgerüche, wurde auf deine Anweisung hin zum Lokapāla und Guru des Universums.

Deinem Befehl gehorchend wurde Kubera zum Herrscher über die Yakshas und Kinnaras und wurde an ehrbarem Rang den anderen Lokapālas gleichgestellt. Īshāna, der Vernichter aller Wesen, wurde auf deine Anweisung hin zum Herrn über eine Himmelsgegend und wird von sämtlichen Rudras, Devas, Gandharvas, Yakshas, Kinnaras, Menschen und allen anderen Wesen hoch gepriesen.

O Bhagavān, wir verneigen uns vor dir, dem Herrn des Universums. All die unzähligen Devas, die man hier sieht, stellen nur einen winzigen Bruchteil deiner unermesslichen Kraft dar.

Nārāyana sprach: O Nārada, mein Kind, als Brahmā, der Erschaffer und Großvater der Welten, zusammen mit Manu und den Devas so den Ādi Purusha Bhagavān gepriesen hatten, warf dieser ihnen einen gnadenvollen Seitenblick zu.

Als der Bhagavān in seiner Inkarnation als kosmischer Eber mit der Erde, die er auf seinen Hauern hielt um sie zu retten, aus den Wassern des Ozeans emporstieg, stellte sich ihm der König der Daityas, der grausame Hiranyāksha, entgegen und versuchte ihn aufzuhalten – Shrī Vishnu aber tötete ihn mit einem einzigen mächtigen Schlag seiner Keule. Sein ganzer Körper war mit dem Blut des Daityas beschmiert, als er aus der Rasātala emportauchte und die Erde auf der Oberfläche des Meeres absetzte. Dann kehrte er in seine Heimat Vaikuntha zurück.

O mein Kind Nārada, wer hingebungsvoll diesen Bericht über diese glorreiche Tat des Bhagavān und die Rettung der Erde hört oder liest, wird gewiss von all seinen Sünden erlöst und geht in die höchste, heiligste Stätte von Vishnu, dem Herrn von allen, ein. Daran gibt es keinerlei Zweifel.

Hier endet im achten Buch des Shrimad Devī Bhāgavatam, des Mahāpurānam von 18.000 Versen von Maharishi Veda Vyāsa, das zweite Kapitel: Das Emporheben der Erde durch den kosmischen Eber.

Kapitel 3
Die Beschreibung der Familie des Manu

Nārāyana sprach: O Nārada, nachdem der Bhagavān die Erde angemessen platziert und ins Gleichgewicht gebracht hatte und nach Vaikuntha zurückgekehrt war, sprach Brahmā wie folgt zu seinem Sohn Manu: O mein mächtiger Sohn, o Svāyambhuva, o Bester von allen, die Energie (tejas) und Askese (tapas) in Fülle besitzen, setze nun dein Werk der Schöpfung auf dieser Erde, der Trägerin und Ernährerin aller Lebewesen, fort, wie es dir angemessen erscheint. Und verehre den

Purusha, den Herrn aller Opfer, wobei du darauf achten solltest, den speziellen Gegebenheiten des Ortes und der Zeit Rechnung zu tragen, alle benötigten Materialien bereitzustellen und kundige Helfer dafür anzustellen.

Verbreite das kosmische Gesetz (dharma) in Einklang mit den vedischen Schriften (shāstra), mit den gesellschaftlichen Klassen (varna) und den Lebensphasen (āshrama) – so wirst du, allmählich und Schritt für Schritt auf dem Weg des Yoga voranschreitend, deine Nachkommenschaft weithin ausbreiten.

Zeuge liebliche Söhne und Töchter, die sich einen guten Ruf und gute Bildung erwerben sowie tugendhaft und mit all den guten Eigenschaften geschmückt sind, die du selbst besitzt. Wenn deine Töchter das heiratsfähige Alter erreicht haben, sollst du sie mit ebenbürtigen guten Männern verheiraten und dann deinen Geist konsequent auf den Besten von allen, den höchsten Purusha, ausrichten.

O mein Kind, gehe nun und diene hingebungsvoll dem Bhagavān, wie ich es dir geraten habe und du wirst ganz gewiss das erlangen, was schwer auszuführen und zu erreichen ist.

Nachdem der lotusgeborene Brahmā, der Herr aller Wesen, seinem Sohn Svāyambhuva Manu diese Anweisungen für die Ausbreitung der Schöpfung gegeben hatte, kehrte er in seine Heimstätte zurück.

Nachdem Brahmā seinen Sohn angewiesen hatte, zahlreiche Nachkommenschaft zu zeugen, nahm Manu sich dies ernsthaft zu Herzen und machte sich an die Arbeit. Schon bald hatte er zwei mächtige Söhne namens Priyavrata und Uttānapāda und drei liebliche, schöne Töchter, die mit zahlreichen guten Eigenschaften gesegnet waren.

Vernimm die Namen dieser drei Töchter: Die erste Tochter, die Läuterin der ganzen Welt, trug den Namen Ākūti; die zweite Tochter hieß Devahūti und die dritte Prashūti. Die erstgeborene Tochter Ākūti wurde mit dem Maharishi Ruchi verheiratet, die zweite mit dem Prajāpati Kardama und die dritte mit dem Prajāpati Daksha –

und wisse, dass alle Wesen in dieser Welt von dieser dritten Tochter abstammen.

Höre nun, wer die Nachkommen dieser drei Töchter und der jeweiligen Maharishis waren.

Dem Maharishi Ruchi wurde aus dem Leibe der Ākūti ein Sohn namens Yagya geboren, der eine Teilinkarnation des Bhagavān Ādi Purusha Vishnu ist. Als Sohn des Maharishi Kardama wurde aus dem Leibe der Devahūti der Bhagavān Kapila Deva, der berühmte Verfasser der Sānkhya-Schriften, geboren und aus dem Leibe der Prashūti wurden dem Prajāpati Daksha ausschließlich Töchter geboren. Wisse, dass die Devas, Menschen, Tiere und Vögel allesamt Nachkommen jenes Prajāpati Daksha sind. Diese Nachkommen waren die ersten Ausbreiter des Werkes der Schöpfung.

Im Svāyambhuva Manvantara rettete der mächtige Bhagavān Yagya mit der Hilfe eines Deva namens Yāma den Vater seiner Mutter, Manu, vor den Angriffen der Rākshasas. Bhagavān Kapila, der große Herr der Yogis, blieb eine Weile in seinem Āshram und gab seiner Mutter Devahūti spirituelle Unterweisungen, mittels derer die Unwissenheit (avidyā) augenblicklich zerstört werden kann.

Er veröffentlichte in allen Details seine Sānkhya-Schrift, das große Werk der spirituellen Philosophie, das auch eine spezielle Meditationstechnik (dhyāna yoga) beinhaltet, und begab sich dann schließlich in den Āshram von Pulaha, wo der große Deva Sānkhyāchārya noch heute lebt und sich dem Samādhi widmet.

O, ich verneige mich vor dem großen Lehrer des Yoga (yogāchārya), dem Bhagavān Kapila Deva, der allen Wünschen Erfüllung bringt; wenn ein Yogi sich auch nur seinen Namen in Erinnerung ruft, wird ihm dadurch die innere Bedeutung des Sānkhya-Wissens (sānkhya gyāna) offenbart.

Wer diese heilige Erzählung über die Nachkommen der Töchter des Manu hört oder liest, dessen Sünden werden augenblicklich zerstört.

O mein Kind, nun beschreibe ich dir die Nachkommen der Söhne von Svāyambhuva Manu. Höre aufmerksam zu, denn davon zu hören befähigt einen, in die höchste Stätte einzugehen. Es folgt jetzt die Geschichte der Nachkommenschaft derjenigen, welche zum Wohle und zur Freude der gesamten Schöpfung die Inseln (dvīpa), Länder (varsha) und Meere erschufen, von denen alle so großen Nutzen haben. Höre nun.

Hier endet im achten Buch des Shrimad Devī Bhāgavatam, des Mahāpurānam von 18.000 Versen von Maharishi Veda Vyāsa, das dritte Kapitel: Die Beschreibung der Familie des Manu.

Kapitel 4
Der Bericht über die Familie von Priyavrata

Der Rishi Nārāyana sprach: Priyavrata, der älteste Sohn von Svāyambhuva, diente stets seinem Vater und war sehr wahrheitsliebend. Er heiratete die Tochter des Prajāpati Vishva Karma, die überaus liebliche und schöne Barhismatī, die ihm selbst an Sittsamkeit, gutem Charakter und zahlreichen anderen wertvollen Eigenschaften glich. Von ihr wurden ihm zehn sehr spirituelle und wohlgeratene Söhne sowie als jüngstes seiner Kinder eine Tochter namens Ūrjasvatī geboren.

Die Namen der zehn Söhne waren: Āgnīdhra, Idhmajibha, Yagyabāhu, Mahāvīra, Rukmashukra (Hiranyaretā), Ghritaprishtha, Savana, Medhātithi, Vītihotra und Kavi. Der Name Agni wurde jedem der eben genannten Namen angehängt.

Von diesen zehn Söhnen waren die drei Söhne namens Kavi, Savana und Mahāvīra leidenschaftslos und uninteressiert dem weltlichen Leben gegenüber. Innerhalb kurzer Zeit wurden sie außerordentlich frei von allen Wünschen und wurden zu Experten der Erkenntnis des Selbst (ātmavidyā). Sie lebten in beständiger Keuschheit (ūrdharetā) und widmeten sich freudevoll dem Paramahamsa Dharma.

Mit seiner anderen Ehefrau hatte Priyavrata drei Söhne namens Uttama, Tamasa und Raivata. Jeder von ihnen erlangte große Kraft und großen Glanz und wurde weithin berühmt als Herrscher über ein Manvantara-Zeitalter.

Priyavrata, der Sohn von Svāyambhuva, der königliche Imperator, erfreute sich zusammen mit seinen Söhnen und Verwandten einhundert Millionen (arbuda) Jahre lang der Erde. Es war ein großes Wunder, dass er so lange lebte und man dabei keine Minderung der Kraft seines Körpers oder seiner Sinne feststellen konnte.

Eines Tages nahm der König wahr, dass ein Teil der Erde im Licht lag und der übrige Teil in Dunkelheit gehüllt war, als die Sonne am Horizont aufging. Als er diesen Gegensatz sah, dachte er lange Zeit darüber nach und rief dann aus: Was? Soll während meiner Herrschaft in meinem Königreich irgendwo Dunkelheit herrschen? Das kann nicht sein. Ich werde das mittels meiner Yogakräfte beenden.

Mit diesem Entschluss bestieg der König Priyavrata ein strahlendes Gefährt, das so groß wie die Sonne war, und umkreiste damit sieben Mal die ganze Welt, um sie zu erleuchten. An jeder Stelle der Erde, die von einem Rad dieses Gefährts belastet wurde, entstand ein Ozean. So entstanden die sieben Weltmeere. Und die Stellen der Erde, die sich innerhalb der Spurrillen befanden, wurden zu den sieben großen Inseln oder Kontinenten (dvīpa).

O mein Kind, höre nun mehr zu den sieben Dvīpas und den sieben Ozeanen: Die erste Insel ist Jambu Dvīpa, die zweite ist Plaksha, die dritte ist Shalmalī, die vierte ist Kusha Dvīpa, die fünfte ist Krauncha, die sechste ist Shaka Dvīpa und die siebte ist Pushkara Dvīpa.

Die zweite Dvīpa Plaksha ist doppelt so groß wie die erste, Jambu Dvīpa und so fort – jede folgende Dvīpa ist doppelt so groß wie die vorhergehende.

Höre nun die Namen der Ozeane: Der erste Ozean wird Kshāroda (Salzwasser-Ozean) genannt, der zweite Ikshurasa (Zuckerrohr-Ozean), der dritte Surā (Wein-Ozean), der vierte Ghritoda (Ozean aus geläuterter Butter), der fünfte Kshīroda (Milch-Ozean), der sechste Dadhi Manda (Quark-Ozean) und der siebte Ozean besteht aus gewöhnlichem Wasser.

Jambu Dvīpa ist von Kshīra Samudra umgeben und der König Priyavrata ernannte seinen Sohn Āgnīdhra zum Herrn dieses Dvīpa. Idhmajibha gab er die Herrschaft über Plaksha Dvīpa, die von Ikshu Sāgara umgeben ist, Yagyabāhu erhielt Shālmalī Dvīpa, die von Surā Sāgara umgeben ist, und die Herrschaft über Kusha Dvīpa wies er Hiranyaretā zu.

Dann gab er seinem mächtigen Sohn Ghritaprishtha die Krauncha Dvīpa, die von Kshīra Samudra umgeben ist und seinem Sohn Medhātithi die Shaka Dvīpa, die von Dadhimanda Sāgara umgeben ist. Schließlich wies er noch seinem Sohn Vītihotra die Pushkara Dvīpa zu, die von gewöhnlichem Wasser umgeben ist.

Nachdem er unter seinen Söhnen die verschiedenen Bereiche der Erde gerecht aufgeteilt hatte, verheiratete er sein jüngstes Kind, seine Tochter Ūrjasvatī, mit dem Bhagavān Ushanā.

Aus dem Leibe der Ūrjasvatī wurde dem Bhagavān Shukrāchārya seine berühmte Tochter Devayānī geboren.

O mein Kind, nachdem er so die Dvīpas seinen Söhnen zugewiesen und seine Töchter mit würdigen Ehepartnern verheiratet hatte, widmete er sich der unterscheidenden Erkenntnis der Wirklichkeit (viveka) und beschritt den Pfad des Yoga.

Hier endet im achten Buch des Shrimad Devī Bhāgavatam, des Mahāpurānam von 18.000 Versen von Maharishi Veda Vyāsa, das vierte Kapitel: Der Bericht über die Familie von Priyavrata.

Kapitel 5
Der Bericht über die Heimstätte der Wesen sowie über die Berge und die Entstehung der Flüsse

Shrī Nārāyana sprach: O Nārada, mein Kind, vernimm nun die Einteilung der Erde in die verschiedenen Dvīpas und Varshas, wie sie von den Devas vorgenommen wurde. Ich werde dir das nur kurz beschreiben, denn niemand vermag das in allen Einzelheiten auszuführen.

Als Erstes hat Jambu Dvīpa eine Dimension von Lākh Yojanas (ca. 1,5 Millionen km). Dieses Jambu Dvīpa ist rund wie eine Lotusblüte. Es umfasst neun Regionen oder Länder (varsha) in sich und – mit Ausnahme von Bhadrāshva und Ketumāla – ist jedes von ihnen eintausend Yojanas groß und jedes der Länder ist von acht hochaufragenden Bergen umgeben, die seine Grenze bilden.

Die beiden Varshas im Norden und im Süden haben die Form eines Bogens und vier der anderen Varshas sind von länglicher Gestalt. Das Varsha im Zentrum der anderen Varshas wird Ilāvrita Varsha genannt und hat die Form eines Rechtecks.

Im Zentrum dieses Īlāvarsha befindet sich der goldene Berg Sumeru, der König aller Berge, der ein Lakh Yojanas hoch ist; er bildet gleichsam den Perikarp oder das Kerngehäuse des Erd-Lotus.

Die Spitze dieses Berges hat einen Umfang von dreißig Yojanas (ein Yojana entspricht etwa 1,5 km). O mein Kind, sechszehntausend Yojanas dieses Berges befinden sich unter der Erde und achtundvierzig Yojanas sind im Äußeren sichtbar.

Im Norden von Īlāvarsha sind die drei Berge Nīlagiri, Shvetagiri und Shringavau, welche jeweils die Grenze der drei Varshas namens Ramyaka, Hiranmaya und Kuru markieren. Diese erstrecken sich vom Osten aus und weiten sich zu ihren Füßen allmählich bis zum Salzozean (Lavana Samudra) hin aus. Diese drei grenzbildenden Berge sind jeder zweitausend Yojanas breit und sie erstrecken sich jeweils mit einem Zehntel dieser Breite von Ost nach Nord. Zahlreiche

Flüsse haben ihre Quellen in diesen Bergen und nehmen von dort aus ihren Lauf.

Im Süden von Īlāvarsha sind drei Gebirgszüge namens Nisadha, Hemakūta und Himālayā zu finden, die vom Osten her dort hineinragen. Jeder von ihnen ist zehntausend (ein Ayuta) Yojanas hoch. Diese drei Gebirgsketten bilden die Grenzen zwischen Kimpurusha and Bhārata Varsha.

Im Westen von Ilāvrita ragt der Berg namens Mālyavān empor und im Osten sind als Zentren außergewöhnlicher Schönheit und Pracht die Berge Gandhamādan, Nīla und Nishadha zu finden. Die Länge und Breite dieser Grenzberge beträgt jeweils zweitausend Yojanas. Die Berge Mandara, Supārshvak, Kumuda und andere befinden sich in den Varshas Ketumāla und Bhadrāshva, aber diese werden alle als Ausläufer (pāda parvata) des Berges Sumeru angesehen; jeder von ihnen hat eine Höhe und Breite von einem Ayuta Yojanas. Sie bilden gleichsam die Säulen des Meru zu seinen vier Seiten.

Auf diesen Bergen wachsen Mangobäume, Jackfruchtbäume, Platanen, Feigenbäume und zahlreiche andere Arten von Bäumen, die einhundert Yojanas breit und elfhundert Yojanas hoch sind; sie scheinen bis zum Himmel emporzuragen und bilden gleichsam die Flaggenmasten auf den Gipfeln. Die Wurzeln, Stämme und auch die Äste dieser Bäume sind erstaunlich dick und weithin ausgebreitet.

Auf den Gipfeln jener Berge befinden sich zudem vier große Seen. Einer dieser Seen ist mit Milch gefüllt, ein anderer mit Honig, der dritte mit Zuckerrohrsaft und der vierte mit Süßwasser.

Auch sind dort vier liebliche Gärten namens Nandana, Chaitraratha, Vaibhrājaka und Sarvatobhadra zu finden, die überaus bezaubernd und liebreizend sind und an denen insbesondere das zarte weibliche Geschlecht große Freude hat; die Devas erfreuen sich darin ihres großen Wohlstandes und Reichtums und ihrer Yogakräfte.

Hier leben die Devas zusammen mit Scharen schöner Frauen, erfreuen sich mit ihnen frei von Hemmungen und mit Herzenslust am

Liebesspiel und lauschen den lieblichen Lobgesängen über ihre eigenen Ruhmestaten, welche ihnen die Upa Devatās, die Gandharvas und Kinnaras, vortragen.

Die himmlischen Mangobäume auf dem Gipfel des Mandara-Berges sind elfhundert Yojanas hoch; ihre köstlichen, süßen, nektargleichen, voll ausgereiften, herrlich weichen Mango-Früchte, deren jede die Größe eines Berggipfels hat, fallen zu Boden und aus ihrem Saft von der Farbe der aufgehenden Sonne entspringt dort ein mächtiger Fluss namens Arunodā.

Hier verehren die Devas allezeit voller Hingabe mit zahlreichen Gaben und mit dem lieblichen Wasser dieses Arunodā-Wassers die große Devī Bhagavatī namens Arunā, die Zerstörerin aller Sünden, die Erfüllerin aller Wünsche und Gewährerin vollkommener Furchtlosigkeit

O mein Kind, schon vor Zeiten hat der König der Daityas stets die Mahā Māyā Arunā Devī verehrt. Wer sie verehrt, wird von allen Krankheiten geheilt und erlangt durch ihre Gnade vollkommene Gesundheit und innere Freude. Daher wird sie Ādyā, Māyā, Atulā, Anantā, Pushtī, Īshvaramālinī, Vernichterin der Übeltäter und Schenkerin von Glanz und Schönheit genannt und unter diesen Namen gedenkt man ihrer im weiten Rund der Erde.

Als Frucht ihrer Verehrung ist der Fluss Jāmbūnada hervorgetreten, ein Strom aus göttlichem Gold.

Hier endet im achten Buch des Shrimad Devī Bhāgavatam, des Mahāpurānam von 18.000 Versen von Maharishi Veda Vyāsa, das fünfte Kapitel: Der Bericht über die Heimstätte der Wesen sowie über die Berge und die Entstehung der Flüsse.

Kapitel 6
Über die Flüsse und Berge wie Sumeru und andere

Nārāyana sprach: O Nārada, dieser Fluss Arunodā, von dem ich dir berichtet habe, entspringt dem Berg Mandara und fließt in Īlāvarsha in östlicher Richtung. Der Windgott Pavana Deva nimmt die lieblichen Düfte der Körper der Frauen der Yakshas und Gandharvas und anderer Bewohner der Himmelswelten und die der Dienerinnen der Devī Bhavānī auf und erfüllt dann die ganze Umgebung auf der Erde im Umkreis von zehn Yojanas mit diesem süßen Duft.

Von den Bäumen auf dem hoch emporragenden Gipfel des Berges Mandara fallen die Rosenäpfel, welche die Größe eines Elefanten besitzen, auf die Erde herab, und wenn sie entzweibrechen, strömt ihr Saft als ein Fluss dahin; dieser wird Jambū-Fluss genannt und fließt in Īlāvarsha in südlicher Richtung. Die Devī Bhagavatī erfreut sich hier an dem Saft der Rosenäpfel (jambū) und ist daher dort unter dem Namen Jambādinī bekannt.

Die Devas, Nāgas und Rishis verehren alle mit großer Hingabe die Lotusfüße der gnadenreichen Devī und wünschen sich dabei das Wohlergehen aller Wesen (sarve bhavantu sukhinah).

Das bloße Sich-Erinnern an den Namen der Devī reicht bereits aus, um alle Krankheiten und alle Sünden der Sünder zu zerstören. Daher verehren und chanten die Devas stets die Namen der Devī, der Beseitigerin aller Widrigkeiten und Hindernisse.

Die Verehrung der Devī ist an beiden Ufern des Jambū-Flusses fest etabliert. Wenn Menschen ihre Namen Kokilākshī, Karunā, Kāmapūjītā, Kathoravigrahā, Devapūjyā, Dhanyā und Gavastinī rezitieren und verehren, erlangen sie dadurch ihr höchstes Wohlergehen in dieser und in der nächsten Welt.

Aus dem Saft der Jambū-Früchte in Verbindung mit dem Wind und den Strahlen der Sonne wird das Gold erschaffen und aus diesem sind die Schmuckstücke der Frauen der Unsterblichen und der

Vidyādharas gefertigt. Dieses himmlische Gold ist unter dem Namen Jāmbūnada bekannt; wenn die Devas verliebt sind, fertigen sie daraus Diademe, Gürtel und Armreifen für ihre Liebsten.

Auf dem Berg Suparshva erhebt sich ein gewaltiger Kadamba-Baum; von ihm ergießen sich fünf Honigströme, die Madhu Dhārā genannt werden, und fließen in die westlichen Bereiche des Ilāvrita Varsha. Die Münder der Devas füllen sich mit süßem Duft, wenn sie aus diesen Flüssen trinken. Die Luft verbreitet den lieblichen Honigduft dieser Ströme im großen Umkreis von einhundert Yojanas.

Hier weilt die überaus energievolle Dhāreshvarī Mahā Devī, die Erfüllerin aller Wünsche ihrer Bhaktas, deren Natur Kāla (Zeit) ist, die Mahānanā (die Großgesichtige) genannt wird und deren Gesichter sich überall hinwenden. Sie wird von den Devas verehrt und sie herrscht als Gottheit über alle Wälder der Welt. Die Devī, die große Herrin der Devas, ist unter den Namen Karāla Dehā, Kālāmgī und Kāmakotipravartinī zu verehren.

Auf dem Gipfel des Kumuda-Berges erhebt sich der große Banyan-Baum, der Shatabala genannt wird. Von seinem Stamm nehmen zahlreiche Flüsse ihren Anfang. Diese Flüsse haben die Fähigkeit, den Heiligen dort Milch, Quark, Honig, geläuterte Butter, Zucker, Reis, Gewänder, Schmuckstücke, Sitze, Betten und alles andere zu schenken, das sie sich wünschen; daher werden diese Flüsse Kāmadugh genannt. Sie fließen gemächlich in die nördlichen Gegenden von Īlāvarsha.

Dort weilt die Bhagavatī Mīnākshi und wird gleichermaßen von den Suras und den Asuras verehrt. Die Göttin trägt blaue Gewänder, zeigt eine bedrohliche Haltung und ist mit blauen Haaren geschmückt. Sie erfüllt stets die Wünsche der Devas, der Bewohner der Himmelswelten. Ihre Bhaktas verehren und preisen sie unter den Namen Atimānyā, Atipūjyā, Mattamātanga Gāminī, Madanonmādinī, Mānapriyā, Mānapriyatarā, Mārabegadharā, Marapūjitā, Māramādinī, Mayūravarashobhādhyā und Shikhivāhanagarbhabhū und erlangen dadurch die Gunst der Gottheit Mīnalochanā Ekāngarūpinī und des Parameshvara und alle Arten von Freuden.

Diejenigen, die das klare Wasser dieser Flüsse trinken, werden dadurch von Alter, Gebrechlichkeit, Kummer, Schwitzen, üblem Geruch, Krankheit oder der Gefahr frühzeitigen Todes befreit und haben nicht mehr unter Fehlern, Kälte, Hitze, Regen oder übermäßiger Blässe des Körpers zu leiden; sie sind ihr ganzes Leben lang von allergrößter Freude erfüllt und werden von keinerlei Gefahren bedroht.

O mein Kind, vernimm nun die Namen der zwanzig Berge, die den Fuß des goldenen Berges Sumeru ringsum umgeben wie die Blätter einer Blume das Zentrum der Blume (Perikarp).

Der erste von ihnen ist Kuranga, dann folgen nacheinander Kuraga, Kushumbha, Vikankata, Trikūta, Shishira, Patanga, Ruchaka, Nishadha, Shitīvāsa, Kapila, Shamkha, Vaidūrya, Chārudhi, Hamsa, Rishabha, Naga, Kālanjara und schließlich Nārada; der zentrale Berg ist der zwanzigste.

Hier endet im achten Buch des Shrimad Devī Bhāgavatam, des Mahāpurānam von 18.000 Versen von Maharishi Veda Vyāsa, das sechste Kapitel: Über die Flüsse und Berge wie Sumeru und andere.

Kapitel 7
Über die Gangā und die Varshas

Nārāyana sprach: Jathara und Devakūta sind die beiden Berge im Osten des Sumeru. Sie erstrecken sich achtzehntausend Yojanas Richtung Osten und sind zweitausend Yojanas hoch. Im Westen des Meru sind die beiden hochaufragenden Berge Pavamāna und Pāriyātra zu finden. Ihre Höhe und Ausdehnung sind wohlbekannt. Im Süden des Meru erheben sich die beiden mächtigen Berge Kailāsha und Karavīra und im Norden dann die Berge Shringagiri und Makaragiri. Umgeben von diesen acht Bergen erstrahlt so der goldene Berg Sumeru hell wie die Sonne.

Im Zentrum des Sumeru erstreckt sich eine göttliche Stadt, die von Brahmā, dem Schöpfer, erbaut wurde, über ein Gebiet von zehntausend Yojanas. Die hochgelehrten Weisen, die vom Höchsten bis zum Niedrigsten alles kennen, sagen, dass diese Stadt von quadratischer Gestalt ist und ganz aus Gold besteht.

Auf dem Gipfel des Sumeru befinden sich die weltberühmten acht goldenen Städte der acht Hüter der Weltgegenden (lokapāla); diese Städte sind der Stadt Brahmapurī untergeordnet. Die Herren der vier Hauptrichtungen Osten, Westen, Norden und Süden und der vier Zwischenrichtungen Nordost, Nordwest, Südwest und Südost wohnen in diesen Städten. Jede dieser acht Städte erstreckt sich über zweieinhalbtausend Yojanas. Brahmapurī mit eingerechnet sind es also insgesamt neun goldene Städte.

Vernimm nun in der richtigen Reihenfolge die Namen dieser neun Städte. Die erste wird Manovatī genannt, die zweite Amarāvatī, die dritte Tejovatī und dann folgen Samyamanī, Krishnānganā, Shraddhāvatī, Gandhavatī und Mahodayā; die neunte Stadt heißt Yashovatī. Die Herren der Purīs sind Brahmā, Indra, Agni und die anderen Herrscher über die Himmelsgegenden (dikpāla).

Als Vishnu Bhagavān in seiner Inkarnation als Zwerg die Tri Vikrama Gestalt angenommen hatte und sich zu einem Opfer begab, um das Königreich der Himmel von dem Asura Bali zurückzugewinnen, wurde durch die Zehennägel des Fußes von Vishnu, der nach links hin ausschritt, ein Loch oder eine Aushöhlung durch die Schichten der Welten (brahmānda katāha) geschaffen.

Durch diese Aushöhlung strömte dann der berühmte Fluss Bhagavatī Gangā von der höchsten Höhe der himmlischen Königreiche herab, dessen klare Wasser jederzeit bereit sind, die Sünden der Menschen fortzuwaschen und zu zerstören; aus diesem Grund ist die Gangā in den drei Welten als Vishnupadī, als Manifestation des Fußes von Shrī Vishnu, bekannt. Dies fand vor langer, langer Zeit statt, vor vielen tausend Yugas – einem Zeitraum, den man sich nur schwer vorzustellen vermag. Die Gangā fiel als Erstes auf den obersten Bereich von Indras Himmel herab, in der Nähe des Ortes, der in den drei Welten unter dem Namen Vishnudhāma bekannt ist.

Hier verehrte die reine Seele Dhruva (die Verkörperung des Polarsternes), der Sohn des Uttānapāda, in seinem Herzen die Lotusfüße von Shrī Vishnu Bhagavān und weilt seit dieser Zeit dort stets in seiner unverrückbaren Position. Dort umwandeln die erleuchteten sieben Rishis, die den höchst läuternden Einfluss der Gangā kennen, diesen Fluss, in ihrem Geist das Wohlergehen aller Welten wünschend. Dies ist der erhabene Ort, an dem man höchsten Erfolg (siddhi) und endgültige Befreiung (moksha) erlangt, der den Bemühungen der Asketen Erfolg verleiht und wo die Munis mit verknotetem Haupthaar täglich voller größter Freude und verehrungsvoller Bewunderung ihr rituelles Bad in der Gangā nehmen.

Vom Dhruva Mandala, der Heimat von Vishnu, aus fließt die Gangā dann über Millionen und Abermillionen göttlicher Kanäle, in denen zahlreiche Vimānas oder göttliche Fahrzeuge sich tummeln, weiter über die Sphäre des Mondes (chandra mandala), die sie überflutet, und dann allmählich hinab nach Brahmā Loka. Hier verzweigt sie sich in die vier Ströme Sītā, Alakanandā, Bhadrā und Chaturbhadrā und geht dann schließlich, nachdem sie zahlreiche Länder, Berge und Wälder bewässert hat, in den Ozean ein.

Wenn der all-läuternde, weithin berühmte Fluss (dhārā) Sītā von Brahmāloka herabfließt, umfließt er die Berge, die gleichsam die Blütenblätter des blumengleichen Sumeru-Berges bilden, und erreicht dann von oben her das Gandhamādana-Gebiet. Von den Devas verehrt bewässert er danach das Gebiet von Bhadrashvavarsha und mündet schließlich ostwärts in den Salzozean.

Der zweite Strom (dhārā) namens Chakshu gewinnt allmählich an Stärke, nachdem er das Gebiet von Malyavān verlassen hat; seine Strömung wird äußerst kraftvoll und so durchquert er Ketumālavarsha und mündet schließlich in den westlichen Ozean.

Der dritte Dhārā, der überaus klare und reine Alakananda, passiert, nachdem er Brahmāloka verlassen hat, den Berg Girikūta und zahlreiche Wälder und erreicht dann Hemakūta. Dann durchfließt er Bhārata Varsha und geht in den südlichen Ozean ein.

Keine Worte vermögen die Herrlichkeit und die läuternde Kraft dieses Flusses angemessen zu beschreiben; es sollte genügen, zu sagen, dass diejenigen, die sich auf den Weg machen, um ihr Bad in diesem Fluss zu nehmen, bei jedem Schritt dieselbe Frucht erlangen, welche mit der Durchführung solch großer Opfer (Yagya) wie Rajasūya oder Ashvamedha gewonnen wird.

Der vierte Strom, in den sich die Trailokyapavanī Gangā Devī verzweigt, der Bhadrā genannt wird, nimmt an Schnelligkeit und Breite zu, nachdem er von dem Berge Shringavān herabgeflossen ist. Er durchströmt das nördliche Kuru-Land und erfreut dann die Menschen, indem er dort in den Ozean mündet.

Zahlreiche weitere Flüsse, die dem Meru, dem Mandara und anderen Bergen entspringen, durchfließen die verschiedenen Länder (varsha) und Kontinente, aber von all den Varshas wird dieses Bhārata Varsha mit dem Namen Karma Kshetra (Feld des Handelns) besonders ausgezeichnet, während die anderen acht Varshas, obwohl sie sich auf der Erde befinden, dazu bestimmt sind, die Freuden des Himmels zu schenken. Der Grund hierfür ist, dass diejenigen, deren Zeit abgelaufen ist, freudevoll in den Himmelswelten zu leben, danach in dem einen oder anderen dieser acht Varshas Geburt annehmen.

Die Menschen leben dort zehntausend Jahre lang. Ihre Körper sind hart wie ein Donnerkeil und alle besitzen die Stärke von zehntausend (ayuta) Elefanten. Niemand gibt sich dort damit zufrieden nur ein wenig der Liebesfreuden zu genießen und so leben die Männer dort freudevoll mit ihren Frauen und Kindern zusammen. Nicht nur die Männer allein genießen dort diese Freuden in Fülle, auch die Frauen erfreuen sich ihr Leben lang an dauerhafter Jugend und sie werden bereits im Alter von weniger als einem Jahr schwanger. Kurzum, die Bewohner dieser Varshas genießen unaufhörlich die Freuden, an denen die Menschen im Tretā-Yuga teilhaben.

Hier endet im achten Buch des Shrimad Devī Bhāgavatam, des Mahāpurānam von 18.000 Versen von Maharishi Veda Vyāsa, das siebte Kapitel: Über die Gangā und die Varshas.

Kapitel 8
Die Beschreibung von Ilāvrita

Nārāyana sprach: In jenen Varshas pflegten Vishnu und die anderen Devas stets die Große Devī mittels Japam und Meditation zu verehren und ihr Hymnen zu chanten.

Die Wälder dort waren in allen Jahreszeiten mit allen Arten von Früchten, Blumen und Blättern geschmückt. In den herrlichen Wäldern und auf den Bergen dieser Länder und in den klaren Gewässern waren überall zahlreiche voll erblühte Lotusse und viele Kraniche (shārasa) zu finden.

Viele Arten von Bäumen boten einen erfreulichen Anblick und das fröhliche Zwitschern verschiedener Arten von Vögeln war überall zu hören. Die Menschen spielten glücklich im Wasser und widmeten sich einer Vielzahl angenehmer Tätigkeiten und auch die schönen Frauen lustwandelten überall umher und verzauberten alle mit den anmutigen Bewegungen ihrer Augenbrauen. Von jungen Frauen umgeben freuten sich die Menschen dort ihres Lebens.

Nārāyana, der Ādipurusha Bhagavān selbst, verehrt dort die Devī, um all den Bewohnern von Navavarsha seine überwältigende Gnade zu demonstrieren und auch die Menschen dort verehrten stets die Devī.

Einzig und allein die Devī verehrend, verweilt der Bhagavān dort in Samādhi, von Aniruddha und seinen anderen vier Hauptmanifestationen (vyūhachatushtaya) umgeben.

Auch der Bhagavān Rudra, der aus den zornig zusammengezogenen Augenbrauen Brahmās hervorgegangen war, lebt in Ilāvrita ausschließlich mit Frauen zusammen. Niemand anderes kann dieses Gebiet betreten, denn die Bhavānī, die Shakti Bhagavān Rudras, hat den Fluch ausgesprochen, dass jedes männliche Wesen, das dieses Gebiet betritt, sogleich weibliche Gestalt annehmen würde. Und so lebt der Gemahl der Bhavānī dort von unzähligen Frauen umgeben und widmet sich der Verehrung des ungeborenen, unmanifestierten Bhagavān Samkarshana. Zum Wohle der ganzen Menschheit verehrt er dort mit intensiver Meditation seine eigene Turīya Form (Turīya ist der vierte Bewusstseinszustand in sich ruhender, wacher Stille) in ihrem Tamas-Aspekt.

Shrī Bhagavān Rudra sprach: Verehrung dir, dem Bhagavān, dem großen Purusha, der alle wertvollen Eigenschaften besitzt, dem Unendlichen (ananta) und Unmanifesten. Wir verehren dich, dessen Lotusfüße die Zufluchtsstätte für alle darstellen.

Du bist das große Schatzhaus aller überirdischen Geisteskräfte (siddhi) und der göttlichen Fähigkeiten wie Allmacht, Allwissenheit und anderer. Du bist stets für deine Verehrer (bhakta) gegenwärtig. Du erschaffst alle diese Wesen. Du schenkst den Bhaktas ewige Befreiung (moksha) und zerstörst ihre innere Bindung an die Welt der Erscheinungen und zugleich bindest du diejenigen, die dich nicht verehren, an die vergängliche Welt und ihre Objekte. Du bist der Herr. Wir verehren dich.

Wir stehen vollständig unter der Herrschaft von Begierde, Zorn und anderen Leidenschaften und unser Geist ist stets an die Sinne gefesselt. Dein Geist aber ist, obwohl du dich stets mit der Welt und ihrer Erschaffung, Erhaltung und Zerstörung befasst, in keiner Weise an sie gebunden. Wer, der sich wünscht, sein Selbst zu erobern, wird sich dir nicht hingebungsvoll zuwenden!

Kraft deiner Māyā erscheinst du wie jemand, dessen Blick von Unwissenheit getrübt ist, und du siehst schreckenerregend aus mit deinen Augen, die vom Genuss des Rauschtrankes (madhu) gerötet sind. Wer deine Füße berührt, dessen Geist wird vollkommen bezaubert – daher können die Frauen der Schlangenwesen (naga) dich aus Schüchternheit nicht verehren.

Die Rishis sagen, dass obwohl du der Eine bist, der alles erschafft, erhält und zerstört, du dennoch von alledem völlig unberührt bist.

Du bist unendlich und du hast unzählige Köpfe. Dieses weithin ausgedehnte Universum ist wie ein winziger Senfsamen, der sich irgendwo auf einem dieser zahllosen Köpfe befindet und den du nicht einmal spürst.

Das Mahat Tattva (kosmischer Wille, universale Intelligenz) ist das Erste, was sich als dein Körper manifestiert. Es ist aus den Gunas Sattva, Rajas und Tamas aufgebaut. Daraus ging Brahmā hervor und ich entstand aus jenem Brahmā und wurde vom Sattva und den anderen Gunas genährt und schuf mit Hilfe des Tejas (feurige Urenergie) die Elemente und die Sinne. Die Mahat Tattvas und wir alle werden von deiner einzigartigen Form kontrolliert und beherrscht.

Du hast uns vermittels deiner Schöpfungskraft (kriyā shakti) unsere jeweiligen Orte zugewiesen, so wie Vögel mit einem Strick an einem Ort festgehalten werden.

Mahat Tattva, Ahamkāra, die Devas, die Elemente und die zuvor erwähnten Sinne haben alle zusammen allein durch deine Gnade dieses Universum gebildet.

Diese Schöpfung ist wahrlich groß und weithin ausgedehnt; deshalb können die, deren Denken grob ist, von deiner Zaubermacht (māyā) verblendet, sie niemals verstehen.

Diese Māyā ist das einzige Mittel, um Samsāra Nivritti (Rettung aus dem Samsāra) und Moksha, das eigentliche Ziel des Menschen, zu erreichen. Und andererseits ist es eben dieselbe Māyā, die einen in den Schlingen der Aktivität (karma) gefangen hält, die so schwer zu lösen sind. Hineingehen und Herauskommen, beides sind deine Formen – und so verneigen wir uns vor dir!

Nārāyana sprach: So verehrte der Bhagavān Rudra zusammen mit seinen Anhängern (gana) im Ilāvrita Varsha stets die Devi und Sankarshana, den Herrn aller Welten (loka). Und auch der Sohn des Dharma, der unter dem Namen Bhadrashrava bestens bekannt ist, verehrte zusammen mit seinen Familienangehörigen und seinen Untergebenen stets die Devī.

Hayagrīva, die pferdeköpfige Inkarnation von Shrī Vishnu, ist weithin berühmt und wird allseits verehrt. Sämtliche Bewohner von Ilāvrita Varsha wenden sich ihm in ihrer Meditation und in ihrem Samādhi mit auf Eines gerichteter Hingabe zu und verwirklichen ihn vollständig. Dann preisen sie ihn der Tradition entsprechend und erlangen die Herrschaft über die höheren geistigen Kräfte (siddhi).

Die Bhadrashravās sagten: Verehrung dir, dem Bhagavān, der Verkörperung reiner Tugend, der alle Wünsche und alle Bindung an weltliche Dinge vollständig vernichtet.

O, wie wunderbar ist doch das Wirken des Bhagavān! Der Tod vernichtet stets alle, aber die Menschen, die das erleben, scheinen sich dennoch dessen nicht bewusst zu sein. Obwohl der Vater sieht, dass sein Sohn dem Tode begegnet, wünscht er sich trotzdem, lange zu leben – aber nicht um der Tugend, sondern um der Sinnesfreuden willen, was sündhaftes, unrechtes Handeln (vikarma) genannt wird.

Diejenigen, die Experten für spirituelles Wissen (gyāna) und für unterscheidende Erkenntnis (vigyāna) sind, sagen, dass dieses für die Sinne wahrnehmbare Universum überaus flüchtig ist. Mehr noch als dies: Diejenigen gelehrten Weisen, die in besonders hohem Grade Gyāna besitzen, nehmen in unmittelbarer Erfahrung die Flüchtigkeit dieses Universums wahr. Und dennoch, o Ungeborener: Wenn man sieht, wie sie in der Praxis damit umgehen, stellt man fest, dass sie allesamt vom Einfluss der Māyā überwältigt werden.

Dein Göttliches Spiel (līla) ist wahrlich wunderbar bunt und vielfältig. Daher verneigen wir uns immer wieder vor dir und vor dir allein!

Du bist die Eigenmanifestation von Chaitanya, dem universalen Bewusstseins. Du kannst nicht von Māyā überlagert werden. Du bist nicht im Geringsten mit Aktivitäten wie Erschaffen und Ähnlichem befasst. Vielmehr bist du schlicht und einfach der unbeteiligte, stille Zeuge aller Aktivitäten.

Dennoch verkünden die Veden, dass du das Universum erschaffst, erhältst und zerstörst – dies ist überaus vernünftig und nichts, worüber man sich verwundern müsste.

Du bist das Selbst (ātman) von allen.

Als zur Zeit der Auflösung des Universums die Veden von den Daityas gestohlen und in die Unterwelt, die Rasātala, gebracht wurden, hast du in deiner Gestalt als Hayagrīva die Veden gerettet und sie Brahmā, dem Großvater der Welten, gegeben, der sehr begierig war, sie wiederzuerlangen und ihren tieferen Sinn zu verstehen.

Du bist der wahrhafte Entschluss (sankalpa). Wir verneigen uns vor dir.

So priesen die Bhadrashravās die Hayagrīva-Gestalt von Hari und besangen seine glorreichen Taten.

Wenn jemand diese Erzählung über den Mahā Purusha (das höchste universale Selbst) liest oder sie jemand anderem vorträgt, dann werden beide, wenn sie ihre sündigen Körper verlassen, in die Welt der Devī (Devī Loka) eingehen.

Hier endet im achten Buch des Shrimad Devī Bhāgavatam, des Mahāpurānam von 18.000 Versen von Maharishi Veda Vyāsa, das achte Kapitel: Die Beschreibung von Ilāvrita.

Kapitel 9
Der Bericht über die Unterteilung der Kontinente

Nārāyana sprach: In Harivarsha erstrahlt der Bhagavān Hari in seiner Löwenmann-Gestalt als Narasimha im Glanze eines Yogi. Der Mahā Bhāgavat (Einer, der höchst hingebungsvoll ist) Prahlāda, der alle Eigenschaften des Gottes sehr gut kennt, verehrt ihn dort in vollendeter Hingabe und erfreut sich an der herrlichen Gestalt, deren Anblick alle glücklich macht.

Prahlāda sagte: Ich verneige mich vor dir, dem Bhagavān Narasimha Deva. Du bist das Licht aller Lichter. Deine großen Zähne gleichen Blitzen. Mögest du dich in deiner schreckenerregendsten Gestalt manifestieren. Mögest du die Wünsche der Menschen, Handlungen (karma) auszuführen, zerstören und mögest du die große Unwissenheit (agyāna) und den Wahn (moha) der Menschen verschlingen.

Du bist die Heimstätte der drei Gunas Sattva, Rajas und Tamas. Bitte lass mich durch deine Gnade stets frei sein von jeglicher Furcht.

Oṁ Khraum! – möge diese ganze Welt vollständig in Frieden und Freude leben. Mögen die Betrüger all ihre listenreiche Täuschung dahinfahren lassen und ein Leben in Reinheit und Einfachheit führen. Mögen alle Menschen vollständig all ihre gegenseitige Feindschaft aufgeben und nur daran denken, sich gegenseitig Gutes zu tun.

Mögen alle Menschen anderen keinen Schaden zufügen, mögen alle Menschen friedvoll sein und mögen sie die Herrschaft über ihre Leidenschaften besitzen. Bitte lasse unseren Geist vollständig frei von Begierden sein und lasse ihn vollständig und hingebungsvoll zu deinen Lotusfüßen Ruhe finden. Lass uns nicht an Söhne, Frauen, Reichtümer, Haus und andere weltliche Dinge gebunden sein. Wenn es irgendeine Bindung in unserem Geist geben sollte, dann lasse sie an solche Dinge sein, die dem Bhagavān lieb sind.

Wer sich gerade nur auf das Notwendigste um seinen Körper und Geist kümmert und vollständig die Herrschaft über sich selbst besitzt, dem ist der Erfolg sehr nahe – und nicht denjenigen, die an die Sinne gebunden sind.

Der Schmutz des Geistes, der nicht durch das Baden in der Gangā oder dem Besuch heiliger Wallfahrtsorte abgewaschen werden kann, wird durch die Gemeinschaft mit den Verehrern Gottes beseitigt und dadurch, dass man sich durch ihren Einfluss dem Hören, Nachdenken und tieferem Verstehen der Eigenschaften des Bhagavān widmet.

Wer wird daher nicht dem Bhagavān dienen wollen! Wer Hingabe zu dem Bhagavān besitzt, die nicht auf die Erlangung irgendwelcher Früchte abzielt (nishkāma bhakti), zu dem kommen von selbst stets die Devatās, Dharma und Gyāna und andere hochwertige Errungenschaften.

Wer sich aber in verschiedene geistige Phantasievorstellungen verstrickt, ohne Hingabe an den Bhagavān zu praktizieren, wer nur weltlichen Freuden nachjagt, die in Wahrheit hassenswert sind, erlangt niemals Freiheit von Begierden (vairāgyam) und andere höherwertige Errungenschaften.

So wie das Wasser das Leben eines Fisches ausmacht, so ist der Bhagavān Hari das Selbst aller verkörperten Wesen und daher ist er besonders anbetungswürdig.

Wenn eine hochentwickelte Persönlichkeit sich in Freuden des weltlichen Lebens verstrickt und aufhört, sich auf Gott auszurichten, dann schrumpft seine Größe zu völliger Bedeutungslosigkeit, wie sie der gewöhnlichen Lust entspricht, die Männer und Frauen in der Fülle ihrer Jugend genießen.

Verlasse daher sogleich dein weltliches Zuhause, das die Quelle von Geburt und Tod ist. Gib Durst und Begierde (trishna) auf und damit auch die Bindung an das Leben, an niedrige Geisteszustände, an Name und Ruhm, Egoismus, Schande, Furcht, Armut und Ehrverlust – verehre stattdessen die Lotusfüße des Bhagavān Nrisingha Deva und sei vollkommen frei von jeder Furcht.

So verehrt Prahlāda, der Herrscher der Daityas, jeden Tag hingebungsvoll den Bhagavān Nrisingha, der im Lotus seines Herzens erstrahlt, den tödlichen Löwen für all die Elefanten der Sünde.

Im Ketumāla Varsha regiert der Bhagavān Nārāyana in Gestalt von Kāma Deva, des Liebesgottes und die Menschen dort verehren Ihn allezeit. Die Tochter des Ozeans, die Indirā Devī, die den Mahātmas Ehre und Ruhm verleiht, ist die Gottheit dieses Varsha. Sie verehrt stets den Kāma Deva mit den folgenden Versen – Lakshmī Devī sprach: Oṁ, Hrām, Hrīm, Hrūm, Oṁ namo Bhagavate Hrishikeshāya! Du bist der Bhagavān, dessen Natur Oṁ ist. Du bist der Verwalter und Herr der Sinne. Dein Ātman ist der Höchste und ist die Heimstatt von allem, was gut ist.

All die Impulse des Handelns (karma vritti), des Wissens (gyāna vritti), des Entschlusses und alle anderen Impulse des Geistes verlaufen in ihren zugehörigen Bahnen, weil du sie überwachst und sie ständig in dir Anwendung finden. Und die Elemente, über die diese Impulse gebieten, gehorchen deinen Gesetzen.

Alle elf Sinne – den Geist (manas) als Denk-Sinn mit eingeschlossen – sind nichts anderes als Teile von dir. Alle in den Veden beschriebenen Riten und Zeremonien sind in dir zu finden.

Du bist der unendliche Speicher, aus dem alle Wesen ihre Nahrung beziehen. Aus dir fließt der stete Strom von Paramānanda, der Strom der Höchsten Glückseligkeit.

Du bist Alles, die Substanz, aus der alles besteht und die Verkörperung vollkommener Reinheit. Du bist die Energie und die Stärke, die sich in allen manifestiert. Du bist das Ziel von allen und die höchste Freude und du bist das innerste Wesen von dem, was die Menschen erstreben. Daher allzeit Verehrung dir!

Deine Herrschaft über alles ist nicht von irgendjemand anderem abhängig.

Die Frauen, die dich, den Herrn von allen, kennen, aber andere Körper als ihre Ehemänner verehren, vergessen, dass diese Ehemänner niemals sie, ihr Leben, ihre Besitztümer oder ihre Nachkommenschaft beschützen können, da sie von Kāla (Zeit) und Karma beherrscht werden. Daher können sie gar nicht (zu Recht) Ehemänner genannt werden. Du und kein anderer bist der wahre Ehemann, denn du bist deiner Natur nach furchtlos und du beschützt in jeder Hinsicht diejenigen, die sich fürchten.

Die bist der Herr aller Reichtümer und niemand steht über dir. Wie sollen dann diejenigen unabhängig sein, deren Glück von anderen abhängt!

Eine Frau, die den Wunsch hat, allein nur deine Lotusfüße zu verehren und keinem anderen dient, sie erlangt die Erfüllung all ihrer Wünsche. Wenn aber eine Frau, die andere Wünsche in sich trägt, als dich zu erlangen, deine Lotusfüße nicht verehrt, dann erfüllst du auch ihr ihre Wünsche. Aber, o Bhagavān, wenn die Zeit des Genusses dieser Dinge zu Ende geht und die Objekte dieser Freuden zerstört werden, dann empfindet sie angesichts des Verlustes dieser Dinge großen Kummer und große Reue.

Brahmā, Mahādeva, die Suras und die Asuras praktizieren harte Askese (tapasyā) um mich (die Glücksgöttin Lakshmī) zu erlangen, weil sie von ihrem Wunsch, die Objekte der Sinnesfreuden zu erlangen, dazu angetrieben werden. Aber nur derjenige erlangt mich wirklich, der deine Lotusfüße verehrt und zu ihnen Zuflucht nimmt, denn mein Herz gehört ganz und gar dir.

Daher, o Achyuta, sei bitte so freundlich, mir deine Gnade zu zeigen und lege deine lotusgleiche Hand auf mein Haupt, die von den kosmischen Persönlichkeiten gepriesen wird und die du über deine Verehrer (bhakta) hältst.

O Bhagavān, dass du mich liebevoll an deiner Brust ruhen lässt, ist ein Zeichen deiner Gnade. Niemand vermag deine Taten zu ergründen, der du der alleinige Gebieter über alles bist.

Auf diese Weise verehren der Prajāpati und die Herrscher dieses Varshas den Bhagavān, den Freund aller Wesen, um dadurch die Erfüllung ihrer Herzenswünsche und die höheren geistigen Fähigkeiten (siddhi) zu erlangen.

Im Ramyak Varsha, wird der Bhagavān in seiner Gestalt als kosmischer Fisch (Matsya) verehrt. Die Suras und die Asuras verehren ihn. Der hochintelligente Manu chantet stets die folgenden Hymnen an diese herrliche Erscheinungsform des Bhagavān: Verehrung ihm, der das Leben von allen ist und auch die Essenz und die Stärke von allen. Verehrung jener erhabenen Fisch-Gestalt, der Inkarnation reinen sattvas, deren Natur Oṁ und höchste Glückseligkeit ist.

Du bist der Herr der Hüter der Weltgegenden (lokapāla) und der Veda in Person. Du bist innerhalb und außerhalb dieses bewegten und unbewegten Universums.

So wie ein Marionettenspieler die hölzernen Püppchen tanzen lässt, so beherrschst du das Universum vermittels der Gebote und Verbote, die von den Brahmanen verkündet werden. Du bist der eine Gott.

Die Lokapālas, wenn sie vom Fieber der Eifersucht und des Stolzes ergriffen werden, sind – sowohl einzeln auch auch gemeinsam – ganz und gar unfähig, ihre Eifersüchteleien aufzugeben und die Dreibeiner, Vierbeiner, Reptilien und Schlangen zu beschützen. Daher bist du der eine und einzige Gott.

Du hast diese Erde, zusammen mit mir und den Pflanzen und Heilkräutern, emporgehoben und du hast zur Zeit der Auflösung des Universums (pralaya) inmitten des von tosenden Wellen bewegten Ozeans das strahlendste, höchste Licht offenbart und darin deinen Wohnsitz genommen.

Du bist das Selbst aller Wesen und des ganzen Universums und daher verneigen wir uns vor dir.

So pflegte Manu, der Beste aller Sterblichen, den Bhagavān zu preisen, den Beseitiger aller Zweifel, der sich in Gestalt eines Fisches inkarniert hatte und so weilt dort Manu, der Beste aller Gottesverehrer (bhāgavata) und widmet sich voller Hingabe dem Dienst an der

Fisch-Inkarnation des Bhagavān, indem er ausgiebig meditiert und damit alle seine Sünden auslöscht.

Hier endet im achten Buch des Shrimad Devī Bhāgavatam, des Mahāpurānam von 18.000 Versen von Maharishi Veda Vyāsa, das neunte Kapitel: Der Bericht über die Unterteilung der Kontinente.

Kapitel 10
Die Beschreibung von Bhuvanakosha

Nārāyana sprach: Im Hiranmaya Kosha weilt der Bhagavān als Herr des Yoga in Gestalt von Kurma, der kosmischen Schildkröte und wird in dieser Erscheinungsform von Aryamā, dem Herrscher über die Pitris (Vorväter), verehrt und gepriesen.

Aryamā sprach: Oṁ namo bhagavate akūpārāya. Verehrung dir, dem Herrn aller Reichtümer in Gestalt der kosmischen Schildkröte (Kurma). Du bist das Sattva-Guna in Person. Niemand vermag deinen Aufenthaltsort zu ergründen. Du bist nicht der Zeit unterworfen. Verehrung dir!

Du durchdringst alle Dinge. Wir verneigen uns vor dir! Alles ist in dir gegründet, daher bringen wir dir unsere Verehrung dar.

Durch deine wunderbare Māyā hast du dieses sichtbare Universum hervorgebracht. Dies ist deine Gestalt. Es ist auf keine Weise von dir verschieden. Diese deine Gestalt erscheint in einer Vielzahl von Formen und Gestalten. Da die wahre Wirklichkeit von all diesen unzählbaren trügerischen Erscheinungsformen verhüllt wird, kann niemand genau sagen, was deine wahre Gestalt ist.

Die Wesen, die aus Hitze und Feuchtigkeit geboren werden, die aus Eiern hervorgehen oder aus Mutterleibern, all die Pflanzen und anderen beweglichen und unbeweglichen Wesen, die Devas, Rishis, Pitris, Bhūtas, die Sinne, der Himmel, die Himmelswelten, die Erde, die Berge, Flüsse, Ozeane, Inseln, Planeten und Sterne – all diese sind wahrlich du und du allein.

Vielfältig und zahllos sind deine Namen, Gestalten und Erscheinungsformen. Dennoch haben Kapila (der Autor des vedischen Sānkhya-Systems; Sānkhya bedeutet Aufzählung) und andere ihre Zahlen dargelegt, damit du durch dieses Wissen für das Auge der Erkenntnis sichtbar wirst. Deine Gestalt und deine Natur werden durch diese von Kapila verfassten Sānkhyas genau beschrieben. Wir verneigen uns vor dir!

So besingen, preisen und verehren Aryamā und die anderen Herrscher des Varsha den Bhagavān Kurma Deva, den Herrscher über alles und den Schöpfer von allem. Allzeit Heil dir!

Der Bhagavān Yagya Purusha ist im Uttara Kuru Mandala in Gestalt von Ādi Varāha (des Ur-Ebers) manifest. Die Erde selbst verehrt ihn dort allzeit. Die Göttin Erde preist Hari, den Yagya Varāha, den Vernichter der Daityas und verehrt ihn von der Hingabe erfüllt, die ein Teil ihrer Natur ist und die durch ihre Liebe zum Herrn noch weiter verstärkt wird.

Die Göttin Erde sprach: Oṁ namo bhagavate mantratattva lingāya yagya kratave. Ich verneige mich vor dem Bhagavān, dem kosmischen Eber. Du bist Oṁ. Deine wahre Gestalt und Natur kann nur vermittels Mantra und Tattva erkannt werden. Du bist Yagya (Opfer) und Kratu (Opferhandlung) in Person, daher sind alle großen Opfer deine Gliedmaßen.

Du bist die drei Yugas (im Satya-Yuga gibt es keine Yagyas). Du bist die reine Essenz dessen, was nach Ausführung einer Handlung (karma) zurückbleibt. Verehrung dir!

Die Weisen, die in Wissen (gyāna) und höchster Erkenntnis (vigyāna) wohlbewandert sind, sagen, dass du im Körper und in den Sinnen verborgen bist, so, wie das Feuer im Holz verborgen ist. Von Sehnsucht erfüllt, dich zu schauen, suchen sie dich daher mit wohl-unterscheidendem und leidenschaftslosem Geist, indem sie die Handlungen und ihre Früchte angemessen bewerten – dann wird deine wahre Natur ihnen offenbar.

Ich verneige mich vor dir. Deine wahre Gestalt kann erkannt werden aus Ursache und Wirkung der Karmas und anderer Gunas der Māyā, aus Sinnesobjekten, Sinnen, Aktivitäten, Devas, Körper, Zeit, dem Ich-Prinzip (ahamkāra) und Anderem.

Ich verneige mich vor dir. Die, deren Geist durch Unterscheidung, durch Anwendung von Yama, Niyama und anderer Yoga-Prinzipien fest in dir gegründet ist und die ihren Charakter von allen Arten von Wankelmütigkeit und Unbeständigkeit befreit haben, können diese deine wahre Gestalt erschauen. Verehrung dir!

Auf ähnliche Weise, wie Eisen von einem Magneten angezogen wird, so tanzt Māyā mit ihren Gunas und ihren Aktivitäten der Erschaffung, Erhaltung und Zerstörung vor dir – aber du bist all dem gegenüber vollkommen unbeteiligt.

Um der verkörperten Wesen (jīva) willen kommen Wünsche auf dich zu, obwohl du dich eigentlich nicht damit befassen möchtest. Du bist der stille Zeuge aller Jīvas und ihres Schicksals (adrishta). Ich verneige mich vor dir!

Der Yagya Varāha, der Ursprung dieses Universums, hat mich aus der Rasātala auf seinen mächtigen Hauern aus dem Pralaya, dem großen Ozean, emporgehoben, nachdem er zuvor seinen Feind, den mächtigen Daitya, wie einen Elefanten überwältigt hatte. Ich verneige mich vor dir, der du das gesamte Universum leitest und beherrschst!

Im Kimpurusha Varsha weilt der Bhagavān Ādi Purusha, der Selbst-Manifeste und der Herr über alle, in Gestalt von Rāma, des Sohnes von Dasharatha, der das Herz von Sītā Devī mit Freude erfüllt. Shrī Hanumān preist Ihn dort mit den Worten: Oṁ namo bhagavate uttama shlokaya. Ich verneige mich vor dem Bhagavān, der mit herrlichen Versen besungen wird, die alle Wesen läutern.

Ich verneige mich vor dir, der Verkörperung von Sittsamkeit, gutem Charakter, Gelübdetreue und aller Merkmale einer edlen Persönlichkeit. Du beherrschst allezeit deinen Geist. Aus deiner wohlwollenden Natur heraus ahmst du die Handlungen der Menschen nach. Verehrung dir! Du bist wahrlich der Preisenswürdigste von allen – Verehrung dir!

Du bist der Brahmanya Deva, der höchste Mahāpurusha. In allen Opfern erhältst du vor allen anderen den ersten Anteil.

Du bist die eine Realität, die eine Substanz (tattva), aus der alles besteht und du bist DAS, von dem der Vedānta kündet und zu dem einzig und allein die Höchste Erkenntnis führt. Dieses dein Tattva herrscht über alle Gunas. Es kann niemals Objekt sein und wird nur durch einen reinen Intellekt erkannt. Es hat keinen Namen und keine Gestalt. Es ist stets jenseits der Begrenztheit des Ich-Prinzips (ahamkāra). Mit meinem Körper und Geist nehme ich Zuflucht zu jenem Tattva, das unendlich friedvoll ist.

Deine Inkarnation in menschlicher Gestalt geschah nicht einfach nur, um Rāvana zu töten, sondern um die Sterblichen zu belehren.

Die Verbindung mit Frauen und das daraus entstehende Leiden sind nur sehr schwer zu vermeiden – auch, um diese Lektion zu vermitteln, nahm er seine Inkarnation an. Wie kann er, der stets freudevoll in der höchsten Glückseligkeit seiner eigenen Natur versunken und der Herr über alles ist, wegen der Trennung von Sītā in Zustände des Leidens geraten?

Er ist der beste Freund und das eigentliche Selbst (ātman) derjenigen, die ihren Geist und ihre Sinne besiegt haben. Insbesondere ist er die Heimstätte aller guten Eigenschaften und erfreut sich der Herrschaft über alle höheren göttlichen Kräfte. Er ist also nicht an weltliche Dinge gebunden. Wie kann dann wegen seiner Frau die Täuschung über ihn kommen und sein Gemüt verdunkeln? Und warum schickt er Lakshmana ins Exil?

Er ist der Mahat Tattva und der Höchste Purusha und daher sind edle Geburt, Schönheit, Intelligenz, Redekunst und eine edle Erscheinung für ihn nicht etwas, das ihn erfreuen könnte. Nur Hingabe (bhakti) allein vermag ihn anzuziehen. Wenn das nicht so wäre, warum würde dann er, der ältere Bruder Lakshmanas, Freundschaft mit uns, den Streunern des Waldes, schließen, die wir unserer Natur nach weder schön sind noch andere herausragende Qualitäten aufweisen können? Daher sollte jeder, ob er ein Sura oder Asura, ob er Mensch oder nicht Mensch ist, Hari in Gestalt von Rāma, in seinem menschlichen Körper mit ganzem Herzen verehren. Er ist so gutherzig, dass er es als bedeutsam und groß ansehen wird, wenn ihn jemand auch nur ein kleines bisschen verehrt. Was ist dazu noch mehr zu sagen als dies, dass er sämtliche Bewohner von Koshala in die Himmelswelten versetzte!

Nārāyana sprach: So singt Hanumān, der Beste aller Affen, im Kimpurusha Varsha dem lotusäugigen Rāma Loblieder und verehrt ihn auf angemessene Weise, voller Wahrhaftigkeit und entschlossen seine Gelübde einhaltend. Wer diese wundervolle Beschreibung von Rāma hört, wird von allen seinen Sünden befreit und geht in einem reinen Körper in die Heimstätte von Rāma ein.

Hier endet im achten Buch des Shrimad Devī Bhāgavatam, des Mahāpurānam von 18.000 Versen von Maharishi Veda Vyāsa, das zehnte Kapitel: Der Beschreibung von Bhuvanakosha.

Kapitel 11

Der Bericht über die Kontinente und Bhāratavarsha

Nārāyana sprach: In diesem Bhāratavarsha (Indien) bin ich, der Adipurusha, in menschlicher Gestalt gegenwärtig und stehe jetzt so vor euch. Möget ihr mich ohne Unterlass wie folgt preisen.

Nārada sagte: Du bist der Bhagavān, der Herr – Verehrung dir! Du bist vollkommen frei von Neid und von jeglicher Bindung und du bist die Verkörperung von Dharma, Gyāna und Vairāgyam (Rechtschaffenheit, Erkenntnis und Leidenschaftslosigkeit). Keine Spur von Egoismus (ahamkāra) ist in dir. Verehrung dir!

Reichtum bedeutet dir nichts. Du bist der Beste in der Familie der Rishis. Du bist Nara Nārāyana. Du bist der Paramahamsa. Du bist der höchste Guru. Du bist aus dir selbst heraus glücklich und der Führer für alle. Ich verneige mich vor dir!

Du bist der Herr über alles und dennoch nicht in die Aktivitäten der Erschaffung, Erhaltung und Zerstörung involviert. Obwohl du in jedem verkörperten Wesen weilst, können dich dennoch Hunger und Durst nicht behelligen. Obwohl du der Zeuge von allem bist, wird dein Blick nicht im Geringsten durch die Nähe zu allem Geschehen beeinträchtigt. Du bist mit nichts in der Welt verbunden und keine Wünsche behelligen dich. Du bist der stille, unbeteiligte Zeuge von allem. Ich verneige mich vor dir!

Der Weg des Yoga ist aus dir hervorgegangen und ist in dir gegründet.

Der Bhagavān Hiranyagarbha hat die Intelligenz des Yoga wie folgt beschrieben: Nachdem die Menschen den Egoismus dieses Körpers, des Sitzes allen Übels, hinter sich gelassen haben, nehmen sie schließlich Zuflucht zum Pfad der Hingabe (bhakti) und richten ihren Geist auf dich aus, der du jenseits der Begrenzungen der drei Gunas bist.

Wenn die Weisen beginnen, wie ganz unwissende Menschen, die mit starken Banden an diese und an die nächste Welt gebunden sind, ihre Zeit mit Gedanken an ihre Söhne, Frauen und Reichtümer zu verbringen und schließlich angesichts der Zerstörung dieses hässlichen Körpers von großem Schmerz ergriffen werden, obwohl sie doch mit Wissen (gyāna) und höherer Erkenntnis (vigyāna) vertraut sind – dann erweist sich all ihr Studium der vedischen Schriften (shāstra) als vergebliche Mühe, die keinerlei Wirkung zeitigt.

Wenn dies den Gelehrten und Hochgebildeten widerfährt, dann gibst du selbst, der Sieger über das sinnenverhaftete Denken, uns Unterweisung, wie wir uns mühelos im Geist auf dich ausrichten können. Dann werden wir schnell frei werden von der ansonsten nur sehr schwer zu überwindenden Verhaftung an diesen hässlichen Körper, den die Māyā hervorbringt.

So verehrt Nārada, der All-Seher, der im Wissen aller Tattvas wohlbewandert ist, der beste aller Munis, den Bhagavān Nārāyana, der frei von allen von Raum und Zeit beschränkten Zuständen (ūpādhi) ist, den Herrn über das Unvergängliche (nitya) und das Spiel des Veränderlichen (līlā).

O Devarishi, ich beschreibe dir nun die Flüsse und Berge in Bhāratavarsha. Höre aufmerksam zu.

Malaya, Mangalaprashtha, Maināka, Chitrakūta, Rishabha, Kūtaka, Kolla, Sahya, Devagiri, Rishyamūka, Shrishaila, Vyankata, Mahendra, Vāridhāra, Vindhya, Shuktimān, Riksha, Pāriyātra, Drona, Chitrakūta, Govardhana, Raivataka, Kakubha, Nīla, Gaurmukha, Indrakīla, Kāmagiri und unzählige andere Berge sind dort zu finden. Große Verdienste (punyam) erwirbt, wer diese Berge erblickt.

Hunderte und Tausende von Flüssen entspringen diesen Bergen. Das Wasser dieser Flüsse zu trinken, in ihnen zu baden, sie zu besuchen und ihren Lobpreis zu singen zerstört vollständig die mit dem Geist, mit Worten und mit dem Körper begangenen Sünden.

Die Namen der Flüsse sind Tāmraparnī, Chandravashā, Kritamālā, Vatodakā, Vaihāyasī, Kāverī, Venā, Payashvini, Tungabhadrā, Krishnavenā, Sharkarā, Vartakā, Godāvarī, Bhīmarathī, Nirbindhyā, Payoshnikā, Tāpī, Revā, Surasā, Narmadā, Sarasvatī, Charmanvatī sowie Indus, Andha, Sone, Rishikulyā, Trisāmā, Vedasmriti, Mahānadī, Kaushikī, Yamunā, Mandākini, Drishadvatī, Gomatī, Sarayū, Oghavatī, Saptavatī, Susamā, Shatadru, Chandrabhāgā, Marudbridhā, Vitashtā, Asiknī und Vishvā – um nur die wichtigsten zu nennen.

Die Menschen, die in diesem Varsha Geburt annehmen, genießen die göttlichen, menschlichen und niederen Folgen ihrer Handlungen in Einklang mit ihren sattvischen, rajasischen und tamasischen Eigenschaften. Alle Bewohner dieses Varsha durchlaufen die Lebensphasen Sannyāsa, Vānaprashtha usw. in Einklang mit den Regeln ihrer Standeszugehörigkeit (varna) und erfreuen sich ihres Lebens in Einklang mit den vedischen Schriften (shāstra).

Die Vedavādis (Kenner des Veda), die Rishis und die Devas verkünden, dass dieses Land (varsha) über allen anderen Varshas steht und die Gnade Gottes hier mühelos erlangt wird. Sie sagen: Oh, welche Vielzahl von guten Handlungen haben die Einwohner von Bhārata in ihren vorherigen Leben ausgeführt, dass durch ihren Einfluss der Bhagavān Hari mit ihnen zufrieden ist, ganz ohne dass sie sich spirituellen Praktiken (sādhana) widmen müssen. Daher wünschen auch wir uns dort Geburt anzunehmen, denn wenn wir unter den Menschen dort geboren werden, werden wir fähig sein, Hari Mukunda auf jede Weise zu dienen.

Was nützen uns denn harte Askese, Verschenken von Gaben, Opfer und das Einhalten strenger Gelübde? Selbst wenn wir in die Himmelswelt eingehen – welchen Nutzen haben wir davon? Dort lebend würden wir niemals dazu in der Lage sein, unseren Geist auf die Lotusfüße des Bhagavān Nārāyana auszurichten. Wir würden dort ein Höchstmaß verfeinerter Sinnesfreuden genießen und dabei ganz und gar den Bhagavān verlieren.

Da wäre es weitaus besser, als kurzlebige Menschen im Bhārata Varsha geboren zu werden, als an jenen himmlischen Orten ein ganzes Zeitalter (kalpa) zu verbringen und erst dann wiedergeboren zu werden. Denn die intelligenten Menschen des Landes Bhārata können sich in ihrer sterblichen Hülle innerhalb ihrer kurzen Lebenszeit dem Bhagavān Hari hingeben und frei von dem Kreislauf von Geburt und Tod werden.

Selbst wenn es die höchste Himmelswelt (svarga) wäre – man sollte niemals einen Ort aufsuchen oder dort leben, wo nicht der nektargleiche Ozean der Erzählungen über Vaikuntha zu hören ist, wo sich nicht die Heiligen versammeln, die Zuflucht zu den Lotusfüßen des Bhagavān genommen haben und wo nicht die großen Opfer und Festlichkeiten zu Ehren des Bhagavān Vishnu gefeiert werden.

Diejenigen, die menschliche Geburt, höheres Wissen (gyāna), vedisches Handeln (kriyā) und auch die materiellen Mittel zur

Durchführung von Opfern (dravya) erlangt haben und dennoch nicht nach Befreiung (moksha) streben, sind gewiss wie Tiere und verstricken sich stets aufs Neue in die Fesseln der Gebundenheit.

Die Menschen des Bhārata Varsha bringen Indra und anderen Gottheiten den rechten Vorschriften (vidhi) entsprechend, mit den korrekten Mantras und Opfergaben Opfer dar und rufen sie mit ihren entsprechenden Namen an – aber schließlich ist es dann der vollkommen selbstgenügsame Bhagavān Hari, der Segensreiche, der diese Opfergaben voller Freude annimmt.

Es ist wahr, dass er den Menschen das gewährt, was sie sich von ihm erbitten, aber er gewährt nur ganz selten jemandem das Paramārtha, das höchste Ziel. Der Grund dafür ist, dass die Menschen ihn immer wieder aufs Neue um die Gaben bitten, die sie zuvor von ihm erhalten haben. Daher gewährt er seine eigenen Lotusfüße nur denjenigen, die alle anderen Wünsche aufgegeben haben und nur ihn und ihn allein voller Liebe verehren.

Und so leben wir voller Freude in der Himmelswelt, die wir als Folge der wunscherfüllenden Opfer (ishtāpūrta) erlangt haben, die wir erfolgreich durchführten, aber dennoch haben wir auch den Wunsch, in Bhārata Varsha geboren zu werden, um die Erinnerung an den Bhagavān Hari wieder zu erlangen. Der Bhagavān, der in diesem Bhāratavarsha weilt, sorgt für das allerbeste Wohlergehen der Bewohner dieses Landes.

Nārāyana sprach: O Devarishi, so besingen die Devas der Himmelswelten, die Siddhas, die höchsten Rishis, das Loblied auf die großartigen Vorzüge des Bhāratavarsha.

Das Jambudvīpa hat acht Upadvīpas. Als die Söhne des Königs Sagara den Hufabdrücken des gestohlenen Pferdes folgten, fanden sie diese Upadvīpas – dies gilt als sicher. Die Namen der Upadvīpas sind: Svarnaprashtha, Chandrashukra, Āvartana, Ramānaka, Mandaropākhya, Harina, Pānchajanya und Ceylon. Die Länge und Breite von Jambudvīpa ist bereits beschrieben worden. Nun sollen die anderen sechs Dvīpas (Inseln oder Kontinente), Plaksha und andere, beschrieben werden. Höre zu.

Hier endet im achten Buch des Shrimad Devī Bhāgavatam, des Mahāpurānam von 18.000 Versen von Maharishi Veda Vyāsa, das elfte Kapitel: Der Bericht über die Kontinente und Bhāratavarsha.

Kapitel 12
Der Bericht über die Dvīpas Plaksha, Shālmala und Kusha

Nārāyana sprach: Das Jambudvīpa, seine Beschaffenheit und seine Größe sind beschrieben worden. Es ist ringsum vom Salzozean umgeben.

So, wie der Meru von Jambudvīpa umgeben ist, so ist der Salzozean von dem zweimal so großen Plakshadvīpa umgeben. So, wie ein Wassergraben von Gärten umgeben ist, ist auch der Salzozean von Gärten umgeben, und so, wie in Jambudvīpa der Jambu-Baum zu finden ist, so gibt es den Plaksha-Baum gleicher Größe im Plaksha Dvīpa. Der Name Plaksha Dvīpa wird von dem Namen des Plaksha-Baumes abgeleitet. Dieser Baum hat eine goldene Farbe. Eine Form des Feuers ist am unteren Ende seines Stammes zu finden und dies wird Saptajihva genannt.

Der Herrscher dieses Kontinents ist Idhmajihva, der Sohn des Priyavrata. Er teilte seinen Kontinent in sieben Varshas (Länder) auf und wies sie seinen sieben Söhnen zu. Er selbst nahm Zuflucht zum Weg des Yoga, der von den Kennern des Selbst so sehr geliebt wird, und erlangte den Bhagavān Vāsudeva.

Die Namen der sieben Inseln oder Subkontinente sind Shiva, Yavas, Subhadra, Shānti, Kshema, Amrita und Abhaya. Sieben Flüsse und sieben Berge gibt es auf diesen sieben Inseln.

Die Flüsse sind Arunā, Nrimnā, Angirasī, Sāvitrī, Suprabhātikā, Ritambharā und Satyambharā. Die Namen der Berge sind Manikūta,

Vajrakūta, Indrasena, Jyotishmāna, Suparna, Hiranyashthīva und Meghamāla. Diese Flüsse zu sehen und von ihrem Wasser zu trinken beseitigt alle Sünden und alle Dunkelheit der Unwissenheit.

Es leben dort die vier Stände Hamsa, Patanga, Ūrdhāyana und Satyānga, die den vier Ständen der Brahmanen usw. entsprechen.

Die Einwohner von Plaksha Dvīpa leben eintausend Jahre lang und sind von wunderbar vielfältiger Gestalt. Sie folgen den Sitten und Gebräuchen des Veda und verehren den Sonnengott, um die Himmelswelt zu erlangen. Das Mantra, mit dem sie Sūrya verehren, lautet wie folgt: Wir nehmen Zuflucht zur Sonne, die der manifeste, sichtbare Körper der uranfänglichen Gottheit Shrī Vishnu und die Verkörperung von Wahrheit (satya), rechtschaffenem Handeln (ritā), Brahmā, Unsterblichkeit (amrita) und Tod (mrityu) ist.

O Nārada, alle Menschen hier erfreuen sich eines langen Lebens, gesunder und kraftvoller Sinne, sind stark, intelligent, voller Begeisterung und tapfer. Jeder von ihnen besitzt ungewöhnliche Geisteskräfte.

Plaksha Dvīpa grenzt an den Ikshu-Ozean, das heißt, der Ikshu Sāgara umgibt Plaksha Dvīpa.

Als Nächstes kommt Shalmala Dvīpa. Dieser Kontinent ist doppelt so groß wie Plaksha und ist vom Wein-Ozean (Surāsāgara) umgeben. Auf ihm befindet sich ein Baum namens Shalmalī, der ebenso groß ist wie der Plaksha-Baum. Der edle Göttervogel Garuda wohnt auf diesem Baum.

Yagyavāhu ist der Herrscher dieses Varsha. Er ist der Sohn von Priyavrata. Er teilte sein Varsha in sieben Teile auf und wies seinen sieben Söhnen je einen hiervon zu.

Vernimm nun die Namen dieser Varshas: Surochana, Saumanasya, Ramana, Deva Varsha, Pāribhadra, Āpyāyana und Vigyāta. Auch dort gibt es wieder sieben Berge oder Gebirge und sieben Flüsse.

Die Namen der Berge sind Sarasa, Shatashringa, Vāma Deva, Kandaka, Kumuda, Pushpavarsha und Sahasra-Shruti. Höre nun die

Namen der Flüsse: Anumati, Sinīvālī, Sarasvatī, Kūhu, Rajanī, Nandā und Rākā – dies sind die sieben Flüsse.

Die Menschen gehören vier verschiedenen Ständen an: Shrutadhara, Vīryadhara, Vasundhara und Ishundhara, die den Ständen der Brahmanen, Kshatriyas usw. entsprechen. Sie verehren den Mondgott, den Bhagavān Chandra, den Herrscher über alle und den Schöpfer aller Veden. Das Mantra, mit dem sie ihn verehren, lautet: Möge Soma, der König über alle, uns gewogen sein.

O Nārada, nach dem Surāsagara folgt als Nächstes Kushadvīpa, das von einem Ozean aus geläuterter Butter (Ghritasāga) umgeben ist. Es ist doppelt so groß wie Shalmala-Dvīpa.

Hier sind zahlreiche Kushagrashalme zu finden, die sich durch eine überaus strahlende Farbe auszeichnen. Der Name des Dvīpa stammt von diesen Kushastamba. Die Kushagras-Büschel erleuchten alle Himmelsrichtungen mit ihren sanften Strahlen.

Der Herrscher des Dvīpa ist Hiranyaretā, der Sohn des Priyavrata. Er teilte das Dvīpa in sieben Teile auf und wies jedes der Teile einem seiner sieben Söhne zu. Die Namen der sieben Söhne sind Vasu, Vasudāna, Dhridharuchi, Nābhigupta, Stutyavrata, Vivikta und Bhāmadevaka.

Sieben Gebirge bilden die Grenzen der sieben Länder und es gibt dort sieben Flüsse. Höre nun die entsprechenden Namen. Die Namen der Gebirge sind Chakra, Chatuhshringa, Kapila, Chitre Devānīka, Kūta, Ūrdharomā und Dravina. Die Namen der Flüsse sind Rasakulyā, Madhukulyā, Mitravindā, Shrutavindā, Devagarbhā, Ghritāchyut und Mantramalikā. Die Bewohner des Kushadvīpa trinken von dem Wasser dieser Flüsse.

Die vier Stände dort heißen Kushala, Kovida, Abhiyukta und Kulaka und sie entsprechen den Ständen der Brahmanen usw.

Alle Einwohner dort sind so mächtig wie Indra und die anderen bedeutenden Devas, und sie alle sind allwissend. Sie verehren den Feuergott Agni und vollbringen gute Taten zu seinen Ehren.

Das Mantra ihrer Verehrung lautet: O Agni, du trägst die Opfergaben direkt zu Para Brahmā. In den Opfern der Devas verehrst du jenen höchsten Gott und bringst ihm dar, was im Opferfeuer geopfert wurde, wobei du die entsprechenden Gliedmaßen seines Körpers benennst.

So verehren die Bewohner jenes Dvīpa den Gott des Feuers.

Hier endet im achten Buch des Shrimad Devī Bhāgavatam, des Mahāpurānam von 18.000 Versen von Maharishi Veda Vyāsa, das zwölfte Kapitel: Der Bericht über die Dvīpas Plaksha, Shālmala und Kusha.

Kapitel 13
Die Beschreibung der übrigen Dvīpas

Nārada sagte: O Allwissender, bitte beschreibe nun die übrigen Dvīpas, denn es macht uns große Freude, davon zu hören.

Nārāyana sprach: Der weithin ausgedehnte Ozean aus geklärter Butter (Ghrita Sāgara) umgibt das Kusha Dvīpa. Als Nächstes folgt dann das Krauncha Dvīpa. Es ist doppelt so groß wie das Kusha Dvīpa. Der Kshīra Sāgara (Milchozean) umgibt dieses Dvīpa und in ihm erhebt sich der Krauncha-Berg. Der Name dieses Dvīpa wird von dem Namen dieses Berges abgeleitet. Vor Zeiten hat Kārtikeya, der hochintelligente Führer der Heerscharen der Devas, diesen Berg mit seiner großen Kraft zerspalten. Dieses Dvīpa ist von dem Kshīra Sāgara umgeben und seine Gottheit ist Varuna. Ghritaprishtha, der von allen hochgeehrte Sohn des Priyavrata, dessen Reichtum unbegrenzt ist, herrscht über dieses Dvīpa. Er teilte das Dvīpa in sieben Teile auf, die er seinen sieben Söhnen zuwies, und er benannte die Varshas nach den Namen seiner Söhne. Er setzte seine Söhne als Herrscher ein und nahm dann selbst Zuflucht zum Bhagavān Nārāyana. Die Namen der sieben Varshas sind Āma, Madhuruha, Meghaprishtha, Sudhāmaka, Bhrājishtha, Lohitārna und Vanaspati.

O Nārada, die sieben Berge und Flüsse dort werden in allen Welten hoch geehrt. Die Namen der Berge sind Shūkla, Vardhamāna, Bhojana, Upavarhana, Nanda, Nandana und Sarvatobhadra. Die Namen der Flüsse sind Abhayā, Amritaughā, Āryakā, Tīrthavatī, Vrittirūpavatī, Shuklā und Pavitravatikā. Die Bewohner der Varshas trinken von dem äußerst reinen und klaren Wasser jener Flüsse.

Die Menschen dort gehören den vier Ständen Purusha, Rishabha, Dravina und Vedaka an und sie verehren den Bhagavān Varuna, den Herrn der Gewässer.

Sie besitzen große Unterscheidungskraft und wiederholen, in ihren zusammengelegten Händen Wasser haltend, von großer Hingabe erfüllt das folgende Mantra: O Varuna, du bist die Essenz der Allkraft (vīrya) des höchsten Bhagavān und du segnest die himmlischen Welten Bhūrloka, Bhuvarloka und Svarloka. Du zerstörst die Sünden von allen. Das Wasser in unseren Händen berührend bitten wir dich unsere Körper zu läutern.

Nachdem sie die Rezitation ihrer Mantren abgeschlossen haben, singen sie dann verschiedene Hymnen an Varuna.

Auf den Kshiroda Sāgara folgt dann das Shaka Dvīpa, das eine Breite von zweihunderttausend (zwei Lakh) Yojanas hat und von dem Quark-Ozean (Dadhi Sāgara) gleicher Größe umgeben ist.

Der großartige Shaka-Baum ist hier zu finden. O Nārada, das Dvīpa ist nach diesem Baum benannt. Medhātithi, der Sohn des Priyavrata ist der Herrscher über dieses Dvīpa. Er teilte das Dvīpa in sieben Teile auf, die er seinen sieben Söhnen zuwies und nahm schließlich selbst Zuflucht zum Weg des Yoga. Die Namen der sieben Varshas sind Purojava, Manojava, Pavamānaka, Dhūmrānīka, Chitrarepha, Bahurūpa und Vishvadhrik.

In diesen Varshas gibt es sieben Gebirge, einer in jedem Varsha, die als Abgrenzung dienen, und es gibt auch sieben Flüsse. Die Namen der Gebirge sind Īshana, Ūrushringa, Valabhadra, Shata Keshara, Sahasra-Shrotaka, Devapāla und Mahāshana. Die Namen der Flüsse sind Anaghā, Āyurdā, Ubhayasprishti, Aparājitā, Panchapadī, Sahasrashruti und Nijadhriti. Diese sieben Flüsse strömen alle in großer Breite dahin und erstrahlen in herrlichem Glanz.

Die Menschen dort sind in vier Stände aufgeteilt: Satyavrata, Kratuvrata, Dānavrata und Anuvrata. Sie alle widmen sich Yoga-Atemübungen (prānāyāma) und erlangen dadurch die Herrschaft über die Gunas Rajas und Tamas. Sie verehren Hari in seiner Manifestation als Prāna Vayu, ihn, der höher als der Höchste ist. Das von ihnen rezitierte Mantra lautet: Er ist in alle Lebewesen eingegangen und nährt sie durch den Prāna und andere Kräfte. Er ist der innere Herrscher über alles und der höchste Gebieter. Dieses Universum wird von ihm geleitet. Möge er uns schützen und nähren!

O Nārada, auf den Dadhi Sāgara folgt dann Pushkara Dvīpa; es ist doppelt so groß wie Shāka Dvīpa und wird von dem Milchozean Dudha Sāgara umgeben, der ebenfalls die doppelte Größe des Dadhi Sāgara hat.

Die reinen und lauteren Blätter des Pushkara-Baumes, deren Leuchten das Pushkara-Dvīpa erhellt, erscheinen feurig wie goldene Flammen. Millionen und Abermillionen goldener Blätter schmücken diesen Baum.

Vāsudeva, der Guru aller Welten, hat dieses Pushkara Dvīpa als Sitz des Paramesthī Brahmā erschaffen, der über sechs außergewöhnliche Geisteskräfte verfügt, um sich der Aufgabe der Schöpfung zu widmen.

Es gibt in diesem Dvīpa einen Gebirgszug, der sich in zwei Teile aufteilt, die Arvāchīna und Parāchīna genannt werden und die Grenzen der beiden Varshas des Dvīpa bilden. Dieser Gebirgszug ist zehntausend (ein Ayuta) Yojanas hoch und zehntausend Yojanas breit.

Zu seinen vier Seiten sind vier Städte zu finden. Indra und die anderen Hüter der Weltgegenden (lokapāla) sind die Herrscher über diese Städte. Der Sonnengott Sūrya beginnt oberhalb von ihnen seine Fahrt, umkreist den Weltenberg Meru und kehrt dann wieder zu seinem Ausgangspunkt zurück. Seine Umlaufzeit (chakra) ist ein Jahr. Uttrāyanam und Dakshināyanam wird sein Pfad genannt.

Vītihotra, der Sohn des Priyavrata ist der Herrscher über dieses Dvīpa, das er in zwei Varshas aufteilte und seinen beiden Söhnen Ramana und Dhātakī zuwies; diese herrschen über die beiden Varshas, die auch nach ihnen benannt sind.

Wie die Einwohner der zuvor genannten Varshas besitzen auch die Einwohner dieser beiden Varshas erhabene Geisteskräfte. Sie verehren hingebungsvoll den Gott, der seinen Sitz auf dem Lotus hat, und folgen so dem Pfad des Yoga, der sie nach Brahmāloka, Sālokya und in andere höhere Bewusstseinswelten führt.

Das Mantra ihrer Verehrung lautet: Wir verneigen uns vor dem einen Gott, der ohne zweiten ist, dessen Natur Friede ist, der die Frucht aller Aktivitäten (karma) ist, den Sitz des göttlichen Glanzes von Brahmā, der in Einheit gefestigt ist und von allen Welten verehrt wird.

Hier endet im achten Buch des Shrimad Devī Bhāgavatam, des Mahāpurānam von 18.000 Versen von Maharishi Veda Vyāsa, das dreizehnte Kapitel: Die Beschreibung der übrigen Dvīpas.

Kapitel 14
Die Beschreibung des Lokāloka-Raumes

Nārāyana sprach: Auf den Ozean reinen Wassers folgt der Berg, der Lokāloka genannt wird. Er bildet das Grenzgebiet zwischen den beiden Ländern Loka und Aloka.

O Devarishi, es gibt ein Land, das ganz aus reinem Gold besteht, das einen Raum einnimmt, der dem der Entfernung zwischen Mānasottara und dem Meru entspricht. Dieses Land gleicht einem Spiegel. Es gibt dort keine Lebewesen. Der Grund hierfür ist, dass alles, was in dieses Land hinein kommt, sogleich in Gold verwandelt wird und nicht wieder heraus kommt. O Nārada, weil dort keine

Wesen leben können, wird es Lokāloka (in etwa: Der ortlose Ort) genannt. Es befindet sich stets zwischen Loka und Aloka. Gott selbst hat es als Begrenzung der drei Welten erschaffen.

Die Strahlen der Sonne, der Polarstern und alle Planeten werden von dieser Sphäre eingegrenzt, auf dem Weg durch deren Mitte die Himmelslichter ihren Glanz über die drei Welten (triloka) ausbreiten.

O Nārada, dieser gewaltige Berg ragt so hoch auf und ist so weiträumig, dass die Strahlen der Himmelslichter ihn niemals verlassen können. Die Gelehrten sagen, dass die Größe, die Gestalt und die Maße dieses Berges so beschaffen sind, dass er an seinem Gipfel ein Viertel von fünfhundert Mal (also 125 Mal) so groß wie die Erde ist.

Der aus sich selbst geborene Brahmā hat an den Seiten des Berges riesengroße Elefanten platziert – vernimm nun deren Namen, sie sind: Rishabha, Pushpachūda, Vāmana und Aparājita. Man sagt, dass diese vier gewaltigen Elefanten die Welten (loka) in ihrer zugewiesenen Position halten.

Der Bhagavān Hari verleiht diesen Elefanten sowie Indra und anderen Gottheiten Stärke und sie werden als Manifestationen seiner Macht (vibhūti) angesehen.

Er manifestiert seine makellose Reinheit (shuddha sattva) und seine einmaligen höheren Bewusstseinskräfte und herrscht dort, vereint mit Animā (Körper auf Atomgröße reduzieren), Laghimā (Körper nahezu gewichtslos werden lassen) und den anderen der acht Haupt-Siddhis und umgeben von seinem Pārishadas Vishvakshena (einer der Torwächter von Shrī Vishnu) und anderen seiner hingebungsvollen Helfer.

Er ist der eine Gott von allen und ohne einen zweiten. Um des Wohlergehens aller Wesen willen hält er seinen strahlenden Diskus Sudarshana und zahlreiche andere Waffen in Händen und die Kraft seiner Arme ist unermesslich groß. Er ist die Ursache und der Ursprung seiner selbst und durchdringt zu allen Zeiten ganz und gar alles. Er ist ewig. Dieses Universum wird von seiner einmaligen Māyā-Macht erhalten und beschützt. Er weilt dort bis zum Ende eines Kalpa in dieser seiner Gestalt.

Die oben genannte innere Ausdehnung bezieht sich auf die Ausdehnung von Āloka, das sich außerhalb von Loka befindet.

Es wird beschrieben, dass sich jenseits des Berges Lokāloka der reine Pfad befindet, der innerhalb des von Himmel und Erde gebildeten eiförmigen Ellipsoids nach Yogeshvara führt. Die innere Ausdehnung dieses Ellipsoids erstreckt sich über 250 Millionen Yojanas (1 Yojana als kosmisches Maß entspricht 6.400 Kilometern).

Wenn dieses Ei leblos oder bewusstlos wird, tritt der Sonnengott in Gestalt von Vairāja (Lebenskraft) darin ein. Daher wird der Sonnengott Mārtanda genannt. Er ist Hiranyagarbha, wenn er aus dem Goldenen Ei geboren wird. Der Sonnengott ist es, der über die Himmelsgegenden, den Ākāsha, über Himmel und Erde gebietet und die Ordnungsstruktur der Sphären aufrechterhält. Die Sonne ist der Ātmā (das Selbst) von Svarga (der Himmelswelt der Devas) und Moksha (Erlösung), von der Hölle und anderen Orten der Unterwelt, der Devas, Menschen, Vögel, Reptilien, der Bäume und anderer Lebewesen und er ist die Gottheit, die dem Sehsinn der Wesen vorsteht.

O Nārada, seine Breite beträgt Panchāshat Koti Yojanas und seine Höhe oder Tiefe ist 25 Koti Yojanas. So, wie die beiden Hälften einer Erbse gleich groß sind, so sind auch Erde und Himmel von gleicher Größe. Der zwischen ihnen eingeschlossene Raum wird Antarīksha genannt. Der Sonnengott, der beste aller Himmelskörper, befindet sich in der Mitte und er erhellt und erwärmt die drei Welten.

Wenn er auf dem Uttarāyana-Pfad wandelt, verlangsamt sich seine Bewegung (Mandagati-Bewegung). Wenn die Sonne dann höher emporsteigt, verlängert sich die Zeit des Tages. Wenn die Sonne dem Dakshināyana-Pfad folgt, nimmt sie die Bewegungsart Shīghragati an; sie steigt dann nicht so hoch empor und die Zeit des Tages verringert sich. Wenn sie sich am Himmelsäquator befindet, nimmt sie eine mittlere Position ein und Tag und Nacht sind gleich lang. Wenn die Sonne sich in den Tierkreiszeichen Widder (mesha) oder Waage (tūla) befindet, sind Tag und Nacht gleich lang. Wenn die Sonne die fünf Zeichen Stier, Zwillinge usw. bis Jungfrau durchläuft, werden die Tage länger und wenn sie die fünf Zeichen von Skorpion bis Fische durchläuft, werden die Tage kürzer und die Nacht wird länger.

Hier endet im achten Buch des Shrimad Devī Bhāgavatam, des Mahāpurānam von 18.000 Versen von Maharishi Veda Vyāsa, das vierzehnte Kapitel: Die Beschreibung des Lokāloka-Raumes.

Kapitel 15
Die Bewegung der Sonne

Nārāyana sprach: O Nārada, ich werde nun die Bewegung der Sonne beschreiben. Höre zu. Sie ist von dreierlei Art: Shīghra (perihelionisch), Manda (aphelionisch) und gleichförmig.

O Surasattama, jeder Planet hat drei Positionen. Der Name der Madhyagati Position ist Jāradgava, der Name der nördlichen Position ist Airāvata und der Name der südlichen Position ist Vaishvānara. Die Mondhäuser (nakshatra) Ashvinī, Krittikā und Bharanī werden mit dem Ausdruck Gaja Vīthī bezeichnet. Pushyā, Ashleshā und Punarvasu werden Airavatīvīthī genannt. Die drei zuvor genannten Vīthīs (Pfade) nennt man auch Uttara Mārga.

Purvaphalgunī, Uttara Phalgunī und Maghā heißen Arshabhī Vīthī. Hastā, Chitrā und Svātī werden Govīthī genannt. Jyeshthā, Vishākhā und Anurādhā haben die Bezeichnung Jāradgavī Vīthī. Diese drei Vīthīs werden Madhyamā Mārga genannt.

Mūlā, Purvāshādhā und Uttarāshādhā nennt man Ajavīthī Shravanā. Dhanisthā und Shatabhisā tragen die Bezeichnung Mriga Vīthī. Uttara Bhādrapada, Purvabhādrapada und Revatī heißen Vaishvānarīvīthī. Diese drei Vīthīs (Pfade) nennt man Dakshināmārga.

Während der Zeit von Uttarāyana (nördlicher Weg der Sonne) steigt der Wagen der Sonne auf, weil der Dhruva (Polarstern) den Luftstrang von beiden Seiten des Yuga, der Achse, aus anzieht.

Wenn die Sonne ins Innere der Sphäre eintritt, wird die Bewegung des Sonnenwagens langsamer und die Zeit des Tages wird länger und die der Nacht kürzer. O Sura Sattama, wisse, dass dies der Lauf der Sonne auf ihrem Pfad ist.

Wenn der Strang aus Luftenergie den Wagen nach Süden zieht, bewegt der Wagen sich abwärts und wenn die Sonne die Sphäre verlässt, wird ihre Bewegung schnell. Dann werden die Tage kürzer und die Nächte länger.

Wenn andererseits der Strang weder angezogen noch gelockert, sondern genau im Gleichgewicht gehalten wird, dann verbleibt auch die Sonne in einer mittleren Position und ihr Wagen wird so im Gleichgewicht gehalten, dass Tag und Nacht gleich lang sind.

Wenn der Luftstrang im Zustand des Gleichgewichts vom Polarstern angezogen wird, dann beeinflusst das die Drehung der Sonne und des Sonnensystems und wenn der Polarstern seinen Zug des Stranges aus Luftenergie lockert, dann tritt die Sonne aus der mittleren Sphäre hervor, was ebenfalls die Drehbewegung der Sonne und des Sonnensystems beeinflusst.

Im Osten des Berges Meru befindet sich die Stadt des Götterkönigs Indra und dort wohnen die Götter; sie wird daher Devadhānika genannt. Im Süden des Meru liegt die berühmte Stadt des Todesgottes Yama, die Samyamanī heißt. Westlich des Meru ist die großartige Stadt von Varuna, die den Namen Nimnochanī trägt. Im Norden des Meru ist die Stadt Vibhāvarī, die Stadt des Mondes, zu finden.

O Nārada, die Brahmavādis sagen, dass die Sonne als Erstes in der Stadt Indras aufgeht. Am Mittag bewegt sich die Sonne nach Samyamanī. Am Abend bewegt sich die Sonne nach Nimnochanī und man sagt, dass sie untergeht. In der Nacht weilt die Sonne dann in Vibhāvarī.

O Muni, die Bewegung der Sonne um den Weltenberg Meru herum ist die Ursache dafür, dass sich alle Wesen ihren jeweiligen Pflichten widmen.

Für die Bewohner des Meru ist die Sonne stets in einer zentralen Position zu sehen. Die Sonne setzt ihren Weg nach Osten in Richtung der Sterne fort, wobei der Meru sich zu ihrer Linken befindet, aber aus der Perspektive des Tierkreises erscheint es so, dass der Meru südlich der Sonne zurückbleibt; der Sonnenaufgang und der Sonnenuntergang finden gleichsam stets vor ihm statt.

O Devarishi, von jedem Punkt (der Erde) aus, aus jeder Richtung sagt jeder Mensch „Die Sonne geht auf" oder, wenn sie wieder unsichtbar wird, „Die Sonne geht unter". Der Sonnengott (sūrya) selbst aber existiert immer und für ihn selbst gibt es kein Auf- oder Untergehen. Nur sein Erscheinen und wieder Verschwinden lässt die Menschen sagen, dass die Sonne auf- oder untergeht.

Wenn Sūrya sich in Indras Stadt aufhält, erleuchtet er die drei Städte von Indra, Yama und dem Mond und er erleuchtet den Nordosten sowie den Südosten. Wenn er in der Stadt des Mondes weilt, erleuchtet er den Nordosten, Nordwesten und neben der Stadt des Mondes selbst auch die Städte von Indra und Yama – und gleiches gilt für die übrigen Richtungen und Städte.

O Nārada, der Weltenberg Meru befindet sich im Norden sämtlicher Dvīpas und Varshas. Wo auch immer jemand die Sonne aufgehen sieht, diese Richtung nennt er dann Osten. Der Meru aber befindet sich zur Linken der Sonne, so sagt man.

Wenn Sūrya innerhalb von fünfzehn Ghatikās (ein Ghatikā sind 24 Minuten) die Strecke von Indrapurī nach Yamapurī zurücklegt, so sagt man, dass er in dieser Zeit eine Entfernung von zweieinviertel Kotis, zwölfeinhalb Lakhs und 25.000 Yojanas zurücklegt.

Der tausendäugige und tausendstrahlige Sūrya ist der Manifestierer der Zeit. Er bereist auf die zuvor beschriebene Weise die Städte von Varuna, Chandra, und Indra. Er ist das Diadem von Svarloka und der Tierkreis ist sein Selbst (ātman). Durch sein Voranschreiten weist er allen Wesen die Zeiten zu. O Nārada, der Mond und die anderen Planeten und Sterne steigen auf die gleiche zuvor beschriebene Weise auf und gehen unter.

Der machtvolle Sonnenwagen legt in einer Muhūrta (eine Muhūrta entspricht 48 Minuten) 14.200.000 Yojanas zurück. Vermittels der Energie des Pravaha Vāyu bewegt sich der Sonnengott, die Inkarnation der Veden, innerhalb eines Jahres (samvatsara) durch den Tierkreis und die genannten vier Städte.

Das Rad des Sonnenwagens entspricht einem Jahr. Zwölf Monate sind seine Speichen. Drei Vierteljahresperioden (chāturmāsya) bilden die Nabe und die sechs Jahreszeiten bilden den äußeren Ring oder Umfang des Rades. Die Gelehrten bezeichnen den Sonnenwagen als Samvatsara (Jahr). Seine Achse ist auf einer Seite auf den Meru und auf der anderen Seite auf den Berg Mānasottara gerichtet.

Der Umfang des Rades markiert andere Unterteilungen der Zeit wie Kalā, Kāsthā, Muhūrta, Yāma, Parahara, Tag und Nacht und den Zeitabschnitt von vierzehn Tagen. Die Sonne bewegt sich mit diesem Rad, wie ein Ölmüller auf seiner Ölmühle, rund um den Mānasottara-Berg herum. Die Ostseite des Rades sitzt auf der Achse und der andere Teil ist am Polarstern befestigt. Die Größe der ersten Achse beträgt 15.750.000 Yojanas und die zweite Achse ein Viertel hiervon. Das Yuga hat eine Länge von einem Viertel hiervon.

Der von dem Wagenlenker Aruna gesteuerte Sonnenwagen wird von sieben Pferden gezogen, die Verkörperungen der sieben Metren (chhandas) Gāyatrī usw. sind. Die Pferde ziehen den Sonnenwagen, um alle Wesen zu erfreuen.

Obwohl der Wagenlenker vor dem Sonnengott sitzt, ist sein Blick nach Westen gewandt und so übt er seine Tätigkeit als Lenker des Sonnenwagens aus. Sechzigtausend Vālakhilya Rishis von der Körpergröße eines Daumens singen ihm liebliche vedische Hymnen zu.

Andere Rishis, Apsarās, Uragas, Grāmanīs, Rākshasas und sämtliche Devas verehren, in Siebenergruppen eingeteilt, jeden Monat den überaus glanzreichen Sonnengott.

Die Erde misst 90.152.000 Krosha Yuga Yojanas. Der Sonnengott legt diese Distanz in einem Augenblick zurück und er legt in dieser seiner Arbeit nicht auch nur einen Tag Pause ein – ja nicht einmal einen Augenblick lang.

Hier endet im achten Buch des Shrimad Devī Bhāgavatam, des Mahāpurānam von 18.000 Versen von Maharishi Veda Vyāsa, das fünfzehnte Kapitel: Die Bewegung der Sonne.

Kapitel 16
Die Bewegung der Planeten

Shrī Nārāyana sprach: O Nārada, höre nun von den wunderbaren Bewegungen der Planeten und von ihren Positionen am Himmel. Die heilsamen und schädlichen Ereignisse im Leben der Menschen werden von den unterschiedlichen Bewegungen dieser Planeten hervorgerufen.

So wie auf einem sich drehenden Töpferrad Insekten – teilweise auch in Gegenrichtung – herumkriechen, so bewegen sich auch die Sonne und die Planeten auf dem Tierkreis, der aus den zwölf Tierkreiszeichen besteht; der Tierkreis wiederum bewegt sich um den Weltenberg Meru als Achse herum und so tritt die Bewegung der Grahas von einem Tierkreiszeichen (rāshi) und von einem Mondhaus (Nakshatra) zum anderen in Erscheinung. Diese beiden Bewegungen widersprechen sich nicht, sondern sie stimmen überein – so wird es überall von den Gelehrten (pandit) verkündet.

O Nārada, er, der der Ursprung von allem ist, der Ādi Purusha, das uranfängliche kosmische Selbst, aus dem all dies hervorging, der mit den sechs höheren Geisteskräften (siddhi) ausgestattet ist, in dem dieses Prapancha, das aus den fünf Elementen aufgebaute materielle Universum, gegründet ist, jener Nārāyana hat den Trayī Ātmā in zwölf Teile aufgeteilt, um allen höchste Freude zu schenken und die läuternden Aktivitäten (karma shuddhi) zu fördern – dies haben die Weisen, die Wissen (gyāna) und unterscheidende Erkenntnis (vigyāna) besitzen, in Einklang mit dem Pfad des Veda verkündet.

Der Sūrya Nārāyana hat die sechs Jahreszeiten, Frühling usw., eingeteilt und ihnen als ihr Dharma Kälte, Hitze usw. zugewiesen, um auf rechte Weise die Reifung des Karmas der Einzelwesen (jīva) zu organisieren.

Diejenigen, die diesen Ādipurusha mit Hingabe und im Einklang mit dem Wissen des Veda, den Sitten und Gebräuchen der Stände (varna) und Lebensphasen (āshrama) und verbunden mit der Ausübung der verschiedenen Techniken des Yoga verehren, erlangen die erwünschten Früchte ihrer Bemühungen.

Dieser Sonnengott ist der Ātman aller Welten (loka). Zwischen Himmel und Erde, auf dem Tierkreis, erfreut er sich der zwölf Monate des Jahres in den Tierkreiszeichen von Widder bis Fische. Diese Monate sind die Gliedmaßen des Jahres. Der Monat ist in zwei Monatshälften aufgeteilt. Jedes der zwölf Tierkreiszeichen wird von der Sonne in einem Monat durchlaufen.

Der Zeitraum, in dem die Sonne zwei Tierkreiszeichen durchläuft, wird Ritu oder Jahreszeit genannt. Die Gelehrten sagen, dass diese Jahreszeiten die Gliedmaßen eines Samvatsara (Jahr) ausmachen.

Der Weg, den die Sonne innerhalb von drei Jahreszeiten oder einem halben Jahr auf dem Tierkreis zurücklegt, wird Ayanam genannt. Die Zeit, welche die Sonne benötigt, um den Tierkreis vollständig zu umrunden, wird ein Vatsara oder Jahr genannt.

Dieses Jahr wird in fünf Abschnitte unterteilt: Samvatsara, Parivatsara, Idāvatsara, Anuvatsara und Idvatsara. Diese werden von der Sonne in den Epizyklen Shīghra, Manda und der gleichförmigen Bewegung der Sonne durchlaufen. Dies sagen die Munis.

Soweit die Beschreibung der Bewegung der Sonne. Höre nun von der Bewegung des Mondes.

Chandra, der Mond, befindet sich ein Lakh Yojanas höher als die Sonne und nimmt innerhalb eines Jahres an der Bewegung der Sonne teil. Er erfreut sich ebenso wie die Sonne der Unterteilung eines Monates in dunkle und helle Halbmonate.

Als Herr der Nacht und der Heilpflanzen erfreut er sich der Tage und Nächte, wobei ein Tierkreiszeichen 2¼ Nakshattras oder Mondhäuser umfasst. Mit der Shīghragati genannten Bewegung zieht Chandra durch die Nakshattras.

Während der hellen Monatshälfte wird der Mond mehr und mehr sichtbar und erfreut in dieser seiner zunehmenden Phase die Unsterblichen, die Devas. Während der dunklen Monatshälfte erfreut er dann in seiner abnehmenden Phase die Ahnen, die Pitris. So durchläuft Chandra oder Soma immer wieder Tag und Nacht in den hellen und dunklen Monatshälften seine zunehmenden und abnehmenden Phasen und wird so zum Leben und zur Seele aller Lebewesen.

Der überaus wohlhabende Mond legt in dreißig Muhūrtas ein Nakshatra zurück. Er ist die Fülle (purna) und das anfangslose Selbst (ātman). Er bringt die Wunschimpulse und Entschlüsse (sankalpa) aller Wesen zur Reife, daher wird er Manomaya genannt. Er ist der Herr über alle Heilpflanzen (oshadhi) und wird deshalb Annamaya genannt.

Er ist mit reinem Nektar (amrita) gefüllt und wird daher als Heimstätte der Unsterblichkeit bezeichnet. Er schenkt allen die endgültige Erlösung (nirvāna) und trägt deshalb den Namen Shudhākara. Er nährt und erfreut die Devas, Pitris, Menschen, Reptilien und Bäume und wird deshalb Sarvamaya genannt.

Durch seinen Einfluss bewegen sich die Zeichen des Tierkreises über drei Lakh Yojanas hinweg. Der Gott selbst hat bewirkt, dass das Nakshatra Abhijit zusammen mit den anderen Nakshattras den Meru umkreist, das deshalb als das 28. Nakshatra angesehen wird.

Der Planet Shukra (Venus) befindet sich zwei Lakh Yojanas oberhalb des Mondes. Er bewegt sich manchmal vor Sūrya, manchmal hinter ihm und manchmal zusammen mit ihm. Er ist sehr mächtig. Seine Bewegung ist von dreierlei Art: Shīghra, Manda und gleichförmig.

Er ist im Allgemeinen förderlich für alle (ein Wohltäter-Planet) und segnet sie mit erfreulichen Dingen – dies ist die Aussage der vedischen Schriften (shāstra).

O Muni, Shukra, der glanzreiche Nachkomme des Bhrigu, beseitigt die Hindernisse für Regen.

Als Nächstes nach Shukra folgt zwei Lakh Yojanas höher der Planet Budha (Merkur). Ebenso wie Shukra bewegt auch dieser sich zuweilen vor, zuweilen hinter und zuweilen zusammen mit der Sonne und auch seine Bewegung ist von dreierlei Art: Shīghra, Manda und gleichförmig.

Wenn Merkur, der Sohn des Mondes, sich fern von der Sonne befindet, dann entstehen mächtige Stürme (ativāta), Meteorfall (abhrapāta), Dürre und andere furchterregende Ereignisse.

Zwei Lakh Yojanas oberhalb des Merkur befindet sich die Sphäre des Mangala, des Planeten Mars. Er bewegt sich innerhalb von drei Halbmonaten durch ein Tierkreiszeichen (rāshi) – dies ist der Fall, wenn seine Bewegung nicht rückläufig ist. Dieser Mars verursacht der Menschheit alle Arten von Unheil, Übel und Leid.

Zwei Lakh Yojanas oberhalb von ihm befindet sich der Planet Guru (Jupiter). Er durchquert ein Tierkreiszeichen innerhalb eines Jahres. Wenn seine Bewegung nicht rückläufig ist, ist er stets förderlich für die Kenner des höchsten Wissens (brahmā vādi).

Als Nächstes folgt, wiederum zwei Lakh Yojanas darüber, der Planet Shani oder Saturn, der Sohn der Sonne. Er braucht dreißig Monate, um ein Tierkreiszeichen (rāshi) zu durchqueren. Dieser Planet verursacht alle unterschiedlichen Arten von Unruhe und Elend. Daher wird er ein Übeltäter-Planet (manda graha) genannt.

Als Nächstes folgt dann elf Lakh Yojanas darüber der Kreis der sieben Rishis (saptarishi mandala, der Große Bär).

O Muni, die sieben Planeten schenken allen Wesen unterschiedliche Gaben. Sie umrunden den Vishnupada, den Polarstern.

Hier endet im achten Buch des Shrimad Devī Bhāgavatam, des Mahāpurānam von 18.000 Versen von Maharishi Veda Vyāsa, das sechzehnte Kapitel: Die Bewegung der Planeten.

Kapitel 17
Das Dhruva Mandalam

Nārāyana sprach: Jenseits des Saptarishi Mandalam, des Sternbildes des Großen Bären, befindet sich dreizehn Lakh Yojanas darüber die höchste Stätte von Shrī Vishnu – Vishnu Paramam Padam.

Der große Bhāgavat (Gottesverehrer), der verehrungswürdige Shrīmān Dhruva (die Verkörperung des Polarsterns), der Sohn des Uttānapāda, weilt dort zusammen mit Indra, Agni, Kashyapa, Dharma und den Nakshattras. Die Besucher dort erweisen ihm stets allergrößten Respekt. Er ist der Schutzherr derer, die bis zum Ende des Kalpa leben, und ist allzeit damit beschäftigt den Lotusfüßen des Bhagavān zu dienen.

Gott selbst hat ihm den Status der unerschütterlich festen Säule verliehen, die stets von sämtlichen Planeten, Sternen und Himmelslichtern mit großer Energie im Tierkreis und in den Himmeln umkreist wird.

Auch die Devas verehren ihn. In seiner eigenen Herrlichkeit erstrahlend bringt er alles hervor und erleuchtet alles.

So wie Tiere in ein Joch gebunden sich um ein Mahlwerk bewegen, so bewegen sich die an den Tierkreis gebundenen Planeten und Sternbilder in großer Geschwindigkeit um jenen Dhruva, den Polarstern herum – manche näher, manche in entfernteren Sphären und angetrieben von Vāyu.

So wie Habichte sich durch die Lüfte umherbewegen, so bewegen sich die genannten Planeten unter dem Einfluss ihrer eigenen Karmas, von der himmlischen Vāyu-Energie angetrieben, und so stürzen all die leuchtenden Himmelskörper nicht herab, sondern werden durch die Gnade der Einheit von Purusha und Prakriti in ihren jeweiligen Positionen gehalten.

Manche sagen, dass dieses Rad der Himmelslichter, der himmlische Tierkreis, Shishumāra sei – die drachen- oder delfinähnliche Verkörperung der Galaxie. Es wird kontinuierlich in seiner Position gehalten, um durch die Macht des Bhagavān alle Dinge zu erhalten und daher fällt es nicht herab. Shishumāra ruht dort in spiralförmig gewundener Körperhaltung und sein Kopf weist nach unten. O Muni, Dhruva, der Sohn des Uttānapāda, weilt an seinem Schwanzende. Ebenfalls an seinem Schwanzende ruht auch Brahmā, der sündlose Prajāpati, verehrt von den Göttern, von Agni, Indra und Dharma.

So befinden sich die Schöpfung an seinem Schwanz und das Saptarishimandala an seiner Körpermitte. So ruht das glanzvolle himmlische Rad (jyotishchakra) in seiner spiralförmig nach rechts gedrehten Struktur. An seiner rechten Seite befinden sich die Uttarāyana Nakshattras, vierzehn an der Zahl, von Abhijit bis Punarvasu, und zu seiner linken Seite die anderen vierzehn Dakshināyanam Nakshattras von Pushyā bis Uttarāshādhā. O Sohn des Brahmā, so bilden die Nakshattras den spiralförmig gewundenen Körper des Shishumāra, des Tierkreises – die eine Hälfte der Nakshattras auf der einen Seite und die andere Hälfte der Nakshattras auf der anderen Seite.

Der Rücken Shishumāras wird von der himmlischen Gangā namens Ajavīthī gebildet. Punarvasu und Pushyā bilden die rechte und die linke Seite seiner Lenden. Ārdrā und Ashleshā bilden den rechten und linken Fuß. Abhijit und Uttarāshādhā bilden sein rechtes und linkes Nasenloch.

O Devarishi, Shravanā und Purvāshādhā bilden jeweils das rechte und das linke Auge – dies sagen die Berichterstatter der Vorzeit. Dhanishthā und Mūlā bilden sein linkes und rechtes Ohr. Maghā usw., die acht Dakshināyanam Nakshattras, bilden die Knochen auf der linken Körperseite. O Muni, Mrigashīrsha und die anderen Uttarāyana Nakshattras bilden die Knochen auf der rechten Körperseite. Shatabhishā und Jyeshthā bilden die rechte und linke Schulter. Agasti bildet den Oberkiefer und Yama den Unterkiefer.

Der Planet Mars bildet sein Gesicht, Saturn sein Zeugungsorgan und Brihaspati die Höcker seiner Schultern. Der Sonnengott, der Herrscher über die Planeten, bildet seine Brust. Nārāyana weilt in seinem Herzen und der Mond in seinem Geist.

O Nārada, die beiden Ashvins bilden seine Brustwarzen, Ushanā bildet seinen Nabel und der Planet Merkur seinen Prāna und Apāna. Rāhu ist sein Nacken, Ketu befindet sich über seinen ganzen Körper verteilt und die Sterne stellen die Haare seines Körpers dar.

Dieser Tierkreis setzt sich aus den Devas (Bewusstseinsimpulsen) des alldurchdringenden Bhagavān zusammen. Daher sollte jeder intelligente Mensch jeden Tag zur Zeit des Sandhyā sich ganzen Herzens in der Meditation in vollkommener Reinheit und Stille auf diesen Shishumāra ausrichten. Dann sollte er sich erheben und die folgenden Mantras sprechen: Du bist die Essenz aller Himmelslichter, wir verneigen uns vor dir. Du erschaffst und zerstörst alles. Du bist der Herrscher über all die Himmlischen. Du bist der Ādipurusha, das uranfängliche kosmische Selbst, und Purushottama, der beste aller Purushas – auf dich ist unsere Meditation ganz und gar ausgerichtet.

Die Planeten, Nakshattras und Sterne bilden deinen Körper. Das Daiva, das Schicksal, ist in dir allein gegründet. Du zerstörst die Sünden derjenigen, welche die Mantras verfassen, und die Sünden desjenigen werden vollkommen und für alle Zeit ausgelöscht, der sich am Morgen, Nachmittag und Abend deiner erinnert oder sich hingebungsvoll vor dir verneigt.

Hier endet im achten Buch des Shrimad Devī Bhāgavatam, des Mahāpurānam von 18.000 Versen von Maharishi Veda Vyāsa, das siebzehnte Kapitel: Das Dhruva Mandalam.

Kapitel 18
Der Bericht über das Rāhu Mandalam

Nārāyana sprach: O Devarishi, die Sphäre des Rāhu befindet sich ein Ayuta Yojanas unterhalb der Sonne. Rāhu, der Sohn der Simhikā, bewegt sich dort wie ein Nakshatra. Dieser Rāhu verschlingt beide Himmelslichter – Sonne und Mond – und er besitzt Unsterblichkeit und die Fähigkeit, sich über den Himmel zu bewegen.

Der strahlende Körper der Sonne erstreckt sich über ein Ayuta Yojanas und so verdeckt der Asura Rāhu die Strahlen der Sonne. Die Sphäre des Mondes erstreckt sich über zwölftausend Yojanas. Rāhu deckt einen Bereich von dreizehntausend Yojanas ab und so verdeckt er sowohl die Sonne als auch den Mond. Um wegen der aus der Vergangenheit herrührenden Feindschaft Rache zu nehmen verdeckt er sie zur Parva-Zeit aus einer gewissen Entfernung.

Wenn der Bhagavān Vishnu davon erfährt, wirft er seinen Diskus Sudarshana nach Rāhu. Dieser Diskus (chakra) ist von lodernden Flammen umgeben und bietet einen schreckenerregenden Anblick. Wenn alle Himmelsgegenden von seinen lodernden Flammen erfüllt werden, fürchtet Rāhu sich und flieht weit fort. O Devarishi, all dies geschieht bei dem Ereignis, das die Sterblichen als Sonnen- oder Mondfinsternis bezeichnen.

Unterhalb der Sphäre des Rāhu befinden sich noch andere reine Welten (loka). O Sattama, die Siddhas, Chāranas und Vidyādharas leben in jenen Lokas, deren Ausdehnung ein Ayuta Yojanas beträgt.

O Devarishi, unterhalb davon leben die Yakshas, Rākshasas, Pishāchas, Pretas und Bhūtas in ihren prächtigen Residenzen (vihāra). Die Gelehrten nennen diese Bereiche Antarīksha und sie dehnen sich (nach unten) bis dorthin aus, wo die heftigen Winde wehen und die Wolken sich bilden. O bester aller Zweimalgeborenen, unterhalb von Antarīksha befindet sich die Erde, die einhundert Yojanas misst. Hier finden sich all die Dinge und Gebilde, die für die Erde typisch sind.

Vögel, Geier, Kraniche und Enten fliegen über die Erde und die Erde erstreckt sich bis in diese Höhe.

Nun kommen wir zur Beschreibung der Beschaffenheit der Erde. O Devarishi, im unteren Bereich der Erde sind sieben Lokas (Ebenen der Unterwelt) zu finden. Ihre Ausdehnung beträgt ein Ayuta Yojanas. In allen Jahreszeiten können dort alle Arten von Lustbarkeiten genossen werden. Die erste dieser Unterwelten heißt Atala, die zweite Vitala. Danach folgen der Reihe nach Sutala, Talātala, Mahātala, Rasātala und schließlich Pātāla.

O Vipra, damit sind die sieben Höhlen- oder Unterwelten aufgezählt. Sie werden Vila-Svargas (Höhlenhimmel) genannt und die Freuden, die man hier erfährt, sind größer als die der Himmelswelten. Alle, die hier leben, sind reich und glücklich und voller zauberhafter Liebesgefühle. Überall sind schöne Gärten und Häuser zu sehen und all die prächtigen Häuser sind geschmackvoll eingerichtet, um die unterschiedlichsten Arten von Genüssen zu fördern.

Die mächtigen Daityas, Dānavas und Nāgas (Schlangenwesen) genießen hier, mit ihren Söhnen, Frauen und Freunden vereint, unaufhörlich große Freuden. Die Familienväter verbringen ihre Zeit ganz genüsslich und entspannt, von ihren Freunden und Dienern umgeben. Sie alle sind Magier und ihre Bestrebungen werden durch nichts vereitelt; in dieser Beziehung übertreffen sie die Götter und sie sind stets voller Wünsche. So leben sie dort zu allen Jahreszeiten freudig und lustvoll.

Māyā, der kunstreiche Architekt der Asuras, hat nach eigenem Gutdünken in den Regionen der Unterwelt eine Reihe von Städten erbaut und zudem noch Tausende von Wohnhäusern, Palästen und Torhäusern, die alle reich mit Juwelen und Edelsteinen verziert sind.

Die Versammlungshallen Chatvaras und Chaityas sind reich geschmückt; selbst unter den Suras ist solche Pracht selten zu finden. Die Nāgas und Asuras leben mit ihrem Anhang in diesen Gebäuden in den Vila-Svargas; zahlreiche Taubenvögel und weibliche Mayinā-

Vögel fliegen dort umher. Kunstvoll angelegte Plätze und in schöner Ordnung angelegte Reihen großer Gebäude der Herren jener Plätze prägen diese Städte. Auch gibt es dort zahlreiche sehr große Gärten. All dies erfreut den Geist der Bewohner der Städte.

Zudem werden die Städte noch durch viele nahegelegene Obst- und Blumenanpflanzungen verschönert, an denen sich insbesondere die Damen erfreuen. Die Teiche und Tümpel dort sind von zahlreichen Arten von Wasservögeln bevölkert. Die Seen sind mit klarem Wasser gefüllt, in denen sich viele Pāthīnafische tummeln. Eine große Zahl von Wassertieren bringen die Gewässer in Aufruhr. Verschiedene Arten voll erblühter Lotusse – Kumud, Utpala, Kahlāra, blaue und rote Lotusblumen – verschönern jene Seen und Wasserreservoire.

In den Gärten sind überall schöne Behausungen der Bewohner zu finden und rundum hört man liebliche Musik, welche die Sinne erfreut – in dieser Beziehung wetteifern diese Orte mit der Himmelswelt. Es gibt dort keinerlei Furcht, weder am Tag noch in der Nacht. Die Juwelen auf den Kronen der Schlangen erhellen unablässig die Umgebung, sodass zu keiner Zeit Dunkelheit herrscht.

Die Nahrung dort wird mit göttlichen Heilkräutern zubereitet und die Bewohner trinken und baden mit diesen Heilpflanzen, sodass sie von keiner Krankheit befallen werden. Sie werden nicht von Altersschwäche, Fieber, Verdauungsstörungen, Erbleichen, Schweißausbrüchen, üblen Gerüchen, Energieverlust oder anderem körperlichen Unwohlsein behelligt. Die Menschen dort sind stets glücklich und führen ein gutes Leben.

Das Einzige, was sie fürchten, ist die feurige Energie (tejas) des Bhagavān und seinen Sudarshana-Diskus; vor nichts anderem fürchten sie sich. Wenn das Tejas des Bhagavān in ihre Welt eintritt, erleiden die Frauen der Daityas, Dānavas und Nāgas Fehlgeburten.

Hier endet im achten Buch des Shrimad Devī Bhāgavatam, des Mahāpurānam von 18.000 Versen von Maharishi Veda Vyāsa, das achtzehnte Kapitel: Der Bericht über das Rāhu Mandalam.

Kapitel 19
Die Erzählung über Atala und die anderen Unterwelten

Nārāyana sprach: O Vipra, in Atala, der ersten dieser prächtigen Regionen, lebt Bala, der überaus arrogante Sohn des Dānava Māyā. Er hat die 96 Arten magischer Techniken (māyā) erschaffen, durch welche die Bewohner von Atala alles erlangen, was sie benötigen. Die anderen Magier (māyāvi) dort kennen jeweils eine oder zwei dieser magischen Techniken. Keiner von ihnen kennt sie alle, denn sie sind äußerst schwierig zu beherrschen und auszuführen.

Aus dem Gähnen des mächtigen Bala gingen die drei Arten von Frauen hervor, von denen alle Welten bezaubert werden; sie werden Pumshchalī (unzüchtige Frauen), Svairinī (ehebrecherische Frauen) und Kāminī (verführerische Frauen) genannt.

Wenn irgendein Mann, den sie als gutaussehend und attraktiv ansehen, ihre Atala-Welt betritt, dann rufen sie in ihm mit Hilfe des Liebestrankes Hātaka Liebesbegierde hervor. An einem einsamen Ort verführen sie ihn mit lieblichem Lächeln, verliebten Blicken, freundlichem Geplauder und innigen Umarmungen zum Liebesakt und stellen ihn zufrieden.

Nachdem jemand den Hātakarasa genossen hat, bekommt er immer aufs Neue das Gefühl, einem Gott gleich zu sein, höhere Geisteskräfte (siddhi) zu besitzen und so stark wie eine ganze Herde von Elefanten zu sein; von blinder Arroganz erfüllt und in dem Bewusstsein, überaus reich und mächtig zu sein, schwelgt er immer wieder in solchen Gedanken.

O Nārada, somit wurde die Situation in Atala beschrieben. Vernimm nun die Beschreibung der nächsten Region: Vitala.

Vitala liegt unterhalb der Erde. Dort hat der Bhagavān Bhava, der von allen Devas verehrt wird, den Namen Hātakeshvara angenommen und lebt dort mit seiner Gemahlin Bhavānī und ist umgeben von seinen Gefolgsleuten, um insbesondere die Schöpfung von Brahmā zu fördern und auszubreiten. Der Fluss Hātaki fließt dort, der seine Quelle in den Essenzen der beiden hat. Das Feuer trinkt, vom Wind angefacht, von diesem Fluss.

Wenn das Feuer sich dann von dem Fluss fort bewegt, erzeugt es ein Geräusch namens Phutkāra, das dem des heftigen Ausatmens aus dem Munde gleicht und es wird dadurch das Gold namens Hātaka erzeugt. Die Daityas lieben dieses Gold sehr. Die Daitya-Frauen verwenden dieses Gold für ihre Schmuckstücke.

Unterhalb von Vitala ist Sutala zu finden, das eine ganz besondere Bedeutung hat. O Muni, der überaus verdienstvolle Bali, der Sohn des Virochana, lebt hier. Der Bhagavān Vāsudeva hat, um das Wohlergehen des Götterkönigs Indra zu fördern, Bali in die Unterwelt Sutala versetzt. Vishnu nahm die Gestalt von Trivikrama an und schenkte Bali die Reichtümer aller drei Welten und Shrī Lakshmī machte dann Bali zum Herrscher über die Daityas. Was soll man dazu noch mehr sagen als dies: dass die Reichtümer und Schätze, die Indra nicht zu erlangen vermochte, von Lakshmī dem Bali zugeteilt wurden. Seither weilt Bali bis zum heutigen Tag in vollkommener Furchtlosigkeit dort als Herrscher der Unterwelt Sutala und verehrt Vāsudeva.

O Nārada, von bedeutenden Persönlichkeiten wird berichtet, dass einst Vāsudeva, der Herr über alle, vor Bali als Bittsteller erschien, Bali ihm daraufhin Ländereien schenkte und Bali so reich wurde, weil er einen würdigen Empfänger so reich beschenkte. Aber es ist unvernünftig anzunehmen, dass dies die Folge davon ist, Nārāyana zu beschenken. O Nārada, denn Nārāyana manifestiert sich selbst aus der Fülle seiner eigenen Herrlichkeit und er ist in sich selbst die Heimstätte allen Wohlstandes und aller Reichtümer (aishvarya) und er ist in der Lage, allen Wesen die Erreichung des höchsten Gutes und alle Besitztümer zu schenken, die sie benötigen.

Nārāyana ist der Deva der Devas. Wenn jemand in höchster Not seinen Namen anruft, wird er sogleich von den Gunas befreit, welche die Ursache der Bindung an Karma sind. Im Geist auf den allmächtigen Bhagavān ausgerichtet, widmen die Menschen sich dem Yoga und folgen den Anweisungen der Sānkhya-Methode, um allen Arten von Kummer und Leid zu entgehen.

O Nārada, wisse, dass der Bhagavān uns nicht dadurch seine höchste Gunst erweist, dass er uns eine Fülle an Wohlstand und prächtige Reichtümer schenkt. Denn Wohlstand und Reichtümer sind Produkte der Māyā und eine Quelle aller Arten von Kummer, Leid und Geistesqualen und man neigt dazu, den Bhagavān zu vergessen, wenn man in ihren Besitz gelangt.

Der Bhagavān durchdringt dieses ganze Universum und er ist voller Weisheit. Er verfügt stets über alle Mittel und Wege, um seine Ziele zu verwirklichen. Er täuschte Bali, als er als Bittsteller vor ihm erschien, und ließ ihm nur seinen Körper als Besitz. Schließlich fesselte er ihn mit der Schlinge des Varuna, warf ihn mitten in eine Gebirgshöhle und machte sich selbst zum Wächter des Eingangs der Höhle.

Weil Bali von extremer Hingabe zum Bhagavān erfüllt war, war er gänzlich unbeeindruckt von den Schwierigkeiten, den Verlusten und der Not, die über ihn gekommen waren. Vielmehr war er der Ansicht, dass Indra, obwohl er Brihaspati zum Minister hatte, sich sehr dumm verhalten hatte; denn als der Bhagavān diesem gnädig gewogen war, bat Indra ihn um ganz gewöhnliche Reichtümer; aber was nützen einem die Reichtümer der drei Welten? Sie sind wahrlich vollkommen unbedeutend.

Bali dachte: Wahrlich, ein ganz ungebildeter, dummer und roher Mensch ist derjenige, der sich um bloßen Reichtums willen vom Bhagavān abwendet, der für die Menschheit eine unerschöpfliche Quelle alles Guten ist.

Mein vom Glück reich gesegneter Großvater Prahlāda, der ein hingebungsvoller Gottesverehrer und stets bereit war, anderen Gutes zu tun, bat um nichts anderes als darum, Gott dienen zu dürfen. Als sein mächtiger Vater gestorben war, wollte der Bhagavān meinem

Großvater unermessliche Reichtümer schenken, aber der Bhāgavata Prahlāda wollte dies nicht.

Niemand von uns, die wir alle so viele Mängel aufweisen, kann vollständig die Natur des Bhagavān Vāsudeva erkennen, dessen Allmacht unvergleichlich ist und für den alle manifestierten Welten zusammen nur ein eingeschränkter Ausdruck (upādhi) seiner selbst sind.

O Devarishi, in diesem Geist herrscht Bali, der in allen Welten berühmte und hochgeehrte Herr der Daityas, in der Unterwelt Sutala. Hari selbst ist sein Torwächter.

Als einstmals der König Rāvana, der Quäler aller Wesen, in seinem Wunsch, die ganze Welt zu erobern, Sutala betreten wollte, wurde er von Hari, der stets bereit ist, seinen Verehrern Gnade zu erweisen, mit einem Zeh seines Fußes fortgetreten, sodass er ein Ayuta Yojanas weit fortgeschleudert wurde.

So herrscht Bali durch die Gnade des Devadeva Vāsudeva über Sutala und genießt dort alle Arten unvergleichlich großer Freuden.

Hier endet im achten Buch des Shrimad Devī Bhāgavatam, des Mahāpurānam von 18.000 Versen von Maharishi Veda Vyāsa, das neunzehnte Kapitel: Die Erzählung über Atala und die anderen Unterwelten.

Kapitel 20
Die Erzählung über Talātala

Nārāyana sprach: O Nārada, die Höhlenwelt unterhalb von Sutala ist Talātala. Der Herr von Tripura (der drei Städte), der große Dānava Māyā ist der Herrscher dieses Gebietes. Maheshvara, der allen drei Welten Gutes tut, brannte einst die drei Städte des Māyā nieder; erfreut über die Hingabe des Dānava rettete er ihn dann aber und Māyā erlangte durch die Gnade jenes Gottes sein Königreich zurück, um sich daran zu erfreuen.

Dieser Dānava Māyā ist der oberste Lehrer (āchārya) der religiösen Gruppierung, die Māyāvis genannt werden und er ist ein Experte für zahlreiche Māyās oder magische Kräfte; all die grimmigen Dämonen von grausamer Gesinnung verehren ihn, um ihren Unternehmungen Erfolg zu bringen.

Auf die Unterwelt Talātala folgt dann die überaus berühmte Mahātala. Die Söhne des Kadru, die äußerst zornmütigen Schlangen, leben hier. Sie besitzen mehrere Köpfe. O Vipra, ich nenne dir nun die Namen der berühmtesten unter ihnen: Kuhaka, Takshaka, Susena und Kāliya.

Sie alle haben sehr breite Hauben, sind äußerst stark und haben einen grausamen Charakter und dies trifft auch auf ihre Verwandten und Angehörigen zu. Sie leben stets in Furcht vor Garuda, dem König der Vögel. Von ihren Söhnen, Ehefrauen, Freunden und Dienern umgeben leben sie dort glücklich und sind sehr geschickt darin, die Freuden und Vergnügungen des Lebens zu genießen.

Unterhalb von Mahātala befindet sich Rasātala. Dort leben die Daityas, Dānavas und Pani Asuras. Außerdem leben dort auch noch die Nivāta Kavachas der Stadt Hiranyapura und die Asuras, die Kāleyas genannt werden, die Feinde der Devas. Sie alle sind ihrer Natur nach sehr tapfer und energievoll. Aber ihre Kräfte können der feurigen Ausstrahlung (tejas) des Bhagavān nicht standhalten und sie leben wie Schlangen in dieser Region der Unterwelt. Auch andere Asuras leben hier, die vertrieben wurden und sich aus Furcht vor den Mantras hierher flüchteten, die von Saramā, dem Gesandten des Götterkönigs Indra, ausgesprochen wurden.

O Nārada, unterhalb hiervon liegt Pātāla. Dort leben Vāsuki, der König der Schlangen und andere zornmütige, breithaubige und tödlich giftige Schlangen wie Shankha, Kulika, Shveta, Dhananjaya, Mahāshankha, Dhritarāshtra, Shankhachūda, Kamvala, Ashvatara und Devopadattaka. Einige von ihnen besitzen fünf Köpfe, andere sieben, zehn, manche sogar hundert oder tausend und einige dieser

Schlangen tragen hell leuchtende Juwelenkronen auf ihren Köpfen; mit ihren Strahlen vertreiben sie die Dunkelheit der Unterwelten, aber sie neigen in erschreckendem Maße zu Zorn.

Im tiefsten Grund der Unterwelt Pātāla, in einer Entfernung von dreißig Yojanas, regiert eine Manifestation des Bhagavān in Gestalt unendlicher Dunkelheit. O Devarishi, alle Devas verehren diese Gestalt. Seine Verehrer (bhakta) rufen ihn mit dem Namen Sankarshana an, denn er ist das Emblem von Aham (ich bin) auf der universalen Grundlage von allem, wo der Seher und das Gesehene in Einheit verschmelzen.

Er ist der tausendköpfige Herrscher über alles, über das Bewegte und das Unbewegte. Unendlich sind seine Gestalten. Er ist die Weltenschlange Schescha; das gesamte Universum ruht wie ein winziges Senfkorn auf seinem Haupt.

Seine Natur ist Intelligenz und Seligkeit und er manifestiert sich aus sich selbst heraus. Wenn er zur Zeit der Auflösung des Universums (pralaya) diese ganze Welt vernichten will, geht aus ihm der überaus mächtige Sankarshana Rudra hervor, begleitet von einer gewaltigen Armee, die korrekt in den elf militärischen Formationen (vyūha) aufgestellt ist. Sankarshana Rudra überschaut alles mit seinen drei Augen und erhebt dann seinen Dreizack, der in drei Arten von Flammen erstrahlt.

All die mächtigen Schlangenherrscher kommen des Nachts zusammen mit ihren Gefolgsleuten voller Hingabe zu ihm, verneigen sich mit tief geneigten Häuptern vor ihm und ihre vom klaren Glanz der Juwelen auf ihren Kronen erleuchteten Gesichter spiegeln sich in den Nägeln der roten Zehen seiner Lotusfüße. Zu dieser Zeit strahlen ihre Gesichter wahrlich hell im Glanz der Strahlen der Juwelen, die auf ihren freudevoll gebogenen Hauben prangen und ihre Wangen leuchten in strahlender Schönheit.

Auch die Töchter der Nāga Rajas erscheinen vor ihm und ein lieblicher Glanz geht von ihren in perfekter Schönheit erstrahlenden

Leibern aus. Mit ihren weit geöffneten Armen verbreiten sie einen reinen, weißen Glanz. Sie sind stets mit Sandelpaste sowie Aguru- und Kāshmīri-Salbe geschmückt. Durch diese Wohlgerüche von Liebesgefühlen überwältigt blicken sie ihn mit süßem Lächeln und mit scheuen Seitenblicken in freudiger Erwartung seines Segens an und dann rollen seine Augen im Wahn heftiger Liebesgefühle und sein Blick und seine Gesten zeigen Freundlichkeit und Gnade an.

Der Bhagavān Ananta Deva besitzt unermessliche Stärke. Seine Fähigkeiten sind unendlich. Er ist der Ozean unendlicher Fülle. Er ist der Ādi Deva, die Verkörperung der Gutheit, und seine Ausstrahlung ist überwältigend. Er ist frei von Zorn und Eifersucht und sein Wunsch ist auf das Wohlergehen aller Wesen gerichtet. Alle Götter verehren ihn und er ist die Heimstätte aller sattvischen Eigenschaften.

Die Devas, Siddhas, Asuras, Uragas, Vidyādharas, Gandharvas und Munis richten sich in ihrer Meditation auf ihn aus. Da er sich stets in einem erhabenen Rauschzustand (mada rāga) befindet, wirkt sein Anblick berauschend und sein Blick spiegelt seinen von heftigen Gefühlen geprägten Geisteszustand wider. Er entzückt immer wieder die Devas und andere, die sich in seiner Nähe befinden, mit seinen süßen, nektargleichen Worten.

Die Vaijayantī-Girlande (die Girlande des endgültigen Sieges) schmückt seinen Hals; sie welkt niemals und ist stets mit frischen, reinen Tulasī-Blüten geziert; berauschte Bienen erfüllen die Luft mit ihrem Summen und tragen damit zur Schönheit der Atmosphäre bei. Er ist der Deva der Devas. Er trägt ein blaues Gewand und trägt einen einzigen Ohrring als Schmuck. Er ist unvergänglich und unwandelbar. Seine starken Arme ruhen auf dem Griff eines Pfluges (halakakuda) und er hält den goldenen Gürtel so, wie Airāvata, der Elefant des Götterkönigs Indra, den goldenen Gürtel emporhält.

O Nārada, seine Verehrer beschreiben ihn als den Urheber des kosmischen Spieles (līla) und als Herrn über die Devas.

Hier endet im achten Buch des Shrimad Devī Bhāgavatam, des Mahāpurānam von 18.000 Versen von Maharishi Veda Vyāsa, das zwanzigste Kapitel: Die Erzählung über Talātala.

Kapitel 21
Die Beschreibung der Höllen

Nārāyana sprach: O Devarishi, Sanātana, der Sohn des Brahmā, besingt in der Versammlung der Devas die Herrlichkeit des Bhagavān Ananta Deva und verehrt ihn wie folgt: Wie soll jemand, dessen Schau und Verständnis begrenzt sind, die wahre Natur des höchsten Brahmā begreifen können, durch dessen bloßen Blick die Prakriti in die Lage versetzt wird, ihre Gunas und das Werk der Schöpfung, Erhaltung und Zerstörung dieses Universums hervorzubringen?

Er, dessen Natur weder Anfang noch Ende hat, und der, obwohl er Einer ist, dieses gesamte vielfältige, aus den fünf Elementen bestehende Universum (prapancha) als Verhüllung des Ātman, des wahren Selbst, hervorgebracht hat – er hat aus seiner unendlichen Barmherzigkeit heraus das Sein (sat) und das Nichtsein (asat) erschaffen, dieses Universum voller Ursachen und Wirkungen, das in seinem einen und einzigen reinen Wesen (shuddha sattva) erschaut werden kann. Selbst der so starke und mächtige Löwe ahmt seine makellose, spielerische Schöpfungsmacht (līlā) nach, um sich der Herrschaft über seine Gefolgsleute zu versichern.

Zu wem als zu ihm sollen diejenigen Menschen Zuflucht nehmen, die nach Befreiung (moksha) verlangen – zu ihm, der augenblicklich alle Sünden von jemandem auslöscht, der in seinem Fall, in seiner Not oder sogar in einem Scherz, auch nur seinen Namen hört oder ihn rezitiert.

Die gesamte Erde, die er mitsamt all ihren Bergen, Ozeanen, Flüssen und allen Wesen trägt, gleicht nur einem winzigen Atom auf einem seiner tausend Köpfe. Er ist unendlich. Seine Macht mindert sich zu keiner Zeit. Niemand vermag seine Taten angemessen zu beschreiben – selbst wenn er tausend Zungen zum Sprechen hätte.

Seine Stärke, seine unzähligen göttlichen Eigenschaften und sein Wissen sind unendlich und so weilt der Bhagavān Ananta Deva im tiefsten Grund der Unterwelt und stützt ganz allein und ohne fremde Hilfe mühelos die Erde, um sie zu beschützen.

O Muni, die Menschen erlangen wunschgemäß die Früchte ihrer Handlungen und ihrer Wünsche, je nachdem wie sie den Pfaden folgen, die in den vedischen Schriften (shāstra) dargelegt sind, und werden entsprechend zu Königen, Menschen, Tieren, Vögeln oder zu anderen Wesen in ihren unterschiedlichen Zuständen.

O Nārada, ich habe dir ja zuvor schon auf deine Frage hin beschrieben, was die unterschiedlichen und vielfältigen Früchte der Handlungen sind, die in Einklang mit den Vorschriften des kosmischen Gesetzes (dharma) und der vedischen Schriften (shāstra) ausgeführt werden.

Nārada sagte: O Bhagavān, bitte sei so freundlich und beschreibe mir nun, warum der Bhagavān eine so große Vielfalt an Folgen hervorgebracht hat, auch wenn die Handlungen (karma) der Wesen (jīva) ganz ähnlich sind.

Nārāyana sprach: O Nārada, es entstehen so viele unterschiedliche Zustände, weil die Shraddhās (shraddhā bedeutet Glaube, innerster Beweggrund) der Handelnden so unterschiedlich sind. Die Früchte sind unterschiedlich, weil die Shraddhās unterschiedlich sind – manche sattvisch, manche rajasisch und manche tamasisch. Wenn der Shraddhā sattvisch ist, sind stets Freude und glücklich Sein die Folge; ist er rajasisch, so sind unaufhörlicher Schmerz und Leid das Ergebnis; ist er tamasisch, so entstehen daraus Elend und der Verlust des Wissens darüber, was recht und was unrecht ist. So sind die Früchte der Handlungen je nach unterschiedlichem Shraddhā verschieden.

O bester der Zweimalgeborenen, ein Mensch erfährt Tausende und Abertausende unterschiedlicher Zustände als Folge seiner

Handlungen, die unter dem Einfluss der anfangslosen Unwissenheit (avidyā) ausgeführt werden. O Dvījottama, ich werde nun im Einzelnen von der Vielfalt dieser Zustände berichten. Höre: Hinter dieser Triloki, unterhalb der Erde und oberhalb von Atala, leben die Ahnen (pitri), die Agnishvāttas genannt werden, und andere Vorväter. Die dort lebenden Pitris praktizieren tiefes Samādhi und tun ihr Bestes, um ihre auf der Erde lebenden Familien (gotra) zu segnen.

Yama, der Gott der Pitris, bestraft dort die Toten, die von seinen Gehilfen dorthin gebracht wurden, für ihre Fehler und begangenen Untaten. Auf Anweisung des Bhagavān hin urteilt Yama, von seinen Anhängern umgeben, über sie und lässt ihnen ihren Karmas und ihren begangenen Sünden entsprechend volle Gerechtigkeit zukommen. Er schickt stets seine Diener aus, die genauestens seine Anweisungen befolgen, mit der Essenz des Dharma bestens vertraut sind und ihre jeweiligen von ihm auferlegten Pflichten getreu ausführen.

Die Verfasser der Shāstras beschreiben 21 verschiedene Narakas oder Höllen. Andere sagen, dass es 28 Höllen gäbe. Höre nun die Namen der Höllen: Tāmishra, Andha Tāmishra, Raurava, Mahāraurava, Kumbhīpāka, Kālasūtra, Asipatrakānana, Shūkaramukha, Andhakūpa, Krimibhojana, Taptamūrti, Samdamsha, Vajrakantaka, Shālmalī, Vaitaranī, Pūyoda, Prānarodha, Vishasana, Lālābhaksha, Sārameyādana, Avīchi, Apahpāna, Kshārakardama, Rakshogana, Sambhoja, Shūlaprota, Dandashūka, Avatārodha, Paryāvartanaka und Sūchimukha. Dies sind die 28 Narakas (Höllen).

Diese Höllen sind äußerst qualvoll. O Sohn Brahmās, die verkörperten Wesen (jīva) leiden ihren eigenen Taten entsprechend in diesen Höllen.

Hier endet im achten Buch des Shrimad Devī Bhāgavatam, des Mahāpurānam von 18.000 Versen von Maharishi Veda Vyāsa, das einundzwanzigste Kapitel: Die Beschreibung der Höllen.

Kapitel 22
Die Beschreibung der Sünden, die in die Höllen führen

Nārada sagte: O Ewiger, o Muni, bitte beschreibe nun die verschiedenen Handlungen, welche in diese qualvollen Höllen führen. Ich möchte gern im Einzelnen von ihnen hören.

Nārāyana sprach: O Devarishi, wer die Söhne, Frauen und Besitztümer anderer stiehlt, dieser Übeltäter wird von den Boten Yamas zu Yama gebracht. Rasch und fest von den schreckenerregenden Boten Yamas mit den Fesseln der Zeit gebunden, wird er in die Tāmishra Hölle gebracht, einem Ort großer Qualen. Dort wird er von Yamas Dienern bestraft, geschlagen und bedroht, bis er bewusstlos wird, sich gänzlich schwach fühlt, großen Schmerz verspürt und schließlich dahinschwindet.

Wer einen Ehemann betrügt und sich mit dessen Frauen einlässt, den schleppen Yamas Diener in die Anda-Tāmishra-Hölle hinab, wo er ein Höchstmaß an Schmerz und Leid erdulden muss. Er verliert sofort sein Augenlicht und sein Geist gerät in Panik. Sein Zustand gleicht dem eines Baumes, dessen Stamm geborsten ist – aus diesem Grund haben die Weisen der Vorzeit diese Hölle Andha Tāmishra genannt.

Wer, von der Vorstellung des Ich und Mein besessen, mit anderen streitet und nur sich und seine Familie kennt, lässt nach seinem Tod seine Familie zurück und gelangt mitsamt seinen üblen Tendenzen in die überaus schreckliche Raurava-Hölle. Die Tiere, die er zuvor in dieser Welt verletzt und getötet hat, nehmen die Gestalt von Antilopen (ruru) an und quälen ihn in der nächsten Welt. Aus diesem Grund nennen die intelligenten Kenner des Purāna diese Hölle Raurava.

Die Altvorderen sagen, dass diese Rurus grausamer und bösartiger als Schlangen sind, und weil diese Tiere in jener Hölle leben, wird sie Mahāraurava genannt. Wer andere gequält hat, gelangt in diese

Hölle und die fleischfressenden Rurus stürzen sich auf seinen Körper, beißen ihn und fressen sein Fleisch.

Wer voller Grausamkeit, Bosheit und Wahn Tiere und Vögel kocht, wird dann seinerseits von den Yamadūtas eintausend Jahre lang in dem siedenden Öl der Kumbhīpāka-Hölle gekocht.

Wer mit Älteren und Brahmanen streitet, wird von den Yamadūtas in die Kālasūtra Hölle gebracht und dort von Feuer und Sonne versengt. Dort wird dieses höllische Wesen innerlich und äußerlich gequält, leidet unter Hunger und Durst – manchmal sitzend, manchmal liegend, manchmal gehend und manchmal hin und her rennend.

O Devarishi, wer – außer in Zeiten großer Not und Gefahr – den Weg des Veda verlässt und auch nur ein kurzes Stück anderen Wegen folgt, dieser Sünder wird von den Yamadūtas in die Hölle Asipatrakānana geschleppt und dort hart ausgepeitscht.

Wenn er das nicht mehr ertragen kann, beginnt er wild umherzurennen und wird dabei links und rechts von messerscharfen Asi-Blättern geschnitten. Wenn auf diese Weise sein ganzer Körper in Stücke geschnitten wird, schreit er *Oh, ich sterbe!* und beginnt das Bewusstsein zu verlieren. Von großen Schmerzen erfüllt taumelt er dann hilflos umher. So leidet der Sünder dafür, dass er sich gegen den Pfad des Veda vergangen hat.

Wenn ein König oder eine mächtige Person Anweisung gibt, jemanden zu bestrafen, obwohl dies nicht in Einklang mit dem Gesetz (dharma) steht, und dem Körper eines Brahmanen Verletzungen oder Schmerzen zufügen lässt, dann werfen Yamas Diener ihn in die Shūkaramukha-Hölle hinab und zermahlen dort mit großer Gewalt seinen Körper, so wie ein Zuckerrohr zermahlen wird. Er schreit dann voller Entsetzen und verliert vor Schmerz beinahe das Bewusstsein. Er wird immer wieder von Yamas Dienern geschlagen und erleidet so Schmerz und große Not. Wer, obwohl er eigentlich weiß, wie man sich fühlt, wenn man gequält wird, den Insekten Schmerzen zufügt, die als Mücken usw. vom Blut anderer leben und sich um ihr Leid nicht kümmert, geht als Strafe für diese Sünde in die Andhakūpa-Hölle ein. Dort wird er von Raubtieren, Vögeln, Reptilien, Moskitos, Käfern, Läusen, Stechfliegen, Dandashūkas und vielen anderen grausamen Tieren gequält. Er lebt in einem hässlichen Körper in dieser Hölle und läuft dort wie ein wildes Tier umher.

Ein Mensch, der, obwohl er durchaus genügend Wohlstand und Nahrung besitzt, dennoch nicht die fünf Mahā Yagyas durchführen lässt, den Devas keinen Anteil daran opfert und nur wie eine Krähe seinen eigenen Bauch füttert, wird von den grimmigen Yamadūtas als Strafe für seine sündigen Taten in die allerschlimmste Krimibhojana Naraka geschleppt. Diese Hölle hat eine Ausdehnung von einem Lakh Yojanas und wird von zahllosen Würmern bewohnt. Die Bewohner dieser Hölle leben in großer Furcht. Der Sünder nimmt dort die Gestalt eines Insekts an und wird während der Zeit seines Aufenthaltes viele Male von anderen Insekten gefressen. Auch ein Mensch, der seine Gäste (atithi) nicht bewirtet, dem Feuer keine Gaben darbringt und nur für sich selbst isst, geht in die genannte Hölle ein.

Wenn ein Mensch zu Zeiten, in denen nicht große Gefahr oder Not herrschen, als Dieb seinen Lebensunterhalt verdient und gewaltsam das Gold eines Brahmanen oder eines anderen Menschen raubt, so kommt er in die Hölle und Yamas Diener werden mit einem glühend heißen Eisenmesser auf ihn einstechen und ihm die Haut abziehen.

Wenn ein Mann verbotenen Geschlechtsverkehr mit einer Frau pflegt, der er fernbleiben sollte, oder wenn eine Frau dies mit einem Mann tut, dem sie sich nicht nähern dürfte, dann werden sie von Yamas Dienern unter Peitschenhieben in die Hölle getrieben. Dort wird der Mann gezwungen, die glühend heiße Statue einer Frau zu umarmen und die Frau die eines entsprechenden Mannes.

Wenn ein Mensch alle Arten von unnatürlichem Geschlechtsverkehr betreibt, wird er in die Vajra Kantaka Naraka gebracht und dort auf die Spitze eines eisernen Shalmalīholz-Stammes gespießt.

Wenn ein König oder eine Amtsperson dem Weg der Gesetzlosigkeit (pāsanda dharma) folgt und gegen Gesetze verstößt, so wird er zur Strafe für diese Sünde in den Graben geworfen, der diese Hölle umgibt, und die dort lebenden Wassertiere fressen seinen ganzen Körper auf – o Nārada, und dennoch hört er nicht auf zu leben oder gibt seinen Körper auf. Er wird für seine Untaten in Flüsse geworfen, die mit Kot, Urin, Eiter, Blut, Haaren, Knochen, Nägeln, Fleisch, Mark, Fett und ähnlichem gefüllt sind und muss allergrößtes Leid erdulden.

Ein Mann, der eine Vrishalī (ein minderjähriges Mädchen) heiratet, der sich unrein und schamlos verhält, gegen die guten Sitten verstößt und sich wie ein Tier benimmt, schafft sich damit ein äußerst hartes Schicksal. Er gelangt in eine Hölle, die mit Kot, Urin, Auswurf, Blut und anderen unreinen Dingen gefüllt ist, und wird dort gezwungen, diese Dinge zu essen.

Wenn ein Zweimalgeborener Hunde, Esel und ähnliche Tiere hält, sich der Jagdlust hingibt und jeden Tag ganz nutzlos Tiere, Vögel und Wild tötet, ein solcher Übeltäter erfährt eine besondere Behandlung durch die Diener Yamas, die ihn in der Hölle verfolgen und seinen Körper immer wieder mit Pfeilen in Stücke schießen.

Wer in Opfern sinnlos Tiere tötet und eine arrogante Mentalität und Verhaltensweise annimmt, wird von Yamas Dienern in die Hölle geschleppt und dort erbarmungslos ausgepeitscht.

Ein Zweimalgeborener, der in seiner Verblendung Geschlechtsverkehr mit Frauen aus niederen Gesellschaftsschichten pflegt, wird von den Boten Yamas in eine mit Samen gefüllte Hölle hinabgestürzt und wird dort gezwungen, davon zu trinken.

Diejenigen Herrscher oder Amtsinhaber, die sich dem Raub widmen, die Häuser anderer anzünden, die anderen Gift verabreichen, die Verrat üben und die Besitztümer anderer Menschen zerstören, werden nach ihrem Tode von den Yamadūtas in die Sārameyādana-Hölle verbracht. Dort stürzen sich 720 schrecklich anzusehende

Hunde vehement auf sie und nähren sich von ihnen. O Nārada, diese Sārameyādana Naraka genannte Hölle ist wahrlich äußerst furchterregend.

Jetzt werde ich dir Avīchi und andere Höllen beschreiben.

Hier endet im achten Buch des Shrimad Devī Bhāgavatam, des Mahāpurānam von 18.000 Versen von Maharishi Veda Vyāsa, das zweiundzwanzigste Kapitel: Die Beschreibung der Sünden, die in die Höllen führen.

Kapitel 23
Die Beschreibung der übrigen Höllen

Nārāyana sprach: O Nārada, diejenigen, die von ihrem Hang zur Sünde dazu angetrieben, als Zeugen oder in Geldgeschäften stets die Unwahrheit sprechen, gelangen nach ihrem Tode in die schreckliche Hölle namens Avīchi.

Dort werden sie vom Gipfel eines einhundert Yojanas hohen Berges mit dem Kopf nach unten hinabgestürzt. Der feste Erdboden sieht dort wie Wasser aus, auf dem sich Wellen bewegen – daher wird diese Hölle Avīchi genannt, weil sie Avīchi-Wellen (d. h. wellenlosen Wellen) gleicht. Wenn der hinabgestürzte Körper des Sünders beim Aufschlagen in kleine Stücke zerbricht, stirbt er dennoch nicht, sondern er erneuert sich immer wieder.

O Sohn des Brahmā, wenn ein Mensch, ob Brahmane, Kshatriya oder Vaishya, sich gehen lässt und berauschende Getränke oder Wein trinkt, so wird er, o Muni, in eine Hölle hinabgeworfen, in der die Diener Yamas ihn zwingen, glutflüssiges Eisen zu trinken.

Wenn ein niederträchtiger Mensch voll von eitlem Stolz auf seine Bildung, seine hohe Geburt, durchgeführte Opfer, seinen Stand oder seine Lebensweise, seinen Vorgesetzten respektlos gegenübertritt, wird er nach seinem Tode mit dem Kopf nach unten in die Kshārakardama-Hölle hinabgeworfen und muss dort große

Schmerzen erdulden. Wenn ein Mann oder eine Frau wahnbetört Menschenopfer darbringt, wird er oder sie in dieser Hölle gezwungen, Menschenfleisch zu essen.

Diejenigen, die zuvor alle Arten von Tieren getötet haben, kommen nach ihrem Tod in diese Hölle Yamas, wo sie sich gegenseitig mit Äxten und anderen Waffen abschlachten und unter wilden Gesängen ihr Fleisch essen und ihr Blut trinken, sodass sie sich in der Tat wie schreckenerregende Rākshasas verhalten.

Diejenigen, die sich auf heimtückische Weise das Vertrauen von unschuldigen Menschen erschleichen, die in Dörfern oder Wäldern eine neue Heimat suchen, und sie dann mit spitzen Dreizacks (shūla) oder scharfen Schwertern töten, als wenn dies ein bloßes Spiel wäre, werden nach ihrem Tode von den Yamadūtas ergriffen und in die Shūlādi Naraka herabgeworfen. Dort werden sie von Shūlas durchbohrt und müssen extremen Hunger und Durst erdulden, während Geier und Raben mit ihren scharfen Schnäbeln auf sie einhacken. Unter großen Qualen erinnern sie sich so an die in ihrem vorherigen Leben begangenen Sünden.

Diejenigen, die vom rechten Pfad abweichen und wie Giftschlangen andere Menschen quälen, fallen in die Dandashūka-Hölle hinab. Dort kriechen von allen Seiten fünf- und siebenköpfige Würmer auf sie zu und fressen sie, so wie eine grausame Schlange eine Maus verschlingt.

Wer andere Menschen in dunkle Löcher, Kammern oder Höhlen einsperrt, wird von den Dienern des Todesgottes ergriffen mit erhobenen Armen abgeführt und in dunkle Höhlen eingesperrt, die mit Gift, Feuer und Rauch gefüllt sind.

Wenn ein Brahmane, der als Familienvater lebt, einen Gast zu angemessener Stunde zu seinem Hause kommen sieht und ihn mit zornigem, sündigem Blick abweist, als wenn er ihn verbrennen wollte, so ergreifen ihn nach seinem Ableben die Diener des Todes und werfen ihn in eine Hölle, wo Krähen, grausame Geier und andere

Raubvögel mit blitzgleichen scharfen Schnäbeln herbeikommen und gewaltsam die Augen desjenigen ausstechen, der die besagten Sünden begangen hat.

Wenn ein Mensch, von eitlem Stolz auf seine Reichtümer erfüllt, übermäßig arrogant wird, die Lehren seines Gurus anzweifelt und sein Herz und Gesicht verhärtet, weil er nur noch über seine Einnahmen und Ausgaben nachgrübelt, bis er schließlich, innerlich ganz unglücklich, stets nur noch Geld hortet wie die Brahmā Pishāchas, dann werden die Beauftragten des Todes ihn für seine Taten in die Sūchimukha-Höllen werfen, wo er von unzähligen Nadeln zerstochen wird, wie der Schneider es mit einem Kleidungsstück tut.

O Devarishi, wahrlich, die sündigen Menschen fallen Hunderttausenden von Höllen anheim, die alle äußerst schmerzhaft und qualvoll sind. Die zuvor erwähnten Höllen sind diejenigen, welche das größte Leid verursachen.

O Devarishi, so müssen die Sünder in den Höllen zahlreiche Qualen erdulden und tugendhafte Menschen gehen in die verschiedenen höheren Sphären ein, in denen alle Arten von Freude und Lust vorherrschen.

O Maharishi, ich habe dir nun zahlreiche Wege beschrieben, wie man seiner eigenen Bestimmung, seinem Sva Dharma, folgen kann, aber du solltest wahrlich wissen, dass die Verehrung der Devī in ihrer groben Gestalt und in ihrer Virāt-Gestalt das Hauptdharma aller Menschen ist.

Wer die Devī verehrt, muss nicht in die Höllen eingehen. Wenn die Devī verehrt wird, sorgt sie in der Tat selbst dafür, dass ein Mensch an das andere Ufer dieses Ozeans des Kreislaufs von immer neuen Geburten und Toden gelangt.

Hier endet im achten Buch des Shrimad Devī Bhāgavatam, des Mahāpurānam von 18.000 Versen von Maharishi Veda Vyāsa, das dreiundzwanzigste Kapitel: Die Beschreibung der übrigen Höllen.

Kapitel 24
Die Verehrung der Devī

Nārada sagte: O Bhagavān, von welcher Art ist dieses Dharma der Verehrung der Devī? Auf welche Weise sollen wir sie verehren, damit sie uns zur höchsten Stätte gelangen lässt? Was sind die Arten und Formen ihrer Verehrung? Wo und wann sollen wir sie verehren, damit die Durgā Devī uns vor den zuvor beschriebenen Höllen errettet?

Nārāyana sprach: O Devarishi, du bist ja der beste aller Wahrheitskenner. Daher werde ich dir sagen, wie man die Devī erfreut und wie ihre Verehrung in Einklang mit dem Dharma durchzuführen ist. Höre aufmerksam zu.

O Nārada, ich werde dir auch das Wesen des Sva Dharma beschreiben. Höre auch dies.

Wenn man in dieser anfangslosen Welt mit den rechten Riten und Zeremonien die Devī verehrt, dann beseitigt sie selbst all die schrecklichen Gefahren und Widrigkeiten. Vernimm nun die Regeln, nach denen die Menschen die Devī verehren.

Wenn die Zeit des Prajāpat Tithi (der erste Tag nach dem Voll- oder Neumond) gekommen ist, sollte man die Devī mit Gaben von Reis, Ghee (geläuterter Butter) usw. verehren und dies dann den Brahmanen spenden. Dadurch wird man vollständig frei von jeder Krankheit.

Am zweiten Tag (Dvītiyā Tithi) muss man der Mutter des Universums Zucker darbringen und ihn dann den Brahmanen überreichen. Dadurch erlangt man ein langes Leben.

Am dritten Tithi soll der Verehrer der Devī zu Beginn der Zeremonie (pūja) Milch darbringen und diese dann einem würdigen Brahmanen geben. Dadurch wird man von allem Kummer und Leid befreit.

Am vierten Tithi soll der Verehrer der Devī einen mit Mehl gebackenen Kuchen darbringen und ihn dann einem Brahmanen schenken. Dadurch werden alle Hindernisse für die Unternehmungen eines Menschen beseitigt.

Am fünften Tithi soll der Verehrer der Devī Bananen darbringen und sie danach den Brahmanen spenden. Dadurch erlangt man Intelligenz.

Am sechsten Tithi bringt der Verehrer der Devī Honig dar und schenkt ihn dann einem Brahmanen. Dadurch erlangt er körperliche Schönheit.

Am siebenten Tithi bringt der Verehrer der Devī Naivedya (süße Früchte) mit Süßigkeiten (gur) dar und gibt dies dann an die Brahmanen weiter. Dadurch wird man von seelischem Kummer und von Sorgen befreit.

Wenn man am achten Tag der Devī eine Kokosnuss darbringt, wird man frei von Reue und ähnlichen Empfindungen.

Wenn am neunten Tage jemand der Devī gebratenen Reis (lāj) darbringt, vergrößert er damit seine Freude in dieser und in der nächsten Welt.

O Muni, wenn man am zehnten Tag der Devī schwarzen Sesam (til) darbringt und dann den Brahmanen gibt, so erlangt man Befreiung von der Angst vor dem Tod.

O Muni, wenn man am elften Tag (ekādashī) der Devī Quark darbringt und dann den Brahmanen schenkt, so erlangt man große Gunst der Devī.

O Muni, wenn man am zwölften Tag der Devī und dann den Brahmanen hochwertigen Chipitaka-Reis oder Getreide darbringt, so erlangt man ebenfalls großes Wohlwollen der Devī.

Wenn man am dreizehnten Tag der Devī Getreidekörner darbringt und sie dann einem Brahmanen gibt, erlangt man Nachkommenschaft.

Wenn man am vierzehnten Tag der Devī Mehl von gerösteter Gerste darbringt und sie dann einem Brahmanen gibt, erlangt man große Gunst seitens des Gottes Shiva.

Wenn man am vierzehnten Tag der Devī mit Ghee zubereiteten süßen Milchreis (pāyasa) darbringt und ihn dann einem Brahmanen spendet, dann erheben die Vorfahren (pitri) sich in höhere Welten.

O Muni, wenn man an den genannten Tithis täglich die Homas ausführt, wie sie in den Anweisungen für die Durchführung von Pūjas beschrieben sind, so erfreut man die Devī damit sehr. Die Darbringung der Gaben an den entsprechenden Tagen zerstört alle Übel und alle bösen Vorzeichen.

Die Regel besagt, dass man am Sonntag Pāyasam darbringen sollte, am Montag Milch, am Dienstag schöne Bananen, am Mittwoch frische Butter, am Donnerstag Süßigkeiten (cud), am Freitag weißen Zucker und am Samstag aus Kuhmilch gewonnene geläuterte Butter (ghee).

Vernimm nun, was an den jeweiligen Nakshattras dargeboten werden sollte. Folgendes sind die Gaben, die an den jeweiligen Nakshattras – in der korrekten Reihenfolge, mit dem Mondhaus Ashvinī beginnend, dargebracht werden sollen: Geläuterte Butter (ghee), Sesam, Zucker, Quark, Milch, Kilātak, Dadhikūrchi (Mālāi Quark), Modaka (eine Süßigkeit), Phenikā, Ghrita Mandaka, eine aus Weizenmehl und Gur bereitete Süßspeise, Vatapattra, Ghritapura (Ghior), Vataka, Kharjura-Saft (von der Dattelpalme), eine Süßspeise aus Gur und Kichererbsen, Honig, Shūrana, Gur Prithuka, Trauben, Datteln, Chārakās, Apūpa, Navanīta (frische Butter), Mudga, Modaka und Mātulinga.

Höre nun, was zur Zeit von Vishkambha und den anderen Yogas dargebracht werden soll. Die Weltenmutter ist sehr erfreut, wenn man ihr zu den entsprechenden Zeiten die folgenden Gaben darbringt: Gur, Honig, Ghee, Milch, Quark, Takra, Apūpa, frische Butter, Karkatī, Kushmānda, Modaka, Panasa, Bananen, Jambu (Rosenapfel), Mangos, Sesam, Orangen, Dādima, (Granatapfel) Vadarī (Jujube), die Dhātrī (Āmalaki) Frucht, Pāyasa, Prithuka, Kichererbsen, Kokosnuss, Jambīra, Kasheru und Shūrana. Erfreuliche Ereignisse stellen sich ein, wenn man dies darbringt. Einsichtsvolle Persönlichkeiten haben festgelegt, was zu Vishkambha und den anderen Yogas jeweils darzubringen ist.

Höre nun meine Beschreibung, welche Gaben an den jeweiligen Karanas darzubringen sind: Kamsāra, Mandaka, Phenī, Modaka, Vatapattraka, Ladduka, Ghritapūra, Til (Sesam), Quark, Ghee und Honig – diese Gaben sollten der Devī zu den jeweiligen Karanas hingebungsvoll dargebracht werden.

Nun will ich dir weitere Gaben beschreiben, über die die Devī sich sehr freut. O Nārada, höre mit großer Achtsamkeit und Liebe zu: Am dritten Tithi der hellen Monatshälfte im Monat Chaitra soll man den Madhūka Baum angemessen verehren und fünf Arten von Nahrung (pancha khādya) darbringen.

Höre nun, welche Gaben den festgesetzten Vorschriften entsprechend am dritten Tag der hellen Monatshälfte in den anderen Monaten darzubringen sind: Gur im Monat Vaishākh, Honig in Jyeshtha, frische Butter in Āshādha, Quark in Shrāvana, Sharkarā in Bhādra, Pāyasha in Āshvin, reine Milch in Kārtik, Phenī in Agrahāyana, Dadhi Kūrchikā in Pausha, geläuterte Butter aus Kuhmilch in Māgha und Kokosnüsse im Monat Phālguna. Auf diese Weise soll man mit diesen zwölf Arten von Gaben die Devī in jedem der zwölf Monate verehren.

Man sollte die Devī in Gestalt des Madhūka Baumes unter den folgenden ihrer Namen verehren: Mangalā, Vaishnavī, Māyā, Kāla-Rātri, Duratyayā, Mahāmāyā, Mātangī, Kālī, Kamalavāsinī, Shivā, Sahasracharanā und Sarva-Mangalarūpinī.

Schließlich sollte man, um die Verehrung der Devī fruchtbar zu machen und um die Erfüllung der damit verbundenen Wünsche erfolgversprechender zu machen, der Maheshvarī, der Herrin über alle Götter in Gestalt des Madhūka-Baumes, wie folgt Hymnen (stotra) singen: O Lotusäugige, Verehrung dir! Du bist Jaggaddhātri, die Erhalterin des Universums, ich verneige mich vor dir. Du bist Maheshvarī,

Mahā Devī und Mahāmangalarūpinī (die Verkörperung allergrößten glückverheißenden Erfolgs). Du vernichtest alle Sünden und schenkst Moksha oder endgültige Erlösung. Du bist Parameshvarī, du bist die Weltenmutter und das höchste Brahman ist dein Wesen. Du bist Madadātrī, die Schenkerin ekstatischer göttlicher Freude, und bist selbst die Verkörperung vollkommener Freude.

Selbst Verehrung erreicht dich nicht, du bist die Allerhöchste. Du bist die Kosmische Intelligenz, welche die Munis in ihrer Meditation zu verwirklichen suchen und du hast deinen Wohnsitz in der Sonne. Du bist die eine Herrin all der verschiedenen Welten. Du bist das höchste Wissen, vollkommene Erkenntnis.

Zur Zeit der Auflösung des Universums (pralaya) nimmst du die Gestalt des Wassers an. Du wirst von den Devas und den Asuras verehrt, deren Ziel die Zerstörung des großen Wahnes (moha) ist. Dein sei der große endgültige Sieg!

Du rettest einen vor der Stätte des Todes. Du wirst von dem Todesgott Yama verehrt. Du bist die Ahnin von Yama, die Herrscherin über Yama, und du wirst von allen verehrt. Verehrung dir!

Du bist unparteiisch und du herrschst über alle und alles. Du bist selbst vollkommen ungebunden und du zerstörst die weltlichen Bindungen der Menschen. Du bist die Eine, zu der alle aufblicken, um die Erfüllung ihrer Wünsche zu erlangen und du bist die Verkörperung der Barmherzigkeit.

Du wirst unter den Namen Kankāla Krūra, Kāmākshī, Mīnakshī Marma Bhedinī, Mādhūryarūpashālinī verehrt und mit dem Pranava Oṁ, das allen Hymnen (stotra) und Mantras vorangestellt wird.

Du bist der Samen der Māyā, aus dem alles hervorgeht (māyābīja). Du wirst durch die Wiederholung des Mantras verwirklicht und man kann dich erfreuen, indem man sich ganz auf dich ausrichtet (nidhidhyāsana). Alle Menschen können dich in ihrem Geist erreichen und du vollbringst Taten, die Mahā Deva, den großen Gott, erfreuen.

Du bist in den Bäumen Ashvattha, Vata, Nīm, Mango, Kapittha und Kul gegenwärtig. Du bist der Jackpalmenbaum, du bist der Arka-, Karīra- und Kshīra-Baum.

Du weilst in dem milchigen Saft der Pflanzen (dugdha vallī). Du bist die Verkörperung des Mitgefühls und stets bereit, Gnade zu gewähren.

Du bist Aufrichtigkeit und Freundlichkeit und du bist die Gemahlin des Allwissenden. Dein sei der Sieg!

O Nārada, wenn der Verehrer der Devī nach der Verehrung die eben beschriebene Hymne rezitiert, erwirbt er dadurch alle Arten von großem Verdienst (punyam). Wer täglich diese Hymne liest, singt oder hört, welche die Devī erfreut, wird von allen Arten von Krankheiten und Leiden befreit und auch von der Furcht vor den Leidenschaften, die so schwer zu überwinden sind!

Darüber hinaus erlangt dadurch derjenige Reichtümer (artha), der sich Reichtümer wünscht, derjenige Dharma, der sich Dharma wünscht, derjenige erlangt Kāma (Sinnesfreuden), der sich Kāma wünscht, und Moksha erlangt, wer sich Moksha wünscht – die Devī ist es, die allen vier Zielen des Lebens (chatur varga) Erfüllung schenkt.

Ein Brahmane, der dieses Stotra liest, wird ein Vedavit, ein Kenner des Veda, ein Kshatriya erlangt den Sieg, ein Vaishya Reichtum und ein Shūdra Sinnesfreuden. Wenn dieses Stotra mit Aufmerksamkeit und Hingabe gelesen wird, erlangen die Vorfahren (pitri) ungestörte Zufriedenheit, die bis zum Pralaya andauert.

Somit habe ich dir die Methode der Verehrung der Devī beschrieben. Die Devas beachten sie mit großer Aufmerksamkeit. Wer wie eben beschrieben voller Hingabe die Verehrung der Devī ausführt, gelangt nach Devī Loka, in die Welt der Devī.

O Brāhmana, wenn die Devī auf diese Weise verehrt wird, erfüllen sich alle Wünsche, alle Sünden werden ausgelöscht und schließlich erlangt der Verehrer Reinheit des Geistes und wird überall geehrt und hoch geachtet. O Sohn des Brahmā, seine Furcht davor, in die

Hölle zu kommen, wird durch die Gnade der Devī zerstört und selbst im Traum kennt er keinerlei Furcht mehr. Durch die Gnade der Mahā Māyā vermehren sich seine Söhne und Enkelsöhne und auch seine Reichtümer und sein Besitz an guter Nahrung mehr und mehr. Er wird ein großer und unerschütterlicher Verehrer der Devī – daran gibt es keinerlei Zweifel.

Damit habe ich dir jetzt vollständig die Methoden der Verehrung der Devī beschrieben; wenn man diese ausführt, wird man von den Narakas (Höllen) befreit und erlangt alles Gute im Leben.

O Muni, auch die Madhūka-Verehrung und die monatliche Verehrung wurden dir beschrieben. Wer diese Madhūka-Verehrung vollständig durchführt, wird niemals von Krankheiten oder Widrigkeiten behelligt.

Nun werde ich dir die anderen fünf Aspekte der großen Devī in ihrer Natur als Prakriti beschreiben. Ihr Name, ihre Gestalt und ihr Ursprung erfreuen alle Welten. O Muni, vernimm nun dieses Prakriti Panchaka, seine Beschreibung und seine Herrlichkeit. Es zu hören befriedigt den Durst nach Wissen und schenkt Erlösung (moksha).

Hier endet im achten Buch des Shrimad Devī Bhāgavatam, des Mahāpurānam von 18.000 Versen von Maharishi Veda Vyāsa, das vierundzwanzigste Kapitel: Die Verehrung der Devī.

Ende des achten Buches

Buch 9

Kapitel 1

Die Beschreibung der Prakriti

Shrī Nārāyana sprach: Die Prakriti wird als fünffach beschrieben. Wenn sie sich mit dem Werk der Schöpfung beschäftigt, tritt sie als Durgā, die Mutter von Ganesha, sowie als Rādhā, Lakshmī, Sarasvatī und Sāvitrī in Erscheinung.

Nārada antwortete: O du bester aller Gyānins, wer ist diese Prakriti? Warum hat sie sich manifestiert und warum hat sie sich in diesen fünf Gestalten manifestiert? Was sind ihre Eigenschaften? Bitte beschreibe die Taten all dieser Erscheinungsformen der Prakriti, die verschiedenen Methoden ihrer Verehrung und die Früchte, die man dadurch erlangt. Bitte teile mir auch mit, welche dieser Erscheinungsformen sich an welchen unterschiedlichen Orten manifestierten. Bitte sei so freundlich und schildere mir all dies.

Nārāyana sprach: O mein Kind, wen soll es in dieser Welt geben, der vollständig die Eigenschaften der Prakriti beschreiben könnte?! Ich werde dir jedoch insoweit alles wiedergeben, was ich hierüber von meinem eigenen Vater Dharma gehört habe. Höre nun.

Die Vorsilbe *Pra* in dem Wort Prakriti bedeutet erhaben, überragend, all-herrlich und die folgende Silbe *kriti* symbolisiert Schöpfung. Daher ist die Devī, die am herrlichsten das Werk der Schöpfung betreibt, als Devī Prakriti bekannt.

Pra steht für das Sattva, das erhabenste der drei Gunas, *kri* symbolisiert Rājo-Guna und *ti* weist auf Tāmo-Guna hin. Wenn daher die Intelligenz, deren Natur Brahman ist, die Färbung der genannten drei Gunas annimmt und als Allmacht in Erscheinung tritt, dann übernimmt sie die oberste Herrschaft (pradhānā) über das Werk der Schöpfung und übernimmt diese Funktion unter der Bezeichnung Prakriti.

O Nārada, mein Kind, der Zustand vor der Schöpfung wird durch *pra* angezeigt und *kri* bezeichnet die Schöpfung. Daher wird die große Devī, die vor der Schöpfung existiert, nach Beginn der Schöpfung Prakriti genannt.

Der Paramātmā, das höchste Selbst, teilte sich selbst in zwei Teile auf; die rechte Seite war der männliche Purusha und die linke Seite die weibliche Prakriti.

Die Natur der Prakriti ist Brahman. Sie ist ewig. So wie das Feuer und seine Brennkraft nicht voneinander verschieden sind, so gibt es auch keine trennende Unterscheidung zwischen dem Ātman und seiner Shakti, zwischen Purusha und Prakriti. Daher sehen die höchsten und besten Yogis keinerlei Unterschied zwischen einem Mann und einer Frau. Alles ist Brahman. Es existiert immerdar als Mann und Frau. Es gibt nichts in dieser Welt, das auch nur für einen Augenblick ohne das aus Mann und Frau bestehende Brahman existieren könnte.

Aus dem allmächtigen Willen von Shrī Krishna, die Welt zu erschaffen, trat sogleich die Mūlā Prakriti, die große Devī Īshvarī hervor. Sie ließ dann fünf Formen ihrer selbst entstehen, um einerseits das Projekt der Schöpfung zu fördern und andererseits ihren Bhaktas (Verehrern) Gnade zu erweisen und ihnen Gutes zu tun.

Als Erstes entstand die allerherrlichste Gestalt von Durgā, der geliebten Gemahlin von Lord Shiva und Mutter von Ganesha. Sie ist Nārāyanī, die Māyā von Shrī Vishnu, deren Natur Pūrna Brahmā, das höchste Brahman, ist. Diese ewige, all-segensreiche Devī ist die höchste Gottheit aller Devas und wird daher von Brahmā und den anderen Devas, von den Munis und Manus verehrt und gepriesen.

Die Bhagavatī Durgā Devī vernichtet Sorge, Kummer und Schmerz der Bhaktas, die zu ihr Zuflucht genommen haben, und schenkt ihnen Dharma, ewigen Ruhm, alle segensreichen Dinge, Freude, Seligkeit und schließlich sogar endgültige Befreiung oder Erlösung (moksha). Sie ist die höchste Zuflucht der Bhaktas, die zu ihr kommen, um in großer Notlage bei ihr Schutz zu suchen, und rettet sie aus aller Not und Gefahr.

Wahrlich, du sollst wissen, dass diese Durgā Devī die Gottheit des Herzens von Krishna, seine höchste Shakti ist und dass sie die Verkörperung der Essenz des heiligen Feuers und des heiligen Lichtes ist. Sie ist allmächtig und ist stets vereint mit Krishna, dem großen Gott. Sie wird von allen Siddha Purushas (d. h. von denjenigen, die Vollkommenheit erlangt haben) verehrt, sämtliche Siddhis (höhere geistige Kräfte) sind bei ihr und, wenn sie gnädig gestimmt wurde, schenkt sie jegliche Siddhis, die ihre Verehrer sich wünschen.

Diese große Devī ist Intelligenz, Schlaf, Hunger, Durst, Schatten, Trägheit, Müdigkeit, Freundlichkeit, Gedächtnis, Reinheit, Duldsamkeit, Irrtum, Frieden, Schönheit, Bewusstsein, Zufriedenheit, Nahrung, Wohlstand und Kraft. Sie wird in den Veden und in anderen Schriften als die Mahā Māyā besungen und als die Verkörperung des gesamten Universums. In Wirklichkeit ist sie die All-Bewusstseinsenergie (shakti) des Universums und sie ist die Shakti von Krishna.

Alle diese ihre Eigenschaften werden in den Veden beschrieben. Was ich eben von ihr sagte, ist nur ein kleiner Bruchteil von dem, was die Veden über sie verkünden. Ihre Eigenschaften sind unendlich.

Höre nun von den anderen Shaktis.

Die zweite Shakti des Paramātman wird Padmā (Lakshmī) genannt. Ihre Natur ist die von reinstem Sattva (shuddha sattva) und sie ist die von Krishna eingesetzte Gottheit für Reichtum und Wohlstand. Die wunderschöne Lakshmī Devī ist vollständig Herrin über die Sinne. Ihr Charakter ist sehr friedvoll, heiter und all-segensreich. Sie ist frei von Gier, Wahn, Lust, Zorn, Eitelkeit und Egoismus. Sie ist voller Hingabe zu ihrem Gemahl und ihren Bhaktas. Ihre Sprechweise ist sehr süß und ihr Gemahl liebt sie sehr – wahrlich, sie ist sein Leben und sein Selbst.

Diese Devī ist in allen Körnern und Pflanzen gegenwärtig und so ist sie die Quelle des Lebens aller Wesen. Sie weilt in Vaikuntha als Mahā Lakshmī, wo sie stets voller Reinheit und Tugend ihrem Gemahl dient. Sie ist die himmlische Glücksgöttin Lakshmī in den Himmelswelten, die königliche Lakshmī in den Palästen und die Griha Lakshmī in den Familien und Haushalten.

O Nārada, alle bezaubernde Schönheit, die du in den Wesen und den Dingen siehst – das ist sie. Sie ist die Herrlichkeit und der Ruhm derjenigen, die gute und fromme Werke vollbracht haben und sie ist die Macht der mächtigen Könige.

Sie ist – und die Veden bekräftigen dies vielfach – der ertragreiche Handel der Kaufleute, sie ist Sanftmut und Mitgefühl der Heiligen, die stets damit beschäftigt sind, anderen Gutes zu tun, und sie ist auch die Saat des Zerwürfnisses unter den Boshaften und Sündigen. Sie wird von allen angebetet und verehrt.

Nun will ich dir von der dritten Shakti des großen Gottes berichten, welche die Gottheit des Wissens, der Sprache, der Intelligenz und des Lernens ist. Diese dritte Shakti wird Sarasvatī genannt. Sie ist alles Wissen dieses endlosen Universums und sie weilt als Intelligenz (medhā) in den Herzen aller Menschen.

Sie ist die schöpferische Dichterkraft. Sie ist Gedächtnis und sie ist Klugheit, erleuchteter Geist, intellektuelle Brillanz und genialer Erfindungsgeist. Sie verleiht die Geisteskraft, mit der man die wahre Bedeutung der unterschiedlichen schwer zu verstehenden Grundwerke der vedischen Literatur (siddhānta) zu erfassen vermag. Sie lässt einen selbst die besonders schwierigen Abschnitte dieser Werke verstehen und sie beseitigt alle Zweifel und Schwierigkeiten beim Lernen und Verstehen.

Sie wird aktiv, wenn wir Bücher schreiben, wenn wir Argumente abwägen und urteilen und wenn wir Lieder singen und Musik machen. Sie ist der Rhythmus und der Takt in der Musik und hält das Gleichgewicht zwischen dem Gesang und den Instrumenten.

Sie ist die Gottheit der Sprache und die Göttin, die für die Erlangung des Wissens in den verschiedenen Wissensgebieten und für angemessenes Argumentieren und Diskutieren zuständig ist. In der Tat verdienen alle Wesen ihren Lebensunterhalt dadurch, dass sie zu ihr Zuflucht nehmen.

Sie ist friedvoll und hält eine Laute (vīnā) und Bücher in Händen. Ihre Natur ist reinstes Sattva (shuddha sattva). Sie ist sittsam und Shrī Hari liebt sie sehr. Ihre Farbe ist weiß wie der Schnee auf den Berggipfeln, wie eine Kunda-Blüte, wie das Licht des Mondes oder der weiße Lotus. Sie wiederholt stets den Namen des Paramātmā Shrī Krishna, während sie die aus Juwelen bestehenden Perlen ihrer Kette durch die Hand gleiten lässt.

Sie hat den Charakter einer Asketin und sie ist es, die den Asketen die Frucht ihrer Askese zukommen lässt. Sie ist die Vollkommenheit (siddhi) und die höchste Erkenntnis (vidyā) aller und sie schenkt stets allen Erfolg.

Ohne sie würden all die Scharen der Brahmanen stumm und sprachlos bleiben wie eine Ansammlung von Leichen. Diese dritte Devī, die in den Veden besungen wird, ist die Verkörperung des heiligen Wortes, die dritte Shakti, Sarasvatī – und sie habe ich hiermit beschrieben.

Höre nun, was in Einklang mit den Veden von der Herrlichkeit einer weiteren Devī, der vierten Shakti, zu berichten ist. Sie ist die Mutter der vier Stände (varna), der Ursprung der sechs Vedāngas oder Gliedmaßen des Veda und der Versmaße (chhandas). Sie ist der Same aller Mantras des Sandhyā Bandanam (der täglichen vedischen spirituellen Praktiken) und auch der Same und die Wurzel der Tantras.

Sie selbst ist tüchtig in allen Arten von Aktivitäten. Selbst eine Asketin, ist sie die Askese (tapas) der Brahmanen. Sie ist die feurige

Energie (tejas) der Brahmanen und in sich selbst die Heimstätte aller Arten von Tendenzen und Bestrebungen (samskāra). Sie ist Japam, die stille Wiederholung der Mantras im Geist.

Von vollkommener Reinheit, ist sie unter den Namen Sāvitrī und Gāyatrī bekannt. Sie hat stets ihren Wohnsitz in Brahmā Loka, in der Welt Brahmās, und all die heiligen Pilgerstätten sehnen sich nach ihrer Berührung, um Läuterung zu erlangen.

Sie hat die vollkommen weiße Farbe eines reinen Bergkristalls. Sie ist reinstes Sattva (shuddha sattva) und ihr Wesen ist höchste Seligkeit. Sie ist ewig und steht über allem. Ihre Natur ist das höchste Brahman (para brahmā) und sie schenkt die Erlösung (moksha).

Sie ist die feurige Shakti und die Gottheit, die über Brahmā Teja, die glanzvoll-feurige Ausstrahlung Brahmās und der Brahmanen gebietet. Das gesamte Universum wird durch die Berührung mit den Füßen dieser vierten Shakti, der Sāvitrī Devī, geläutert.

O mein Kind Nārada, nun werde ich dir die fünfte Shakti beschreiben, die Devī Rādhikā. Höre zu.

Sie ist die Gottheit, die über die fünf Prānas (fünf Arten von Lebensatem) gebietet. Sie selbst ist das Leben von allen und Shrī Krishna liebt sie mehr als sein eigenes Leben. Sie übertrifft an Schönheit und Erhabenheit all die anderen Prakriti Devīs.

Sie wohnt in allem. Sie verkörpert die Fülle des Glücks (saubhāgyam). Ihre Herrlichkeit ist unbegrenzt. Als Ehefrau von Shrī Krishna ist sie gleichsam seine linke Körperhälfte und sie ist auf keine Weise niedrigrangiger als er – weder was die göttlichen Eigenschaften noch was glanzvolle Ausstrahlung (tejas) oder sonstige Dinge anbetrifft. Sie ist höher als das Höchste, die Essenz von allem, unendlich erhaben, die Erste von allen und ewig. Ihr Wesen ist höchste Glückseligkeit (paramānandam), sie ist die Verkörperung von Glück und Erfolg, hochgeachtet und von allen verehrt.

Sie ist die Gottheit, die über das Rāsa Līlā (das göttliche Spiel) von Shrī Krishna gebietet. Aus ihr ist das Rāsa Mandalam (ein ekstatischer

Kreis-Tanz in Krishnas Geburtsort Vrindāvan) entstanden und sie ist der Segen und das prächtigste Juwel des Rāsa Mandalam. Sie ist die Herrin des Rāsa Līlā, die beste aller großmütigen und intelligenten Persönlichkeiten und ist stets in Rāsa (göttlicher Ekstase) gegenwärtig.

Ihr Wohnsitz ist in Goloka und aus ihr sind alle Gopīkās (Kuhhirtinnen, die Shrī Krishna hingebungsvoll lieben) hervorgegangen.

Ihr Wesen ist höchste Glückseligkeit, vollkommene Erfüllung und ekstatische, göttliche Freude. Sie transzendiert die drei Gunas Sattva, Rajas und Tamas und ist Nirākāra (ohne eine bestimmte Gestalt). Sie ist überall und doch an nichts gebunden. Sie ist das Selbst von allen. Sie ist frei von jeder Bestrebung, irgendetwas zu vollbringen und völlig frei von Ich-Bewusstsein (ahamkāra). Sie nimmt nur verschiedene Gestalten an, um ihre Bhaktas zu segnen und sie zu erfreuen.

Die intelligenten, gebildeten Menschen (pandit) ehren ihre Herrlichkeit (mahimā), indem sie sich in Einklang mit dem Veda in der Meditation auf sie ausrichten.

Selbst der Götterkönig Indra und die Munis können sie niemals schauen. Ihre Gewänder sind feuerfest und sie trägt zahlreiche herrliche Schmuckstücke an ihrem Körper. Ihr Körper sieht aus, als wenn Millionen von Monden gleichzeitig aufgegangen wären.

Sie verleiht Bhakti (Hingabe) gegenüber Shrī Krishna und erweckt den Wunsch, ihm zu dienen. Sie schenkt alle Arten von Reichtümern und Wohlstand. Im Varāha Kalpa – dem Zeitalter, in dem Shrī Vishnu sich als kosmischer Eber verkörperte – inkarnierte sie sich als eine Kuhhirtin (gopa) namens Vrisabhānu und die Erde wurde durch die Berührung ihrer Füße gesegnet. Obwohl Brahmā und die anderen Devas sie mit keinem ihrer Sinne zu sehen vermochten, konnte jeder in Vrindāvan sie ganz mühelos sehen. Sie ist das Juwel unter den Frauen und wenn man sie an der Brust von Krishna ruhen sieht, gleicht dies dem Anblick von Blitzen, die in einer Masse dunkelblauer Wolken aufleuchten.

Vor Zeiten praktizierte Brahmā 60.000 Jahre lang harte Askese, um sich so weit zu läutern, dass er fähig wäre, ihre Zehennägel zu schauen, aber es gelang ihm nicht – noch nicht einmal in seinen Träumen. Schließlich gelang es ihm, sie in Vrindāvan zu erblicken, und er wurde dadurch reich gesegnet.

O Nārada, mein Kind, dies also ist die fünfte Prakriti und sie wird Rādha genannt. Jede Frau in jedem Universum ging aus einem Teil von Shrī Rādha oder dem Teil eines Ihrer Teile hervor.

O Nārada, somit habe ich dir die fünf Höchsten Prakritis, Durgā und die anderen, beschrieben. Jetzt werde ich dir diejenigen beschreiben, die Teilverkörperungen jener Prakritis sind. Höre zu.

Die Gangā ist aus den Lotusfüßen von Vishnu hervorgegangen. Ihre Gestalt gleicht der einer Flüssigkeit. Sie ist ewig und sie ist wahrlich das Feuer, das sämtliche Sünden der Sünder verbrennt. Man erfährt ihre liebliche Berührung, wenn man badet oder trinkt. Sie schenkt den Jīvas endgültige Erlösung und führt einen mühelos in die Goloka-Welt.

Sie ist die heiligste aller Pilgerstätten und die erste der dahinfließenden Ströme. Sie ist die Perlenkette im verknoteten Haar auf dem Haupt Mahādevas und sie ist die verkörperte Askese (tapas) der Asketen (tapasvī) des Landes Bhārata.

Die Gangā läutert alle drei Welten und sie ist ein Teil von Mūlā Prakriti. Sie erstrahlt wie der volle Mond und ist weiß wie der weiße Lotus oder wie Milch. Sie ist Shuddha Sattva, reinstes Sattva, klar und rein und frei von jedem Ich-Bewusstsein (ahamkāra). Sie ist keusch und Nārāyana liebt sie sehr.

Die Tulasī Devī ist die Gemahlin von Shrī Vishnu. Sie ist das Juwel von Nārāyana und weilt stets zu den Lotusfüßen von Nārāyana. Alle Arten von Verehrung, Entsagung und geistigen Entschlüssen (sankalpa) werden durch sie vollzogen. Sie ist die Herrin über alle Pflanzen. Sie ist heilig und ist fähig, anderen Verdienste (punyam) zu schenken.

Durch ihren Anblick und ihre Berührung kann Nirvāna erlangt werden und, wenn es sie nicht gäbe, fände man im Kali-Yuga kein anderes Feuer, das die Sünden verbrennen könnte.

Ihr Eigenwesen ist Feuer und durch die Berührung mit ihren Lotusfüßen wird die Erde geläutert. Alle heiligen Stätten (tīrtha) sehnen sich nach ihrem Anblick und ihrer Berührung, um Läuterung zu erfahren, und ohne sie würden alle Aktivitäten in dieser Welt fruchtlos bleiben.

Sie gewährt denjenigen Moksha (Befreiung), die nach endgültiger Erlösung streben, und gewährt den verschiedenen Menschen die Erfüllung ihrer unterschiedlichen Wünsche.

Sie selbst ist wie ein Kalpa Vriksha, ein alle Wünsche erfüllender Baum, und sie ist auch die Gottheit, in deren Obhut alle Bäume in Bhārata sind. Sie gewährt den Frauen in Bhārata Varsha Erfüllung und wird in allen Teilen Indiens als allerhöchste Gottheit angesehen.

Die Tulasī Devī ist der Hauptaspekt von Mūlā Prakriti.

Als Nächstes kommt Manasā Devī, die Tochter des Kashyapa. Sie ist die Lieblingsschülerin von Shankara und daher in allen vedischen Schriften bestens bewandert. Sie ist die Tochter von Ananta Deva, des Herrschers über alle Schlangen und wird von allen Nāgas hoch geehrt.

Sie selbst, die Herrin und Mutter der Nāgas, ist strahlend schön und wird von den Schlangen getragen. Sie ist mit dem Zierrat der Schlangen geschmückt und erfährt höchste Achtung seitens der Nāgendras (Schlangenherrscher). Sie schläft auf einem Bett aus Schlangen. Sie ist eine Siddha Yoginī, eine vollendete Meisterin des Yoga und ist stets bereit, Shrī Vishnu zu verehren. Sie ist das Tapas und gewährt die Frucht des Tapas. Als Asketin praktizierte sie 300.000 göttliche Jahre lang Tapas und wurde die beste aller Asketinnen in Bhāratavarsha.

Sie ist die göttliche Schutzherrin aller Mantras und ihr ganzer Körper erstrahlt im feurigen Glanz Brahmans (brahmāteja). Einerseits ist ihre eigene Natur Brahman und andererseits richtet sie sich in ihrer Meditation auf Brahman aus. Sie entstand als Teilaspekt von Shrī Krishna. Sie ist die keusche Ehefrau des Muni Jarat Kāru und die Mutter des großen Muni Āshtika. Sie ist ein Teilaspekt der Mūlā Prakriti.

O mein Kind Nārada, nun kommen wir zu Shashthī Devī, der Mutter von Devasenā. Sie ist die allerhöchste unter den Gaurīs und den 16 Mātrikās. Diese keusche Frau gewährt in den drei Welten Söhne und Enkel und sie ist die Amme, die nährende Mutter aller Wesen. Sie stellt ein Sechstel von Mūlā Prakriti dar und daher kennt man sie unter dem Namen Shashthī.

Sie weilt in Gestalt einer alten Yoginī in der Nähe eines jeden Kindes. Sie wird überall im Monat Vaishākha und den anderen der zwölf Monate verehrt. Nachdem ein Kind geboren wurde, wird am sechsten Tage und noch einmal am einundzwanzigsten Tage danach im Wochenbettzimmer die überaus segensreiche Zeremonie der Verehrung der Shashthī Devī durchgeführt. Die Munis verneigen sich ehrerbietig vor ihr und möchten sie täglich aufsuchen.

Sie beschützt stets mit dem liebevollen Herzen einer Mutter alle Kinder.

Auch diese Shashthī Devī ist ein Teilaspekt der Mūlā Prakriti.

Danach folgt die Devī Mangala Chandikā. Sie wandelt zu Lande, zu Wasser oder durch die Luft von einem Haus zum anderen, um dort ihren Segen zu schenken.

Sie ist aus dem Antlitz der Prakriti Devī hervorgegangen und erweist der Welt alle Arten von Wohltaten. Ihr Name ist Mangala Chandī, weil sie zu Beginn der Schöpfung überaus segensreich ist, aber zur Zeit der Zerstörung des Universums eine sehr zornige, wutentbrannte Erscheinungsform annimmt; dies sagen die Gelehrten.

In allen Welten wird sie am Dienstag verehrt. Wenn sie gnädig gestimmt wurde, schenkt sie den Frauen Söhne, Enkelkinder, Wohlstand, Ruhm und alle Arten erstrebenswerter Dinge und erfüllt alle Wünsche.

Auch diese Mangala Chandikā ist eine Teilmanifestation der Mūlā Prakriti.

Nun folgt als Nächstes die lotusäugige Māheshvarī Kālī, die in einem einzigen Augenblick dieses ganze Universum zu zerstören vermag, wenn sie zornig ist. Sie ging aus der Stirn der Mūlā Prakriti Dūrgā hervor, um die beiden Asuras Shumbha und Nishumbha zu vernichten. Sie ist eine Manifestation der Hälfte von Durgā und besitzt deren Eigenschaften. Sie ist feurig und voller Energie.

Die Schönheit und der Glanz ihrer Erscheinung vermitteln den Eindruck, als seien gerade Millionen von Sonnen gleichzeitig aufgegangen.

Sie ist die bedeutendste aller Shaktis und ist mächtiger als alle anderen. Sie gewährt allen Wesen Erfolg. Sie steht über allen und ist von yogischer Natur.

Sie ist von extremer Hingabe zu Shrī Krishna erfüllt und ist wie er feurig, tapfer und voller guter Eigenschaften. Dadurch, dass sie unablässig in ihrer Meditation Hingabe an Shrī Krishna praktiziert, hat ihr Körper eine schwarze Farbe angenommen (krishna bedeutet schwarz).

Sie vermag in einem einzigen Atemzug dieses gesamte Brahmānda zu zerstören. Aus reiner spielerischer Freude und um die Menschen zu belehren kämpft sie gegen die Daityas und vernichtet sie. Wenn sie gnädig gestimmt wurde, vermag sie die Erfüllung aller vier Lebensziele – Dharma, Artha, Kāma und Moksha – zu gewähren.

Kālī Devī ist eine Teilmanifestation von Mūlā Prakriti und das Gleiche trifft auch für die Devī Vasundharā (die Mutter Erde) zu. Brahmā, die anderen Devas, die Muni Mandalams (die Munis aller Welten) und die vierzehn Manus – sie alle singen ihr Lobeshymnen. Sie ist die Stützerin und Erhalterin aller Wesen und ist mit allen Arten von Nährpflanzen versehen.

Sie ist die Quelle aller Edelsteine und Juwelen und trägt all die wertvollen Metalle und Mineralien in ihrem Leibe. Alle Arten der prächtigsten Dinge gehen aus ihr hervor. Sie ist die Zuflucht aller Wesen. Die großen Könige mitsamt ihren Untertanen verehren sie stets und preisen sie mit Hymnen. Alle Jīvas (verkörperte Wesen) leben durch sie und sie schenkt ihnen alle Arten von Wohlstand und Reichtum. Ohne sie wäre alles, was sich bewegt oder nicht bewegt, ohne jede Grundlage, auf der es ruhen könnte.

O Nārada, mein Kind, höre nun von denjenigen Shaktis, die wiederum aus den Teilmanifestationen der Mūlā Prakriti hervorgegangen sind, und vernimm auch ihre Namen und wessen Ehefrauen sie sind. Ich werde sie dir nun korrekt aufzählen.

Die Devī Svāhā ist die Gattin des Feuergottes Agni und das gesamte Universum verehrt Sie. Ohne sie könnte die Devī niemals Opfergaben jeglicher Art in Empfang nehmen.

Dakshinā und Dikshā sind beide die Gemahlinnen des Yagya. Sie werden überall hoch geehrt. Tatsächlich kann keine Opferzeremonie (Yagya) ohne Dakshinā (abschließenden Opferlohn) vollständig und fruchtbringend sein

Die Devī Svadhā ist die Gemahlin aller Pitris (Ahnen). Ob Munis, Manus oder Menschen – sie alle verehren diese Devī Svadhā. Wenn während der Darbringung von Opfergaben an die Pitris nicht das Mantra Svadhā gesprochen würde, würde sich die gesamte Darbringung als nutzlos erweisen.

Die Devī Svastī ist die Gemahlin des Vāyu Deva, des Gottes des Windes und Lebensatems. Sie wird im gesamten Universum hoch geehrt. Ohne die Svastī Devī wäre kein Geben oder Nehmen und keine Handlung fruchtbringend und nützlich.

Pushtī ist die Gemahlin von Ganapatī. Alle in dieser Welt verehren die Pushtī Devī. Ohne Pushtī (Gesundheit) würden alle Männer und Frauen immer schwächer und schwächer werden.

Tushtī (Zufriedenheit) ist die Gattin von Ananta Deva. Sie wird überall in dieser Welt gepriesen. Ohne sie kann niemand irgendwo in der Welt glücklich und zufrieden sein.

Sampattī (Wohlstand) ist die Frau von Īshāna Deva. Alle Suras und Menschen verehren sie. Ohne sie würden alle in dieser Welt von furchtbarer Armut bedrückt.

Die Devī Dhritī (Geduld) ist die Gemahlin von Kapila Deva. Sie wird in allen Welten gleichermaßen verehrt. Ohne sie wären alle Menschen in der Welt extrem ungeduldig.

Die Satī Devī ist die Gattin von Satya Deva. Sie ist in der ganzen Welt sehr beliebt. Diejenigen, die Befreiung erlangt haben, verehren sie stets. Ohne die wahrheitsliebende Satī hätte die Welt einen ihrer größten Schätze verloren: Die Freundschaft.

Die ebenfalls in der Welt vielgeliebte Devī Dayā (Mitgefühl) ist die keusche Gemahlin von Mohā Deva. Ohne sie wäre die Welt ohne Hoffnung.

Die Devī Pratishthā (Vorzüglichkeit) ist die Gemahlin von Punya Deva. Sie vergrößert den Schatz an gutem Karma (punyam) derjenigen, die sie verehren. Ohne sie wären alle Menschen gleichsam zu Lebzeiten tot.

Die Devī Kīrtī (Ruhm) ist die Gattin von Sukarma. Sie ist eine Siddha und alle von ihr gesegneten Menschen verehren sie mit allergrößtem Respekt. Ohne sie wären alle Menschen in dieser Welt wie tot und vollkommen ruhmlos.

Kriyā (Aktivität) ist die Gemahlin von Udyoga. Sie wird von allen hoch geehrt. O Muni Nārada, ohne sie würden die Menschen weder Richtlinien noch Gesetze kennen.

Asatyā (Lüge) ist die Gattin von Adharma. Sie wird von allen Betrügern, die es in dieser Welt gibt, sehr verehrt – wenn diese sie nicht verehren würden, gäbe es keine Betrügereien mehr. Im Satya-Yuga wird sie nirgendwo erblickt. Ihre subtile Gestalt wurde erst im Treta-Yuga sichtbar. Als das Dvāpara-Yuga kam, war sie zur Hälfte entwickelt.

Im Kali-Yuga entwickelt sie sich vollständig; niemand gleicht ihr dann an kühnem Selbstvertrauen, Schamlosigkeit, Geschwätzigkeit, und sie durchdringt alles. Zusammen mit ihrem Bruder Betrug eilt sie von einem Haus zum anderen.

Shānti (Friede) und Bescheidenheit sind beides die Gefährtinnen von gutem Verhalten. Ohne sie wäre alles in der Welt voller Täuschung und Wahnsinn. Intelligenz, Inspiration und Geisteskraft sind die drei Gemahlinnen von Gyāna. Wenn sie nicht existieren würden, wäre jeder dumm und schwachsinnig.

Murtī ist die Gemahlin von Dharma Deva. Schönheit und Liebreiz machen ihr Wesen aus. Ohne sie hätte der Paramātman keine Ruhestätte und das gesamte Universum wäre ein Ort der Ruhelosigkeit (nirālamba). Glanz, Liebreiz und Lakshmī (Glück) sind die Natur der Mūrtī Devī, die überall verehrt, gerühmt und geachtet wird.

Die Siddha Yoginī Nidrā (Schlaf) ist die Gemahlin von Rudra Deva und Kālāgni (das allverzehrende Weltuntergangsfeuer) ist ihre Natur. Alle Wesen sind des Nachts mit ihr zusammen. Die Dämmerungen, die Nacht und der Tag sind die Gattinnen von Kāla (Zeit). Ohne sie fände selbst der Schöpfer kein Maß für die Zeit.

Hunger und Durst sind die beiden Gattin von Lobha (Begierde). Die ganze Welt bringt Ihnen Dank, Achtung und Verehrung entgegen. Ohne sie versänke die Welt in einem Ozean der Furcht.

Glanz und Hitze sind die Gemahlinnen von Tejas. Ohne sie wäre der Herr der Welt nicht dazu in der Lage gewesen, die Ordnung des Universums zu erschaffen und zu bewahren.

Alter und Tod sind die Töchter von Kāla und die geliebten Gemahlinnen von Jvarā (Krankheit). Ohne sie fände die Schöpfung ein vorzeitiges Ende.

Tandrā (Dumpfheit) und Prītī (Zufriedenheit) sind die Töchter des Nidrā (Schlaf) und sie sind zugleich die lieben Gattinnen von Sukha (Freude). Sie sind überall in der Welt gegenwärtig.

O bester aller Munis, Shraddhā (Glaube) und Bhakti (Hingabe) sind die Gemahlinnen von Vairāgyam (Leidenschaftslosigkeit). Durch sie werden Menschen zu Jīvanmuktas (schon zu Lebzeiten

Befreite).

Außer den genannten Shaktis gibt es noch Aditi, die Mutter der Devas, Surabhi, die Mutter der Kühe, Diti, die Mutter der Daityas, Kadru, die Mutter der Nāgas (Schlangenwesen), Vinātā, die Mutter von Garuda, des Prinzen der Vögel, und Danu, die Mutter der Dānavas. Sie alle tragen erheblich zum Gedeihen der Schöpfung bei und sie alle sind Teilmanifestationen der Mūlā Prakriti.

Nun will ich noch einige weitere Teilmanifestationen der Prakriti anführen. Höre denn: Rohinī, die Gemahlin des Mondes, Sangyā, die Gattin der Sonne, Shatarūpā, die Frau des Manu, Shachī, die Gemahlin des Indra, Tārā, die Gemahlin von Brihaspati, Arundhatī, die Frau von Vasishtha, Anasūyā, Gemahlin von Atri, Devahūtī, die Frau von Kardama, Prashūti, die Gemahlin von Daksha, Menakā, die geistgeborene Tochter der Pitris, Lopāmudrā, die Mutter von Ambikā, Kuntī, die Gemahlin von Kubera, Bindhyāvalī, die Gemahlin von König Bali sowie Damayantī, Yashodā, Devakī, Gāndhārī, Draupadī, Shaivyā, Satyavatī, die keusche und edle Frau von Vrishabhānu und Mutter von Rādhā, Mandidarī, Kaushalyā, Kauravī, Subhadrā, Revatī, Satyabhāmā, Kālindī, Lakshmanā, Jāmbavatī, Nāgnajiti, Mitravindā, Lakshanā, Rukminī, Sītā, die Inkarnation von Lakshmī, Kālī, Yojana Gandhā, die keusche Mutter von Vyāsa, Ūshā, die Tochter von Vāna, ihre Freundin Chitralekhā, Prabhāvati, Bhānumatī, die Satī Māyāvatī, Renukā, die Mutter von Parashurāma, Rohinī, die Mutter von Balarāma, Ekanandā und die Schwester von Shrī Krishna, Satī Durgā und viele andere edle Frauen sind Teilmanifestationen der Prakriti – ebenso wie sämtliche Frauen im Universum alle aus Teilmanifestationen der Prakriti hervorgegangen sind.

Wenn man daher eine Frau kränkt, so kränkt man die Prakriti. Wenn man eine keusche Brahmanenfrau, deren Ehemann und Söhne am Leben sind, mit Gewändern, Schmuck, Sandelpaste und ähnlichen Gaben verehrt, so verehrt man damit gleichsam die Prakriti.

Wenn ein gelehrter Brahmane (vipra) eine acht Jahre alte Jungfrau mit Gaben von Gewändern, Schmuck und Sandelpaste verehrt, so wisse, dass er damit die Prakriti Devī verehrt hat. Die besten, die mittleren und die schlechtesten (unter den Frauen) – sie alle haben ihren Ursprung in der Prakriti.

Die aus dem Sattva-Guna hervorgegangenen Frauen haben alle einen guten Charakter und sind keusch.

Die aus dem Rajoguna hervorgegangenen Frauen sind von mittlerer Natur, sehr den weltlichen Freuden und ihren eigenen egoistischen Zielen zugetan.

Die aus dem Tamo-Guna hervorgegangenen Frauen sind als die schlechtesten anzusehen, gehören Familien von zweifelhaftem Ruf an und sind sehr ordinär und betrügerisch. Sie ruinieren ihre Familien, lieben nichts mehr als ihren freizügigen Lebenswandel und sind unvergleichlich streitsüchtig. Solche Frauen werden Prostituierte in dieser Welt und Apsarās in den Himmelswelten.

Auch Zwitter sind Teile der Prakriti, aber ihre Natur entspricht dem Tamo-Guna.

Somit habe ich dir die Natur der Prakriti beschrieben.

In diesem Punyabhūmi Bhārata Varsha ist es in jeder Hinsicht wünschenswert, die Devī zu verehren.

Vor Zeiten hat der König Suratha die Mūlā Prakriti Durgā, die Vernichterin allen Übels, verehrt. Auch Shrī Rāma Chandra hat sie verehrt, als er Rāvana töten wollte. Seither hat sich ihre Verehrung in allen drei Welten ausgebreitet. Als Erstes wurde sie als die verehrungswürdige Tochter von Daksha geboren. Sie vernichtete dann unzählige Heerscharen der Daityas und Dānavas. Als sie dann später die beleidigenden Worte vernahm, die ihr Vater Daksha anlässlich seines großen Yagyas gegenüber ihrem Gemahl Shiva äußerte, gab sie ihren Körper auf und nahm einige Zeit danach erneut Geburt an.

Sie wurde aus dem Leibe der Menakā geboren und erlangte wiederum Pashupati als ihren Gemahl. Von den beiden Söhnen Kārtika und Ganesha, die sie zur Welt brachte, war Kārtika eine

Teilinkarnation (amsa) von Nārāyana und Ganapati war Shrī Krishna selbst, der Gemahl der Rādhā.

O Devarishi, nach diesen beiden Söhnen ging Lakshmī Devī aus Durgā hervor. Mangala Rāja, der König Mars, verehrte sie als Erster. Danach begannen die Devas und die Menschen gleichermaßen, sie in allen drei Welten zu verehren. Der König Ashvapati hat als Erster die Sāvitrī Devī verehrt und seither wird sie von allen Devas und Munis verehrt. Als die Devī Saravastī geboren wurde, war es der Bhagavān Brahmā, der sie als Erster verehrte. Danach begannen dann die größten Munis und Devas sie zu verehren.

In der Vollmondnacht des Monats Kārtika hat Bhagavān Shrī Krishna, der höchste Gott selbst, als Erster von allen in Goloka während der Ausführung des Kreistanzes Rāsa Līlā innerhalb des Rāsa Mandalam die Devī Rādhā verehrt. Danach haben auf Anweisung von Shrī Krishna hin all die Gopīs und Gopas, alle Mädchen und Jungen gemeinsam mit Surabhī, der Königin der Kühe und den anderen Kühen die Devī Rādhā verehrt.

Nachdem die Bewohner von Goloka sowie Brahmā, die anderen Devas und die Munis sie verehrt hatten, begannen alle voller Hingabe und unter Darbringungen von Räucherwerk, Licht und anderen Gaben immer wieder die Devī Shrī Rādhā zu verehren. Auf der Erde, auf dem heiligen Boden von Bhāratavarsha, wurde sie als Erstes unter der Leitung von Bhagavān Mahādeva von Suyagya verehrt. Danach begannen auf Anweisung des höchsten Gottes Bhagavān Shrī Krisna, die Bewohner aller drei Welten sie zu verehren. Auch die Munis verehren stets voller Hingabe und unter Darbringung von Räucherwerk, Blumen und zahlreicher anderer Gaben die Devī Rādhā.

O Nārada, mein Kind, auch all den anderen Devīs, die aus der Prakriti Devī hervorgegangen sind, wird Verehrung dargebracht – in den Dörfern werden die Gottheiten der Dörfer, in den Wäldern die Gottheiten der Wälder und in den Städten die Gottheiten der Städte verehrt.

Somit habe ich dir in Einklang mit den vedischen Schriften (shāstra) die glorreichen Leben der Devī Prakriti und ihrer Teilmanifestationen beschrieben. Was möchtest du sonst noch hören?

Hier endet im neunten Buch des Shrimad Devī Bhāgavatam, des Mahāpurānam von 18.000 Versen von Maharishi Veda Vyāsa, das erste Kapitel: Die Beschreibung der Prakriti.

Kapitel 2
Der Ursprung von Prakriti und Purusha

Nārada sagte: O Herr, ich habe alles gehört, was du in aller Kürze über die Prakriti Devī gesagt hast. Bitte berichte mir nun im Detail von ihr. Warum wurde die Mūlā Prakriti Ādya Shakti zu Anfang noch vor Beginn der Entstehung dieses aus den fünf Elementen bestehenden Universums erschaffen? Wie kam es, dass sie, deren Natur die drei Gunas ausmachen, in fünf Teile aufgeteilt wurde? Ich wünsche mir sehr, dies in allen Einzelheiten zu hören. Bitte sei so freundlich und beschreibe im Einzelnen die segensreichen Geburten der fünf Devīs, die Methoden ihrer Verehrung, ihre Meditation (dhyānam), ihre Hymnen (stotra), ihre schutzgewährenden Schilde (kavacha), ihre Herrlichkeit und ihre Macht.

Nārāyana sprach: O Devarishi, die Mūlā Prakriti, die ihrem Wesen nach die Māyā des höchsten Brahman ist, stellt eine ewige Wirklichkeit dar. Die Zeit (kāla), die zehn Himmelgegenden, das kosmische Ei (hieranyagarbha), Goloka und unterhalb davon die Vaikuntha-Welt – all dies sind ewige Realitäten.

Der Ātman und die Prakriti bilden eine untrennbare Einheit – so wie das Feuer und seine Brennkraft, der Mond und seine Schönheit, der Lotus und sein Glanz und die Sonne und ihre Strahlen miteinander vereint sind.

So wie ein Goldschmied keinen goldenen Schmuck herstellen kann ohne Gold und wie der Töpfer keinen Lehmtopf herstellen kann ohne Lehm, so kann das Selbst, der Ātman, keine Tätigkeit ausführen ohne die Hilfe der allmächtigen Prakriti.

Der Buchstabe *Sha* zeigt göttliche Kraft (aishvaryam) an und *kti* steht für Stärke; da die Mūlā Prakriti die Schenkerin dieser beiden Eigenschaften ist, wird sie Shakti genannt.

Bhaga zeigt Wissen, Gedeihen, Wohlstand und Ruhm an und, da die Mūlā Prakriti diese Kräfte verkörpert, wird sie auch Bhagavatī genannt. Da der Ātman stets mit dieser Bhagavatī vereint ist, die alle göttlichen Kräfte in sich fasst, wird er Bhagavān genannt. Der Bhagavān ist daher manchmal mit Gestalt und manchmal ist er ohne Gestalt. Die Yogis gedenken stets der strahlenden Gestalt des gestaltlosen Bhagavān und verkünden, dass er der all-selige Para Brahmā ist, der höchste Gott.

Obwohl er unsichtbar ist, der Zeuge von allem, der Allwissende, der Ursprung von allem, der alles und jede Gestalt erschafft, beschreiben die Vaishnavas, die Verehrer von Shrī Vishnu, ihn nicht als gestaltlose unpersönliche Realität. Sie argumentieren: Wie können Feuer, Stärke und Energie hervortreten, wenn dahinter keine feurige, starke, energievolle Persönlichkeit steht? Sie verkünden, dass er, der im Zentrum der feurigen Sphäre erstrahlt, der Para Brahmā ist. Er ist die strahlend-feurige Person und er ist höher als das Höchste.

Er ist ganz und gar göttlicher Wille. Er ist die Allgestalt, die Ursache aller Ursachen und seine Gestalt ist von vollendeter Schönheit. Er ist jung, strahlt Frieden aus und wird von allen geliebt. Er ist der Allerhöchste und sein blauer Körper leuchtet wie neu entstandene Regenwolken.

Seine beiden Augen übertreffen an Schönheit die prächtigen Herbstlotusse am Mittag. Seine herrlichen Zahnreihen stellen den Glanz einer Reihe von Perlen in den Schatten. Er trägt eine Pfauenfeder als Krone. Die Girlande aus Mālatī-Blüten hängt von seinem Hals herab. Seine Nase ist unvergleichlich schön und stets ziert ein süßes Lächeln seine Lippen.

Niemand gleicht ihm darin, wie er seine Bhaktas gnadenvoll beschenkt. Er trägt ein gelbes Gewand, und ein strahlender Feuerglanz geht gleichsam von seiner Gestalt aus. Er trägt die göttliche Flöte in seinen Händen, die bis zu den Knien reichen. Sein Körper ist über und über mit Juwelen bedeckt.

Er ist die eine und einzige Zuflucht dieses Universums, der Herr von allen, allmächtig und allgegenwärtig. Keinerlei Makel ist an ihm zu finden. Er ist ein Siddha Purusha (vollkommenes Wesen), der hervorragendste aller Siddha Purushas, und er ist es, der allen anderen die Siddhis verleiht.

Die Vaishnavas verehren stets in ihrer Meditation jenen ewigen Shrī Krishna, den Devadeva, den Gott der Götter. Er beseitigt vollständig alle Furcht vor Geburt, Tod, Alter, Krankheit und Kummer. Ein Zeitalter Brahmās ist für ihn ein Augenzwinkern.

Jenes höchste Selbst, das höchste Brahman, wird Krishna genannt. Das Wort *krish* zeigt Hingabe (bhakti) an Shrī Krishna an und der Buchstabe *na* bedeutet hingebungsvollen Dienst an ihm. Somit ist er es, der Bhakti und hingebungsvollen Dienst an ihm gewährt.

Krish steht auch für alles, was existiert und *na* bedeutet die Wurzel. Somit ist er es, der die Wurzel und der Schöpfer von allem ist – Shrī Krishna.

Als am Anfang der Wunsch in ihm erwachte, dieses Universum zu erschaffen, gab es nichts außer ihm selbst, Shrī Krishna. Er erschuf die Zeit (kāla), um sich dann dem Werk der Schöpfung zu widmen.

Der Herr, der ganz und gar göttlicher Wille ist, teilte sich aus eigenem Willen heraus in zwei Teile; seine linke Körperhälfte wurde weiblich und seine rechte Körperhälfte wurde männlich. Dann blickte der ewig Eine, der voller Liebe ist, auf die weibliche Gestalt, die seine linke Körperhälfte ausmachte, auf die Heimstätte göttlicher Liebe, deren Anblick überaus lieblich ist und an Schönheit einem Lotus in voller Blüte gleicht. Die Lenden dieser göttlichen Frau übertrafen den Mond an Schönheit. Ihre Oberschenkel waren lieblicher geformt als junge Palmen. Ihre Brüste glichen vollendet runden Bel-Früchten. Ihr Haupthaar war mit Blüten geschmückt. Ihre Hüften waren schlank und von vollendeter Schönheit.

Sie ist unvergleichlich liebreizend anzuschauen, hat eine sehr sanfte Ausstrahlung und ein süßes Lächeln ziert ihre Lippen.

Ihre Seitenblicke sind bezaubernd. Ihr Gewand ist von Feuer geläutert. Ihr Körper ist über und über mit glitzernden Juwelen bedeckt.

Ihre Augen, die an Schönheit den Augen des Chakora-Vogels gleichen, sind voller Freude auf das Antlitz von Shrī Krishna gerichtet, das wie im Lichte von zehn Millionen Monden erstrahlt.

Auf ihrer Stirn ist ein zinnoberroter Punkt zu sehen und darüber ein Punkt aus weißer Sandelpaste und darüber noch ein Mal aus Moschus. Die Flechten Ihres Haupthaares sind sanft geschwungen und mit Mālatī-Blüten geziert. Von ihrem Hals hängt eine prächtige Kette aus Edelsteinen und Juwelen herab und sie ist stets sehr verliebt in ihren Gemahl Shrī Krishna.

Wenn man ihr Gesicht anschaut, hat man den Eindruck, als wenn zehn Millionen Monde gleichzeitig aufgegangen wären. Wenn sie dahinschreitet, übertrifft ihr Gang an Majestät den Gang der Elefanten.

O Muni, Shrī Krishna, der Herr des Rāsa-Tanzes und Meister der Liebeskunst, sah eine Weile mit liebevollen Seitenblicken nach ihr. Dann fasste er ihre Hand, ging mit ihr zu dem Rāsamandalam und begann sich mit ihr des Liebesspieles zu erfreuen. Es schien, als wenn der Liebesgott selbst dort Gestalt angenommen hätte, um die ekstatischen Freuden der Liebe und des zärtlichen Zusammenseins in Perfektion zu demonstrieren. So verging ein ganzer Tag Brahmas (4.320.000 Jahre) mit gemeinsamen Liebesfreuden.

Bevor der Vater des Universums des Liebesspiels müde wurde, schwängerte er in einem glückverheißenden Moment den Leib seiner Frau, die aus seiner linken Körperhälfte hervorgegangen war. In den Umarmungen von Shrī Krishna wurde schließlich auch die Prakriti

Devī müde und sie begann nach der Vereinigung mit ihm zu schwitzen und heftig zu atmen. Ihr Schweiß verwandelte sich in Wasser, welches das gesamte Universum überschwemmte und ihr Atem wurde zur Luft (vāyu) und zur Lebensessenz aller Wesen.

Die Frau, die aus der linken Körperhälfte von Vāyu hervorging, wurde zu dessen Gemahlin und aus ihrem Zusammensein gingen die fünf Söhne Prāna, Apāna, Samāna, Udāna und Vyāna hervor – dies sind die fünf Arten des Lebensatems aller Wesen.

Außerdem gingen aus dem Leibe von Vāyus Gemahlin auch Nāga und die anderen vier niederen Vāyus hervor.

Varuna Deva wurde dann der Herr des Wassers, das aus dem Schweiß der Prakriti Devī entstanden war, und die Frau, die aus der linken Körperhälfte von Varuna hervorging, wurde Varunas Gattin namens Varunānī.

Die große Shakti selbst, die Verkörperung der Intelligenz von Shrī Krishna, blieb 100 Manvantaras (100 Mal 306.720.000 menschliche Jahre) lang schwanger. Ihr Körper erstrahlte im feurigen Glanz Brahmans (brahmāteja). Krishna war ihr Leben und Krishna liebte sie mehr als selbst sein eigenes Leben. Sie blieb stets mit Shrī Krishna zusammen und ruhte dabei stets an seiner Brust.

Nachdem 100 Manvantaras vergangen waren, brachte die Schöne ein goldenes Ei (hieranyagarbha) zur Welt. Dieses Ei enthielt das gesamte Universum in sich. Die geliebte Gattin von Krishna wurde sehr bekümmert, als sie dieses Ei erblickte, und warf es voller Zorn in das Wasser, das sich im Zentrum der Welt gesammelt hatte.

Als Shrī Krishna dies sah, stieß er einen lauten Schrei aus und verfluchte sie mit den Worten: O du Zornige! O du Grausame! Weil du im Zorn den Sohn verstoßen hast, der dir geboren wurde, sage ich, dass du von jetzt an keine Nachkommen mehr haben sollst. Außerdem sollen all die göttlichen Frauen, die als deine Teilmanifestationen hervortreten werden, ebenfalls keine Söhne oder Nachkommenschaft haben und stets im jugendlichen Alter verbleiben.

O Muni, als Shrī Krishna diesen Fluch aussprach, entstand plötzlich aus der Zunge seiner geliebten Frau eine wunderschöne Tochter von weißer Farbe. Ihre Gewänder waren vollkommen weiß, in ihren Händen trug sie eine Laute und ein Buch und ihr ganzer Körper war mit Schmuckstücken aus Edelsteinen und Juwelen geziert. Sie war die oberste Gottheit aller Shāstras, der vedischen Schriften.

Etwas später teilte die Mūla Prakriti, die geliebte Frau von Shrī Krishna, sich in zwei Teile. Aus ihrer linken Körperhälfte entstand Kamalā und aus ihrer rechten Körperhälfte ging Rādhikā hervor.

Zugleich teilte sich auch Shrī Krishna in zwei Teile auf. Aus seiner rechten Körperhälfte erschien eine zweiarmige Gestalt und aus seiner linken Körperhälfte erstand eine vierarmige Gestalt.

Dann sprach Shrī Krishna zu der Göttin der Sprache, die eine Laute in Händen trug: O Devī, folge du dieser vierarmigen Person als seine Gattin. Und dann sagte er zu Rādhā: O Rādhā, du bist eine feinfühlige und edle Frau. Mögest du meine Gemahlin sein, dann wird es dir wohlergehen.

Shrī Krishna sagte anschließend voller Freude zu Lakshmī, dass sie die Gemahlin des vierarmigen Nārāyana sein soll. Dann nahm Nārāyana, der Herr des Universums, Lakshmī und Sarasvatī mit in seine Heimat Vaikuntha.

O Muni, da Lakshmī und Sarasvatī aus Rādhā hervorgegangen waren, blieben sie beide ohne Nachkommenschaft.

Aus dem Körper von Nārāyana entstanden seine hingebungsvollen Diener, die ebenfalls vier Arme hatten. Sie alle glichen ihm in Erscheinung und Eigenschaften, in ihren geistigen Qualitäten und an Alter. Aus dem Körper von Kamalā aber gingen Millionen von Dienerinnen hervor, die ihr allesamt in Gestalt und Eigenschaften glichen. Schließlich entstanden aus den Poren von Shrī Krishna unzählige Gopas (Kuhhirten). Sie alle waren dem Herrn von Goloka gleich in Bezug auf Gestalt, Gunas, Macht und Alter, und er liebte sie alle wie sein eigenes Leben.

Aus den Poren von Rādhikā gingen die Gopa Kanyās, die jungfräulichen Kuhhirtinnen, hervor. Sie alle waren ihre Dienerinnen und hatten eine liebliche Sprechweise und glichen der Devī Rādhā. Ihre Körper waren mit prächtigen Juwelen geschmückt. Sie blieben immerdar jugendlich und bekamen infolge des Fluches von Shrī Krishna keine Kinder.

O bester aller Brahmanen, dann erhob sich plötzlich (als Avatāra der Mūlā Prakriti) Durgā, die ewige Māyā von Shrī Vishnu, deren Gottheit Krishna ist. Sie ist Nārāyanī, sie ist Īshānī, sie ist die Shakti (schöpferische Bewusstseinsenergie) von allen und sie ist die Gottheit, die der Intelligenz von Shrī Krishna vorsteht. Aus ihr gingen viele andere Devīs hervor. Sie ist die Mūla Prakriti und sie ist Īshvarī, die Herrin über alle. Keinerlei Mängel oder Unzulänglichkeiten sind in ihr zu finden.

Sie ist Tejas, die glanzvoll feurige göttliche Energie und die drei Gunas sind ihre Natur. Ihre leuchtende Farbe gleicht geschmolzenem Gold und ihr Glanz gleicht dem von zehn Millionen gleichzeitig aufgehenden Sonnen. Ihr Blick drückt stets Gnade aus und sie hat ein süßes Lächeln auf ihren Lippen. Sie hat eintausend Hände, in denen sie die unterschiedlichsten Waffen hält.

Die Gewänder der dreiäugigen Göttin strahlen hell und sind von Feuer geläutert. Sie ist mit Schmuck geziert, der aus zahlreichen prächtigen Juwelen besteht. All die juwelengleichen Frauen des Universums sind aus Teilmanifestationen von ihr oder aus Teilen von Teilen von ihr hervorgegangen und von der Macht ihrer Māyā werden alle Wesen in der Welt bezaubert.

Sie schenkt allen Wohlstand, den ein Familienvater sich nur wünschen kann. Sie gewährt den Verehrern von Krishna Hingabe an Krishna – und mehr noch als dies: sie ist die Vaishnavī Shakti der Vaishnavas, die Verehrungskraft der Verehrer von Shrī Vishnu.

Sie schenkt denjenigen endgültige Erlösung (moksha), die danach verlangen und denjenigen die Freuden der Welt, die danach verlangen.

Sie ist die Lakshmī, die Glücksgöttin der Himmelswelten und sie ist ebenso die Lakshmī eines jeden Haushalts.

Sie ist das Tapas, die Askese der Asketen, die Pracht der Königreiche der Könige, die Brennkraft des Feuers, der Glanz der Sonne, die sanfte Schönheit des Mondes, die liebliche Schönheit der Lotusblüte und die Shakti von Shrī Krishna, des höchsten Selbst.

Das Selbst und die Welt verdanken ihre Macht dieser Shakti. Ohne sie wäre alles nur eine öde, tote Masse. O Nārada, sie ist der Same dieses Baumes der Welt. Sie ist ewig. Sie ist das, was fortbesteht. Sie ist Intelligenz, die Frucht aller Handlungen, Hunger, Durst, Mitgefühl, Schlaf, Trägheit, Vergebung, Mut, Friede, Schüchternheit, Nahrung, Zufriedenheit und Glanz.

Die Mūlā Prakriti stand vor Shrī Krishna und pries ihn. Dann gab der Herr der Rādhikā ihr einen Thron, auf dem sie Platz nehmen konnte.

O großer Muni, in diesem Augenblick ging aus dem Nabel-Lotus von Shrī Vishnu der viergesichtige Brahmā zusammen mit seiner wunderschönen Gemahlin Sāvitrī hervor. Sobald der askesereiche viergesichtige Brahmā, der beste aller Weisen (gyānin), der den Kamandalu (einen Wasserkrug) in Händen hält, entstanden war, begann er sogleich mit seinen vier Mündern Shrī Krishna zu preisen.

Auch die Devī Sāvitrī, deren Schönheit der von einhundert Monden gleicht und die ein durch Feuer geläutertes, prächtig geschmücktes Gewand trug, begann, nachdem sie sich spontan und mühelos manifestiert hatte, Shrī Krishna, den einen und einzigen Ursprung des Universums, zu preisen. Dann nahm sie voller Freude zusammen mit ihrem Gemahl auf einem Thron aus Juwelen Platz.

Zu dieser Zeit teilte Krishna sich selbst in zwei Teile auf. Seine linke Seite nahm die Gestalt von Mahādeva an und seine rechte Seite die des Herrn der Gopīkās, der Kuhhirtinnen.

Die Farbe und die Ausstrahlung des Körpers von Mahādeva sind von reinem Weiß wie das Weiß eines Bergkristalls. Sein Glanz gleicht dem von Hunderten von Sonnen, die gerade gleichzeitig aufgehen. In seinen Händen hält er Dreizack (trishūla) und scharfspitzigen Speer (pattisha). Er ist mit einem Tigerfell bekleidet. Sein gelocktes Haar hat die Farbe von geschmolzenem Gold. Sein Körper ist über und über mit Asche eingerieben. Er lächelt und der Halbmond ist auf seiner Stirn zu sehen. Seine Lenden sind unbekleidet, daher wird er auch Digambara genannt – einer, dessen Gewand die Himmelsgegenden sind.

Sein Hals weist eine blaue Farbe auf. Eine Schlange ziert seinen Körper und in seiner rechten Hand hält er eine Kette von Juwelen, die in reinem Glanz erstrahlen. Seine fünf Gesichter strahlen das ewige Licht Brahmans aus und er hat durch den Lobpreis von Shrī Krishna den Tod überwunden.

Seine Natur ist Wahrheit und Wirklichkeit. Er ist das höchste Selbst, Gott in Person, die materielle Ursache aller Dinge und die allherrliche Essenz von allem, was gut und segensreich ist.

Er ist der Zerstörer der Furcht vor Geburt, Tod, Alter und Krankheit und wird Mrityunjaya genannt, der Sieger über den Tod.

Jener Mahādeva nahm seinen Sitz auf einem Thron aus Juwelen ein.

Hier endet im neunten Buch des Shrimad Devī Bhāgavatam, des Mahāpurānam von 18.000 Versen von Maharishi Veda Vyāsa, das zweite Kapitel: Der Ursprung von Prakriti und Purusha.

Kapitel 3
Der Ursprung von Brahmā, Vishnu, Maheshvara und anderen

Nārāyana sprach: O Devarishi, das von der Mūlā Prakriti geborene goldene kosmische Ei (hieranyagarbha) trieb dann über einen Zeitraum, welcher der Lebensdauer von Brahmā entspricht, auf den Gewässern und teilte sich, als die Zeit dafür reif war, in zwei Hälften auf.

Innerhalb des goldenen kosmischen Eies befand sich ein machtvolles Kind, dessen Glanz dem von einer Milliarde Sonnen glich. Da dieses Kind von seiner Mutter verlassen worden war und nicht von ihrer Milch trinken konnte, begann es kurz zu weinen und das Kind, das der Herrscher über zahllose Brahmāndas (Universen) werden sollte, war ein Waisenkind, das weder Vater noch Mutter zu haben schien, und so richtete es seinen Blick von den kosmischen Gewässern nach oben.

Dieser Junge wurde später, nachdem er gröber und gröber geworden war, mit dem Namen Mahā Virāt bezeichnet. So wie nichts feiner ist als Radium so ist nichts gröber als jener Mahā Virāt. Die Macht dieses Mahā Virāt beträgt ein Sechzehntel der Macht von Shrī Krishna, des höchsten Selbst.

Dieser Junge aber ist die eine und einzige Ruhestatt des gesamten Universums und sein Name ist Mahā Vishnu. In jeder seiner Poren existieren unzählige Universen – so viele, dass selbst Shrī Krishna sie nicht zählen könnte. Selbst wenn es möglich wäre, die Zahl aller Staubteilchen in einem Universum zu bestimmen, so wäre es dennoch nicht möglich, die Zahl dieser Universen zu erfassen.

Es gibt endlos viele Brahmās, Vishnus und Maheshvaras. In jedem Brahmānda, jedem Universum, gibt es einen Brahmā, Vishnu und Mahesha. Jedes Brahmānda reicht von der tiefsten Unterwelt Pātāla bis zur höchsten Himmelswelt Brahmāloka. Darüber und jenseits davon befindet sich die Vaikuntha-Welt und wiederum fünfzig Koti Yojanas oberhalb von Vaikuntha ist die Goloka-Welt zu finden. Goloka Dhāma ist ewig und real, ebenso wie Shrī Krishna ewig und real ist.

Das Universum setzt sich aus sieben Inselwelten (dvīpa) zusammen, die von sieben Ozeanen umgeben sind, und es gibt 49 Upa Dvīpas oder kleinere Inselwelten. Unzählige Berge und Wälder sind auf ihnen zu finden. Oberhalb der Erde liegt Brahmāloka mit seinen sieben Himmelswelten und unterhalb von ihr befinden sich die sieben Pātālas – zusammen bilden sie die Begrenzungen eines Brahmāndas.

Direkt oberhalb der Erde liegt Bhūrloka; darüber liegen dann der Reihe nach Bhuvarloka, Svarloka, Janarloka, Taparloka, Satyaloka und darüber schließlich Brahmāloka. Der Glanz von Brahmāloka gleicht dem von geschmolzenem Gold.

Aber alle Substanzen innerhalb von Brahmāloka und den anderen Welten sind vergänglich. Wenn dieses Brahmānda (Universum) sich auflöst, löst sich alles in ihm auf und wird zerstört. All dies ist so vorübergehend wie Blasen im Wasser. Nur die Welten Goloka und Vaikuntha sind ewig.

In jeder Pore des Mahā Virāt existieren zahllose Brahmāndas. Niemand, noch nicht einmal Krishna, vermag die Anzahl der Brahmāndas zu zählen.

In jedem Brahmānda gibt es Brahmā, Vishnu und Mahesha. O Nārada, mein Kind, in jedem Brahmānda beträgt die Zahl der Götter dreißig Millionen. Einige von ihnen sind Dikpatis (Regenten der Himmelsgegenden), einige sind Dikpālas (Herrscher der Himmelsgegenden), manche sind Sternbilder und manche sind Planeten.

Im Bhūrloka gibt es die vier Stände Brahmanen, Kshatriyas, Vaishyas und Shudras (Priester, Krieger, Kaufleute und Arbeiter) und in den Pātālas (Unterwelten) leben die Nāgas (Schlangenwesen). So existiert das Universum, das aus beweglichen und unbeweglichen Bestandteilen zusammengesetzt ist.

O Nārada, als der Virāt Purusha wieder und wieder zum Himmel hinaufblickte, konnte er innerhalb des kosmischen Eies nichts als Leere erkennen. Von Hunger gequält begann er zu weinen und war voller Kummer.

Als er sich wieder gefasst hatte, begann er an Krishna, den höchsten Gott, zu denken und sah auf einmal das ewige Licht Brahmans. Dann erblickte er die Gestalt von Shrī Krishna, dessen Farbe dem dunklen Blau einer neuentstandenen Regenwolke glich. Er hatte zwei

Arme, trug ein goldgelbes Gewand, ein liebliches Lächeln zierte sein Antlitz, er trug eine Flöte in Händen und schien überaus bereit zu sein, seinen hingebungsvollen Verehrern Gnade zu erweisen. Als der Junge den Herrn, seinen Vater, erblickte, freute er sich und lächelte.

Der Herr, der Gewährer der Wunschgaben, schenkte ihm Gaben, die in Einklang mit den Bedürfnissen des Augenblicks standen, und sprach: O mein Kind, mögest du Wissen besitzen wie ich. Mögen dein Hunger und dein Durst vergehen. Du sollst der Erhalter unzähliger Brahmāndas sein, bis dereinst die Zeit der Weltenauflösung (pralaya) gekommen ist.

Sei frei von Egoismus, sei ohne Furcht und sei der Wunschgewährer für alle Wesen. Weder Alter, noch Tod, Krankheit, Kummer und andere Leiden sollen dich befallen.

Nach diesen Worten flüsterte er ihm dreimal das sechssilbige Mantra *Oṁ Krishnāya Svāhā* ins Ohr, dass von den Veden und ihren Angas verehrt wird, das alle Wünsche erfüllt und alle Schwierigkeiten und alle Not beseitigt.

O Sohn Brahmās, nachdem Shrī Krishna ihm dieses Mantra gegeben hatte, regelte er die Versorgung seines Sohnes mit den Worten: Was auch immer in jedem Universum Shrī Krishna dargebracht werden wird, davon soll ein Sechzehntel Nārāyana, dem Herrn von Vaikuntha, zukommen und fünfzehn Sechzehntel davon soll dieser Junge, der Virāt, erhalten.

Shrī Krisna wies keinen Anteil davon sich selbst zu, denn er ist jenseits aller Gunas, die Fülle in Person und stets zufrieden in sich selbst. Wozu soll er also Darbringungen für sich benötigen? Was auch immer die Menschen voller Hingabe darbringen, davon soll der Gemahl der Lakshmī, der Virāt, sich nähren.

Nachdem Bhagavān Shrī Krisna dem Virāt die Gabe gewährt und das Mantra gegeben hatte, sprach er zu ihm: O mein Kind, sage mir, was du dir sonst noch wünschst und ich werde es dir sogleich gewähren.

Als der Virāt-Junge diese Worte von Shrī Krishna gehört hatte, sagte er: O Allgegenwärtiger, ich habe keinerlei Wünsche außer dem einen, dass ich, solange ich lebe, ob für kurze oder für lange Zeit, stets reine Hingabe (bhakti) zu deinen Lotusfüßen besitzen möge.

In dieser Welt ist derjenige ein Jīvanmukta (ein zu Lebzeiten Befreiter), der dein Bhakta ist und gleichsam tot, während er noch lebt, ist der wahnbetörte Narr, der keinerlei Bhakti dir gegenüber besitzt – was nützen ihm Gebete, Askese, Opfer, Fasten, Gelübde Halten, Wallfahrten und andere tugendhafte Handlungen, wenn er keine Hingabe zu Shrī Krishna besitzt?

Vergeblich lebt, wer ohne Hingabe an Shrī Krishna ist, dessen Gnade er sein Leben verdankt und den er nun nicht achtet und verehrt. Er vergisst, dass er nur Shakti (Lebensenergie) besitzt, solange sein Selbst (ātmā) in seinem Körper weilt und dass alle Shaktis den Ātmā begleiten, wenn dieser den Körper verlässt.

O Erhabener, du bist wahrlich das kosmische Selbst, das jenseits der Prakriti ist, das reine göttliche Willenskraft ist. Du bist der Eine und Uranfängliche und dein Wesen ist das höchste Licht.

O mein Kind, nachdem der Virāt-Junge diese Worte gesprochen hatte, schwieg er. Shrī Krishna sprach daraufhin zu ihm mit süßen Worten: O mein Kind, wie ich selbst so sollst auch du unerschöpfliche Lebenskraft besitzen. Du sollst nicht fallen, selbst nachdem unzählige Brahmās dahingegangen sind.

Teile dich selbst in Unterteile auf, sodass du in jedem Universum als kleinerer Virāt erscheinst. Brahmā wird aus deinem Nabel hervorgehen und den Kosmos erschaffen. Aus der Stirn jenes Brahmā werden dann elf Rudras entstehen, um die Schöpfung zu vernichten – aber sie alle werden Teile des einen Shiva sein. Von diesen elf Rudras wird der Rudra namens Kālāgni der Zerstörer aller Welten (vishva) sein. Außerdem wird aus jeder deiner Teilmanifestationen Vishnu hervorgehen, und dieser Bhagavān Vishnu wird der Erhalter seiner Welt sein.

Auch bestimme ich, dass du durch meine Gnade stets voller Hingabe (bhakti) mir gegenüber sein wirst und dass du fähig sein wirst, meine liebliche Gestalt zu schauen, sobald du dich mir in deiner Meditation zuwendest – daran gibt es keinerlei Zweifel.

Es wird dir auch ein Leichtes sein, deine Mutter zu schauen, die in meiner Brust wohnt. Weile also hier ganz freudig und entspannt. Ich gehe jetzt nach Goloka.

Mit diesen Worten verschwand Shrī Krishna, der Herr des Universums. Nachdem er in seine Heimat zurückgekehrt war, sagte er sogleich zu Brahmā und Shiva, den Experten für Schöpfung und Zerstörung: O Brahmā, mein Kind, ziehe rasch los und werde in Teilaspekten deiner selbst aus den Nabeln jedes der kleineren Virāts geboren, die aus den Poren des großen Virāt hervorgingen.

O Mahādeva, mein Kind, gehe und werde in Teilaspekten deiner selbst in jedem Universum aus der Stirn jedes Brahmā geboren, um dich der Aufgabe der Zerstörung der Schöpfung zu widmen. O Sohn des Schöpfers Brahmā, auch solltest du dich über einen sehr langen Zeitraum der Askese widmen.

Nach diesen Worten schwieg der Herr des Universums. Die herrlichen Götter Brahmā und Shiva verneigten sich vor dem Herrn und begannen sich dann ihren jeweiligen Pflichten zu widmen.

Der Große Virāt aber, der auf den kosmischen Wassern der Brahmānda-Sphäre dahintrieb, erschuf aus jeder seiner Poren einen kleineren Virāt. Jener jugendliche Janārdana in Gestalt des großen Virāt, der Alles-Durchdringende, dessen Hautfarbe blaugrün wie die Farbe des Durva-Grases war und der ein goldgelbes Gewand trug, lag dann schlafend auf den Gewässern. Und Brahmā ging aus seinem Nabel hervor.

Nach seiner Geburt begann Brahmā 100.000 Zeitalter (yuga) lang in dem Nabel-Lotus und dessen Stängel entlang umherzureisen, aber er konnte den Ort nicht finden, aus dem der Lotus oder sein Stängel entstanden waren.

O Nārada, darüber war dein Vater sehr beunruhigt, kehrte an seinen vorherigen Aufenthaltsort zurück und richtete sich in seiner Meditation auf die Lotusfüße von Shrī Krishna aus. In der Meditation erschaute er dann mit seinem inneren Auge als Erstes den kleinen Virāt, dann den unendlichen großen Virāt, in dessen Poren sich zahllose Universen befanden, wie er auf seinem Bett aus Wasser lag, und schließlich sah er den Gott Krishna in Goloka mit seinen Gopas und Gopīs. Er begann daraufhin den Herrn von Goloka mit Hymnen zu preisen und sich dann, von ihm gesegnet und beschenkt, dem Werk der Schöpfung zu widmen.

Aus dem Geist deines Vaters wurden dann als Erstes Sanaka und dessen Brüder geboren und dann gingen aus seiner Stirn die elf Rudras hervor. Dann trat aus der linken Körperhälfte des kleinen Virāt, während er schlafend auf einem Bett aus Wasser lag, der vierarmige Vishnu Bhagavān, der Erhalter des Universums, hervor; dieser begab sich nach Shvetadvīpa und blieb dort.

Dann widmete sich dein Vater der Aufgabe, im Nabel des kleinen Virāt Purusha das bewegte und unbewegte Universum zu erschaffen, welches aus den drei Welten – Himmel, Erde und Unterwelt – zusammengesetzt ist.

O Nārada, so ging aus den Poren des großen Virāt jedes der Universen hervor und in jedem Universum gibt es einen kleinen Virāt, einen Brahmā, einen Vishnu und einen Shiva, einen Sanaka und andere.

O bester aller Zweimalgeborenen, somit habe ich dir die Herrlichkeit von Krishna beschrieben, die allerhöchste Freude und Moksha (Erlösung) schenkt. Nun sage mir, was du sonst noch hören möchtest.

Hier endet im neunten Buch des Shrimad Devī Bhāgavatam, des Mahāpurānam von 18.000 Versen von Maharishi Veda Vyāsa, das dritte Kapitel: Der Ursprung von Brahmā, Vishnu, Maheshvara und anderen.

Kapitel 4
Die Hymne, die Verehrung und das Kavacha von Sarasvatī Devī

Nārada sagte: Durch deine Gnade habe ich deinen süßen, nektargleichen Worten über den Ursprung der Dinge zuhören dürfen. Darf ich dich nun fragen, welche der fünf Prakriti Devīs mit welchem Mantra zu verehren ist und von wem und wie jede von ihnen zu preisen ist? Wie hat die Verehrung ihrer unterschiedlichen Erscheinungsformen sich in der Welt verbreitet? Welche sind ihre jeweilige Lobeshymne (stotram), welche die auf sie ausgerichtete Art zu meditieren (dhyāna), welche ihre Herrlichkeit und was ihre Taten? Welche Wunschgaben gewährt jede dieser Devīs und wem? Bitte schildere mir dies in allen Einzelheiten.

Nārāyana sprach: O mein Kind, Ganeshas Mutter Durgā, Rādhā, Lakshmī, Sarasvatī und Sāvitrī – dies sind die fünf Prakritis, die unmittelbar aus der Mūla Prakriti hervorgingen.

Die Methoden ihrer Verehrung, ihre wunderbaren glorreichen Taten, ihre ausgezeichneten Stotrams und ihre Leben, die alle Wesen segneten und süß wie Nektar sind, sind in den Veden, den Purānas, den Tantras und in anderen Werken (shāstra) bereits ausführlich dargelegt worden. Daher ist es nicht notwendig, sie hier noch einmal zu beschreiben.

Ich werde dir nun im Einzelnen den segensreichen Charakter der Devīs beschreiben, die aus den Teilen und Kalās der Prakriti hervorgingen. Höre aufmerksam zu.

Kālī, Vasundharā, Gangā, Shashthī, Mangala Chandikā, Tulasī, Manasā, Nidrā, Svadhā, Svāhā und Dakshinā – dies sind die Teilmanifestationen der Prakriti. Nach und nach will ich dir nun in aller Kürze eine Beschreibung ihres Wesens und ihrer segensreichen Eigenschaften geben, die zu hören überaus erfreulich ist. Außerdem will ich dir noch von den Karmas der Jīvas berichten und von den erhabenen Taten von Durgā und Rādhā. Ich beginne nun mit der Beschreibung der Persönlichkeit von Sarasvatī. Höre, o Muni.

Shrī Krishna hat als Erster in Bhārata die Verehrung der Devī Sarasvatī eingeführt, welche die Vīnā in ihren Händen trägt und unter deren segensreichem Einfluss die Herzen selbst der Ungebildeten und Dummen von Wissen erleuchtet werden. Die leidenschaftliche Devī Sarasvatī ging aus den Lippen von Rādhā hervor. Sie war sogleich in Krishna verliebt und wollte ihn daher heiraten.

Shrī Krishna, der über die Herzen aller gebietet, erkannte dies sofort und sprach zu der Mutter der Menschen die folgenden wahren und letztlich für sie heilsamen Worte: O tugendhafte Schöne, der vierarmige Nārāyana wurde als Teilmanifestation von mir geboren. Er ist jung, sieht gut aus und besitzt hervorragende Charaktereigenschaften – er ist wahrlich wie ich selbst. Er ist ein Kenner der Liebesempfindungen der Frauen und erfüllt diese ihre Wünsche. Was seine Schönheit anbetrifft, so kann man voller Überzeugung sagen, dass zehn Millionen Liebesgötter in seinem Körper spielen.

O Geliebte, wenn du den Wunsch hast, mich zu heiraten und mit mir zusammenzuleben, so würde das nicht gut für dich sein, denn Rādha ist an meiner Seite und sie ist mächtiger als du. Wenn jemand stärker als ein anderer ist, dann kann er jemanden beschützen, der Zuflucht zu ihm nimmt; wenn er aber schwächer ist, wie soll dann er, der ja selbst schwach ist, seinem Schützling helfen können?

Obwohl ich der Herr von allen bin und über alle herrsche, kann ich dennoch nicht über Rādhā herrschen, denn sie gleicht mir an Macht, an Schönheit, an guten Eigenschaften – sie ist in jeder Hinsicht gleichrangig mit mir.

Auch ist es für mich unmöglich, Rādhā jemals aufzugeben, denn sie ist die maßgebliche Gottheit meines Lebens – und wer kann sein eigenes Leben aufgeben? Obwohl ein Sohn dem Vater sehr lieb ist, kann man dennoch in Frage stellen, ober er dem Vater wirklich lieber ist als dessen eigenes Leben.

Daher, o du Herrliche, begib dich nach Vaikuntha; dort werden deine Wünsche Erfüllung finden. Du wirst den Herrn von Vaikuntha als deinen Gemahl gewinnen und dort für immer in Frieden und großer Freude leben.

Zwar lebt dort auch die Devī Lakshmī – aber wie du ist sie nicht Lust, Zorn, Gier, Wahn und Eitelkeit unterworfen. Auch gleicht sie dir an Schönheit, guten Eigenschaften und Macht. Daher wird es dir eine große Freude sein, dort mit ihr zusammen zu leben und Hari, der Herr von Vaikuntha, wird euch beide gleich behandeln.

Darüber hinaus – dies verfüge ich mit Nachdruck – soll jedes Jahr am fünften Tage der hellen Monatshälfte im Monat Māgha, der Tag, an dem das Lernen beginnt, ein großes Fest abgehalten werden und die Menschen, Manus, Devas, die nach Befreiung strebenden Munis, die Vasus, Yogis, Nāgas, Siddhas, Gandharvas, Rākshasas, sie alle sollen dich bis zur großen Auflösung des Universums (mahā pralaya) in jedem Kalpa (Zeitalter) hingebungsvoll verehren.

Alle deine Verehrer sollen dabei Jitendriya (Herrschaft über die Sinne) und Samyamī (auf Eines gerichteter Geist) praktizieren und dich auf einem Krug oder auf Büchern anrufen, sich anschließend in Einklang mit dem Kanva Shākhā des Yajurveda deiner Meditation widmen und dich dann verehren und dir Hymnen singen.

Dein Kavacha (ein Mantra, welches einen Schutzschild aufbaut) soll auf die Rinde des Bhūrja-Baumes geschrieben werden; diese soll mit acht Arten von Wohlgerüchen gesalbt und in einem goldenen Anhänger oder Armring namens Māduli am Hals oder am rechten Arm getragen werden. Die Pandits sollen während deiner Verehrung wohlklingende Hymnen an dich rezitieren.

Nach diesen Worten verehrte der Purān Brahmā Shrī Krishna selbst die Devī Sarasvatī und seither verehren Brahmā, Vishnu, Mahesha, Ananta Deva, Dharma, Sanaka und andere Munīndras, sämtliche Devas, Munis, alle Könige und alle Menschen die Devī Sarasvatī.

O Nārada, so also hat sich die Verehrung der ewigen Devī in allen drei Welten verbreitet.

Nārada sagte: O Oberster aller Vedenkenner, bitte beschreibe mir als Nächstes die Methoden der Verehrung der Sarasvatī Devī, Dhyāna (Meditation), Kavacham, Hymnen, die angemessenen Darbringen bei der Pūja (Verehrungszeremonie) – was bei der Verehrung dabei an Blumen, Sandelpaste und anderen Dingen zu verwenden ist. Ich freue mich sehr darauf und bin sehr begierig, all dies zu hören.

Nārāyana sprach: O Nārada, ich werde dir nun die Methoden der Verehrung der Devī Sarasvatī, der Mutter der Welten, beschreiben, wie sie in Einklang mit dem Kanva Shākhā des Yajurveda zu vollziehen ist. Höre nun.

Am Vortag des fünften Tages der hellen Monatshälfte des Monats Māgha oder am Tag des Beginns einer Lernphase sollte der Verehrer seine Sinne beherrschen, seinen Geist sammeln und ein Bad nehmen. Dann soll er sich seinen täglichen Pflichten widmen und schließlich hingebungsvoll den Krug (ghata) in Einklang mit den Mantras des Kanva Shākha oder gegebenenfalls mit dem Tantra weihen.

Als Erstes soll er mit diesem Ghata den Ganapati (Ganesha) verehren, sich dann der Meditation der Devī Sarasvatī widmen, sie anrufen, das Dhyāna rezitieren, und dann die Devī Sarasvatī mit Shodashopachāra (sechzehn hochwertigen Gaben) verehren.

O Tugendhafter, jetzt werde ich nach bestem Wissen die Darbringungen aufzählen, wie sie in den Veden oder Tantras festgelegt wurden. Höre.

Frische Butter, Quark, Dickmilch, durch Braten von der Hülle befreiter Reis, Süßigkeiten mit Sesam (til laddu), Zuckerrohr, Zuckerrohrsaft, Melasse, Honig, Svastik, Zucker, Reis aus weißem Dhān, Chipitak aus Tafelreis, weißer Modak, Harbishyānna aus gekochtem Reis, mit geläuterter Butter und Salz zubereitet, Pistaka aus Weizenmehl, Paramānna mit Ghee, nektargleiche Süßspeisen, Kokosnüsse, Kokosnussmilch, Svastik Pistaka, Svastik und Pistaka aus reifen

Bananen, Kaseru, Mūlā, Ingwer, reife Bananen, ausgezeichnete Bel-Früchte, Jujuba-Früchte und andere geeignete lokale und saisonale Früchte von bester Qualität – dies sind die Gaben, die in der Pūja dargebracht werden sollen.

O Nārada, wohlduftende weiße Blumen und weiße Sandelpaste, neue weiße Gewänder, schöne Muscheln, hübsche Girlanden aus weißen Blumen, weiße Halsketten und schöne Schmuckstücke sollen der Devī dargebracht werden.

Nun spreche ich das süß zu hörende Dhyānam der Devī Sarasvatī in Einklang mit den Veden, das fähig ist, Irrtümer und Fehler zu beseitigen. Höre.

Hiermit verneige ich mich vor der Devī Sarasvatī, deren Farbe Weiß ist, die ein freundliches Lächeln zeigt und in großer Schönheit erstrahlt, deren Glanz den von zehn Millionen Monden übertrifft, deren Gewand durch Feuer geläutert ist, die Vīnā und Bücher in Händen trägt, die mit herrlichen Schmuckstücken aus Juwelen und Perlen geziert ist und die unablässig von Brahmā, Vishnu, Maheshvara und den anderen Devas sowie von den Munis, Manus und Menschen verehrt wird.

Nach diesem Dhyānam der Devī sollte der intelligente Verehrer, nachdem er das Wurzelmantra wiederholt hat, all die Gaben darbringen. Dann sollte er die Hymne und das Kavacha rezitieren und schließlich vor der Devī Shashtānga Pranām ausführen (sich vor ihr niederwerfen).

O Muni, über denjenigen, deren Hauptgottheit die Devī Sarasvatī ist, brauchen wir hier keine weiteren Worte zu verlieren. Aber außer diesen sollten alle anderen die Devī Sarasvatī am Tage des Beginns einer Lernphase und zudem jedes Jahr am Shūkla-Panchamī-Tag des Monats Māgha verehren.

In den Veden wird das achtsilbige Wurzelmantra der Devī Sarasvatī überliefert. Oder der Verehrer nimmt das Mantra, in das er initiiert wurde, als sein Mūlamantra. Oder man verwendet zur Verehrung der Devī Sarasvatī und bei allen Darbringungen für sie das Mantra *Shrīm Hrīm Sarasvatyai Svāhā*. Dieses Mantra ist der Kalpa Vriksha – der alle Wünsche erfüllende Himmelsbaum. Nārāyana, der Ozean der Barmherzigkeit, gab vor Zeiten eben dieses Mantra dem Rishi Vālmikī im heiligen Lande Bhārata Varsha an den Ufern der Gangā. Als Nächstes gab Bhrigu dieses Mantra anlässlich einer Sonnenfinsternis dem Maharishi Shukrācharya im Pushkara Tīrtha. Mārīcha gab es Brihaspati während einer Mondfinsternis. Brahmā gab es Bhrīgu im Badarikā Āshrama. Jaratkarā gab es Āshtika am Gestade des Kshiroda Ozeans, Bibhāndaka gab es dem hochintelligenten Rishyashringa auf dem Berg Sumeru. Shiva gab es Kanāda und Gotama. Sūrya gab es Yagyavalkya und Kātyāyana, Ananta Deva gab es Pānini, dem intelligenten Bhāradvāja und Shākatāyana in Balis Versammlung in Pātāla.

Alle Menschen, die dieses Mantra 400.000-mal wiederholen, erlangen vollständigen Erfolg ihrer Bestrebungen und nachdem sie mit Hilfe dieses Mantras zu Siddhas wurden, werden sie so mächtig wie der Devaguru Brihaspati.

Vor Zeiten gab der Schöpfer Brahmā dem Bhrigu auf dem Berge Gandhamādana ein Kavacha namens Vishvajaya (All-Sieg). Davon will ich nun berichten. Höre.

Einstmals befragte Bhrigu den Brahmā, den von allen verehrten Herrn über alles, wie folgt: O Brahmāna, du bist ja der hervorragendste aller Vedenkenner. Niemand gleicht dir, was das Wissen der Veden anbetrifft. Bitte unterweise mich über das makellose, ausgezeichnete Vishvajaya Kavacha der Devī Sarasvatī, das in sich die Essenz aller Mantras vereint.

Brahmā sprach: O mein Kind, höre nun die Antwort auf deine Frage nach dem Kavacha der Sarasvatī, welches süß anzuhören ist, von den Veden empfohlen und verehrt wird und alle erwünschten Früchte schenkt. Ganz zu Anfang hat der allesdurchdringende Shrī Krishna, der Herr des Rāsa-Kreises, mir gegenüber dieses Kavacha in dem heiligen Vrindāvana-Wald in seiner Heimatwelt Goloka zur Zeit des Rāsa im Rāsa Mandalam erwähnt. Dies ist äußerst geheim und enthält zahlreiche nie zuvor gehörte Mantras.

Dadurch, dass Brihaspati dieses Kavacha las und mit sich führte, wurde er der Erste, was Intelligenz und Wissen anbetrifft. Durch dieses Kavacha erlangte Shukrāchārya die Herrschaft über die Daityas. Durch dieses Kavacha hat der hervorragende Muni Vālmiki seine überlegene Sprachkunst und Redefertigkeit erlangt und wurde zum Kavīndra (König unter den Sehern) und zum Svāyambhuva Manu; durch den Besitz dieses Kavacha wurde ihm überall Ruhm zuteil.

Kanāda, Gotama, Kanva, Panini, Shakatāyana, Daksha und Kātyāyana sind allesamt dank dieses Kavachas zu berühmten Autoren geworden. Krishna Dvaipāyana Veda Vyāsa hat vermittels dieses Kavacha die Veden eingeteilt und die achtzehn Purānas verfasst. Shātātapa, Samvarta, Vasishtha, Parāshara und Yagyavalkya wurden zu Verfassern großer Werke, weil sie dieses Sarasvatī Kavacha empfingen und lasen. Rishyashringa, Bhāradvāja, Āshtika, Devala, Jaigishavya und Yāyāti – sie alle werden durch die Wirkung dieses Kavacha überall hoch geehrt.

O Dvija, der Prajāpati selbst ist der Rishi dieses Kavacha; Brihatī ist sein Chhanda (Versmaß) und Devatā ist Shāradā Ambikā. Seine Anwendung (viniyoga) liegt in der Erlangung von spirituellem Wissen, in der Erfüllung von Wünschen und Bedürfnissen und im Erfolg aller Arten von Aktivitäten, insbesondere im Verfassen von Werken der Dichtkunst.

Möge *Shrīm Hrīm Sarasvatyai Svāhā* vollständig meinen Kopf beschützen, *Shrīm Vāgdevatāyai Svāhā* meine Stirn, *Oṁ Hrīm Sarasvatyai Svāhā* meine Ohren, *Oṁ Shrīm Hrīm Bhagavatyai Sarasvatyai Svāhā* meine Augen.

Möge *Aim Hrīm Vāgvādinyai Svāhā* stets meine Nase beschützen, *Oṁ Hrīm Vidyadhishthātrī Devyai Svāhā* meine Lippen, *Oṁ Shrīm Hrīm Brahmyai Svāhā* meine Zahnreihen, die einzelne Silbe *Aim* meinen Hals, *Oṁ Shrīm Hrīm* meine Kehle, *Shrīm* meine Schultern, *Oṁ Hrīm Vidyādhishthātrī Devyai Svāhā* meine Brust, *Oṁ Hrīm Vidyadhishvarūpāyai Svāhā* meinen Nabel, *Oṁ Hrīm Klīm Vānyai Svāhā* meine Hände, *Oṁ Svarva Vārnatmī Kāyai Svāhā* meine Füße und möge *Oṁ Vāgadhishthātridevyai Svāhā* meinen gesamten Körper beschützen.

Möge *Oṁ Sarvakanthavāshinyai Svāhā* meinen Osten beschützen, *Oṁ Svarvajibhāgra Vāshinyai Svāhā* meinen Südosten, *Oṁ Aim Hrīm Shrīm Klīm Sarasvatyai Budhajananyai Svāhā* meinen Süden, das dreisilbige Mantra *Aim Hrīm Shrīm* meinen Südwesten, *Oṁ Aim Jhibhagravāshinyai Svāhā* meinen Westen, *Oṁ Svarvam Bikāyai Svāhā* meinen Nordwesten, *Oṁ Aim Shrīm Klīm Gadyavāshinyai Svāhā* meinen Norden, *Aim Sarvashāstra Vashinyai Svāhā* meinen Nordosten, *Oṁ Hrīm Sarvapujitayai Svāhā* mein Oben, *Hrīm Pushtakavashinyai Svāhā* mein Unten und möge *Oṁ Grantha Vījasvarupāyai Svāhā* mich zu allen Seiten hin beschützen.

O Nārada, dieses Vishvajaya Kavacha, dessen Natur Brahman ist, habe ich dir hiermit vorgetragen. Ich habe es zuvor aus dem Munde von Dharma Deva im Gandhāmādana-Gebirge gehört. Aus meiner großen Liebe zu dir habe ich dir dies mitgeteilt. Du sollst es niemals irgendjemandem gegenüber enthüllen.

Man soll seinen spirituellen Lehrer (guru deva) in Einklang mit den vedischen Riten und Zeremonien mit Gaben von Kleidung, Schmuck und Sandelpaste verehren, sich dann flach vor ihm zu Boden werfen und dann dieses Kavacha erhalten. Wenn man es 500.000-mal (fünf Lakh) wiederholt, erlangt man vollständigen Erfolg und wird zum Siddha. Wer dieses Kavacha erhält, wird intelligent wie Brihaspati, redegewandt, ein Kavīndra und erlangt zugleich mit der Siddhaschaft die Herrschaft über alle drei Welten. Wahrlich, mit Hilfe dieses Kavacha kann er alles erreichen!

O Muni, somit habe ich dir dieses Kavacha in Einklang mit dem Kānva Shākhā beschrieben. Nun will ich von der Methode der

Verehrung, vom Dhyāna und von der Lobpreisung dieses Kavacha berichten. Höre.

Hier endet im neunten Buch des Shrimad Devī Bhāgavatam, des Mahāpurānam von 18.000 Versen von Maharishi Veda Vyāsa, das vierte Kapitel: Die Hymne, die Verehrung und das Kavacha von Sarasvatī Devī.

Kapitel 5
Das Sarasvatī Stotra von Yagyavalkya

Nārāyana sprach: O Nārada, ich beschreibe dir nun das Stotra (Hymne) der Sarasvatī Devī, das alle Wünsche erfüllt und welches Yagyavalkya, der beste aller Rishis, ihr vor Zeiten vorgetragen hat.

Der Muni Yagyavalkya hatte infolge eines Fluches seines Guru sämtliche Veden vergessen und begab sich äußerst bekümmert in die Welt der Sonne - einen Ort, an dem zu weilen sehr verdienstvoll ist. Dort widmete er sich eine Zeit lang der Askese. Als schließlich der Lolākhya Sūrya vor ihm Gestalt annahm, begann er von großem Kummer überwältigt laut zu weinen und sang dann Lobeshymnen an den Sonnengott. Darüber erfreut lehrte ihn der Bhagavān Sūrya Deva alle Veden mit ihren Angas (Unterabteilungen) und sagte: O mein Kind, singe nun Hymnen an Sarasvatī Devī, damit du deine Erinnerung wiedererlangst.

Mit diesen Worten verschwand Sūrya Deva. Der Muni Yagyavalkya vollendete ein Bad und begann dann voller Hingabe der Vāg Devī, der Göttin der Sprache, Hymnen vorzutragen.

Yagyavalkya sang: O Mutter, erbarme dich meiner. Durch den Fluch des Gurus habe ich mein Gedächtnis verloren, sodass ich nun ganz unwissend und machtlos bin. Mein Kummer darüber ist grenzenlos. Bitte schenke mir Wissen, Gelehrsamkeit, Erinnerung, die Fähigkeit Schülern Wissen zu vermitteln, die Geisteskraft Bücher zu verfassen und schenke mir auch gute Schüler, die talentiert und lernfähig sind, damit im Rat der Weisen und Gelehrten meine Intelligenz, meine Fähigkeit zu argumentieren und meine Urteilskraft wieder voll zur Geltung kommen.

Was auch immer ich auf so unglückselige Weise verloren habe, das lasse in mein Herz zurückkehren und erneuert werden – so, wie Sprossen von jungem Grün aus Haufen von Asche emporwachsen.

O Mutter, das höchste Brahman ist dein Wesen. Du bist die Verkörperung des ewigen Lichtes. Du bist die Göttin, die über alle Zweige des Wissens und des Lernens gebietet, und so verneige ich mich wieder und wieder vor dir.

O Mutter, du bist die mitgesprochenen Buchstaben Anusvāra, Visarga und Chandrabindu – Verehrung dir!

O Mutter, du bist die Verkündung (vyākhyā) der Shāstras und die Göttin, die über die Erläuterungen und Kommentare zum Veda gebietet. Ohne dich könnte kein Mathematiker seine Kalkulationen durchführen. Du bist das Maß der Zeit. Du bist die Shakti (Bewusstseinsenergie), durch die man zu korrekten Schlussfolgerungen (siddhānta) gelangt, und beseitigst so die Irrtümer der Menschen. Verehrung und erneut Verehrung dir!

O Mutter, du bist Geisteskraft, Gedächtnis, Wissen, Intelligenz, Talent (pratibhā) und Vorstellungskraft (kalpanā). Daher verneige ich mich wieder und wieder vor dir.

Als Sanatkumāra einstmals in Verwirrung geriet, bat er seinen Vater Brahmā um Hilfe, der aber das Problem seines Sohnes nicht zu lösen vermochte und stumm blieb wie ein ganz dumpfer und unwissender Mensch.

Darauf erschien dort Shrī Krishna, das höchste Selbst und sprach: O Prajāpati, du solltest die Göttin der Sprache lobpreisen und ihr Hymnen vortragen, dann wirst du erfolgreich sein.

Auf diesen Rat des Herrn hin pries der viergesichtige Brahmā die Devī Sarasvatī und durch ihre Gnade fiel ihm schließlich eine hervorragende Lösung (siddhānta) ein.

Einstmals trug die Göttin Erde dem Ananta Deva einen Zweifel vor, aber dieser war unfähig ihr Problem zu lösen und blieb stumm wie ein ganz dumpfer und unwissender Mensch. Darüber äußerst besorgt pries Ananta Deva dich dann auf den Rat von Kashyapa hin und konnte daraufhin seine Zweifel auflösen und zu einer präziseren Schlussfolgerung und guten Lösung gelangen.

Veda Vyāsa begab sich einmal zu Vālmiki und stellte ihm Fragen zu einigen Sūtras der Purānas, aber der Muni Vālmiki geriet darüber in einen Zustand der Verwirrung. Schließlich erinnerte er sich in seinem Geist an dich, die Mutter der Welten, und durch deine Gnade leuchtete das innere Licht in ihm auf und seine Verwirrung löste sich auf, sodass er fähig war die Fragen von Veda Vyāsa zu beantworten.

Vyāsadeva, der als Teilinkarnation von Shrī Krishna geboren wurde, vernahm dann aus dem Munde von Vālmiki die Purāna Sūtras und hörte so von deiner Herrlichkeit. Er begab sich daraufhin zum Pushkara Tīrtha und verehrte dich, die Friedensschenkerin, einhundert Jahre lang. Über seine Verehrung erfreut gewährtest du ihm die Erfüllung seines Herzenswunsches und er stieg zum Rang eines Kavīndra (Dichterfürsten) auf. Er teilte dann die Veden neu ein und verfasste die achtzehn Purānas.

Als einstmals Sadā Shiva von Mahendra über einige spirituelle Themen befragt wurde, dachte er einen Augenblick lang an dich und gab dann die Antworten.

Als Indra einmal Brihaspati, den Guru der Devas, Fragen über Shabda Shāstra (Schriften über Klänge und ihre Wirkung) stellte, war dieser nicht fähig, ihm eine Antwort zu geben. Brihaspati ging daraufhin zum Pushkara Tīrtha und verehrte dich dort über einen Zeitraum von eintausend Jahren der Götter. Danach war er fähig, Mahendra eintausend göttliche Jahre lang Unterweisungen über Shabda Shāstra zu erteilen.

O Sureshvarī, die Munis, die ihre Schüler unterweisen oder eigene Studien beginnen wollen, gedenken deiner stets vor Beginn ihrer jeweiligen Tätigkeit. Die Munīndras, Manus, Menschen, Daityendras und die Unsterblichen, Brahmā, Vishnu und Mahesha, – sie alle verehren dich und singen dir Lobeshymnen.

Vishnu ermüdet schließlich, wenn er dich mit seinen tausend Mündern angemessen preisen will. Genauso ergeht es Mahādeva, wenn er dich mit seinen fünf Mündern besingt und ebenso auch Brahmā mit seinen vier Mündern. Wenn selbst so große Persönlichkeiten damit an ihre Grenzen stoßen, was soll man dann von mir sagen, der ich als gewöhnlicher Sterblicher nur einen Mund besitze, um dich zu preisen!

Mit diesen Worten verneigte sich der Maharishi Yagyavalkya, der ein strenges Fasten einhielt, von großer Hingabe erfüllt vor der Devī Sarasvatī und begann heftig zu weinen.

Da konnte die Mahāmāyā Sarasvatī, deren Natur reines Göttliches Licht ist, sich nicht länger vor ihm verbergen. Sie erschien in sichtbarer Gestalt und sagte: O mein Kind, du wirst ein glanzvoller Kavīndra (Dichterfürst) sein. Nach Gewährung dieser Wunschgabe kehrte sie nach Vaikuntha zurück.

Wer dieses Stotra des Yagyavalkya liest, wird ein hervorragender Dichter sein, der redekundig und intelligent wie Brihaspati ist. Selbst wenn jemand, der vollkommen ungebildet ist, dieses Stotra ein Jahr lang liest, wird er ein fähiger Gelehrter, ein intelligenter Mensch und ein guter Dichter.

Hier endet im neunten Buch des Shrimad Devī Bhāgavatam, des Mahāpurānam von 18.000 Versen von Maharishi Veda Vyāsa, das fünfte Kapitel: Das Sarasvatī Stotra von Yagyavalkya.

Kapitel 6
Wie Lakshmī, Gangā und Sarasvatī in diese Welt kamen

Nārāyana sprach: O Nārada, Sarasvatī lebt stets in Vaikuntha in der Nähe von Nārāyana. Eines Tages hatte sie einen Streit mit Gangā und wurde durch deren Fluch als Teilmanifestation zu einem Fluss in Bhārata. Seither wird sie in Bhārata als großer läuternder und Verdienste (punyam) fördernder heiliger Fluss geehrt. Die guten Menschen, die an ihren Ufern leben, dienen ihr allzeit voller Hingabe.

Sie ist das Tapas (Askese) und die Frucht des Tapas der Asketen. Sie gleicht einem Feuer, das die Sünden der Sünder verbrennt. Diejenigen, die bei vollem Bewusstsein in den Wassern der Sarasvatī sterben, leben danach für alle Zeiten in Vaikuntha im Rat von Hari.

Diejenigen, die in den Wassern der Sarasvatī baden, nachdem sie Sünden begangen haben, werden mühelos von diesen Sünden befreit und leben lange, lange Zeit in Vishnu Loka. Wenn jemand auch nur ein einziges Mal zur Zeit des Chāturmāsya (ein Gelübde von vier Monaten Dauer), zur Zeit des Vollmondes, im Akshaya oder am Ende des Tages, im Vyatīpāta Yoga, zur Zeit einer Finsternis, an irgendeinem heiligen Tage, sogar nur aus beiläufiger Ursache – oder selbst ohne Glauben und ohne Absicht – in den Wassern der Sarasvatī badet, dann wird er dadurch befähigt, in Vaikuntha einzugehen und an den Eigenschaften von Shrī Hari teilzuhaben. Selbst ein ganz ungebildeter Mensch kann ein großer Dichter werden, wenn er einen Monat lang am Ufer der Sarasvatī das Sarasvatī Mantra wiederholt. Daran besteht keinerlei Zweifel. Wenn man sein Haupt schert, seinen Wohnsitz am Ufer der Sarasvatī nimmt und täglich in diesem Fluss badet, wird man nicht wieder den Schmerz erdulden müssen, der mit der erneuten Geburt in einem Mutterleib verbunden ist.

O Nārada, somit habe ich dir einen kleinen Eindruck der grenzenlosen Herrlichkeit von Bhārata gegeben, das große Freude und die Frucht aller Wünsche schenkt.

Sūta sprach: O Shaunaka, als der Muni Nārada dies vernommen hatte, stellte er sogleich eine weitere Frage um die Zweifel zu beseitigen, die in seinem Geist entstanden waren. Davon will ich nun berichten. Höre.

Nārada sagte: O Herr, wie kam es denn dazu, dass die Devī Sarasvatī mit der Devī Gangā in Streit geriet und wie wurde sie dann durch deren Fluch zu einem heiligen, Tugend verleihenden Fluss in Indien? Meine Begierde und meine Ungeduld, den Bericht über dieses dramatische Ereignis zu hören, nimmt immer mehr zu. Ich werde nicht satt, deine nektargleichen Worte zu trinken. Wer wird es jemals satt sein, wenn er empfängt, was seinem besten Wohle dient?

Warum hat Gangā einen Fluch über Sarasvatī ausgesprochen, die doch überall verehrt wird? Auch Gangā ist ja von Sattva erfüllt und sie schenkt stets allen Tugend und Gedeihen. Beide sind gewiss von sehr feuriger Natur und es wird eine Freude sein zu hören, was der Grund ihres Streites gewesen ist. So etwas findet man nur selten in den Purānas, daher musst du mir unbedingt davon erzählen.

Nārāyana sprach: Höre denn zu, o Nārada. Ich werde dir von diesem Ereignis berichten, von dem zu hören alle Sünden auslöscht.

Lakshmī, Sarasvatī und Gangā, die drei Gemahlinnen von Hari, sind ihm alle gleich lieb und leben stets in seiner Nähe. Eines Tages warf Gangā Nārāyana verliebte Seitenblicke zu und sah ihn mit einem Lächeln auf den Lippen verlangend an. Lakshmī bemerkte dies, fühlte sich aber dadurch nicht gekränkt. Aber Sarasvatī wurde sehr zornig, als sie das sah. Padmā (Shrī Lakshmī), deren Wesen von Sattva-Guna geprägt war, versuchte alles um die erzürnte Sarasvatī zu beruhigen, aber sie konnte auf keine Weise besänftigt werden – im Gegenteil, ihr Gesicht wurde ganz rot vor Zorn, sie begann vor wütender Erregung zu zittern und ihre Lippen bebten. Dann sagte sie zu ihrem Gemahl: Ein Ehemann, der gut und tugendhaft ist und einen vorbildlichen Charakter hat, betrachtet alle seine Gemahlinnen mit gleichem Blick – ganz im Gegensatz zu einem üblen Betrüger.

O Gadādhara, du aber bevorzugst Gangā und ebenso auch Lakshmī. Ich bin die Einzige, der du deine Liebe verweigerst. Deswegen sind Gangā und Padmā sich auch gegenseitig zugetan, weil du sie beide liebst. Warum muss Padmā nicht diese Kränkung erdulden? Warum muss nur ich mit solchem Unglück gestraft sein? Wozu lebe ich überhaupt noch? Das Leben einer Frau, die von ihrem Mann nicht geliebt wird, ist ja ganz sinnlos. Diejenigen, die verkünden, dass in dir das Sattva-Guna vorherrscht, sollten niemals als Gelehrte (pandit) bezeichnet werden. Im Gegenteil, sie sind ganz und gar ungebildet und verstehen nicht das Geringste vom Veda. Sie sind überhaupt nicht in der Lage, den wahren Zustand deines Geistes zu erkennen.

O Nārada, als Nārāyana diese Worte von Sarasvatī vernahm und bemerkte, dass sie sehr zornig war, dachte er einen Moment lang nach und verließ dann das Frauengemach.

Nachdem Nārāyana fortgegangen war, verlor Sarasvatī endgültig alle Scheu und begann Gangā voller Zorn mit harten, schwer zu ertragenden Schimpfworten zu beleidigen: O du Schamlose, o du übermäßig Leidenschaftliche, wie stolz bist du wohl auf deinen Ehemann? Möchtest du gern zur Schau stellen, wie sehr dein Mann dich liebt? Aber ich werde heute deinen Stolz zunichtemachen. Ich und alle anderen sollen jetzt sehen, was dein Hari wohl für dich tun kann!

Mit diesen Worten erhob sie sich, um Gangā kräftig an den Haaren zu ziehen. Aber Padmā warf sich dazwischen, um sie daran zu hindern. Daraufhin wurde Sarasvatī noch wütender und verfluchte Lakshmī mit den Worten: Ganz zweifellos wirst du dich in einen Baum und in einen Fluss verwandeln, denn obwohl du das unzüchtige Verhalten von Gangā genau gesehen hast, bist du hier nicht vorgetreten um irgendetwas dazu zu sagen – ganz so, als wärest du ein Baum oder ein Fluss!

Auch nachdem Padmā diesen Fluch vernommen hatte, wurde sie nicht zornig. Voller Mitgefühl ergriff sie Sarasvatī schweigend an den Händen.

Nun aber wurde Gangā überaus zornig, sodass ihre Lippen heftig zu zittern begannen. Angesichts der von wahnsinniger Wut ergriffenen Sarasvatī, die mit vor Zorn geröteten Augen vor ihr stand, sagte sie zu Lakshmī: O Padme, halte dich besser von dieser bösartigen, keifenden Frau fern. Was kann sie mir schon tun? Sie herrscht über die Sprache und ist daher stets streitsüchtig. Soll sie doch beweisen, ob ihre Kraft ausreicht, um mit mir zu streiten! Sie will anscheinend unsere Stärke prüfen. Halte dich fern von ihr. Heute sollen alle unsere Stärke und unsere Macht kennen lernen.

Mit diesen Worten machte Gangā sich bereit, Sarasvatī zu verfluchen und wandte sich wiederum an Lakshmī mit den Worten: O liebe Padme, da diese Frau dich dazu verflucht hat, ein Fluss zu werden, so verfluche ich sie nun dazu, ebenfalls zu einem Fluss zu werden, sodass sie sich in die Welt der Menschen, dieser Sünder, begeben muss, um dort all ihre Sünden in sich aufzunehmen.

Als Sarasvatī diese Verfluchung seitens Gangā vernahm, sprach sie ebenfalls einen Fluch über Gangā aus: Auch du sollst als ein Fluss nach Bhūrloka hinabsteigen, um dort all die Sünden der Sünder in dich aufzunehmen.

O Nārada, als sie so miteinander stritten, erschien der vierarmige, allwissende Bhagavān Hari mit seinen Begleitern vor ihnen, die ebenfalls alle vier Arme hatten. Er zog Sarasvatī an seine Brust und enthüllte ihnen die geheime Ursache ihres Streites. Nachdem sie den wahren Grund ihres Streites und ihres sich gegenseitig Verfluchens erfahren hatten, tat es ihnen allen sehr leid. Der Bhagavān Hari aber sprach nacheinander zu jeder von ihnen: O Lakshmī, du sollst mit einem Teil deiner selbst unmittelbar, ohne in einen Mutterleib einzugehen, in der Welt als Tochter im Hause des Königs Dharmadhvaja geboren werden. Du wirst dort infolge dieser üblen Wendung des Schicksals die Gestalt eines Baumes annehmen müssen und Shankhachūda, der Indra (Herrscher) der Asuras, eine Teilinkarnation meiner selbst, wird dich dann heiraten. Danach wirst du hierher zurückkehren und wieder wie zuvor meine Frau sein. Daran kann es keinen Zweifel geben. Du wirst in Bhārata unter dem Namen Tulasī, die Läuterin der drei Welten, berühmt werden. O Schöne, begib dich nun eilends dort hin und nimm mit einem Teil von dir als Fluss mit dem Namen Padmāvatī Gestalt an.

O Gange, auch du sollst in Bhārata als Fluss Gestalt annehmen, der alle Welten läutert, um die Sünden der Einwohner des Landes Bhārata zu vernichten. Bhagiratha wird dich verehren, dich um deine Gunst anflehen und dich dann dort hinbringen und du wirst unter dem Namen Bhagirathī als segensreichster aller Flüsse in der Welt zu großem Ruhm gelangen. Der Ozean als meine Teilinkarnation und ebenfalls der König Shāntanu werden dort deine Ehemänner sein.

O Bharatī, auch du, o Tugendhafte, sollst infolge der Verfluchung durch Gangā mit deiner Teilinkarnation in Bhārata Gestalt annehmen. Gehe nun in deiner vollständigen Gestalt zu Brahmā und werde seine Gemahlin.

Auch soll Gangā sich in ihrer Fülle zu Shiva begeben. Padmā soll hier bei mir bleiben. Padmā hat ein friedvolles Wesen, ist frei von Zorn, ist voller Hingabe an mich und von sattvischer Natur. So keusche, tugendhafte, glückbringende Frauen von gutem Charakter wie Padmā sind wahrlich sehr selten zu finden. Die Frauen, die als Teilmanifestation von Padmā geboren werden, sind alle überaus tugendhaft und voller Hingabe ihren Ehemännern gegenüber. Sie sind friedvoll, haben einen guten Charakter und werden daher in jedem Universum hoch geehrt.

Es ist verboten – ja, es steht wahrlich im Gegensatz zu den Geboten der Veden – gleichzeitig an einem Ort mit drei Frauen, drei Dienern oder drei Freunden von unterschiedlicher Natur zusammen zu sein und daraus entsteht niemals Gutes. Sie sind eine sprudelnde Quelle aller Arten von Eifersüchteleien und Streitigkeiten.

Nutzlos ist die Geburt eines Mannes in einer Familie, in der die Frauen so mächtig wie Männer sind und die Männer sich den Frauen unterordnen müssen. Mit jedem Schritt wird er Schwierigkeiten und bitteren Erfahrungen begegnen.

Wer eine keifende Frau hat, die von schlechter Herkunft und streitsüchtig ist, sollte sich in die Wälder zurückziehen, denn der große Wald ist für ihn ein besserer Ort als sein eigenes Heim. In seinem Heim gibt es für ihn kein Wasser um sich die Füße zu waschen, keinen Sitz um darauf Platz zu nehmen und keine Frucht, die er essen könnte – nichts von alledem; im Wald hingegen sind diese Dinge für ihn durchaus zu haben.

Im Wald unter Raubtieren zu leben oder sich ins Feuer zu stürzen ist besser, als bei einer schlimmen Frau zu bleiben. O hellhäutige Schöne, die Schmerzen, die Krankheit oder Vergiftung mit sich bringen, kann man ertragen, aber die bösen Worte einer schlimmen Frau sind schwer zu ertragen – da ist sogar der Tod noch bei weitem vorzuziehen.

Wer unter der Herrschaft seiner Frauen steht, weiß, dass er niemals seinen inneren Frieden finden wird, ehe sein Körper einst auf dem Scheiterhaufen liegt. Er wird sich niemals an den Früchten seiner täglichen Arbeit erfreuen können. Er erlangt keinen Ruhm, weder in dieser noch in der nächsten Welt. Die einzige Frucht, die er schließlich erlangt, ist die: dass er in die Hölle gehen und dort bleiben muss. Für einen Menschen aber, der sich weder guten Ruf noch Ruhm erwirbt, ist das ganze Leben wahrlich nichts als eine schwere Last.

Es bringt niemals auch nur im Geringsten etwas Gutes, wenn man an einem Ort mit vielen Frauen oder Nebenfrauen zusammen ist. Wenn ein Mann schon dann nicht glücklich wird, wenn er nur eine einzige Frau hat, dann kannst du dir vorstellen, wie schmerzlich es ist, viele Frauen zu haben.

O Gange, gehe zu Shiva. O Sarasvatī, gehe du zu Brahmā. Kamalā, die einen guten Charakter hat, soll hier mit mir zusammen auf dem Lotus leben.

Der Mann wird glücklich in dieser und erlangt Erlösung in der nächsten Welt, dessen Frau keusch und gehorsam ist.

In der Tat ist derjenige ein Mukti, ein Befreiter, und ist rein und glücklich, der eine treue und keusche Gemahlin hat, während der, dessen Frau einen üblen Charakter hat, stets unrein und gleichsam schon zu Lebzeiten tot ist.

Hier endet im neunten Buch des Shrimad Devī Bhāgavatam, des Mahāpurānam von 18.000 Versen von Maharishi Veda Vyāsa, das sechste Kapitel: Wie Lakshmī, Gangā und Sarasvatī in diese Welt kamen.

Kapitel 7
Die über Gangā, Sarasvatī und Lakshmī verhängten Flüche

Nārāyana sprach: O Nārada, nachdem der Herr der Welt diese Worte gesprochen hatte, hielt er inne. Lakshmī, Gangā und Sarasvatī aber umarmten einander und weinten bitterlich. Sie alle blickten Shrī Krishna an und gaben nacheinander mit Tränen in den Augen ihren Gefühlen Ausdruck, während sie in ihren Herzen vor Kummer und Furcht erbebten.

Sarasvatī sagte: O Herr, was wird nun aus uns nach diesen Flüchen, deren Folgen schwerer und schmerzlicher sind als alles, was wir seit unserer Geburt erlebten? Wie lange können hilflose Frauen leben, nachdem sie von ihren Ehemännern getrennt wurden? O Herr, ich kann mit Gewissheit sagen, dass ich vermittels des Yoga meinen Körper aufgeben werde, wenn ich nach Bhārata gehe. Die Mahātmas, die großherzigen Persönlichkeiten, beschützen ja stets die Unschuldigen.

Gangā sagte: O Herr des Universums, warum wurde ich von dir verstoßen? Was habe ich denn falsch gemacht? Ich werde meinen Körper aufgeben. Und dann wirst du mitschuldig an der Sünde des

Tötens einer unschuldigen Frau sein. Ganz gewiss wird der Hölle anheimfallen, wer in dieser Welt seine unschuldige Gemahlin verstößt – und sei er auch der Herr über alle.

Padmā sprach: O Herr, die Fülle des Sattva-Guna ist deine Natur – es ist daher gar nicht zu glauben, dass du zornig geworden bist. Bitte sei nun aber wieder freundlich gegenüber Sarasvatī und Gangā. Vergebung ist ja die beste Eigenschaft eines guten Ehemannes.

Ich bin bereit jetzt infolge des Fluches, den Sarasvatī über mich verhängt hat, nach Bhārata zu gehen. Aber sage mir, wie lange ich dort bleiben werde. Nach wie vielen Tagen werde ich wieder fähig sein, dein Lotusantlitz zu schauen?

Die Sünder werden den Schmutz ihrer Sünden durch wiederholte Bäder und Waschungen in meinen Wassern abspülen. Durch welche Mittel werde ich wieder frei werden und zu deinen Lotusfüßen zurückkehren können? Wie lange werde ich als Teilinkarnation in meiner Gestalt als Tochter des Dharmadhvaja verweilen müssen, bevor ich dich wieder erblicken kann?

Wie lange muss ich die Gestalt des Tulasī Baumes annehmen, der deine Heimstatt ist? O du Ozean der Barmherzigkeit, bitte sage mir: Wann wirst du mich wieder erlösen?

Und wenn Gangā infolge des Fluches von Sarasvatī nach Bhārata gehen muss, wann wird sie von dieser Sünde und diesem Fluch befreit werden und wieder deine Füße sehen können?

Und wenn Sarasvatī nun aufgrund der Verfluchung durch Gangā hinunter nach Bhārata gehen muss, wann wird der Fluch seine Wirkung verlieren? Wie viele Tage später wird sie zu deinen Füßen zurückkehren können?

Und bitte sei gnädig und nimm deine Anweisung zurück, dass sie beide sich zu Brahmā beziehungsweise Shiva begeben sollen.

O Nārada, nachdem die Devī Kamalā diese Worte zu Jagannātha gesprochen hatte, verneigte sie sich zu seinen Füßen, umarmte die Füße des Herrn mit ihrem Haarschopf und weinte laut.

Daraufhin lächelte der lotusnabelige Hari, der stets bereit ist, die Wünsche seiner Verehrer zu erfüllen, drückte Padmā liebevollen Herzens an seine Brust und sagte: O Sureshvarī, ich werde meine eigenen Worte und zugleich auch deine Bitten erfüllen. Höre, o Lotusäugige, wie diese beiden Dinge sich vereinbaren lassen: Sarasvatī soll mit einem Teil ihrer selbst die Gestalt eines Flusses annehmen, mit einem halben Teil ihrer selbst zu Brahmā gehen und in ihrer vollen Existenz hier bei mir in Vaikuntha bleiben.

Gangā soll mit einem Teil ihrer selbst nach Bhārata gehen und dort, den inständigen Wunsch von Bhagiratha erfüllend, alle drei Welten läutern. Mit einem Teil ihrer selbst soll sie in den Locken von Chandra Shekhara – des Gottes Shiva, der den Mond auf der Stirn trägt und dessen Schau sehr schwer zu erlangen ist – weilen und so wird sie dort in einem noch reineren Zustand als ihrem bisherigen ohnehin reinen Zustand sein. Und zugleich soll sie in ihrer vollen Existenz hier bei mir bleiben.

O Padme, o Lieblichäugige, du bist die Unschuldigste von allen. Daher soll ein Teil eines Teiles von dir in Gestalt des Flusses Padmāvatī nach Bhārata hinunter gehen und sich als Tulasī-Baum manifestieren. Nachdem fünftausend Jahre des Kali-Yuga vergangen sind, wird der Fluch seine Kraft verlieren und dann werdet ihr alle wieder zu meiner Stätte zurückkehren.

O Padme, Schicksalsschläge sind ja die Ursachen des Glücklichseins für die verkörperten Wesen, denn ohne solche Widrigkeiten und Gefahren kann niemand die wahre Natur des Glücklichseins verstehen.

Die heiligen Verehrer meines Mantras, die in euren Wassern ihre rituellen Waschungen durchführen, werden euch durch ihre Berührung und ihren Anblick nach und nach von eurem Fluch erlösen. O Schöne, durch den Anblick (darshan) und die Berührung (sparshan) meiner Verehrer (bhakta) werden all die heiligen Pilgerstätten in der Welt geläutert und gesegnet.

Um die heilige Erde zu segnen und zu erheben, leben meine Mantropāshakas, die Shaivas, Shaktas, Gānapatyas und andere hingebungsvollen Verehrer Brahmans allesamt in Bhārata.

Der Ort, an dem meine Bhaktas leben und ihre Füße baden – dieser Ort muss zweifellos als ein heiliger Wallfahrtsort angesehen werden –, sodass durch den Anblick und die Berührung meiner Verehrer selbst die Mörder einer Frau, einer Kuh oder eines Brahmanen, die Betrüger und sogar die Verführer der Gemahlin ihres Guru von ihren Sünden geläutert werden und Jīvan Muktas, schon zu Lebzeiten Befreite, werden.

Diejenigen, die nicht das Ekādashi-Gelübde einhalten, die keine Sandhyās, keine täglichen spirituellen Praktiken ausüben, die Nāshtikas (Atheisten) oder Mörder sind, – sie alle werden von ihren Sünden durch den Anblick und die Berührung meiner Verehrer befreit. Durch den Anblick und die Berührung meiner Verehrer werden auch diejenigen, die mit dem Gebrauch ihrer Schwerter oder ihrer Stifte ihren Lebensunterhalt bestreiten, die königlichen Beamten, die Bettler der Stadt und die Brahmanen, die mit Stieren handeln, von ihren Sünden erlöst. Die Verräter, die Menschen, die ihren Freunden Schaden zufügen, die Meineidigen, die Diebe ihnen anvertrauten Eigentums – auch sie werden durch den Anblick und die Berührung meiner Verehrer von ihren Sünden befreit.

Die Übelredner, die Bastarde sowie die Ehemänner und Söhne unkeuscher Frauen werden alle durch den Anblick und die Berührung meiner Bhaktas geläutert.

Die Brahmanen, die als Köche für Shūdras arbeiten, die Brahmanen niederer Art, die Bettelmönche in den Dörfern, diejenigen, die keine Initiation seitens ihrer spirituellen Meister (guru) erhielten – sie alle werden durch den Anblick und die Berührung meiner Verehrer geläutert.

O Schöne, die Sünden derer, die nicht für ihre Väter, Mütter, Brüder, Gemahlinnen, Söhne, Töchter, für die Blinden, für Freunde, für die Familien der Gurus, für ihre Schwiegerväter oder Schwiegermütter sorgen, werden ebenfalls durch den Anblick und die Berührung meiner Verehrer ausgelöscht.

Diejenigen, die Ashvattha-Bäume fällen, die über meine Verehrer lästern, und die Brahmanen, welche die Nahrung von Shūdras essen, auch sie werden durch den Anblick und die Berührung meiner Bhaktas von ihren Sünden erlöst. Wer die Opfergaben für die Devas oder das Eigentum von Brahmanen stiehlt, wer Fleisch von Tieren, Eisen oder Töchter verkauft oder wer eine der großen Sünden (mahāpātaka) begeht, wer die Leichen von Shūdras verbrennt – auch der wird von seinen jeweils begangenen Sünden durch den Anblick und die Berührung meiner Bhaktas befreit.

Mahā Lakshmī sagte: O Herr, der du stets den gläubigen Verehrern deine Gnade erweist, was sind denn die charakteristischen Eigenschaften jener Bhaktas von dir, von denen du eben gesprochen und gesagt hast, dass ihr Anblick und ihre Berührung augenblicklich die Mahāpātakas auslöschen, die sonst nur nach langer Zeit durch die Wasser der heiligen Orte (tīrtha) und die Verehrung der irdenen oder steinernen Statuen der Götter vernichtet werden können?

Die Sünden selbst der übelsten aller Menschen, die keine Hingabe an Hari besitzen, die arrogant, egoistisch, betrügerisch und heuchlerisch sind, die Heilige schmähen und wahrlich verdorbene Seelen sind, werden durch deine Bhaktas ausgelöscht, durch deren Berührung und deren Fußwaschungen die heiligen Pilgerstätten gesegnet und die ganze Erde geläutert wird, um deren Gegenwart alle Bhaktas des Landes Bhārata beten. Es gibt wahrlich nichts Höheres als die Gemeinschaft deiner Bhaktas.

Sūta sprach: O Maharishi, als der Herr diese Worte von Mahā Lakshmī vernommen hatte, lächelte er und begann dann über das Geheimnis der Eigenschaften seiner Bhaktas zu sprechen.

Bhagavān Hari sagte: O Lakshmī, die charakteristischen Eigenschaften der Gottesverehrer werden in sehr verborgener Form in den Shrutis und den Purānas erwähnt. Sie sind überaus segnend und sündenvernichtend und schenken Freude, Hingabe und Erlösung. Sie sind subtil und bedeutungsvoll und sollten daher geheim gehalten und niemals betrügerischen Menschen enthüllt werden.

Du aber besitzt lautere Einfachheit und liebst mich. Daher werde ich zu dir davon sprechen. Höre denn.

O Schöne, alle Veden verkünden, dass der heiligste und beste aller Menschen derjenige ist, in dessen Ohr aus dem Munde eines Gurus das Vishnu Mantra gesprochen wird. Sobald ein solcher in dieser Welt geboren wird, erlangen augenblicklich einhundert Generationen seiner Vorfahren Befreiung (moksha) – ob sie zu dieser Zeit in den Himmelswelten weilen oder in der Hölle, – und wenn es sich ergeben sollte, dass irgendeiner von ihnen noch einmal als Jīva, als verkörpertes Wesen, Geburt annimmt, so erlangt er sogleich Befreiung zu Lebzeiten (jīvan mukta) und schließlich die Stätte von Shrī Vishnu (vishnupadam).

Derjenige Sterbliche ist mein Bhakta (Verehrer), der voller Hingabe an mich ist, der stets meine Herrlichkeit rühmt, der nach meinen Anweisungen handelt, der sich mit ganzem Herzen in die Berichte über mich vertieft und dessen Geist beim Hören dieser Berichte vor Freude tanzt, während seine Stimme stockt und unablässig Tränen aus seinen Augen strömen und er ganz das Bewusstsein der äußeren Welt verliert. Ein solcher Mensch ist wahrlich mein Bhakta.

Meine Bhaktas haben kein Verlangen nach Freude oder Befreiung noch auch nach den vier Zuständen Sālokya, Sāyujya, Sāmīpya und Sārshtī, noch nach Brahmanverwirklichung oder nach dem Zustand eines Deva. Sie wollen einzig und allein mir dienen (sevā) und nur darauf ist ihr Denken gerichtet. Nicht einmal im Traum haben sie Verlangen nach dem Status eines Indra, eines Manu oder dem Zustand der Brahmanverwirklichung, der so schwer zu erlangen ist, und sie streben auch nicht nach den Freuden der Königsherrschaft oder der Himmelswelten.

Meine Bhaktas reisen in Bhārata umher, voller Verlangen von meiner Herrlichkeit zu hören und sie haben stets allergrößte Freude daran, meine lieblichen göttlichen Taten zu rezitieren.

Die Geburt von Bhaktas dieser Art in Bhārata ist äußerst selten. Sie läutern die ganze Welt und gelangen schließlich in meine Heimstätte, in die beste aller heiligen Stätten (tīrtha).

Somit, o Padme, habe ich alles gesagt, was du hören wolltest. Handle nun, wie es dir gefällt.

Daraufhin machten sich Gangā und die anderen daran, den Anweisungen von Shrī Hari zu folgen, der dann in sein eigenes Heim zurückkehrte.

Hier endet im neunten Buch des Shrimad Devī Bhāgavatam, des Mahāpurānam von 18.000 Versen von Maharishi Veda Vyāsa, das siebte Kapitel: Die über Gangā, Sarasvatī und Lakshmī verhängten Flüche.

Kapitel 8
Die Großartigkeit des Kali-Zeitalters

Nārāyana sprach: O Nārada, ein Teil von Sarasvatī stieg dem Fluch der Gangā zufolge in das Bhārata Punya Bhūmi (Indien, das Land der karmischen Verdienste) herab und zugleich blieb sie in ihrer vollen Existenz in Vishnus Heimatwelt Vaikuntha. Sie wird Bhāratī genannt, weil sie sich nach Bhārata begab. Sie wird Brahmī genannt, weil sie dem Gott Brahmā lieb ist und sie wird Vānī genannt, weil sie über die Sprache gebietet. Hari ist überall gegenwärtig – in Teichen, in Brunnen und in strömenden Gewässern (sara). Weil er in Saras gegenwärtig ist, wird er Sarasvān genannt. Vānī ist die Shaktī, die schöpferische Energie von Sarasvān, deshalb wird sie mit dem Namen Sarasvatī benannt. Der Fluss Sarasvatī ist ein sehr heiliger Wallfahrtsort (tīrtha). Die Sarasvatī ist gleichsam ein Feuer, das als Brennstoff die Sünden der Sünder verbrennt.

O Nārada, infolge des Fluches von Sarasvatī nahm auch die Devī Gangā mit einem Teil ihrer selbst die Gestalt eines Flusses an. Da sie auf die Bitte von Bhagiratha hin zur Erde hinabstieg, wird sie seither Bhagirathī genannt.

Als Gangā auf die Erde hinunter strömte, hielt Shiva, der fähig war, ihren reißenden Strom zu ertragen, sie auf Bitte der Mutter Erde in seinem Haar auf (um ihr Strömen zu beruhigen).

Auch Lakshmī manifestierte sich infolge der Verfluchung durch Sarasvatī mit einem Teil eines Teiles ihrer selbst in Bhārata in Gestalt des Flusses Padmāvatī, blieb aber zugleich in ihrer vollständigen Existenz bei Hari.

Außerdem nahm Lakshmī auch mit einem anderen Teil ihrer selbst in Indien als Tulasī, die berühmte Tochter des Königs Dharmadhvaja, Geburt an und verwandelte sich schließlich durch Bhāratīs Fluch und auf Anweisung von Shrī Hari in den Tulasī-Baum und läuterte so die ganze Welt.

Nachdem sie alle über einen Zeitraum von fünftausend Jahren des Kali-Zeitalters in diesen Gestalten in Indien geweilt haben, werden sie ihre Erscheinungsformen als Flüsse aufgeben und zu Hari zurückkehren. Dem Befehl von Shrī Hari folgend werden auch alle Tīrthas, die heiligen Wallfahrtsstätten – mit Ausnahme von Kāshī und Vrindāvan mit ihnen zusammen nach Vaikuntha gehen.

Nachdem 10.000 Jahre des Kali-Yuga vergangen sind, werden Shālagrāma Shilā , Shiva, Shiva Shakti und Purushottama Jagannātha den Boden von Bhārata verlassen und zu ihren jeweiligen Heimstätten zurückkehren. Dann wird es keine Heiligen der gläubigen Verehrer von Shiva, Shakti, Ganapati und Vishnu mehr geben und auch die Purānas, das Blasen von Muschelhörnern, Shraddhās, Tarpanas und all die von den Veden vorgeschriebenen Riten und Zeremonien werden auf der Erde nirgends mehr zu finden sein.

Die Verehrung und Verherrlichung der Götter, die Rezitation von Lobeshymnen an die Devas und ihre Namen werden vergessen und ausgelöscht sein und von den Veden und ihren Angas wird nichts mehr zu hören sein – all dies wird von der Erde verschwinden.

Die Versammlung der Sādhus, der Heiligen und Erleuchteten, das Dharma, die vier Veden, die lokalen Devas und Devīs, das Einhalten von Gelübden (vrata), das Praktizieren von Askese und das Fasten – all das wird verschwinden. Alle werden nur noch freudig dem linkshändigen Pfad des Vāmāchāra-Rituals anhängen (das Weintrinken und Fleischessen beinhaltet). Die Menschen werden lügen und betrügen. Wenn jemand sich der Verehrung widmet, wird er dies ohne Tulasī Blätter tun. Fast alle werden betrügerisch, grausam, arrogant, egoistisch, diebisch und übelwollend sein.

Die Männer werden miteinander im Streit sein und auch die Frauen werden miteinander streiten. Eheliche Bande werden furchtlos missachtet. Jeder wird nur noch das besitzen, was er sich selbst erarbeitet (d. h. es gibt kein Erbe mehr). Die Ehemänner gehorchen ihren Frauen und unkeusche Frauen sind in jedem Haus zu finden.

Ehefrauen werden ihre Ehemänner mit unablässigem Lärmen und Beschimpfen quälen. Die Frauen werden Alleinherrscher in der Familie sein und ihre Männer werden mit ehrerbietig zusammengelegten Händen als Diener vor ihnen stehen. Schwiegerväter und Schwiegermütter werden ihre Diener sein. Die Brüder der Ehefrauen werden zusammen mit deren Freunden im Hause das Sagen haben.

Die Männer werden keine Freunde unter den Mitgliedern ihres Berufsstandes haben. Die Brüder und Freunde des Familienoberhauptes werden wie Fremde oder Neuankömmlinge behandelt. Die Familienoberhäupter werden unfähig sein, irgendetwas ohne die Anweisungen der Frau des Hauses zu tun.

Die geordnete Einteilung der Berufsstände oder Varnas (in Brahmanen, Kshatriyas, Vaishyas und Shūdras) wird völlig verschwinden.

Den Brahmanen wird es nicht mehr in den Sinn kommen ihre täglichen spirituellen Praktiken auszuüben (sandhyā bandanam) und sie werden nicht einmal mehr die heilige Schnur an ihren Körpern tragen.

Die Mitglieder der vier Stände werden Handlungen der Mlechchas (der Barbaren oder aus der Gesellschaft Ausgestoßenen) ausführen, die Schriften (shāstra) der Mlechchas lesen und ihre eigenen Schriften aufgeben.

Die Brahmanen, Kshatriyas und Vaishyas werden Sklaven der Shūdras sein und als Köche, Laufboten und Büffeltreiber für sie arbeiten.

Keiner wird sich mehr an die Wahrheit halten. Die Erde wird kein Getreide und die Bäume werden keine Früchte mehr hervorbringen und die Frauen keine Kinder gebären. Die Kühe werden keine Milch mehr geben – und wenn sie ein wenig Milch geben, dann ist diese nicht dafür geeignet, geläuterte Butter (ghee) daraus zu machen.

Die Liebe zwischen Ehepaaren wird nicht mehr vorhanden sein und die Familien sind nicht mehr in der Wahrheit gegründet.

Der König wird keinerlei Macht mehr besitzen und die Untertanen werden mit Steuern schwer belastet. Die stets dahinfließenden großen und kleinen Flüsse und die Wasserreservoire in den Höhlen der Gebirge werden nur noch ganz wenig Wasser in sich haben.

Die vier Stände (varna) werden weder Dharma (Gesetz) noch Punya (Verdienst, Schatz an gutem Karma) haben. Einer von Hunderttausend wird vielleicht tugendhaft sein. Später werden es dann noch weniger sein. Männer, Frauen und Kinder werden allesamt hässlich und verunstaltet sein. Sie werden üble Worte und abscheuliche Laute von sich geben.

Einige Dörfer und Städte werden vollständig von Menschen verlassen sein und einen furchtbaren Anblick bieten und nur hier und da werden einige wenige Hütten von wenigen Einwohnern bewohnt sein. Dörfer und Städte werden wie ein Dschungel sein und die Dschungel werden von Menschen bevölkert sein. Die Bewohner der Wälder werden mit Steuern schwer belastet und verzweifelt sein.

Die Flussbetten und die Seen werden infolge mangelnden Regens austrocknen und man wird Landwirtschaft in ihnen betreiben.

Die Sitten der edlen Familien werden einen sehr niedrigen Standard haben. Die ganze Erde wird mit Lügnern, üblen Betrügern und Heuchlern gefüllt sein.

Selbst die Ländereien, die gut bebaut werden, werden Getreide ernten, das nur dem Namen nach Getreide ist.

Die Reichen werden in Armut fallen und die hingebungsvollen Verehrer der Devas werden zu Atheisten werden.

Die Bewohner der Städte werden unbarmherzig sein, voller Hass und Neid auf ihre Nachbarn blicken und zu Mördern werden.

Im Kali-Zeitalter werden die Männer und Frauen überall zwergwüchsig, krank und kurzlebig sein und selbst in ihrer Jugend wenig Lebenskraft besitzen. Schon wenn sie sechzehn Jahre alt werden, wird ihr Haar ergrauen und bereits mit zwanzig Jahren werden sie vom Alter gezeichnet sein. Die Mädchen werden bereits im Alter von acht Jahren ihre Tage bekommen und schwanger werden und jedes Jahr Kinder zur Welt bringen; bereits mit sechzehn Jahren werden sie von Altersbeschwerden gequält sein.

Nur wenige Frauen werden lebendige Ehemänner und Kinder haben. Ansonsten werden die allermeisten Frauen unfruchtbar sein und gar keine Kinder haben.

Die vier Varnas werden ihre Töchter verkaufen und die Liebhaber der Mütter, Ehefrauen, der Töchter, der Schwestern und der Ehefrauen der Söhne werden für den Lebensunterhalt der Familien aufkommen.

Niemand wird fähig sein, ohne Geld die spirituellen Verdienste zu erwerben, die aus der Wiederholung des Namens von Hari entstehen.

Die Menschen werden Geschenke und Spenden geben, um ihren Ruf und Ruhm zu verbessern – und dann die Geschenke wieder zurücknehmen. Geschenke, die von einem selbst oder von den Vorfahren oder für die Götter oder für die Brahmanen gemacht wurden, werden stets wieder zurückgefordert werden.

Manche werden ihren Töchtern beiwohnen, manche ihren Schwiegermüttern, manche den Ehefrauen ihrer Söhne, manche ihren Schwestern, manche den Müttern der Nebenfrauen und manche den Ehefrauen ihrer Brüder. In jedem Haus wird man sich mit denen vereinigen, mit denen man sich nicht vereinigen sollte, mit Ausnahme der eigenen Mutter.

Wer ist im Kali-Yuga wessen Ehefrau und wer ist wessen Ehemann? Es wird keine Gewissheit geben, wer wessen Untertan ist und welche Ortschaft wem gehört und keine Gewissheit, welche Besitztümer wem gehören. Alle Menschen werden zu Lügnern, Dieben, Mördern, begehren die Ehefrauen anderer und sind voller Laster.

In den Häusern der Brahmanen, Kshatriyas und Vaishyas, der drei höheren Stände, wird der Strom der Sünde fließen. Sie verdienen ihren Lebensunterhalt durch den von den vedischen Schriften untersagten Verkauf von Gummilack, Eisen und Salz. Die Brahmanen verdingen sich als Büffeltreiber, verbrennen die Leichen der Shūdras, essen Nahrung der Shūdras und gehen zu unkeuschen Frauen.

Es wird keinen Glauben mehr geben in den fünf Rishi Yagyas. Fast jeder Brahmane wird aufhören, die Amāvasyā-Nishipālana-Gelübde einzuhalten. Die heilige Schnur wird fortgeworfen. Sandhyā Bandanam, Lauterkeit und gute Sitten werden nicht mehr existieren.

Unkeusche Frauen, die Geld zu Zinsen verleihen, Bordelle betreiben und von betrügerischem Handel leben, werden selbst zur Zeit ihrer Menstruation in den Familien der Brahmanen Essen kochen.

Man wird keinerlei Unterschiede mehr beachten was Nahrung, Leiber, Āshramas (Lebensphasen) und Personen anbetrifft. Alle werden zu Mlechchas (Abschaum der Gesellschaft). O Nārada, wenn das Kali-Yuga sich voll entfaltet hat, wird die ganze Welt voller Mlechchas sein, die Bäume werden nur noch die Höhe einer Hand und die Menschen die Größe eines Daumens haben.

Schließlich wird dann der mächtige Bhagavān Nārāyana sich mit einem Teil seiner selbst in der Familie eines Brahmanen namens Vishnujashā als dessen Sohn inkarnieren. Auf einem mächtigen weißen Pferd reitend wird er mit einem langen Schwert in der Hand die Welt innerhalb von drei Nächten von den Mlechchas befreien. Dann wird er vom Antlitz der Erde verschwinden und die Erde wird ohne Herrscher und von Räubern überfüllt sein. Es wird dann sechs Nächte lang unablässig regnen. Es wird regnen und regnen, bis die ganze Erde von Wasser überflutet ist und keine Spur mehr von Menschen, Häusern oder Bäumen zu sehen ist.

Danach werden zwölf Sonnen gleichzeitig am Himmel aufsteigen und durch ihre Strahlen wird das ganze Wasser austrocknen und die ebene Erde zum Vorschein kommen. So wird das schreckenerregende Kali-Zeitalter sein Ende finden und, wenn das Satya-Yuga zurückkehrt, werden auch das wahre Dharma und das Sattva-Guna wieder vorherrschen. Dann werden die Brahmanen wieder Askese (tapasyā) betreiben und voller Hingabe an das Dharma und den Veda sein.

In jedem Haus werden die Frauen dann keusch und tugendhaft sein. Auf den Thronen werden weise und intelligente Kshatriyas (Krieger) sitzen, die den Brahmanen gegenüber voller Hingabe sind und ihre Macht, ihre Hingabe an Recht und Gesetz (dharma) und ihre Liebe zu guten Taten wird mehr und mehr zunehmen.

Die Vaishyas (Händler) werden sich ihrem Handel widmen und die Hingabe an ihren Handel und an die Brahmanen wird wiederhergestellt. Auch die Shūdras (Arbeiter) werden wieder tugendhaft sein und den Brahmanen dienen.

Die Brahmanen, Kshatriyas und Vaishyas und ihre Familien werden wieder Hingabe (bhakti) an die Devī praktizieren, Initiation in die Mantras der Devī erhalten und sich in ihrer Meditation auf die Devī ausrichten.

Das Wissen der Veden, der Smritis und der Purānas wird sich wieder verbreiten und alle werden ihren Ehefrauen zur Zeit der

Menstruation beiwohnen. Kein Adharma (Gesetzlosigkeit, Laster) wird mehr existieren und das Dharma wird vollständig mit all seinen Unterteilungen (kalā) zur Herrschaft gelangen.

Wenn das Tretā-Yuga kommt, wird das Dharma nur noch auf drei Füßen stehen, wenn das Dvāpara-Yuga kommt auf zwei Füßen, zu Beginn des Kali-Yugas auf einem Fuß und wenn das Kali-Yuga seinen Höhepunkt erreicht, wird kein Dharma mehr existieren, noch nicht einmal dem Namen nach.

Die sieben Tage der Woche von Sonntag bis Samstag, die mit Pratipada beginnenden sechzehn Tithis, die zwölf Monate ab Vaishākha, die sechs Jahreszeiten wie Sommer usw. und die beiden Monatshälften – diese Einteilungen der Zeit sind weithin verbreitet.

Ein Tag besteht aus vier Praharas (zu je ca. 3 Stunden) und eine Nacht besteht aus vier Praharas. Ein Tag und eine Nacht bilden zusammen einen sogenannten Tag. Dreißig solche Tage bilden einen Monat.

Was die Aufteilung der Zeit betrifft, so wurden bereits zuvor fünf Arten von Jahren (varsha) erwähnt.

So wie die Zeitalter Satya, Tretā, Dvāpara und Kālī stets aufeinander folgen, so folgen einander auch die Tage, Monate und Jahre.

Ein Tag der Devas entspricht einem Jahr der Menschen. 360 Yugas der Menschen entsprechen einem Deva-Yuga.

71 Deva-Yugas bilden ein Manvantara. Die Lebensdauer eines Indra, des Gemahls der Shachī, ist ein Manvantara.

28 Lebenszeiten von Indra entsprechen einem Tag von Hiranyagarbha Brahmā und 108 solcher Jahre entsprechen der Lebenszeit eines Brahmā. Wenn ein Brahmā stirbt, bedeutet dies ein Prakrita Pralaya. Die Erde ist dann nicht zu sehen. Das gesamte Brahmānda (Universum) ist in Wasser versunken. Brahmā, Vishnu, Maheshvara und die weisen Rishis lösen sich dann im höchsten Brahman (para brahmā) auf, dessen Substanz Realität und Bewusstsein sind. Auch die Prakritī Devī verschmilzt dann mit Para Brahmā.

Der Fall eines Brahmā und die Auflösung der Prakriti werden Prākrita Pralaya genannt. Die Dauer dieses Pralaya ist ein Nimesha (ein Augenblick, Augenzwinkern) der mit Māyā vereinten Para Brahmā Mūla Prakriti. Alle Brahmāndas (Universen) sind zu dieser Zeit vernichtet.

Wenn dieser Nimesha vorbei ist, beginnt die Schöpfung, sich aufs Neue in der gewohnten Abfolge zu entfalten. Man vermag nicht die unendliche Anzahl von Schöpfungen und Auflösungen zu zählen, die immer weiter und weiter gehen. Wer kann sagen, wie viele Kalpas (Zeitalter) bereits vergangen sind oder wie viele Kalpas noch kommen werden, wie viele Brahmāndas (Universen) schon erschaffen wurden und wie viele noch in Zukunft erschaffen werden? Wer vermag zu zählen, wie viele Brahmās, wie viele Vishnus oder wie viele Maheshvaras schon gewesen sind?

Aber der eine und einzige Para Brahmā Parameshvara ist der höchste Herr all dieser zahllosen Brahmāndas. Der Parameshvara, dessen Wesen Sat-Chit-Ānanda (Existenz-Bewusstsein-Seligkeit) ist, Er ist die allerhöchste Intelligenz. Alle anderen – Brahmā, Vishnu, Maheshvara, der große Virāt, der kleinere Virāt – sind Teile von ihm. Dieser Brahmā ist Mūlā Prakriti (die Urnatur) und daraus ist Shrī Krishna hervorgegangen, der Herr seiner linken weiblichen Hälfte (Ardha Nārīshvara).

Sie ist es, die sich in zwei Gestalten aufgeteilt hat: In ihrer einen Gestalt weilt sie als der zweiarmige Krishna in der Welt Goloka und in ihrer anderen Gestalt als der vierarmige Nārāyana in Vaikuntha.

Alle Dinge im Universum – von Brahmā, dem Höchsten, bis zu dem einfachen Grashalm als Niedrigstem sind aus der Prakriti hervorgegangen. Und alle Dinge, die aus der Prakriti hervorgehen, sind vergänglich. Daher ist der eine, wahre, ewige Para Brahmā, der jenseits der drei Gunas ist, aus dem alle Schöpfung hervorgeht, dessen Natur Wille und Bewusstsein ist, die einzige Wirklichkeit jenseits des Bereiches der Prakriti.

Er ist ohne Upādhis (einschränkende Bedingungen wie Zeit, Raum, Kausalität). Er ist gestaltlos und die Gestalten, die er annimmt, sind nur dazu da, um seinen Verehrern Gnade zu erweisen und sie zu erfreuen. Durch seine Wissenskraft wird der lotusgeborene Brahmā dazu befähigt, das Brahmānda zu erschaffen. Durch seine Gnade ist Shiva, der Herr der Yogis, der Mrityunjaya (Sieger über den Tod) genannt wird, der Zerstörer von allem und der Kenner aller Tattvas (aller Dinge im Universum).

Durch seine Askese-Energie (tapas) konnte Shiva die höchste Wirklichkeit von Brahman (para brahmā) erkennen und wurde so zum Herrn über alle. Er wurde allwissend und zum Herrn über alle höheren Geisteskräfte (vibhūti). Er wurde zum allgegenwärtigen All-Seher, zum Beschützer von allen und zum Schenker aller Gaben.

Allein seine Hingabe und sein Dienst an ihm, dem Para Brahmā, dem höchsten Brahman, haben Shrī Vishnu zum Herrn über alle gemacht, und durch die Allmacht des Para Brahmā wurde die Mahāmāyā Prakriti Devī allmächtig und die Göttin von allen.

Bhagavatī Durgā wurde durch ihre Hingabe und ihren Dienst an ihm die Mūla Prakriti, deren Wesen Sat-Chit-Ānanda (Sein-Intelligenz-Seligkeit) ist, und auf dieselbe Weise wurde die Devī Sāvitrī, die Mutter der Veden, zur Gottheit, die über die Veden gebietet und sie wird daher von den Brahmanen und den Kennern des Veda verehrt; dass sie über alle Wissensgebiete herrscht und von den Gemeinschaften der gelehrten Weisen im gesamten Universum verehrt wird, ist einzig und allein das Ergebnis davon, dass sie die Prakriti Devī verehrt (die eins ist mit Para Brahmā). Dass Lakshmī die Schenkerin aller Reichtümer, die göttliche Herrin über alle Städte und Dörfer, die Gebieterin über alle Wesen und die Gewährerin von Söhnen für alle wurde und von allen verehrt wird, ist ebenfalls das Ergebnis davon, dass sie die höchste Prakriti verehrte.

Eben dieser Verehrung der höchsten Prakriti verdankt es Durgā, die Zerstörerin aller Probleme und Schwierigkeiten, dass sie aus der linken Körperhälfte von Shrī Krishna hervorging, und verdankt es Rādhā, dass sie die Gottheit wurde, die über seinen Prāna (Lebensatem) gebietet, dass sie alles Wissen besitzt und von allen verehrt wird; durch die Verehrung der höchsten Shakti wurde Rādhikā die unvergleichliche Meisterin der Liebe, erlangte unübertroffene Schönheit, wurde zu der Gottheit, die über den Prāna von Krishna gebietet, gewann seine Achtung und Liebe und weilt stets an der Brust des Bhagavān.

Mit dem Wunsch, Krishna zu ihrem Gemahl zu gewinnen, praktizierte Shrī Rādhā eintausend Deva-Jahre lang auf dem Berge Shatashringa in Bhārata allerhärteste Askese, um die Gnade der Mūla Prakriti zu erlangen. Als die Shakti Mūla Prakriti sich ihr dann gnädig gewogen zeigte, sah Shrī Krishna, dass die Schönheit von Rādhikā wie der zunehmende Mond immer mehr anwuchs; Krishna drückte sie zärtlich an seine Brust, weinte von Liebe zu ihr überwältigt, gewährte ihr die allerhöchsten Gaben, die von anderen kaum zu erlangen sind und sagte: O Schöne, von allen meinen Frauen sollst du es sein, die allzeit hingebungsvoll an meiner Brust ruht. Du sollst all die anderen Frauen an Glück, Ruhm, Liebe und Herrlichkeit übertreffen. Von heute an bist du meine allerbeste und liebste Frau. O Geliebte, ich werde stets hingebungsvoll auf dich hören und alles tun, was du sagst.

Mit diesen Worten erwählte Shrī Krishna sie zu seiner Gemahlin ohne Nebenfrauen und machte sie zur Geliebten seines Herzens. Neben den bereits erwähnten fünf Prakritis erlangten auch die anderen Devīs überlegene Macht durch den Dienst an der Mūlā Prakriti.

O Muni, was soll ich dir noch mehr sagen als dies, dass jeder die Früchte erlangt, die seiner Askese (tapasyā) entsprechen. Bhagavatī Durgā praktizierte im Himalaya-Gebirge eintausend Deva-Jahre lang Tapasyā, das sie den Lotusfüßen der Mūlā Prakriti widmete und wird als Folge davon von allen verehrt. Die Devī Sarasvatī praktizierte 100.000 Deva-Jahre lang Tapasyā und erlangte dadurch die

Hochachtung und Verehrung aller. Die Devī Lakshmī praktizierte in Pushkara eintausend göttliche Yugas lang Tapasyā und wurde dann durch die Gnade der Mūlā Prakriti für alle die Schenkerin von Reichtümern. Die Devī Sāvitrī verehrte im Malaya-Gebirge 60.000 göttliche Jahre lang die Ādhya Shakti und wird seither von allen hoch geachtet und verehrt.

O Bibhu, Brahmā, Vishnu und Maheshvara verehrten die Shakti über einen Zeitraum von einhundert Manvantaras und wurden so jeweils zum Erschaffer, Erhalter und Zerstörer dieser Welt. Shrī Krishna praktizierte zehn Manvantaras lang eine furchtbar harte Askese und erlangte dadurch seinen Stand in der Goloka Welt, wo er seitdem in allerhöchster Glückseligkeit weilt. Dharma Deva verehrte zehn Manvantaras lang voller Hingabe die Shakti und wurde so zur Essenz des Lebens aller Wesen, zur Zuflucht aller und wird von allen verehrt.

O Muni, ob Devīs, Devas, Munis, Könige oder Brāhmanas – sie alle erlangten ihren Status und ihren Ruhm in dieser Welt durch die Verehrung der höchsten Shakti.

O Devarishi, somit habe ich dir dies alles in Einklang mit den Vorschriften der Veden berichtet, so wie ich selbst es aus dem Munde meines Guru vernahm. Was möchtest du sonst noch hören?

Hier endet im neunten Buch des Shrimad Devī Bhāgavatam, des Mahāpurānam von 18.000 Versen von Maharishi Veda Vyāsa, das achte Kapitel: Die Großartigkeit des Kali-Zeitalters.

Kapitel 9
Der Ursprung der Shakti der Erde

Shrī Nārada sagte: Im Zeitraum eines Lidschlages (nimesha) der Devī findet das Pralaya statt und in diesem Zeitraum löst sich das Brahmānda (Universum) auf; dies wird das Pralaya der Prakriti (die Auflösung der Natur) genannt.

Während dieses Pralaya verschwindet die Devī Vasundharā, die Erde. Die ganze Welt ist in Wasser versunken und die Erscheinung der fünf Elemente, die Prapancha genannt wird, löst sich im Körper der Prakriti auf.

Wo weilt nun Vasundharā, nachdem sie verschwunden ist? Und wie erscheint sie erneut zu Beginn der Schöpfung? Was ist die Ursache davon, dass sie so gesegnet ist, so hohen Ruhm besitzt, dass sie alle zu tragen vermag und so siegreich ist? Bitte berichte mir über ihre Geburt, welche die Quelle allen Wohlergehens ist.

Shrī Nārāyana sprach: O Nārada, man sagt, dass die Erde ganz zu Beginn der Schöpfung erscheint. Sie verschwindet in jedem Pralaya und erscheint dann aufs Neue. Die Erde als Manifestation der Kosmischen Ur-Energie, der großen Shakti, wird manchmal in ihr manifest und bleibt manchmal nur latent. Dies alles ist der Wille der großen Shakti.

Höre nun die Geschichte des Erscheinens der Erde, der Ursache alles Guten, der Quelle der Zerstörung aller Schwierigkeiten, der Vernichterin der Sünde und der Ursache der Zunahme des eigenen Schatzes an gutem Karma (punyam).

Manche sagen, dass die Erde aus dem Mark der Daityas Madhu und Kaitabha hervorgegangen ist, aber das ist nicht so. Höre nun, wie es wirklich ist.

Diese beiden Daityas waren hocherfreut über Vishnus Tapferkeit und Stärke in seinem Kampf gegen sie und sagten zu ihm: Töte uns auf jenem Teil der Erde, der nicht von Wasser bedeckt ist. Aus diesen Worten der Daityas geht hervor, dass die Erde zu ihren Lebzeiten bereits existierte, wenn sie auch nicht sichtbar war.

Nach dem Tode der beiden Daityas trat das Mark aus ihren Knochen hervor. Höre nun, wie es kam, dass die Erde den Namen Medinī erhielt: Als sie aus dem Wasser emporgehoben wurde, vermischte sich das Mark der Asuras mit der Erde und wegen dieser Vermischung wird sie Medinī genannt.

Ich werde dir nun berichten, was ich einst in dem heiligen Wallfahrtsort Pushkara aus dem Munde von Dharma Deva über den Ursprung der Erde hörte und was von den Shrutis bestätigt wird und das gut, stimmig und wahr ist. Höre denn.

Als der Geist des in den Urwassern weilenden Mahā Virāt sich über seinen ganzen Körper hin ausdehnte, trat er in jede einzelne Pore seines Körpers ein. Als Nächstes manifestierte sich dann Mahāprithivī oder die große Erde zur Zeit der Kombination der feinstofflichen Elemente mit den grobstofflichen Elementen, die Panchi Karana genannt wird. Jene Mahāprithivī wurde dann in Teile zerbrochen, deren jedes in einer Pore des Mahā Virāt platziert wurde. Es ist diese aufgeteilte Erde, die während der Schöpfungsphase in Erscheinung tritt und während des Pralaya verschwindet.

Diese Erde wurde nach langer Zeit aus dem Geist (manas) des Mahā Virāt geboren, der in jede seiner Poren eingetreten war. In jeder Pore der Haut des Virāt Purusha, des unermesslich großen kosmischen Menschen, existiert eine Erde, die erscheint und wieder verschwindet – dies geschieht wieder und wieder. Wenn sie erscheint, treibt sie auf dem Wasser, und wenn sie verschwindet, taucht sie in den kosmischen Wassern unter.

Diese Erde gibt es in jedem Universum und mit ihr zusammen gibt es Gebirge, Wälder, sieben Weltmeere, sieben Inseln oder Kontinente, den Weltenberg Sumeru, den Mond, die Sonne und andere Planeten, Brahmāloka, Vishnuloka, Shivaloka und die Heimatwelten der anderen Devas, heilige Pilgerorte, das heilige Land Bhāratavarsha (Indien), das Kānchanī Bhūmī (das goldene Land), sieben Himmelswelten, sieben Unterwelten und im oberen Bereich Brahmāloka und Dhruvaloka. Dies ist Gesetz für jedes Universum. Und jedes Universum ist das Werk der Māyā und ist daher vergänglich.

Mit der Auflösung der Prakriti fällt Brahmā. Wenn dann die Schöpfung erneut beginnt, geht wiederum der Mahā Virāt aus Shrī Krishna, dem höchsten Bewusstsein, hervor.

Ewig ist dieser Strom von Schöpfung, Erhaltung und Zerstörung. Ewig ist Kashthā, der Fluss der Zeit. Ewig ist der Strom von Brahmās, Vishnus und Maheshvaras. Und ewig ist der Strom von Vasundharā, des Erscheinens und Verschwindens der Erde.

Die Devī Vasundharā wird im Vārāha Kalpa (dem Zeitalter der Inkarnation von Shrī Vishnu als kosmischer Eber) von den Suras (Göttern), Munis, Vipras (Brahmanen), Gandharvas und anderen verehrt. Die vedischen Schriften (shruti) sagen, dass die Gottheit, die dieser ewigen Erde vorsteht, die Gemahlin von Vishnu in seiner Ebergestalt ist. Mangala (der Planet Mars) ist der Sohn der Erde und der Sohn von Mangala ist Ghatesha.

Nārada sagte: In welcher Gestalt wurde die Erde von den Devas im Vārāha Kalpa verehrt? Die Vārāhī, die Heimstatt aller Dinge, der bewegten und der unbewegten, – wie, in was für einem Panchi Karana Prozess, ging sie aus der Mūlā Prakriti hervor? Was ist die Methode ihrer Verehrung in diesem Bhūrloka (der Erdenwelt) und in den Himmelswelten (svarloka). O Herr, bitte berichte mir auch im Einzelnen von der segensreichen Geburt von Mangala.

Nārāyana sprach: Vor Zeiten, im Vārāha Kalpa, erschlug Varāha Deva, nachdem er von Brahmā angefleht und verehrt wurde, den Daitya Hiranyāksha und rettete die Erde aus der Unterwelt Rasātala. Dann wies er der Erde einen Platz auf den Wassern zu, auf denen sie wie ein Lotusblatt auf dem Wasser dahintrieb. Brahmā begann anschließend auf der Oberfläche der Erde seine wundervolle Schöpfung zu gestalten.

Als Bhagavān Hari, der in seiner Ebergestalt wie zehn Millionen Sonnen erstrahlte, die wunderschöne, liebreizende Erscheinung der Göttin sah, die der Erde vorstand, verliebte er sich in sie. Er nahm eine wunderschöne Gestalt an, die für Liebesumarmungen wie geschaffen war. Dann widmeten die beiden sich ein ganzes Deva-Jahr lang Tag und Nacht dem Liebesspiel. Die schöne Erdgöttin schwand gleichsam in seinen Umarmungen dahin, denn die Vereinigung der

Geliebten mit ihrem Liebhaber ist überaus lustvoll. Auch Vishnu vergaß in der lustvollen Umarmung mit der Erdgöttin alles andere und bemerkte nicht mehr, wie die Tage und Nächte dahingingen.

Nachdem ein ganzes Jahr vergangen war, kamen beide wieder zu Bewusstsein und der verliebte Hari ließ die Hand seiner Geliebten los. Shrī Vishnu nahm dann ganz mühelos wieder seine vorherige Eber-Gestalt an und verehrte Vasundharā als Inkarnation der Devī mit Wohlgerüchen, Lichtern, Darbringung von Nahrung, Zinnoberpulver, Sandelpaste, Gewändern, Blumen und anderen reinen Gaben.

Daraufhin sprach Bhagavān Hari: O Herrliche, mögest du die Heimstatt aller Dinge sein. Die Munis, Manus, Devas, Siddhas und Dānavas und alle anderen werden dich freudig und voller Begeisterung verehren. Am Tag des Abschlusses des Ambuvāchi-Festes, am Tag der Grundsteinlegung eines Hauses, am Tag des Einzuges in ein neuerbautes Haus, zu Beginn des Grabens eines Brunnens oder einer Wasserstelle und am Tag des ersten Bebauens eines Feldes werden alle dich verehren. Die stumpfsinnigen Dummköpfe, die dies nicht tun, werden ganz gewiss in die Hölle eingehen.

Die Göttin Erde sprach: O Herr, auf deine Anweisung hin werde ich die Vārāhī Gestalt (die weibliche Form des kosmischen Ebers) annehmen und ganz mühelos auf meinem Rücken diese ganze Welt der bewegten und unbewegten Dinge stützen und tragen.

Aber folgende Dinge werde ich nicht imstande sein auf mir zu tragen: Perlen, kleine Muscheln, Shālagrām-Steine, Shiva-Lingams, die Bilder von Gottheiten, Muschelhörner, Lampen, Yantras, Edelsteine, Diamanten, die heiligen Upanayana-Schnüre, Blumen, Bücher, Tulasī-Blätter, Japa-Mālā-Ketten, Blumengirlanden, Gold, Kampfer, den von der Kuh gewonnenen Gorachanā-Farbstoff, Sandelholz und das Wasser, mit dem der Shālagrāma-Stein gewaschen wurde. Ich werde großen Schmerz empfinden, wenn ich eines dieser Dinge auf mir tragen muss (d. h. wenn sie auf der Erde liegen).

Shrī Bhagavān sprach: O Schöne, diejenigen Dummköpfe, welche die genannten Dinge auf deinem Rücken ablegen, werden in die Kālasutra Hölle eingehen und dort einhundert göttliche Jahre lang bleiben müssen.

O Nārada, nachdem Bhagavān Nārāyana diese Worte gesprochen hatte, schwieg er.

Die Göttin Erde aber war schwanger und brachte den mächtigen Mangala, den Planeten Mars, zur Welt. Auf Anweisung von Shrī Hari begannen daraufhin alle, sich in der Meditation der Erde zuzuwenden und sie zu verehren. Sie brachten ihr hochwertige Nahrung als Opfergabe dar und wiederholten ihr Wurzelmantra. So verbreiteten sich ihr Lobpreis und ihre Verehrung überall in den drei Welten.

Nārada sagte: O Bhagavān, überaus heilig sind die Meditation, die Hymne und das Wurzelmantra der Erde. Ich bin äußerst begierig, davon zu hören. Bitte sei so freundlich und berichte mir davon in allen Einzelheiten.

Nārāyana sprach: Als Erstes wurde die Erde von Varāha Deva verehrt und als Nächstes dann von Brahmā. Danach wurde sie von allen Munis, Devas, Manus und Menschen verehrt. O Nārada, höre nun das Dhyānam, die Hymne und das Mantra der Devī Erde.

Die Erde wurde als Erstes von Bhagavān Vishnu mit folgendem Wurzelmantra (mūla mantra) verehrt: *Oṁ Hrīm Shrīm Klīm Vasundharāyai Svāhā.* Dann sprach er: O Devī Erde, o lieblich Lächelnde, ich verehre dich, die von allen drei Welten verehrt wird, deren Farbe weiß wie der weiße Lotus ist, deren Antlitz an Schönheit dem Herbstmond gleicht, die eine Schatzkammer aller Edelsteine und Juwelen ist, in deren Leib all die kostbaren Edelsteine und Perlen eingebettet sind und die ein vom Feuer geläutertes Gewand trägt.

Danach haben dann alle anderen sie mit diesem Mantra verehrt.

Shrī Nārāyana sprach: Vernimm nun die Hymne, die ihr in Einklang mit dem Kānva Shākhā gesungen wurde: O du Schenkerin des Sieges, die du die Gewässer trägst und alle Wasser in deinem Besitz hast, o All-Siegerin, Gemahlin der Eber-Inkarnation des Herrn, o Siegbringerin, bitte schenke mir den Sieg!

O Segensreiche, o Heimstätte all dessen, was gut ist, o Inkarnation von Glück und Erfolg, o Schenkerin guter Gaben, o unerschöpfliche Quelle alles Guten, das Wohlergehen im Leben bewirkt, bitte gewähre mir all die Dinge, die für mich in dieser Welt gut und segensreich sind.

O Allesumfassende, Allwissende, Allmächtige, o Erfüllerin aller Wünsche, o Devī Erde, bitte schenke mir die Früchte, die ich mir wünsche.

O Devī, du bist der Inbegriff allen guten Karmas (punyam), der Same allen Punyams, o Ewige, du bist die Heimstatt allen Punyams und die Heimat aller tugendhaften Menschen und verteilst an alle die Früchte ihrer guten Handlungen.

O du Schatzkammer aller Nährpflanzen, die du alle Arten von Getreide in Fülle trägst, du bist die Schenkerin reicher Ernten. Du nimmst alle Saaten dieser Welt in dich auf und bringst daraus nahrungsreiche Pflanzen aller Art hervor. O Erde, du bist die höchste Gottheit der Landeigner und die höchste Quelle von Freude und Schutz. O Schenkerin von Ländereien, gewähre mir Ländereien!

Diese Hymne bewirkt eine große Zunahme karmischer Verdienste (punyam). Wer stets früh am Morgen diese Hymne liest, wird für Millionen und Abermillionen von Leben der Herrscher über die gesamte Erde sein. Ein Mensch, der diese Hymne liest, gewinnt dadurch das Punyam, das man durch Verschenken von Ländereien gewinnt.

Menschen, die diese Hymne lesen, werden ganz gewiss von folgenden ihrer Sünden befreit: Dem Zurückfordern von zuvor geschenktem Landbesitz, dem Umgraben der Erde am Ambuvāchī-Tag, dem unerlaubten Graben von Brunnen in der Nähe eines Brunnens anderer, dem Diebstahl von Landbesitz, dem Verteilen des eigenen Samens auf der Erde oder dem Aufstellen von Lampen auf dem Erdboden.

Das Lesen dieses Stotrams bringt karmische Verdienste hervor, die der Ausführung von einhundert Pferdeopfern entsprechen – daran besteht keinerlei Zweifel. Diese Hymne der großen Devī ist ein Quell aller Arten des Segens und des Gedeihens.

Hier endet im neunten Buch des Shrimad Devī Bhāgavatam, des Mahāpurānam von 18.000 Versen von Maharishi Veda Vyāsa, das neunte Kapitel: Der Ursprung der Shakti der Erde.

Kapitel 10
Die Vergehen an der Erde und die Strafen dafür

Nārada sagte: Ich möchte nun gerne hören, welche Verdienste man durch das Schenken von Ländereien erwirbt und was man andererseits an Sünden auf sich lädt, wenn man Landbesitz anderer stiehlt, Brunnen anderer abgräbt, die Erde am Ambuvāchī-Tag umgräbt, seinen Samen auf der Erde verteilt, Lampen oder Lichter auf dem Erdboden aufstellt oder andere üble Taten auf dem Boden der Erde begeht und wie man diese Sünden wiederum auslöschen kann.

Shrī Nārāyana sprach: Wenn man im Lande Bhārata einem Brahmanen, der dreimal am Tage Sandhyā (spirituelle Übungen) ausführt und sich dadurch läutert, eine Handbreit (vitashti) Landbesitz schenkt, so gelangt man dadurch nach Shivaloka und lebt dort.

Wenn man einem Brahmanen als Spende ein voll mit Getreide bebautes Stück Land spendet, so geht der Geber dieser Gabe in Vishnuloka ein und lebt dort über einen Zeitraum, der sich nach der Anzahl der Staubpartikel auf diesem Landstück bemisst.

Wenn man einem Brahmanen eine Ortschaft, ein Grundstück oder Getreide schenkt, so werden sowohl der Geber als auch der Empfänger von ihren Sünden befreit und gehen in Devīloka ein.

Selbst wenn man nur anwesend ist, wenn das Geschenk eines Stück Landes versprochen wird und man sagt *Das ist eine gute Tat!*, so geht man mit seinen Freunden und Verwandten in Vaikuntha ein.

Wer das Geschenk an einen Brahmanen zurücknimmt oder stiehlt, das von ihm selbst oder jemand anderem gemacht wurde, der geht in die Kālasutra-Hölle ein und bleibt dort so lange wie Sonne und Mond existieren; sogar seine Söhne, Enkel usw. verlieren allen Landbesitz, ihren Wohlstand, ihre Söhne und ihren Reichtum und gehen in die schreckliche Hölle namens Raurava ein.

Wenn man das Weideland von Kühen umgräbt, um darauf Getreide anzubauen, muss man einhundert Jahre der Götter lang in der Kumbhīpāka-Hölle bleiben. Wenn man ein Gelände, auf dem sich Kühe oder Brunnen befinden, umgräbt, um darauf Getreide anzupflanzen, so muss man in der Asipatra-Hölle weilen, bis vierzehn Indras dahingegangen sind.

Wenn man sein Bad in der Wasserstelle eines anderen nimmt, ohne fünf Handvoll Erde daraus zu entnehmen, so geht man in die Hölle ein und der läuternde Effekt des Bades bleibt gänzlich aus.

Wenn jemand im Wahn der Liebeslust seinen Samen auf den Erdboden ergießt, so wird er die Qualen der Hölle für so viele Jahre erdulden müssen, wie es den Staubpartikeln auf dem Stück Erdboden entspricht.

Wenn jemand am Ambuvāchi-Tag (ein Festtag der Fruchtbarkeit, welcher der Erde gewidmet ist) den Erdboden aufgräbt, so muss man vier Yugas lang in der Hölle weilen.

Ein dummer Mensch, der ohne Erlaubnis des Eigentümers einen alten Brunnen oder eine alte Wasserstelle reinigt und die schlammige Erde vom Grund fortgräbt, dessen Arbeit ist vergebens und der Verdienst dafür fällt dem wahren Eigentümer zu. Derjenige, der diese Arbeit vollbringt geht zudem für den Zeitraum der Lebensspanne von vierzehn Indras in die Tapta-Kunda-Hölle ein.

Wenn jemand in der Wasserstelle eines anderen baden will und dabei fünf Handvoll Erde daraus abträgt, wird er für so viele Jahre, wie es den Atomen in den Handvoll Erde entspricht, in der Himmelswelt Brahmā Loka weilen.

Wenn man während der Shraddhā-Zeremonie für den eigenen Vater oder Großvater Nahrung (pinda) darbringt, ohne dem Eigentümer des dortigen Stück Landes ebenfalls Pinda zu spenden, geht man ganz gewiss in die Hölle ein.

Wenn man ein Licht (pradīpa) direkt auf dem Erdboden abstellt, ohne dass das Licht eine Halterung oder einen Ständer an ihrem unteren Ende hat, so wird man sieben Leben lang blind sein. Wenn man ein Muschelhorn auf den Erdboden legt wird man im nächsten Leben an Lepra erkranken. Wenn man Perlen, Edelsteine, Diamanten, Gold oder Juwelen auf den Erdboden legt, so wird man blind, und wenn man Shivas Linga, ein Bild der Shivānī oder einen Shālagrāma-Stein auf den Erdboden legt, so wird man einhundert Manvantaras lang von Würmern gefressen.

Wer Muschelhörner, Yantras, das Wasser, mit dem Shilasteine gewaschen wurden, Chranāmrita, Blumen oder Tulasīblätter auf den nackten Erdboden legt, geht wahrlich in Höllenwelten ein. Auch wer Perlenketten, Blumengirlanden, Gorochana oder Kampfer auf den Erdboden legt, wird die Qualen der Hölle erleiden. Wer Sandelholz, eine Rudrāksha- Kette oder die Wurzeln von Kushagras auf den Erdboden legt, muss ein Manvantara lang in der Hölle weilen. Wer (heilige) Bücher oder die heilige Upanayana-Schnur auf den Erdboden legt, wird dadurch ungeeignet als Brahmane geboren zu werden und begeht damit eine Sünde, die der Ermordung eines Brahmanen gleichkommt.

Wenn die heilige Upanayana-Schnur geknüpft wurde und dafür bereitet ist, getragen zu werden, so sollte sie von den Mitgliedern aller Gesellschaftsschichten (varna) verehrt werden. Nach Abschluss eines Yagyas soll man die Erde mit Quark, Milch usw. besprenkeln. Wenn man dies nicht tut, muss man sieben Leben lang unter großen Qualen auf heißem Boden leben. Der Sünder, der während eines Erdbebens oder einer Sonnen- oder Mondfinsternis die Erde aufgräbt, dem werden in seinem nächsten Leben Gliedmaßen fehlen.

O Muni, die Erde wird Bhūmi genannt, weil sie die Heimstätte aller ist. Sie wird Kashyapī genannt, weil sie die Tochter des Kashyapa ist. Sie wird Vishvambharā genannt, weil sie das Universum stützt und hält. Sie wird Ananta genannt, weil sie endlos groß ist und sie wird Prithivī genannt, weil sie die Tochter des Königs Prithu oder weil sie von enorm großer Ausdehnung ist.

Hier endet im neunten Buch des Shrimad Devī Bhāgavatam, des Mahāpurānam von 18.000 Versen von Maharishi Veda Vyāsa, das zehnte Kapitel: Die Vergehen an der Erde und die Strafen dafür.

Kapitel 11
Der Ursprung der Gangā

Der Devarishi Nārada sagte: O bester aller Vedenkenner, ich habe die herrliche Erzählung über die Erde von dir vernommen. Nun möchte ich gerne den Bericht über Gangā hören.

Ich habe vor kurzem gehört, dass Gangā, die Īshvarī der Devas, deren Natur die von Vishnu ist und die zu den Füßen von Vishnu entsprang, infolge ihrer Verfluchung durch Bhāratī in Bhārata erschien.

Warum kam sie nach Bhārata; in welchem Yuga und auf wessen Bitte hin kam sie nach Bhārata? O Herr, bitte trage mir diese herrliche Erzählung vor, die fähig ist, Sünden zu zerstören und spirituelle Verdienste zu fördern.

Nārāyana sprach: O mein Kind, vor Zeiten wurde innerhalb der Sonnendynastie ein reicher und mächtiger Herrscher (namens Sagara), ein König über Könige, geboren. Er hatte zwei schöne Frauen; die eine hieß Vaidarbhī und die andere Shaivyā.

Shaivyā brachte einen lieblichen Sohn zur Welt; sein Name war Asamanjā. Vaidarbhī, die andere Königin, verehrte Shankara, den Herrn der Bhūtas, um einen Sohn zu bekommen; Shiva war über ihre Verehrung erfreut, gewährte ihr die Erfüllung ihres Wunsches und so wurde Vaidarbhī schließlich schwanger. Nach einhundert Jahren der Schwangerschaft brachte sie schließlich einen Fleischklumpen zur Welt. Die Königin litt sehr, als sie dies sah, und nahm laut weinend Zuflucht zu Mahādeva.

Daraufhin erschien Bhagavān Shankara in Gestalt eines Brahmanen und teilte den Fleischklumpen in tausend Teile auf, die dann zu tausend kraftvollen Söhnen wurden, deren Körper heller als die Mittagssonne erstrahlten. Aber sie wurden schließlich allesamt durch den Fluch des Muni Kapila zu Asche verbrannt. Der König beklagte laut jammernd ihren Tod und begab sich dann in die Wälder.

Asamanjā, der Sohn der Königin Shaivyā, praktizierte 100.000 Jahre lang Askese (tapasyā) um die Gangā auf die Erde herabzubringen und gab schließlich seinen Körper auf. Sein Sohn Amsumān widmete sich dann ebenfalls 100.000 Jahre lang der Askese, bis auch er starb.

Auch Bhagīratha, der intelligente Sohn von Amsumān, ein großer Verehrer von Vishnu, der zahlreiche hervorragende Eigenschaften hatte und frei von Alter und Tod war, praktizierte 100.000 Jahre lang Tapasyā, um die Gangā auf die Erde herabzubringen. Schließlich erschaute er Shrī Krishna, der hell wie zehn Millionen Sonnen im Sommer erstrahlte; er trug eine Flöte in Händen und erschien in voller Jugendblüte im Gewand eines Kuhhirten. Beim Anblick seiner Gopāla-Sundarī-Gestalt in der Kleidung eines Sakhi nimmt man wahr, dass er immer bereit ist, seinen Verehrern gnädig gewogen zu sein und ihre Wünsche zu erfüllen.

Er ist Para Brahmā, das höchste Brahman in Person, und er ist ganz und gar göttlicher Wille ohne jede Spur von Unvollkommenheit. Brahmā, Vishnu und Maheshvara und die anderen Devas und die Munis – sie alle preisen ihn, den Alldurchdringenden. Er ist an nichts gebunden und zugleich der unbeteiligte Zeuge von allem. Er ist jenseits der drei Gunas und höher als die Prakriti. Sein Antlitz erstrahlt umso lieblicher, da es stets ein süßes Lächeln zeigt. Niemand gleicht ihm darin, den Verehrern, seinen Bhaktas, seine Gnade zu zeigen. Sein Gewand ist von Feuer geläutert und er ist mit Edelsteinen, Juwelen und herrlichem Schmuck geziert.

Als der König Bhagīratha ihn in seiner unvergleichlichen Erscheinungsform vor sich sah, verneigte er sich vor ihm und begann ihn wieder und wieder zu preisen. Der gesamte Körper des Königs war von ekstatischer Glückseligkeit erfüllt. Dann trug er ihm in klaren Worten vor, was er sich für die Erlösung seiner Familie wünschte.

Bhagavān Shrī Krisna wandte sich daraufhin an Gangā Devī und sprach: O Sureshvarī, eile und erscheine unter dem Fluch von Bhāratī stehend in Bhārata. Gehe meiner Anweisung folgend eilig dorthin und läutere die Söhne des Sagara. Durch die Luft geläutert, die den Gangā-Strom umgibt, werden sie geläutert werden, sodass sie sich in göttlichen Fahrzeugen erheben und damit in Gestalten, die mir gleichen, in meine Heimstätte gelangen. Dort werden sie allzeit als meine Gefolgsleute leben und werden nicht mehr berührt sein von den Sünden, die sie in ihren vergangenen Leben begangen haben.

O Nārada, die Veden verkünden, dass die menschlichen Seelen, die in Bhārata Geburten annahmen und über Millionen und Abermillionen von Leben hinweg Sünden begingen, sich sofort der vollständigen Vernichtung all dieser Sünden erfreuen können, wenn sie nur ein einziges Mal mit der Luft in Berührung kommen, die mit den Wasserpartikeln des Gangā-Flusses Kontakt hatte oder die einige dieser Partikel mit sich führt. Der Anblick der Gangā und die Berührung des Wassers der Gangā bewirken sogar noch zehn Mal so viele spirituelle Verdienste (punyam) wie der Kontakt mit der Luft, die mit dem Wasser der Gangā in Berührung war.

Insbesondere werden die Menschen von ihren Sünden befreit, die ein Bad in der Gangā nehmen. Die Shrutis sagen, dass ein Bad in der Gangā, wenn es in Einklang mit den Vorschriften durchgeführt wird, Sünden wie die Ermordung eines Brahmanen und andere schwerste Sünden zerstört, die in Milliarden von Leben bewusst oder unbewusst begangen wurden. Die Verdienste (punyam), die man erwirbt, wenn man an einem spirituellen Feiertag in der Gangā badet, können selbst von den Veden nicht angemessen beschrieben werden; was auch immer in den Āgamas, den vedischen Schriften, darüber ausgesagt wird, ist äußerst belanglos. Selbst Brahmā, Vishnu und Maheshvara können nicht vollständig beschreiben, was die Verdienste eines Bades in der Gangā sind.

O Brahmane, solches ist die Herrlichkeit eines ganz gewöhnlichen Bades in der Gangā. Nun werde ich dir schildern, was die Wirkungen eines Bades in der Gangā sind, das mit einem inneren Entschluss (sankalpa) verbunden ist. Höre:

Das Bad in der Gangā, das mit einem Sankalpa verbunden ist, hat die zehnfache Wirkung eines gewöhnlichen Bades und wenn man ein solches Bad an einem Tage nimmt, an dem die Sonne sich von einem Tierkreiszeichen in ein anderes bewegt, entsteht daraus ein dreißigfaches Punyam. Ein Bad in der Gangā am Tag des Neumondes hat den genannten spirituellen Verdienst zur Folge, aber wenn dabei die Sonne sich auf ihrem südlichen Pfade (Dakshināyana) befindet, verdoppelt sich das Punyam, und wenn sie sich auf ihrem nördlichen Pfad (Uttarāyana) befindet verzehnfacht es sich.

Ein Bad in der Gangā zur Zeit von Chāturmāsya, an einem Vollmondtag, zu den Festtagen Akshayā Navamī oder Akshayā Tritīya bringt spirituellen Verdienst, der unermesslich ist, und wenn man an den genannten Tagen in der Gangā badet und zudem noch Spenden verteilt, dann gibt es wahrlich keinerlei Grenzen für das dadurch erworbene Punyam und es wird das Hundertfache an spirituellem Verdienst gewonnen, den man durch ein gewöhnliches Bad erwirbt.

Große spirituelle Verdienste entstehen aus einem Bad in der Gangā zur Zeit des Manvantara Tithi, Yugādyā, Shuklā, am siebenten Tage des Monats Māgha, am Bhīshmātamī-Tag, am Ashokāstamī-Tag und am Shrī-Rāma-Navamī-Tag. Ein Zweifaches davon an Verdienst resultiert aus dem Bad in der Gangā während der Nandā-Zeremonie.

Ein Bad in der Gangā am zehnten Tithi von Dashaharā bewirkt ein Punyam, welches Yugādyā Snānam (einem Bad am ersten Tage eines Zeitalters) entspricht und wenn das Bad zu Mahānandā oder am Mahāvāruni-Tag genommen wird, entsteht daraus noch ein viermal größerer Verdienst.

Ein zehn Millionen Mal größeres Punyam als das aus einem gewöhnlichen Bad ergibt sich aus einem Bad in der Gangā am Mahā-Mahā-Vāruni-Tag.

Ein Bad in der Gangā während einer Sonnenfinsternis bewirkt zehn Mal so viel Punyam wie ein Bad während einer Mondfinsternis und das Bad (snānam) während des Ardhodaya Yoga wiederum bringt ein Hundertfaches des spirituellen Verdienstes, das ein Bad während einer Sonnenfinsternis bewirkt.

Nachdem Shrī Krishna, der Herr der Götter, in Gegenwart von Bhagīratha diese Worte zu Gangā gesprochen hatte, schwieg er. Daraufhin neigte die Devī Gangā hingebungsvoll ihr Haupt und sagte: Wenn ich denn nun unter dem von Bhāratī verhängten Fluch und auf deine Anweisung hin nach Bhārata gehen muss, dann sage mir bitte, wie ich von den Sünden befreit werden kann, welche die Sünder in mir abladen. Wie lange werde ich dort bleiben müssen? Wann, o Herr, werde ich fähig sein, zur höchsten Stätte von Vishnu zurückzukehren? O Allwissender, der du das innere Selbst von allen bist, o Herr, was immer ich mir sonst noch wünsche – du weißt das ja alles. Aber sei bitte so freundlich und unterweise mich über diese Dinge.

Bhagavān Shrī Hari sprach: O Sureshvarī, ich weiß, was du dir wünschst. Wenn du deine flüssige Gestalt annehmen wirst, wird der Salzozean dein Gemahl sein. Er ist eine Teilmanifestation meiner selbst und deine Natur ist die von Lakshmī – daher wird diese Vereinigung des Geliebten mit der Geliebten sich in dieser Welt als glücklich und angemessen erweisen. Von all den Flüssen – Sarasvatī und anderen – in Bhārata, die in den Ozean eingehen, wirst du der beste und am meisten vom Glück gesegnete sein. Von heute an sollst du unter dem Fluch von Bhāratī für einen Zeitraum von 5.000 Jahren in Bhārata weilen. Immerdar, Tag für Tag, sollst du dich in dieser Zeit am Zusammensein mit dem Ozean erfreuen. O Devī, so wie du eine kluge Frau bist, so ist auch der Ozean tüchtig und intelligent.

Die Einwohner von Bhārata werden dich mit der Hymne, die Bhagīratha verfasst hat, voll großer Hingabe preisen und verehren. Wer deiner mit dem Kānvashākha gedenkt und dich täglich verehrt, dich preist und sich vor dir verneigt, wird dadurch eine Frucht gewinnen, die der einer Durchführung des Pferdeopfers entspricht.

Selbst wenn jemand in einer Entfernung von einhundert Yojanas von dir entfernt nur *Gangā, Gangā* murmelt, wird er von all seinen Sünden befreit und gelangt nach Vishnuloka.

Welche Sünden du auch immer von Tausenden von Sündern aufnehmen magst, die in dir baden – sie werden allesamt vernichtet durch die Berührung mit den Verehrern der Prakriti Devī. Selbst wenn Tausende und Abertausende von Sündern tote Körper berühren und in dir baden – all diese Sünden, die du dabei aufnimmst, werden vernichtet, wenn die Devī Bhaktas, die Verehrer von Bhuvaneshvarī und Māyā Bīja, herbeikommen und dich berühren.

O Segensreiche, du wirst durch deinen Aufenthalt in Bhārata, zusammen mit herrlichen Flüssen wie Sarasvatī und anderen, die Sünden der Sünder abwaschen. Ein Ort, an dem man deine Herrlichkeit besingt, wird dadurch sogleich zu einem heiligen Wallfahrtsort. Durch die Berührung mit den Staubpartikeln in deiner Nähe wird ein Sünder sogleich geläutert und wird dann so viele Jahre in Devī Loka (Mani Dvīpa) weilen, wie es Staubpartikel dort gibt.

All-Heil der Devī Bhuvaneshvarī! Wer auf deinem Schoße in vollem Bewusstsein seinen Körper verlässt und sich dabei an meinen Namen erinnert, wird gewiss in meine Stätte eingehen und dort über einen unendlichen Zeitraum hinweg als einer meiner bedeutendsten Gefolgsleute weilen; zahllose Auflösungen der Prakriti wird er von dort aus schauen.

Ein Mensch wird nicht in der Gangā sterben können, wenn er nicht zuvor bereits eine gewaltige Menge an gutem Karma (punyam) angesammelt hatte. Wenn er aber in der Gangā stirbt, geht er nach Vaikuntha und bleibt dort so lange, wie die Sonne in dieser Welt aufgeht. Ich gebe ihm viele Körper, in denen er sich der Früchte seines Karmas erfreuen kann, und gebe ihm dann Sārūpya – eine Gestalt, die meiner Gestalt gleicht – und mache ihn zu einem meiner Gefolgsleute.

Wenn ein ganz unwissender Mensch, der keinerlei höhere Erkenntnis (gyāna) besitzt, in Berührung mit deinen Wassern ist, wenn er seinen Körper verlässt, dann gewähre ich ihm Sālokya, Aufenthalt in meiner Welt, und mache ihn zu einem meiner Gefolgsleute.

Selbst wenn jemand weit von dir entfernt seinen Körper aufgibt und dabei deinen Namen murmelt, gewähre ich ihm für den Zeitraum der Lebensdauer von Brahmā den Aufenthalt in meiner Welt. Und wenn er sich an einem Ort, der fern von dir ist, voller Hingabe an dich erinnert, wenn er seine sterbliche Hülle aufgibt, dann schenke ich ihm Sārūpya für einen Zeitraum, in dem sich zahllose Auflösungen der Prakriti ereignen. In einem herrlichen Himmelsfahrzeug, das aus Juwelen gemacht ist, erhebt er sich in Begleitung meiner Gefolgsleute in die Welt Goloka und erlangt dort eine Gestalt, die meiner Gestalt gleicht.

Diejenigen, die täglich verehrungsvoll mein Mantra anwenden, die während des Tages die Reste von Nahrungsgaben essen, die mir dargebracht wurden, brauchen sich nicht darum zu bekümmern, ob sie an einem heiligen Wallfahrtsort sterben oder nicht, denn sie selbst vermögen ganz mühelos alle drei Welten zu läutern. In einem aus Juwelen hergestellten prächtigen Himmelsfahrzeug erheben sie sich in die Goloka-Welt.

O keusche Schöne, selbst die Freunde meiner hingebungsvollen Verehrer, die in Tiergestalt Geburt angenommen haben, werden durch die Hingabe geläutert, die mir entgegengebracht wurde, und erheben sich in einem himmlischen Juwelenfahrzeug in die Welt Goloka, die so schwer zu erreichen ist.

Wo auch immer meine Bhaktas sich aufhalten mögen – wenn sie sich einfach nur voller Hingabe meiner erinnern, erlangen sie schon zu Lebzeiten vollständige Befreiung durch die Macht der Hingabe (bhakti) zu mir.

Nachdem Bhagavān Shrī Hari diese Worte zu Gangā gesprochen hatte, wandte er sich an Bhagīratha mit den Worten: O mein Kind, verehre nun hingebungsvoll die Devī Gangā und trage ihr Hymnen vor.

Der reinherzige Bhagīratha meditierte nach den Anweisungen von Kauthuma Shākhā und verehrte die Devī und pries sie immer wieder. Dann verneigten sich Gangā und Bhagīratha vor Shrī Krishna und er verschwand sogleich aus ihrem Blickfeld.

Der Devarishi Nārada sagte: O du bester aller Vedenkenner, wie und in Einklang mit welchem Kauthuma Shākhā richtete der edle König Bhagīratha sich in seiner Meditation auf die Devī Gangā aus? Welche Hymne (stotra) rezitierte er und welches war die Methode, mit welcher er die Gangā verehrte?

Nārāyana sprach: O Nārada, als Erstes sollte man sein Bad nehmen, ein reines, frisch gewaschenes Gewand anlegen und seinen täglichen Pflichten nachkommen. Dann sollte man zielgerichtet und mit großer Achtsamkeit hingebungsvoll die sechs Devatās Ganesha, die Sonne, das Feuer, Vishnu, Shiva und Shivānī verehren – dadurch qualifiziert man sich dafür, die Devī zu verehren.

Als Erstes soll man für die Beseitigung von Hindernissen Ganesha verehren; als Nächstes soll man für Gesundheit die Sonne verehren, dann das Feuer für die Läuterung; dann soll man Vishnu verehren, um Wohlstand und Macht zu erlangen; Shiva verehrt man dann für Wissen und Shivānī für Mukti (Befreiung). Indem man diese Devatās verehrt, qualifiziert man sich für die Verehrung der Gottheit – andernfalls wären unerwünschte Folgen zu erwarten.

Nun will ich dir berichten, welches Dhyānam (Meditation) Bhagīratha der Devī Gangā widmete.

Hier endet im neunten Buch des Shrimad Devī Bhāgavatam, des Mahāpurānam von 18.000 Versen von Maharishi Veda Vyāsa, das elfte Kapitel: Der Ursprung der Gangā.

Kapitel 12
Die Herabkunft der Gangā

Nārāyana sprach: O Nārada, nun zu der dem Kānva Shākhā entsprechenden Meditation (dhyāna) der Devī Gangā, die alle Sünden vernichtet: O Gangā, deren weiße Farbe der des weißen Lotus gleicht, du vernichtest alle Sünden der Menschen. Du bist aus dem Körper von Shrī Krishna hervorgegangen und du gleichst ihm an Macht. Du bist überaus rein und lauter. Du trägst ein herrliches Gewand, das durch Feuer geläutert wurde und über und über mit zahlreichem juwelenbesetztem Schmuck geziert ist.

Du erstrahlst glanzvoller als einhundert Herbstmonde. Du strahlst Freundlichkeit aus und trägst ein Lächeln auf den Lippen. Du erscheinst stets in der Schönheit unvergänglicher Jugendblüte. Du hast einen sanften und friedvollen Charakter. Nārāyana liebt dich sehr und du bist stolz darauf, dass du sein bist und ihn glücklich machst.

In dein Haar sind liebliche Mālatīblüten eingeflochten, deine Wangen sind mit Punkten aus Sandelpaste, Sindūra Bindus (zinnoberrote Punkte) und mit verschiedenen künstlerischen Verzierungen aus Moschus schön geschmückt. Deine Zähne wetteifern gleichsam mit Ketten aus prächtigen Perlen. Wie lieblich deine Augen und wie herzerfreuend deine Seitenblicke anzusehen sind. Deine Brüste gleichen wohlgerundeten Wildäpfeln und berühren einander in ihrer Fülle. Deine Oberschenkel sind herrlicher gerundet und kraftvoller als der Stamm junger Palmen und deine Füße stellen in ihrer zarten Schönheit die Schönheit der Lotusblume in den Schatten. Wie lieblich du mit roter Sandelpaste, Kunkuma und Alaktak (verschiedene Schönheitspasten) geschmückt bist! Deine Füße weisen eine zarte rötliche Färbung auf und sind mit dem Honig der Pārijāta-Blüte geschmückt, wie man sie auf dem Haupte des Götterkönigs Indra erblickt.

Die Devas, die Siddhas und die Munis bringen allzeit Arghyas (Gaben von Reis mit Durvagras) zu deinen Füßen dar. Die Asketen verneigen sich zu deinen Füßen und es sieht aus, als wenn deine Lotusfüße mit zahlreichen Reihen von Bienen geziert wären.

O Mutter, deine Lotusfüße schenken denjenigen Befreiung (mukti), die nach Befreiung verlangen und denjenigen Sinnesfreuden (bhukti), die nach Sinnesfreuden verlangen.

O Mutter, du bist die höchste aller Errungenschaften und die herrliche Herrin über alles. Deinen Verehrern schenkst du deine Gnade und erfüllst ihre Wünsche. Du gewährst Vishnupadam (die Stätte von Shrī Vishnu) und bist zu Füßen von Vishnu entsprungen.

Nach diesem Dhyānam der Devī Gangā, der Schenkerin alles Guten, die alle drei Welten durchströmt (Himmel, Erde und Unterwelt), soll man der Devī sechzehn Opfergaben darbringen: Āsana, Pādya, Arghya, Wasser zum Baden, Anūlepana (Salbe), Dhūpa (Wohlgerüche), Dīpa (Lichter), Naivedya (süße Früchte), Betelblätter, kühles Wasser, Gewänder, Schmuck, Girlanden, Sandelpaste, Āchamanīya (Wasser zum Trinken) und eine schöne Ruhestätte - und sie damit ehren.

Dann soll man ihr mit ehrerbietig zusammengelegten Handflächen eine Hymne vortragen und sich hingebungsvoll vor ihr verneigen.

Damit erlangt der Verehrer die Früchte der Durchführung eines Ashvamedha Opfers.

Nārada sagte: O Herr der Devas, jetzt ist in mir der Wunsch erwacht, die Sünden vernichtende und Tugend schenkende Hymne (stotra) an die Gangā Devī zu hören, die zu Füßen von Vishnu, des Herrn des Universums und des Gemahls von Lakshmī, entsprungen ist, die alle diejenigen läutert, die vom Weg der Tugend abgekommen sind. Bitte sei so freundlich und trage mir dies in allen Einzelheiten vor.

Nārāyana sprach: O Nārada, ich werde dir nun die Hymne an die Devī Gangā vortragen, die alle Sünden zerstört und allen spirituellen Verdienst (punyam) mehrt. Höre: Ich verneige mich vor der Gangā, die, von den Liedern von Shiva bezaubert, aus dem Körper von Shrī Krishna hervorging und die in dem Wasser von Shrī Rādhā badete.

Ich verneige mich vor Gangā Devī, die als Erstes im Rāsa Mandalam (Rundtanz) in der Welt Goloka in Erscheinung trat und die stets mit Shankara zusammen ist. Meine respektvolle Verehrung der Devī Gangā, die stets zusammen mit zahlreichen Gopas und Gopīs in dem großen Fest von Radhā (Rāsa Mandalam) in der Vollmondnacht des Monats Kārtika gegenwärtig ist

Gangā Devī ist in der Welt Goloka ein Koti Yojanas breit und ein Lakh Koti Yojanas lang. Ihr bringe ich meine Verehrung dar!

In Vaikuntha ist Gangā 60 Lakh Yojanas breit und ein Lakh Koti Yojanas lang. Ihr bringe ich meine Verehrung dar!

In Brahmāloka ist Gangā 30 Lakh Yojanas breit und fünfmal so lang. Ihr bringe ich meine Verehrung dar!

In Shivaloka ist Gangā 30 Lakh Yojanas breit und viermal so lang. Ihr bringe ich meine Verehrung dar!

In Dhruvaloka ist Gangā ein Lakh Yojanas breit und siebenmal so lang. Ihr bringe ich meine Verehrung dar!

In Chandraloka ist Gangā ein Lakh Yojanas breit und fünfmal so lang. Ich bringe Shrī Gangā Devī meine Verehrung dar!

Ich verneige mich vor Shrī Gangā, die in Sūryaloka 60.000 Yojanas breit und zehnmal so lang ist. Ich verneige mich vor Shrī Gangā in Tapoloka, wo sie ein Lakh Yojanas breit und fünfmal so lang ist. Meine Verehrung der Gangā Devī in Janarloka, die dort 1.000 Yojanas breit und zehnmal so lang ist. Ich verneige mich vor Shrī Gangā in Maharloka, wo sie 10 Lakh Yojanas breit und fünfmal so lang ist.

Meine Verehrung der Gangā Devī in Kailāsha, die dort 1.000 Yojanas breit und 100-mal so lang ist. Ich verneige mich vor Gangā Devī in Indraloka, die unter dem Namen Mandākinī bekannt und dort 100 Yojanas breit und zehnmal so lang ist. Meine respektvolle Verehrung der Gangā Devī in Pātāla, die unter dem Namen Bhogavatī bekannt ist und dort 10 Yojanas breit und fünfmal so lang ist.

Ich verneige mich vor Gangā Devī auf der Erde, die hier unter dem Namen Alakanandā bekannt und zwei Meilen breit und an manchen Stellen breiter und an anderen Stellen weniger breit ist.

Ich verneige mich vor Gangā Devī, die im Satya-Yuga milchweiße Farbe hatte, die im Tretā-Yuga mondfarben war und im Dvāpara-Yuga in ihrer Farbe weißer Sandelpaste glich.

Ich verneige mich vor Shrī Gangā Devī, die im Kali-Yuga auf der Erde als Wasser und im Himmel als Milch erscheint.

O mein Kind, durch die Berührung mit einem Molekül des Wassers der Gangā werden all die schrecklichen Sünden wie die Ermordung eines Brahmanen und ähnliches, die man in zig Millionen Leben begangen hat, zu Asche verbrannt.

Somit habe ich dir in einundzwanzig Versen diese großartige Sünden vernichtende und spirituelle Verdienste mehrende Hymne über die Herrlichkeit der Gangā vorgetragen. Wer täglich die Gangā hingebungsvoll verehrt und ihr dann diese Lobeshymne vorträgt, erlangt dadurch die Frucht der Durchführung eines Ashvamedha-Opfers – daran besteht kein Zweifel. Wer keine Söhne hat, erlangt dadurch Söhne und wer keine Ehefrau hat, eine Ehefrau. Ein Kranker wird dadurch von seiner Krankheit geheilt und wer in Knechtschaft lebt, wird frei von seiner Knechtschaft.

Wer früh am Morgen aufsteht und dieses Stotra der Gangā liest, erlangt weithin Ruhm, selbst wenn er zuvor ganz unbekannt war, und wird mit Erkenntnis erleuchtet, selbst wenn er zuvor ganz unwissend war. Selbst jemand, der von schlechten Träumen geplagt wird, erwirbt dadurch den spirituellen Verdienst eines Bades in der Gangā und eines guten Traumes.

Shrī Nārāyana sprach: O Nārada, mit dieser Hymne pries Bhagīratha die Gangā Devī, die sich dann mit ihm zusammen an den Ort begab, wo Sagaras Söhne durch den Fluch von Kapila zu Asche verbrannt wurden. Durch den Kontakt mit der Luft, die mit dem Wasser der Gangā in Berührung gekommen war, wurden jene Söhne von Sagara sogleich von ihrem Fluch befreit und gelangten alle zusammen nach Vaikuntha.

Gangā wird Bhāgirathī genannt, weil Bhagīratha sie auf die Erde herab brachte. Somit habe ich dir die Geschichte der Gangā erzählt.

Dieser Bericht ist überaus segensreich, mehrt die spirituellen Verdienste (punyam) und ihn zu hören ist ein großer Schritt zur Befreiung (moksha).

Sage nun, was du sonst noch zu hören wünschst.

Nārada sagte: O Herr, wie geschah es, dass die Gangā auf drei Wegen durch die drei Welten floss, um sie zu läutern? Wie und zu welchen Orten wurde sie dabei getragen? Wie haben die Bewohner der jeweiligen Orte ihr Verehrung erwiesen? Bitte berichte mir in allen Einzelheiten hiervon.

Nārāyana sprach: O Nārada, zur Zeit des Vollmondes im Monat Kārtika im Rāsa Mandalam, während des großen Festes zu Ehren von Rādhā, weilte Krishna dort und verehrte Rādhā. Nachdem Shrī Krishna Rādhā verehrt hatte, wurde sie von Brahmā und den anderen Devas und von Shaunaka und den anderen Rishis verehrt, die voller Freude dorthin gekommen waren.

In diesem Augenblick begann die Devī Sarasvatī, die Gottheit, welche über die Wissenschaft der Musik gebietet, mit lieblichem Gesang und harmonisch von Instrumenten begleitet, ein Lied über Krishna vorzutragen. Brahmā freute sich darüber und schenkte Sarasvatī eine Halskette aus Juwelen. Mahā Deva schenkte ihr herrliche Edelsteine und Juwelen, die in der Welt ihresgleichen suchen. Krishna selbst machte ihr das prächtigste Kaustubha-Juwel zum Geschenk. Rādhikā brachte ihr eine kostbare Juwelenkette dar und Nārāyana überreichte ihr die herrlichste und beste Girlande aus Juwelen, die man sich vorstellen kann. Lakshmī überreichte ihr voller Freude ein Paar goldene, mit Juwelen reich gezierte Ohrringe. Die Vishnu-Māyā Mūla Prakriti, Bhagvatī Durgā, die Nārāyanī, Īshvarī und Īshānī ist, schenkte ihr die äußerst seltene Gabe der Hingabe an Brahmā. Der Gott Dharma schenkte ihr Hingabe an das Dharma und strahlenden Ruhm. Der Feuergott Agni überreichte ihr ein herrliches vom Feuer geläutertes Gewand und Vāyu schenkte ihr prächtigen, aus Edelsteinen und Juwelen gefertigten Zehenschmuck (nūpura).

Dann begann Maheshvara, der Herr der Bhūtas, auf Vorschlag von Brahmā hin Gesänge vorzutragen, die Shrī Krishnas großes Rāsa-Fest zum Thema hatten. Als die Devas diese Gesänge hörten, standen sie in Ekstase versunken still wie Statuen da. Als sie mit großer Mühe wieder in ihr normales Bewusstsein zurückgekehrt waren, stellten sie fest, dass weder Rādhā noch Krishna im Rāsa Mandala zu sehen waren, sondern alles in Wasser versunken war und sämtliche Gopas, Gopīs, Devas und Brahmanen begannen daraufhin laut zu weinen.

Brahmā aber brachte in seiner Meditation in Erfahrung, dass Rādhā und Krishna um der Erlösung der Menschen in der Welt willen, diese flüssige Erscheinungsform angenommen hatten.

Brahmā begann daraufhin zusammen mit allen anderen Shrī Krisna zu preisen: O Alldurchdringender, bitte sei uns nun gewogen und zeige uns deine gewohnte Gestalt und gewähre uns die Erfüllung unserer Wünsche!

In diesem Augenblick vernahmen alle ganz klar und deutlich eine liebliche körperlose Stimme, die vom oberen Himmelsraum her erklang und die folgenden Worte sprach: Ich bin das Selbst aller Wesen und durchdringe alles. Und diese meine Shakti, Rādhā, ist ebenfalls das Selbst aller Wesen und durchdringt alles. Es gibt daher niemals – auch nicht für einen einzigen Augenblick – eine Trennung von uns beiden von euch allen. Nur um den hingebungsvollen Verehrern eine Freude zu machen, nehmen wir unterscheidbare Gestalten an – einzig und allein aus diesem Grund gibt es eine Trennung, was die Erscheinungsformen des Körpers anbetrifft, ansonsten existiert keine Trennung und darüber hinaus gibt es für euch keine Notwendigkeit, unsere Körper zu schauen.

O ihr Devas, wenn nun meine Manus, Menschen, Munis, Vaishnavas und alle anderen den starken Wunsch haben, nach einer Läuterung durch Mantras meine Gestalt klar vor sich zu sehen, dann rate ich euch, Maheshvara anzusprechen, damit er meine Worte erfüllt.

O Brahmā, o Schöpfer der Welt, du solltest den Weltenlehrer Mahādeva bitten, in Einklang mit den Angas der Veden die wunderbare Tantra-Lehre (tantra shāstra) zu verfassen. Die genannte Shāstra wird voll von Mantras sein, die fähig sind, die erwünschten Früchte hervorzubringen und voller Hymnen (stotra) und Schutzmantras (kavacha) und sie soll auch die Vorschriften beinhalten, wie in der richtigen Reihenfolge die jeweiligen Stadien der Verehrung zu vollziehen sind.

Auch sollen mein Mantra, mein Stotra und mein Kavacha in verborgener Form weitergegeben werden, damit diejenigen Menschen, die Sünder sind, ihre wahre Bedeutung missverstehen und sie sich daher gegen mich wenden.

Es mag einen unter tausend oder unter hundert geben, der mein Mantra verehrungsvoll anwendet, und die Verehrer meines Mantras, die Heiligen, werden dadurch geläutert und gelangen zu meiner Stätte.

O Brahmā, wenn mein Shāstra nicht auf kunstvoll-verborgene Weise verfasst wäre und jeder von Bhūrloka (der Erde) nach Goloka (der höchsten Welt von Shrī Krishna) gelangen könnte, dann wäre deine Mühe der Erschaffung des Universums vergeblich.

Du solltest daher den Gunas Sattva, Rajas und Tamas entsprechend unterschiedliche Welten erschaffen und dann werden ihren unterschiedlichen Karmas zufolge manche die Bewohner von Bhūrloka und manche die Bewohner von Dyuloka (der Himmelswelt) sein.

O Brahmā, wenn Mahādeva in dieser Versammlung der Devas ernsthaft verspricht, ein solches Shāstra zu verfassen, dann werde ich meine wahre Gestalt offenbaren.

O Nārada, nach diesen Worten schwieg die himmlische Stimme des ewigen Purusha Shrī Krishna und Brahmā, der Schöpfer der Welt, berichtete dann voller Freude Shiva darüber, was die himmlische Stimme gesagt hatte.

Als Bhūtanātha, der Herr allen Wissens, der beste aller Meister der Erkenntnis, die Worte des Schöpfers vernommen hatte, nahm er Wasser der Gangā in seine Hände und schwor: Ich verspreche, das Tantra Shāstra zu vollenden, das voller Rādhā Mantras ist und nicht im Gegensatz zu den Veden steht. Wenn man das Wasser der Gangā berührt und dabei lügt, muss man für die Dauer der Lebenszeit eines Brahmās in der schrecklichen Hölle Kālasutra weilen.

O Dvija, als Bhagavān Shankara vor der Versammlung der Devas in der Welt Goloka diesen Eid abgelegt hatte, erschien dort Shrī Krishna zusammen mit Rādhā. Die Devas waren von großer Freude erfüllt, als sie ihn erblickten. Sie priesen ihn, den Purushottama, den besten aller Purushas, und nahmen von ekstatischer Freude erfüllt an dem großen Rāsa-Fest teil.

Einige Zeit später entzündete dann Mahā Deva die Fackel der ewigen Befreiung, indem er wie versprochen das Tantra Shāstra verfasste. O mein Kind, somit habe ich dir diese Erzählung offenbart, die sehr geheim und schwer zu erlangen ist. Shrī Krishna ist wahrlich der Fluss Gangā, der in der Welt Goloka entspringt. Diese heilige Gangā, die aus den untrennbar miteinander vereinten Körpern von Rādhā und Krishna geboren wurde, gewährt höchste Freude, Macht und Befreiung. Shrī Krishna, der Paramātman, das höchste Selbst, hat ihr unterschiedliche Orte zugewiesen und so wird Gangā, deren Wesen Shrī Krishna ist und die überall gegenwärtig ist, gleichermaßen überall in diesem Universum (brahmānda) hoch geachtet und verehrt.

Hier endet im neunten Buch des Shrimad Devī Bhāgavatam, des Mahāpurānam von 18.000 Versen von Maharishi Veda Vyāsa, das zwölfte Kapitel: Die Herabkunft der Gangā.

Kapitel 13
Die Erzählung über Gangā

Nārada sagte: O Herr über die Götter, bitte sei so freundlich und berichte mir, in welche Welt Gangā sich nach fünftausend Jahren des Kali-Yuga begab.

Nārāyana sprach: Die Bhāgirathī Gangā kam infolge des Fluches von Bhāriti nach Bhārata herab und als die Kraft des Fluches erlosch, kehrte sie, wie es Gottes Wille war, in die Welt Vaikuntha zurück. Auch Bhāratī und Lakshmī verließen Bhārata, als die Zeit ihrer Verfluchung zu Ende gegangen war, und kehrten zu Nārāyana zurück. Diese drei: Gangā, Lakshmī und Sarasvatī und Tulasī als Vierte – sie alle liebt Shrī Hari sehr.

Nārada sagte: Wie ist Gangā zu den Lotusfüßen von Vishnu entsprungen? Warum hat Brahmā sie in sein Kamandalu (Wasserkrug eines Brahmanen) aufgenommen? Ich habe gehört, dass Gangā die Gemahlin von Shiva ist. Wie wurde sie dann zu Nārāyanas Gattin? Bitte berichte mir darüber in allen Einzelheiten.

Nārāyana sprach: O Muni, vor Zeiten nahm Gangā in der Welt Goloka eine flüssige Erscheinungsform an. Sie wurde aus den Körpern von Rādhā und Krishna geboren, daher ist ihr Wesen das der beiden und ihrer Teilinkarnationen. Gangā herrscht als Gottheit über das Wasser und alle Gewässer. Ihre Schönheit ist in dieser Welt ohnegleichen. Sie ist in der Blüte ihrer Jugend und mit den schönsten Schmuckstücken versehen. Ihr Antlitz glich dem Herbstlotus zur Mittagszeit und ihre Lippen zeigten stets ein süßes Lächeln. Ihre Gestalt war wunderschön anzusehen. Ihre leuchtende Hautfarbe glich geschmolzenem Gold und ihr Glanz glich dem des Herbstmondes.

Wer ihre Schönheit und ihre liebliche Ausstrahlung wahrnahm, dessen Augen und Geist wurden von sanfter, freudevoller Kühle erfüllt.

Sie war die Verkörperung von Shuddha Sattva. Sie hatte breite, schön geschwungene Hüften und sie trug ein prächtiges Gewand. Ihre Brüste waren fest, voll und ausgeprägt und traten wohlgerundet hervor. Ihre Augen, die sie mit lieblichen Seitenblicken hin und her bewegte, waren überaus faszinierend anzusehen. Ihre Haarflechten waren zum Teil etwas verborgen und boten, mit einer Girlande von Mālatī-Blüten geschmückt, einen überaus lieblichen Anblick.

Auf ihrer Stirn waren ein Punkt aus Sandelpaste und ein zinnoberroter Punkt aufgetragen. Ihre Wangen waren mit einem Muster von Moschusblättern geziert. Das Rot ihrer Lippen glich dem Rot von Bandhūka-Blüten und war bezaubernd anzuschauen. Ihre Zahnreihen glichen einer Kette aus Granatäpfeln. Die Enden ihres feuerfesten Gewandes waren an ihrer Taille kunstvoll zusammengeknüpft.

Von sehnsüchtiger Liebe erfüllt und zugleich scheu saß sie an der Seite von Krishna. Sie hatte mit einem Teil ihres Gewandes ihr Gesicht verdeckt und ihr Blick war stetig auf das Antlitz des Herrn gerichtet, während sie den Nektar seines Antlitzes voll großer Freude in sich aufnahm. Ihr Lotus-Antlitz blühte in der Erwartung einer ersten liebevollen Umarmung freudevoll auf. Sie verlor sich ganz und gar in dem Anblick der Gestalt ihres Herrn und ein Freudenschauer lief über ihren ganzen Körper.

Dann aber erschien Rādhikā dort in Begleitung von dreihundert Millionen Gopīs. Sie leuchtete so hell wie zig Millionen von Monden. Als sie Gangā an der Seite von Shrī Krishna erblickte, wurden ihr Gesicht und ihre Augen rot vor Zorn, sodass sie einem roten Lotus glichen. Ihre helle Hautfarbe glich der Farbe einer Champaka-Blume und ihr Gang glich dem eines liebestollen Elefanten. Sie war mit zahlreichen unermesslich wertvollen, juwelenbesetzten Schmuckstücken geziert. Ihr zweiteiliges feuerfestes Gewand war an ihrer Hüfte geschnürt und ebenfalls mit strahlendem Juwelenschmuck versehen.

Sie trug einen blütengleichen Fußschmuck, den Shrī Krishna ihr geschenkt hatte, und sie schritt langsam, grazil und zugleich würdevoll voran.

Als sie ihr prächtiges, juwelenbesetztes Himmelsgefährt verließ und voranzuschreiten begann, fächerten die Rishis ihr sogleich mit weißen Chāmaras kühlende Luft zu. Unterhalb ihres Scheitels war auf ihrer Stirn ein Punkt aus Sindūra (ein zinnoberrotes Pulver) aufgemalt, der dort wie die helle Flamme einer Lampe erstrahlte; zu beiden Seiten dieses Sindūrabindu waren ein Punkt aus Moschuspulver und ein Punkt aus Sandelpaste zu sehen.

Als sie vor Zorn zu zittern anfing, begann auch ihre mit einer Girlande aus Pārijāta-Blüten geschmückte Haarflechte mit zu zittern und auch ihre schönfarbigen Lippen zitterten heftig. Dann nahm sie voller Zorn an der Seite von Shrī Krishna auf einem aus Juwelen gefertigten Thron Platz und auch ihre Begleiterinnen nahmen die ihnen zugewiesenen Plätze ein.

Als Shrī Krishna Rādhā erblickte, erhob er sich sofort respektvoll von seinem Sitz, lächelte sie an und begann in süßen Worten mit ihr zu sprechen. Die von großer Furcht erfüllten Gopīs neigten ihre Häupter tief und begannen voller Hingabe Hymnen an Rādhā vorzutragen; auch Shrī Krishna begann sie mit Stotras zu preisen.

Da erhob sich auch Gangā Devī und pries Rādhā mit verschiedenen Hymnen und erkundigte sich voller Furcht und in demütigen Worten nach ihrem Wohlergehen, wobei Gangās Gaumen, Hals und Lippen wie ausgedörrt waren. Dann nahm Gangā demütig Zuflucht zu Shrī Krishnas Füßen. Shrī Krishna drückte daraufhin Gangā Devī an seine Brust, bis sie sich wieder beruhigt hatte. Dann warf die Sureshvarī Gangā einen Blick auf Rādhā, die in all ihrer Schönheit und ihrem Liebreiz auf dem Thron saß und gleichsam im Feuer Brahmans erglühte. Seit Beginn der Schöpfung ist Rādhā die eine und einzige Herrin über unzählige Brahmās und sie ist ewig. Auf den ersten Blick sah sie so jung aus, als wäre sie gerade erst zwölf Jahre alt. Nirgendwo in irgendeinem der zahllosen Universen kann man eine edle Frau finden, die ihr an Schönheit und guten Eigenschaften gleich käme.

Sie ist friedvoll, von sanfter Stille erfüllt, lieblich und unendlich. Sie hat weder Anfang noch Ende. Sie ist all-herrlich, ist mit allen glückverheißenden Merkmalen ausgestattet, reich – und sie ist vor allem von Glück gesegnet, weil sie den besten aller Ehemänner besitzt. Sie ist das prächtigste Juwel unter all den edlen Frauen und alle Schönheit der Welten scheint sich in ihr zu vereinen.

Rādhā ist die linke Körperhälfte von Shrī Krishnas Körper und sie gleicht Shrī Krishna vollkommen, was das Alter, die Stärke oder die Schönheit anbetrifft.

Beide, Lakshmī und der Gemahl von Lakshmī, verehren Rādhā. Die alles überragende Schönheit von Shrī Krishna wurde gleichsam von der Schönheit von Rādhā noch übertroffen. Nachdem sie auf dem Thron Platz genommen hatte, begann sie Betelblätter zu kauen, die ihr von ihren Gespielinnen (sakhī) gereicht wurden.

Sie ist die Mutter aller Welten, aber niemand ist ihre Mutter. Sie ist vom Glück gesegnet, hochgeachtet und stolz. Sie ist die Gottheit, die über Shrī Krishnas Leben und sein Selbst gebietet, und er liebt sie mehr als seinen eigenen Lebensatem (prāna).

O Devarishi, Gangā, die Herrscherin über die Devas, hielt ihren steten Blick auf Rādhā gerichtet, aber ihre Augen und ihr Geist wurden nicht gesättigt von ihrem Anblick.

In diesem Augenblick wandte sich Rādhā lächelnd an Shrī Krishna, den Herrn des Universums, und sprach zu ihm mit sanften, süßen Worten: O mein Gebieter, wer ist diese edle Frau die da an deiner Seite sitzt und dir lächelnd und voller Hingabe Seitenblicke zuwirft? Sie ist ganz bezaubert von deiner schönen Gestalt und vergisst alles andere bei deinem Anblick, der ihren ganzen Körper mit ekstatischer Freude erfüllt. Während sie ihr Antlitz mit einem Teil ihres Gewandes verhüllt, wirft sie dir immer wieder Blicke zu. Was soll das alles?

Seit ich mich das letzte Mal in Goloka aufhielt, haben sich hier anscheinend üble Sitten verbreitet. Musst du immer und immer wieder diese schlimmen Dinge tun? Wir sind das weibliche Geschlecht, was sollen wir tun? Es ist ganz einfach unsere Natur, anschmiegsam und gefällig zu sein. Bis jetzt habe ich all das um unserer Liebe willen immer wieder ertragen und vergeben.

O du Zügelloser, nimm deine Geliebte und begib dich rasch fort von Goloka – andernfalls wird das hier wohl nicht gut für dich ausgehen.

Schon einmal habe ich dich einst mit Virajā Gopī (virajā bedeutet makellose Reinheit) vereint in Chandana, dem Sandelholz-Wald, erblickt. Was war da zu tun? Auf Bitten meiner Gefährtinnen hin habe ich dir vergeben. Als du meine nahenden Schritte hörtest, bist du rasch geflohen und Virajā gab vor lauter Scham ihren Körper auf und nahm die Gestalt eines Flusses an, der eine Million Yojanas breit und viermal so lang ist. Bis heute gibt es diese Virajā immer noch und bezeugt (als Fluss in der Nähe von Puri) deine Herrlichkeit.

Als ich dann nach Hause zurückgekehrt war, hast du dich wieder auf die Suche nach Virajā gemacht und laut gerufen *O Viraje, o Viraje!* Als sie dein Rufen vernahm, erhob die Siddha Yoginī sich vermöge ihrer Yogakräfte aus den Gewässern und als sie sich dir dann in ihrer herrlich geschmückten göttlichen Gestalt zeigte, hast du sie an dich gezogen und sie mit deinem Samen beglückt. Aus deinem Samen gingen dann aus dem Leib der Virajā die sieben Weltmeere hervor.

Ein zweites Mal überraschte ich dich, als du dich gerade mit der Gopī namens Shobhā (shobhā bedeutet glanzvolle Ausstrahlung) vereintest. Als du meine Schritte herannahen hörtest, bist du auch an jenem Tage wieder geflohen.

Von Scham erfüllt gab auch Shobhā ihren Körper auf und floh nach Chandra Mandala, in die Welt des Mondes. Die kühlende Wirkung des Mondes ist jener Shobhā zu verdanken.

Als du Shobhā in ihrer Not sahst, hast du sie aufgeteilt und Teile von ihr den Juwelen und Edelsteinen, andere dem Gold, andere den herrlichen Perlen und Kleinodien, Teile dem Antlitz der Frauen, Teile den Körpern der Könige, Teile den Blättern der Bäume, Teile den Blumen und Blüten, Teile den reifen Früchten, Teile dem nahrhaften Getreide, Teile den Palästen und Tempeln, Teile den geläuterten Materialien und Stoffen, Teile den jungen, zarten Sprossen und Trieben der Pflanzen und dem jungen Laub und Teile von ihr der Milch zugewiesen.

Ein drittes Mal sah ich dich mit Prabhā Gopī vereint in Vrindāvan und auch dieses Mal bist du geflohen, als du meine Schritte vernahmst. Aus Scham gab Prabhā ihren Körper auf und floh in die Welt der Sonne. Diese Prabhā (Glanz) bildet seither die feurige Ausstrahlung der Sonnensphäre.

Aus Schmerz über die Trennung von Prabhā weintest du und teiltest dann Prabhā in Teile auf, wobei einige Teile in das Feuer eingingen, einige in die Yakshas, einige in die Löwen und die Löwen unter den Menschen, einige in die Devas, einige in die Vaishnavas, die Verehrer von Shrī Vishnu, einige in die Schlangen, einige in die Brahmanen, einige in die Munis, einige in die Asketen und einige in die reichen und vom Glück gesegneten edlen Frauen. Nachdem du Prabhā auf diese Weise aufgeteilt hattest, weintest du sehr wegen der Trennung von ihr.

Als Viertes sah ich dich in der Liebesvereinigung mit der Gopī Shānti im Rasā Mandalam. Zu Beginn des Frühlings schliefst du da auf einem aus Blumen bereiteten Bett mit Shānti Gopī; du hattest eine Blumengirlande um den Hals und dein Körper war mit Sandelpaste eingerieben und mit kunstvollen Verzierungen bedeckt. In einem Tempel aus Edelsteinen und Perlen, der von einer Juwelen-Lampe erhellt wurde, kautest du Betelblätter, die dir von deiner Geliebten dargebracht worden waren. Auch da flohst du, als du meine Schritte herbeinahen hörtest.

Auch Shānti Gopī gab aus Furcht und aus Scham ihren Körper auf und verschwand in dir. Daher wird es als eine der edelsten Eigenschaften angesehen, von Shānti (Friede) erfüllt zu sein.

Aus dem schmerzvollen Gefühl der Trennung von ihr heraus teiltest du den Körper von Shānti in Teile auf und wiesest einige davon den Wäldern, einige dem Schöpfergott Brahmā, einige mir, einige der Shuddha Sattva Lakshmī, einige den Verehrern deines Mantras, einige den Verehrern meines Mantras, einige den Asketen, einige dem Dharma und einige den tugendhaften Menschen zu.

Erinnere dich nur, dass du beim fünften Mal eines Tages – am ganzen Körper mit duftender Sandelpaste eingerieben, mit schönen Girlanden um deinen Hals, schön gekleidet und mit herrlichen Juwelen geschmückt – auf einem mit Blumen und Wohlgerüchen bereiteten Bett voller Lust und Freude mit Kshamā Gopī (kshamā bedeutet Vergebung) geschlafen hast.

Kurz nach der Liebesvereinigung warst du so tief im Schlaf versunken, dass du erst dann aus deinem süßen Schlaf erwachtest, als ich schon bei dir war und dich aufstörte. Ich nahm dir deine gelben Gewänder fort und ebenso deine liebliche Muralī (Flöte), deine Girlande aus Waldblumen, dein Kaustubha-Juwel und deine unschätzbar wertvollen Ohrringe aus Perlen und Edelsteinen – all dies gab ich dir später erst auf die dringenden Bitten meiner Gespielinnen (shakhī) wieder zurück.

Dein Körper nahm dann infolge der Sünde und weil du dich unsagbar schämtest eine schwarze Farbe an (krishna bedeutet schwarz) und Kshamā gab aus Scham ihren Körper auf und ging auf die Erde hinab. Seither gilt Kshamā (Vergebung) als Inbegriff einer guten Charaktereigenschaft.

Aus tiefer Zuneigung zu ihr teiltest du dann ihren Körper auf und hast dessen Teile dem Vishnu, den Vaishnavas, dem Dharma, den tugendhaften Menschen, den schwachen Persönlichkeiten, den Asketen, den Devas und den Gelehrten (pandit) zugewiesen.

O Herr, somit habe ich eine Beschreibung deines Charakters gegeben, soweit ich ihn kenne. Was möchtest du sonst noch darüber hören? Du besitzt sicherlich noch viele weitere Charaktereigenschaften, aber die kenne ich nicht.

Nachdem Rādhā, deren Augen wie rote Lotusblüten glühten, diese Worte gesprochen hatte, begann sie Gangā zu schmähen, die mit schamvoll geneigtem Haupt neben Shrī Krishna saß. Da erkannte Gangā, die eine Siddha Yoginī war, all die geheimen Hintergründe, die zu der gegenwärtigen Situation geführt hatten, und verschwand sogleich in ihrer Wassergestalt aus der Versammlung.

Die Siddha Yoginī Rādhā brachte daraufhin ihrerseits mit Hilfe ihrer Yoga-Kraft die Geheimnisse der Gangā in Erfahrung und machte sich bereit, das gesamte Wasser der Welt auf einmal auszutrinken. Gangā aber erkannte vermittels ihrer Yoga-Kraft diese Absicht von Rādhā, nahm sogleich Zuflucht zu Krishna und ging in seine Lotusfüße ein.

Nun begann Rādhā überall nach Gangā zu suchen. Als Erstes suchte sie nach ihr in Goloka, dann in Vaikuntha, dann in Brahmā-Loka – danach suchte sie sämtliche Welten, eine nach der anderen, nach ihr ab – aber sie konnte Gangā nirgendwo finden.

Sämtliche Orte in Goloka und in den anderen Welten wurden wasserlos; alles verwandelte sich in getrockneten Schlamm und all die Wassertiere starben und fielen zu Boden. Brahmā, Vishnu, Shiva, Ananta, Dharma, Indra, Mond, Sonne, die Manus, Munis, Siddhas und Asketen – sie alle litten unter großem Durst und ihre Kehlen waren wie ausgedörrt.

Daraufhin begaben sie sich alle nach Goloka und verneigten sich hingebungsvoll vor Shrī Krishna, dem Herrn über alle, der jenseits der Prakriti ist, vor dem höchsten Herrn, dem Verehrungswürdigen, dem Schenker der Wunschgaben, dem Besten, der Ursache aller Wunschgaben, vor dem Herrn der Gopas und Gopīs, der gestaltlos ist, frei von Wünschen, ungebunden, der keine Zuflucht braucht, dem Eigenschaftslosen, der frei von Antrieb zum Handeln ist, dem Wandellosen und Unbefleckten, der ganz und gar göttlicher Wille ist, der verschiedene Gestalten annimmt, um seine Verehrer zu erfreuen, der reines Sattva verkörpert, dem Herrn der Wahrheit und des Seins, dem Zeugen von allem, dem ewigen Purusha, dem Allerhöchsten, dem höchsten Herrscher über alles, dem Besten und Herrlichsten, dem höchsten Selbst und dem höchsten Gott.

Sie begannen ihm Hymnen vorzutragen, wobei sie alle von starken Gefühlen ergriffen und voller Hingabe waren. Tränen der Liebe entströmten ihren Augen, ihre Körper waren von glückseliger Ekstase erfüllt und ihre Haare richteten sich auf.

Er ist das höchste Brahman (para brahmā). Seine Substanz besteht aus dem transzendentalen Licht. Er, die Ursache aller Ursachen, saß auf einem herrlichen Thron, der aus unschätzbar wertvollen Edelsteinen und Juwelen bestand. Die Gopīs fächerten ihm mit weißen Wedeln kühlende Luft zu, während er lächelnd und voll großer Freude dem Tanzen und Singen der Gopīs zusah und zuhörte. Er genoss die wohlriechenden Betelblätter, die Rādhā ihm dargebracht hatte. Er ist stets im Herzen seiner über alles geliebten Shrī Rādhā gegenwärtig. Er ist der Vollkommene, der Allesdurchdringende und der Herr des Rāsa-Kreises.

Die Manus, Munis und die Asketen verneigten sich vor Shrī Krishna, sobald sie ihn erblickt hatten und ihre Herzen waren bei seinem Anblick von Staunen und Freude erfüllt. Dann blickten sie einander an und übertrugen an Brahmā die Aufgabe, ihre Gefühle zu übermitteln.

Der viergesichtige Brahmā schritt daraufhin langsam, mit Vishnu zu seiner Rechten und Vāmadeva zu seiner Linken, auf Shrī Krishna zu und wohin auch immer er im Rāsa Mandalam seinen Blick richtete, sah er den von höchster Glückseligkeit erfüllten Shrī Krishna sitzen, der selbst die Verkörperung höchster Glückseligkeit ist. Alle hatten sich in Krishnas verwandelt, hatten auf demselben Sitz Platz genommen, hatten zwei Arme und hielten eine Flöte in Händen; jeder von ihnen trug eine Girlande aus Waldblumen um den Hals und eine Pfauenfeder als Kopfschmuck und alle trugen das unvergleichliche Kaustubha-Juwel an ihrer Brust. Die Gestalten von ihnen allen waren von überwältigender Schönheit, waren lieblich anzusehen und strahlten höchsten Frieden aus.

Weder in ihrer Gestalt noch in ihren Eigenschaften, in ihrem Schmuck, in ihrer Ausstrahlung, in ihrem Alter oder in ihrem Glanz war irgendein Unterschied zwischen ihnen festzustellen und keiner war in irgendeiner Hinsicht einem der anderen unterlegen. Keiner war in irgendeiner Hinsicht unvollkommen und keinem mangelte es an herrschaftlicher Ausstrahlung. Es war wahrlich überaus schwer, herauszufinden, wer nun der Herr, Krishna selbst, und wer seine hingebungsvollen Gefolgsleute (gana) waren.

Manchmal erschien Shrī Krishna dem Brahmā in seiner Teja-Gestalt als das große Licht und es gab nichts anderes als dieses. Manchmal erschien er in deutlich wahrnehmbarer Gestalt und manchmal war er gestaltlos – und zuweilen war er auch beides, Gestalt und gestaltlos zugleich.

Manchmal war keine Rādhā zu sehen und es gab nur Krishna allein und manchmal waren in jedem Sitz die Yugal Murti Rādhā und Krishna vereint zu sehen. Manchmal auch nahm Rādhā die Gestalt von Krishna an, daher konnte Brahmā, der Schöpfer, nicht sicher feststellen, ob Shrī Krishna nun weiblich oder männlich war.

Schließlich begann Brahmā sich in der Meditation im Lotus seines Herzens hingebungsvoll Shrī Krishna zuzuwenden. Dann begann er, ihm voller Hingabe Hymnen vorzutragen und betete zu ihm um die Vergebung seiner Missetaten.

Als Brahmā feststellte, dass Krishna mit seiner Hingabe zufrieden war, öffnete der Schöpfer seine Augen und sah Shrī Rādhā an der Brust von Shrī Krishna vor sich, der ringsum von seinen Gefolgsleuten und von den Gopīs umgeben war. Bei diesem Anblick verneigten sich Brahmā, Vishnu und Maheshvara vor Shrī Krishna und sangen ihm Lobeshymnen.

Shrī Krishna, der Gemahl der Lakshmī, der Allgegenwärtige, die Ursache von allem und der Herr über alle, der innere Gebieter in allen Wesen, wusste, weshalb sie gekommen waren und sprach sie einzeln an: O Brahmā, geht es dir gut? O Gemahl der Kamalā, komm her zu mir. O Mahādeva, komm her zu mir. Möge es euch allen wohl ergehen. Ihr alle seid wegen Gangā zu mir gekommen. Gangā hat aus Furcht vor Rādhā zu meinen Füßen Zuflucht genommen. Als Rādhā Gangā an meiner Seite sah, wollte sie Gangā austrinken, aber ich werde Gangā nun in euer aller Hände geben – aber ihr müsst zu Rādhā beten, damit Gangā sich nicht mehr vor ihr zu fürchten braucht.

Der lotusgeborene Brahmā lächelte, als er diese Worte von Shrī Krishna hörte, und begann Hymnen an Rādhā zu chanten, die es wahrlich verdient, von allen verehrt zu werden. Der Schöpfergott Brahmā, der Verkünder der vier Veden, der Viergesichtige, verneigte sich tief vor Rādhā und pries sie mit den Mündern all seiner vier Köpfe wie folgt.

Brahmā sprach: O Rādhā, Gangā ist aus dir und Shrī Krishna, dem Herrn, hervorgegangen. Ihr beide hattet eine flüssige Erscheinungsform angenommen, als ihr den Gesang von Shankara hörtet – und diese flüssige Form ist Gangā. Daher wurde sie von dir und Shrī Krishna geboren und sie ist somit wie eine Tochter für dich und du solltest sie wie eine Tochter lieben. Sie wird in dein Mantra eingeweiht werden und sie wird dich verehren. Der vierarmige Herr von Vaikuntha wird ihr Gemahl sein und, wenn sie sich mit einem Teil ihrer selbst auf der Erde verkörpert, wird der Salzozean ihr Gemahl sein. O Mutter, die Gangā, die in Goloka weilt, ist überall gegenwärtig. O Herrscherin über die Götter, du bist Gangās Mutter und sie wird stets deine von dir geborene Tochter sein.

Als Rādhā diese Worte von Brahmā gehört hatte, gewährte sie Gangā Schutz, und sogleich trat Gangā aus einer Zehenspitze von

Shrī Krishna hervor. Gangā erhob sich daraufhin in ihrer eigenen Gestalt aus ihrer flüssigen Erscheinungsform und als sie sich aus den Wassern erhob, wurde sie mit großer Ehrerbietung von den Devas in Empfang genommen. Bhagavān Brahmā füllte ein wenig von dem Wasser der Gangā in sein Wassergefäß (kamandalu) und Bhagavān Mahādeva bewahrte etwas von ihrem Wasser auf seinem Haupt auf.

Danach initiierte der lotusgeborene Brahmā Gangā Devī in das Rādhā Mantra und gab ihr die dazugehörigen Unterweisungen. Er lehrte sie das Rādhā Stotra nach der Art des Sāma Veda, das Rādhā Kavacha, das Rādhā Dhyānam, die Methode der Verehrung von Shrī Rādhā und das Rādhā Purashcharana. Gangā verehrte daraufhin Rādhā diesen Anweisungen entsprechend und begab sich dann nach Vaikuntha. O Muni, Lakshmī, Sarasvatī, Gangā und die Welten läuternde Tulasī, diese vier wurden zu Ehefrauen von Nārāyana.

Dann lächelte Krishna und erzählte Brahmā, Vishnu und Shiva die Geschichte der Zeit, die von anderen nur sehr schwer zu verstehen ist.

Bhagavān Shrī Krishna sprach: O Brahmā, o Vishnu, o Maheshvara, nehmt nun Gangā in Empfang und ich werde euch erzählen, welche Veränderungen in der Zeit sich gerade vollziehen. Hört nun. Ihr, die drei großen Devas, die anderen Devas, die Munis, Manus, die Siddhas und andere Mahātmas, die sich hier aufhalten, sind am Leben, denn diese Welt Goloka steht nicht unter dem Einfluss der Zeit (kāla). Jetzt ist gerade ein Zeitalter, ein Kalpa, zu Ende gegangen, und daher haben sich jetzt in allen anderen Welten außer in Goloka und Vaikuntha die Brahmās und alle anderen, die in den übrigen Welten existierten, in meinem Körper aufgelöst. O Lotusgeborener, außer in Goloka und Vaikuntha ist nun alles unter Wasser und in dem Zustand, welcher der Manifestation der Erde vorangeht.

Zieht daher nun los und erschafft eure eigenen Universen (brahmānda), und Gangā wird in jedes der neu erschaffenen Brahmāndas eingehen. Ich werde noch weitere Welten mitsamt deren Brahmās erschaffen. Ihr solltet also zusammen mit den Devas hier losziehen und euch euren jeweiligen Aufgaben widmen. Ihr habt euch sehr lange hier aufgehalten. So viele Brahmās, wie zuvor gefallen sind, werden allesamt aufs Neue erscheinen.

Mit diesen Worten begab Shrī Krishna, der Gemahl der Rādhā, sich in seine inneren Gemächer. Die Devas brachen sogleich auf, um sich engagiert dem Werk der Schöpfung zu widmen.

Gangā hielt sich auf Anweisung von Shrī Krishna hin wie zuvor in den Welten Goloka, Vaikuntha, Shivaloka, Brahmāloka und in anderen Welten auf. Sie wird Vishnupadī genannt, weil sie aus den Füßen von Vishnu hervorging.

Somit habe ich dir diese erfreuliche, bedeutungsvolle Geschichte der Gangā erzählt, die zu hören zur Befreiung führt. Was möchtest du sonst noch hören, sprich.

Hier endet im neunten Buch des Shrimad Devī Bhāgavatam, des Mahāpurānam von 18.000 Versen von Maharishi Veda Vyāsa, das dreizehnte Kapitel: Die Erzählung über Gangā.

Kapitel 14
Wie Gangā Nārāyanas Gemahlin wurde

Nārada sagte: O Herr, Lakshmī, Sarasvatī, Gangā und die weltenläuternde Tulasī – diese vier liebt Nārāyana über alles. Von diesen, so hörte ich, begab Gangā sich aus der Goloka-Welt nach Vaikuntha. Wie aber wurde sie dann zur Gemahlin von Nārāyana, davon habe ich noch nicht gehört. Bitte sei so freundlich und berichte mir darüber.

Nārāyana sprach: Brahmā begab sich in Begleitung von Gangā von Goloka nach Vaikuntha.

Brahmā sagte dann zu Nārāyana: O Herr, Gangā, die aus den Körpern von Rādhā und Krishna geboren wurde, die in der Blüte ihrer Jugend steht und die sanft, sittsam, außergewöhnlich schön, frei von Zorn und Egoismus und eine Verkörperung von Shuddha Sattva ist, möchte niemand anderen als dich heiraten, da sie aus dir geboren wurde. Aber Rādhā hat einen sehr stolzen Charakter und ist überaus zornmütig. Sie hatte sogar den Entschluss gefasst, Gangā auszutrinken, aber Gangā war so klug, sofort zu den Füßen von Shrī Krishna Zuflucht zu nehmen. Dadurch entstand in ganz Goloka ein furchtbarer Wassermangel. Als ich das bemerkte, kam ich dorthin, um die Hintergründe dieses Geschehens genauer in Erfahrung zu bringen.

Shrī Krishna, der Kenner und innere Gebieter der Herzen aller Wesen, erkannte die Absicht meines Herzens. Er ließ Gangā sogleich aus seiner Zehe hervortreten und gab sie in meine Obhut. Ich verneigte mich ehrerbietig vor Shrī Krishna, und so bin ich nun mit Gangā zusammen zu dir gekommen.

Bitte heirate nun die Sureshvarī Gangā nach dem Brauch der Gandhārvas (eine direkte, wenig zeremonielle Form der Eheschließung). Du bist ja in der Versammlung der Devas als ein Deva mit gutem Geschmack und Sinn für Humor bekannt, und diese Eigenschaften besitzt auch Gangā. So wie du das strahlende Juwel unter den männlichen Wesen bist, so ist sie das leuchtende Juwel unter den Frauen. Auch ist die Verbindung eines humorvollen Mannes mit einer humorvollen Frau ja ausgesprochen erfreulich.

Bitte heirate daher jetzt diese edle Frau, die aus eigenem Antrieb zu dir gekommen ist. Shrī Mahā Lakshmī ist ungehalten über jemanden, der sich weigert, eine Frau zu heiraten, die aus eigenem Entschluss zu ihm kam; daran gibt es keinerlei Zweifel. Und wer klug ist, wird niemals die Prakriti gegen sich aufbringen wollen.

Sämtliche Purushas (Männer) wurden ja aus der Prakriti geboren und alle Frauen sind Teilmanifestationen der Prakriti. Prakriti und Purusha sind untrennbar und in Wahrheit sind sie vollkommen eins. Daher sollten diese beiden einander nie eine Kränkung zufügen.

So wie Shrī Krishna jenseits aller begrenzten Eigenschaften und jenseits der Prakriti ist, so stehst auch du über der Prakriti. Die eine Hälfte von Shrī Krishna ist zweiarmig und die andere Hälfte von Shrī

Krishna ist vierarmig. Rādhā ging aus der linken Körperhälfte von Shrī Krishna hervor. Er selbst ist die rechte Hälfte und Padmā seine linke Hälfte. So, wie es keinen Unterschied zwischen Rādhā und Kamalā gibt, so gibt es auch keinen Unterschied zwischen Shrī Krishna und dir. Da Gangā aus deinem Körper geboren wurde, will sie dich heiraten. So wie Prakriti und Purusha in Wahrheit untrennbar eins und ohne jeden Unterschied sind, so sind auch Männer und Frauen eins.

Nachdem Brahmā diese Worte zu Nārāyana gesprochen hatte, gab er Gangā in die Obhut von Nārāyana und ging fort.

Mit Sandelpaste eingerieben und mit Blumen schön geschmückt heiratete Nārāyana dann Gangā nach dem Brauch der Gandhārva-Heirat und der Gemahl der Lakshmī erfreute sich danach am liebevollen Zusammensein mit Gangā. Gangā musste dann auf die Erde hinabsteigen und kehrte später nach Vaikuntha zurück. Da Gangā aus den Füßen von Vishnu hervorging, wird sie Vishnupadī genannt. Bei ihrer ersten Vereinigung mit Nārāyana war Gangā Devī in einem solchen Maße von Freude überwältigt, dass sie ganz bewegungslos blieb, und so verbrachte Gangā glückliche Tage mit Nārāyana.

Sarasvatīs Eifersucht gegenüber Gangā aber hörte nicht auf, obwohl sie von Lakshmī Devī den Rat bekommen hatte, damit aufzuhören. Sarasvatī nährte unaufhörlich ihre Gefühle der Eifersucht Gangā gegenüber, während Gangā nicht die geringste Eifersucht gegenüber Sarasvatī empfand. Schließlich aber, als Gangā die Eifersucht von Sarasvatī nicht mehr ertragen konnte, wurde sie sehr zornig und verfluchte Sarasvatī dazu, Geburt in Bhārata anzunehmen.

So waren also Lakshmī, Sarasvatī und Gangā die Gattinnen von Nārāyana. Schließlich wurde noch Tulasī die Gemahlin von Nārāyana, sodass Nārāyana insgesamt vier Gemahlinnen hatte.

Hier endet im neunten Buch des Shrimad Devī Bhāgavatam, des Mahāpurānam von 18.000 Versen von Maharishi Veda Vyāsa, das vierzehnte Kapitel: Wie Gangā Nārāyanas Gemahlin wurde.

Kapitel 15
Die Erzählung über Tulasī

Nārada sagte: O Bhagavān, wie kam es, dass die reine, keusche Tulasī die Gemahlin von Nārāyana wurde? Welches war ihr Geburtsort und was war sie in ihrem vorherigen Leben? Welcher Familie gehörte sie an? Wessen Tochter war sie und welche Art von Askese praktizierte sie, um Nārāyana als Gemahl zu gewinnen, der über der Prakriti steht, unwandelbar und keinem Antrieb zu Aktivität unterworfen, das kosmische Selbst, das höchste Brahman in Person und der höchste Gott, der Herr über alle, der Allwissende, die Zuflucht aller, der Allgegenwärtige und Erhalter aller Wesen? Und wie kam es dazu, dass Tulasī, die Haupt-Devī Nārāyanas, sich in einen Baum verwandelte und dass sie, die ganz und gar voller Unschuld war, von dem grausamen Asura angegriffen wurde? O Beseitiger aller Zweifel, mein Geist ist einfach vollkommen ruhelos geworden durch diese ungelösten Fragen. Ich bin äußerst begierig, alles darüber zu erfahren. Bitte sei so freundlich und beseitige all meine Zweifel.

Nārāyana sprach: O Nārada, der Manu Daksha Sāvarni war sehr tugendhaft, voller Hingabe an Vishnu, sein Name wurde weithin gerühmt und er wurde als Teilinkarnation von Vishnu geboren. Auch Brahmā Sāvarni, der Sohn von Daksha Sāvarni, war sehr tugendhaft, voller Hingabe an Vishnu und von lauterster Reinheit (shuddha sattva guna) geprägt. Brahmā Sāvarnis Sohn Dharma Sāvarni besaß ebenfalls Hingabe an Vishnu und war ein Meister der Sinnesbeherrschung. Dharma Sāvarnis Sohn Rudra Sāvarni besaß ebenfalls einen hohen Grad an Selbstbeherrschung und war sehr hingebungsvoll. Rudra Sāvarnis Sohn war Deva Sāvarni, ein hingebungsvoller Verehrer von Vishnu. Deva Sāvarnis Sohn hieß Indra Sāvarni, der ein großer Bhakta von Shrī Vishnu war.

Der Sohn von Indra Savarni war Vrishadhvaja, der aber ein fanatischer Shaiva, ein Verehrer von Shiva, war. In seinem Hause weilte

Shiva selbst volle drei Yugas nach der Zeitmessung der Devas und der Bhagavān Bhūtanātha (Lord Shiva) liebte ihn mehr als seinen eigenen Sohn.

Vrishadhvaja schenkte Nārāyana, Lakshmī oder Sarasvatī oder anderen Devas keinerlei Beachtung. Er gab die Verehrung aller anderen Devas vollständig auf und verehrte nur noch Shankara.

Feiern wie die große, bedeutsame Lakshmī-Pūja im Monat Bhādra oder die Shrī Panchamī-Pūja im Monat Māgha, die von den Veden befürwortet werden, vernachlässigte er ebenso wie die Sarasvatī-Pūja.

Daraufhin wurde der Sonnengott zornig auf den König Vrishadhvaja, der die heilige Schnur abgelegt hatte und Vishnu hasste, und verfluchte ihn mit den Worten: O König, da du nur Shiva und ausschließlich Shiva verehrst und alle anderen Devas missachtest, verkündige ich dir, dass du in kürzester Zeit all deinen Wohlstand und deine Besitztümer verlieren sollst!

Als Shankara von diesem Fluch hörte, wurde er sehr zornig und verfolgte die Sonne mit seinem Dreizack in der Hand. Der Sonnengott fürchtete sich sehr und nahm in Begleitung seines Vaters Kashyapa Zuflucht zu Brahmā. Bhagavān Shankara aber folgte ihm mit dem Dreizack in der Hand bis nach Brahmāloka. Auch Brahmā fürchtete sich vor Mahādeva und floh zusammen mit dem Sonnengott nach Vaikuntha.

Infolge ihrer schrecklichen Angst vor Shiva waren die Kehlen von Brahmā, Kashyapa und Sūrya wie vertrocknet und ausgedörrt, und sie eilten voller Furcht zu Nārāyana, dem Herrn über alle, um Zuflucht zu nehmen. Sie verneigten sich alle zusammen vor ihm, priesen ihn immer wieder und berichteten ihm schließlich, weshalb sie zu ihm gekommen waren und warum sie so große Angst hatten.

Nārāyana erbarmte sich ihrer, gewährte ihnen Furchtlosigkeit (abhaya) und sprach zu ihnen: O ihr, die ihr voller Furcht seid, beruhigt euch nun. Was für einen Grund zu Furcht sollte es jetzt noch für euch geben, wo ich hier bei euch bin. Wer auch immer sich in Furcht oder Gefahr meiner erinnert, wo immer er auch sei, zu dem komme ich mit meinem göttlichen Diskus Sudarshana in der Hand und rette ihn.

O ihr Devas, allzeit bin ich der Schöpfer, der Erhalter und der Zerstörer dieses Universums. In Gestalt von Brahmā bin ich der Schöpfer und in Gestalt von Mahesha bin ich der Zerstörer. Ich bin Shiva, ich bin ihr (d. h. alle Devas) und ich bin Sūrya, die Sonne, die aus den drei Gunas zusammengesetzt ist. Ich bin es, der zahlreiche Gestalten annimmt und das Universum aufrechterhält.

Kehrt nun getrost zu euren jeweiligen Heimstätten zurück. Welche Furcht könnte euch berühren? Wahrlich, ich sage euch, dass alle eure Ängste in Bezug auf Shankara von nun an gegenstandslos sind. Bhagavān Shankara, der Herr über alle, ist der Herrscher über die Sādhus. Er hört stets die Worte seiner Bhaktas und er ist freundlich zu ihnen; er ist ihr Selbst.

Beide, den Sonnengott und Shiva, liebe ich mehr als mein eigenes Leben. Niemand ist kraftvoller als Shankara und Sūrya. Mahādeva vermag mühelos zehn Millionen Sūryas und zehn Millionen Brahmās erschaffen. Nichts ist unmöglich für Shūlapāni.

Seine Aufmerksamkeit ist auf keine äußeren Objekte gerichtet, sondern sein Bewusstsein ist Tag und Nacht in der Meditation einzig auf mich allein ausgerichtet und sein Herz ist ganz darin versunken, mich zu verehren. Er wiederholt mit den Mündern seiner fünf Gesichter allzeit hingebungsvoll mein Mantra und besingt meine Herrlichkeit. Ich wiederum denke Tag und Nacht an sein Wohlergehen. Wer auch immer mich auf welche Weise auch immer verehrt, dessen Wohlergehen fördere ich entsprechend.

Das innerste Wesen von Bhagavān Mahā Deva ist Shiva, glanzvoll segensreiche Herrlichkeit. Er ist die Gottheit, die über Shiva, vollkommene Befreiung, gebietet. Weil durch ihn Befreiung erlangt wird, nennt man ihn Shiva.

O mein lieber Nārada, während Nārāyana diese Worte sprach, kam der Träger des Dreizacks Mahādeva auf seinem Büffelstier herbei und seine Augen leuchteten rot wie rote Lotusblumen. Er stieg von seinem Büffelstier ab und verneigte sich demütig und hingebungsvoll vor dem Gemahl der Lakshmī, der voller Friede und höher als der Höchste ist.

Nārāyana saß zu dieser Zeit auf seinem himmlischen Thron, der mit zahlreichen Juwelen bedeckt war. Eine Krone schmückte sein Haupt und zwei prächtige Ohrringe hingen von seinen Ohren herab. Er trug seinen Diskus in Händen und eine Girlande aus Waldblumen schmückte seinen Hals. Seine Hautfarbe glich der Farbe gerade neu entstandener dunkelblauer Regenwolken und seine Gestalt war von unübertrefflicher Schönheit. Seine vierarmigen Gefolgsleute fächerten ihm mit ihren vier Armen Kühlung zu. Sein Körper war über und über mit Sandelpaste eingerieben und er trug ein gelbfarbenes Gewand. Der Bhagavān, der stets voller Eifer an das Wohlergehen seiner Bhaktas denkt, der Paramātman, das höchste Selbst, saß auf einem Juwelenthron, kaute Betelblätter, die ihm von Padmā dargebracht worden waren, während er lächelnd dem Tanz und Gesang der Vidyādharīs zuschaute und zuhörte.

Als Mahādeva sich vor Nārāyana verneigte, verneigte auch Brahmā sich vor Mahādeva. Auch der überraschte Sūrya verneigte sich voller Hingabe vor Mahādeva. Kashyapa verneigte sich ebenfalls hingebungsvoll vor Mahādeva und begann ihn mit Hymnen zu preisen.

Nachdem Shankara den Bhagavān Nārāyana gepriesen hatte, nahm er seinen Sitz auf dem Thron ein und die Gefolgsleute von Nārāyana begannen Mahādeva mit weißen Wedeln Luft zuzufächeln. Dann sprach Vishnu ihn mit seiner süßen, nektargleichen Stimme an und sprach: O Maheshvara, was führt dich hierher? Hat etwas deinen Zorn erregt?

Mahādeva sagte: O Vishnu, der König Vrishadhvaja ist mein großer Verehrer. Ich liebe ihn mehr als mein Leben. Der Sonnengott hat ihn verflucht und daher bin ich zornig. Aus Zuneigung zu einem Verehrer, der wie ein Sohn für mich ist, war ich gewillt, Sūrya zu töten.

Sūrya aber nahm Zuflucht zu Brahmā, und jetzt haben er und Brahmā Zuflucht zu dir genommen, und diejenigen, die in Not geraten im Geist oder mit Worten Zuflucht zu dir nehmen, erfreuen sich vollkommener Sicherheit und Freiheit von jeder Gefahr; sie überwinden Alter und Tod.

Was soll man da erst von denjenigen sagen, die persönlich zu dir gekommen sind und Zuflucht zu dir nahmen. Sich an Hari zu erinnern, beseitigt jegliche Gefahr und führt zur Erlangung von allem, was gut ist. O Herr des Universums, sage mir, was nun aus meinem dummen Bhakta werden soll, der durch den Fluch von Sūrya all sein Glück und seinen Wohlstand verloren hat.

Vishnu sprach: O Shankara, in dem halben Ghatikā (entspricht zwölf Minuten) hier sind infolge der Fügung des Schicksals (daiva) inzwischen (auf der Erde) einundzwanzig Yugas vergangen. Kehre daher nun rasch in deine Heimatwelt zurück. Infolge der unvermeidlichen Fügung des grausamen Schicksals ist Vrishadhvaja inzwischen gestorben und auch sein Sohn Rathadhvaja ist mittlerweile schon tot. Rathadhvaja hatte zwei edle Söhne, Dharmadhvaja und Kushadhvaja. Beide sind große Vaishnavas, aber infolge des Fluches von Sūrya wurden sie vom Glück verlassen. Sie haben ihre Königreiche verloren und ebenso all ihre Reichtümer und ihren Besitz.

Sie sind derzeit damit beschäftigt, Mahā Lakshmī zu verehren. Mahā Lakshmī wird mit einem Teil ihrer selbst als ihre beiden Ehefrauen Geburt annehmen und dann werden Dharmadhvaja und Kushadhvaja durch die Gnade von Shrī Lakshmī ihren Reichtum wiedererlangen und große Könige werden.

O Shambhu, dein Verehrer Vrishadhvaja ist tot. Kehre daher nun in dein Zuhause zurück. O Brahmā, o Sūrya, o Kashyapa, auch ihr solltet nun in eure jeweiligen Heimstätten zurückkehren.

O Nārada, nach diesen Worten begab sich Bhagavān Vishnu zusammen mit seiner Gemahlin in die inneren Gemächer und auch die Devas kehrten voller Freude zu ihren jeweiligen Heimstätten zurück. Auch Mahādeva, der stets in sich selbst erfüllt ist, brach rasch auf, um sich seinem Tapas zu widmen.

Hier endet im neunten Buch des Shrimad Devī Bhāgavatam, des Mahāpurānam von 18.000 Versen von Maharishi Veda Vyāsa, das fünfzehnte Kapitel: Die Erzählung über Tulasī.

Kapitel 16
Die Inkarnation von Mahā Lakshmī im Hause des Kushadhvaja

Shrī Nārāyana sprach: O Muni, Dharmadhvaja und Kushadhvaja praktizierten eine harte Askese (tapasyā) und verehrten Lakshmī. Dann wurde jedem von ihnen die Erfüllung ihres Herzenswunsches gewährt. Durch die Gnade von Mahā Lakshmī wurden sie wieder zu Herrschern über die Erde. Sie erwarben großen spirituellen Verdienst (punyam) und es wurden ihnen auch Kinder zuteil.

Die Ehefrau von Kushadhvaja hieß Mālāvatī. Nach langer Zeit brachte diese tugendhafte Frau schließlich eine Tochter zur Welt, die eine Teilinkarnation von Kamalā Devī war und bereits bei ihrer Geburt einen hohen Grad von Weisheit besaß. Sie war kaum geboren, da begann sie bereits im Entbindungszimmer mit klarer Stimme die vedischen Mantras zu rezitieren. Daher wurde sie von den Gelehrten (pandit) Vedavatī genannt.

Kurz nach ihrer Geburt nahm sie ein Bad und machte sich dann bereit, in die Wälder zu gehen, um sich dort einer harten Askese zu widmen. Alle in ihrer Umgebung versuchten sie davon abzubringen, aber in ihrer Hingabe an Nārāyana beachtete sie diese Ratschläge nicht. Sie begab sich nach Pushkara und praktizierte dort ein Manvantara lang ein hartes Tapasyā. Trotz ihrer Askese magerte ihr Körper jedoch nicht im Geringsten ab, sondern sie wurde sogar fülliger als zuvor. Als ihr Körper später dann nach und nach die Merkmale des Jugendalters zu zeigen begann, hörte sie eines Tages eine körperlose Stimme von oben, die sprach: O schöne junge Frau, in deinem nächsten Leben wirst du Shrī Hari zum Gemahl haben, der von Brahmā und den anderen Göttern respektvoll verehrt wird. Ihre Freude kannte keine Grenzen, als sie diese Worte vernahm. Sie begab sich in die abgelegenen Gebirgshöhlen des Gandhamādan-Gebirges und nahm dort wiederum ihr Tapas auf.

Nachdem sie bereits lange Zeit mit ihrem Tapas verbracht hatte, erschien dort als Gast der unbezwingbare Rāvana. Sobald Vedavatī den Gast erblickte, bot sie ihm respektvoll Wasser zum Waschen der Füße, köstliche Früchte und kühles Wasser zum Trinken an, wie es sich gegenüber einem Gast geziemt. Der Übeltäter Rāvana nahm ihre Gastfreundschaft an, nahm Platz und fragte sie: O herrliche Frau, wer bist du?

Beim Anblick der schönen Frau mit ihren ebenmäßigen Zahnreihen, ihrem Antlitz, das wie ein Herbstlotus erstrahlte, ihren breiten, schön geschwungenen Hüften und ihren vollen Brüsten wurde der üble Asura von leidenschaftlicher Begierde ergriffen, die seinen Geist vollständig einnahm.

Als die keusche Vedavatī bemerkte, dass er den Entschluss gefasst hatte, ihr Gewalt anzutun, wurde sie zornig und versetzte ihn vermittels ihrer Tapas-Energie in einen Schockzustand, sodass er sich nicht mehr rühren konnte und bewegungslos wie ein unbelebter Gegenstand an Ort und Stelle verharrte. Er vermochte weder seine Hände und Füße zu bewegen noch zu sprechen.

Daraufhin begann dieses üble Wesen sie im Geist zu preisen. Ein Lobpreis der höheren Shakti kann niemals fruchtlos bleiben. Sie wurde dadurch gnädig gestimmt und gewährte ihm spirituellen Verdienst (punyam) in seinem nächsten Leben. Aber sie sprach auch folgenden Fluch über ihn aus: Wenn Du, von Leidenschaft verblendet, versuchen solltest, meinen Körper zu berühren, so sollst du zusammen mit deiner ganzen Familie um meinetwillen zugrunde gehen. Werde nun Zeuge meiner Yoga-Kraft!

O Nārada, nachdem Vedavatī diese Worte zu Rāvana gesprochen hatte, verließ sie vermittels ihrer Yoga-Macht ihren Körper. Rāvana nahm daraufhin ihren Körper, übergab ihn den Wassern der Gangā und kehrte dann nach Hause zurück.

Aber Rāvana musste danach dauernd an dieses Ereignis denken und rief immer wieder aus *Oh, welches Wunder habe ich geschaut! Oh, welch erstaunliche Tat hat diese junge Frau vollbracht!* So rief er immer wieder aufs Neue.

Die reine und tugendhafte Vedavatī wurde später als Sītā, die Tochter des Königs Janaka, geboren und um ihretwillen fiel dann Rāvana mitsamt seiner ganzen Familie der Vernichtung anheim.

Infolge der in ihrem vorherigen Leben erworbenen spirituellen Verdienste erlangte die edle Asketin den Bhagavān Hari Shrī Rāma Chandra, die Verkörperung der Fülle, zu ihrem Gemahl und verbrachte lange Zeit, von größter Freude erfüllt, mit dem Herrn der Welten – wahrlich etwas, das nur sehr schwer zu erlangen ist!

Obwohl sie eine Jātismarā war – jemand, der sich vollständig an frühere Leben erinnert – bereitete es ihr keinen Kummer, an ihre harten Bußübungen in ihrem vorigen Leben zu denken, denn wenn Leid in großem Erfolg endet, wird es überhaupt nicht mehr als solches empfunden.

In der Blüte ihrer Jugend erfreute sich Sītā am Zusammensein mit ihrem Ehemann, dem Herrn der Devas, der gutaussehend, friedvoll, humorvoll, intelligent und sehr anziehend für das andere Geschlecht war, alle guten Eigenschaften besaß und in jeder Hinsicht genau ihren Wünschen entsprach.

Aber der allmächtigen Zeit kann niemand widerstehen und so musste der wahrheitsliebende Rāmachandra, der edle Spross der Raghu-Dynastie, das Versprechen seines Vaters erfüllen und ins Exil in die Wälder gehen, wie die Zeit es verfügt hatte. Dort weilte er zusammen mit Sītā am Gestade des Meeres.

Eines Tages erschien Agni, der Gott des Feuers, in Gestalt eines ehrwürdigen Brahmanen vor ihm. Er bemerkte, dass Rāmachandra betrübt war und litt mit ihm.

Dann sprach das wahrheitsgetreue Feuer zu dem wahrheitsgetreuen Rāmachandra: O Bhagavān, ich will dir verkünden, was die Zeit für dich bereithält. Die Zeit ist gekommen, wo deine Sītā entführt werden wird.

Was vom Schicksal (daiva) verhängt wird, ist ja unabwendbar. Nichts ist mächtiger als die Zeit oder das Schicksal. Gib daher nun Sītā, die Weltenmutter, in meine Obhut und nimm von mir diese Chhayā Sītā (eine Schatten-Sītā oder virtuelle Sītā) entgegen. Wenn einstmals die Zeit für Sītās Feuerprüfung gekommen ist, werde ich dir die wahre Sītā zurückgeben. Die Versammlung der Devas hat mich zu dir geschickt. Ich bin nicht wirklich ein Brahmane, sondern der Agni Deva, der Esser der Opfergaben.

Als Rāmachandra diese Worte des Feuergottes vernommen hatte, gab er ihm seine Zustimmung, aber sein Herz erbebte. Selbst seinem Bruder Lakshmana erzählte er später nichts von dieser Begegnung mit Agni.

Agni erschuf nun vermittels seiner Yogakraft eine Māyā Sītā. Diese Māyā Sītā, o Nārada, glich vollkommen der wahren Sītā. Agni übergab dann diese Māyā Sītā in Rāmachandras Hände.

Hūtāsana, der Gebieter über das Feuer, nahm dann die wahre Sītā in seine Obhut, sagte *Verrate dies niemals irgendjemandem!* und ging fort. Rāmas Bruder Lakshmana hatte überhaupt keine Möglichkeit, dieses Geheimnis irgendjemandem zu verraten, denn er selbst kannte es gar nicht.

Kurz darauf erblickte Rāma ein Reh, das ein goldfarbenes Fell hatte. Sītā war ganz begierig darauf das Fell dieses goldenen Rehs zu besitzen und schickte Rāmachandra aus, um das Reh zu jagen. Rāma ließ daraufhin Sītā unter Lakshmanas Obhut zurück und eilte selbst sofort in den Wald, wo er schließlich das Reh mit einem Pfeil seines Bogens traf. Als das magische Trugbild eines Rehs (māyā mrīga) von dem Pfeil getroffen wurde, schrie es laut (mit Rāmas Stimme) *Hilfe, Lakshmana!*, dann rief es sich, Hari vor Augen habend, den Namen Haris in Erinnerung und hauchte sein Leben aus. Dann verschwand der Tierkörper und an seiner Stelle erschien eine strahlende göttliche Gestalt, die daraufhin in ein göttliches, aus Juwelen gefertigtes Luftfahrzeug einstieg und sich mit ihm nach Vaikuntha erhob.

Der Rākshasa, der die Gestalt des goldenen Rehs angenommen hatte, war in seinem vorherigen Leben einer der beiden Torwächter von Shrī Vishnu in Vaikuntha gewesen, der infolge einer Art von kosmischem Unfall eine Geburt als Rākshasa annehmen musste und nun nach seinem Tod wieder einer der beiden Torwächter Vaikunthas wurde.

Sobald Sītā Devī den Ruf *Hilfe, Lakshmana!* gehört hatte, war sie außer sich vor Sorge und schickte Lakshmana aus, um Rāma zu suchen, aber kaum hatte Lakshmana die Einsiedelei verlassen, da erschien der unbezwingbare Rāvana und entführte Sītā voller Freude in die Stadt Lanka.

Als Rāmachandra später im Wald Lakshmana traf, versank er in einem Ozean des Kummers und der Sorge. Er verlor keine Zeit und eilte zu der Einsiedelei, wo er aber Sītā nicht mehr vorfand. Vor Kummer fiel er bewusstlos zu Boden, und als er nach langer Zeit wieder zu Bewusstsein kam, wanderte er jammernd überall umher, um sie zu suchen. Einige Tage später erfuhr er am Ufer des Flusses Godāvarī, wohin Sītā entführt worden war. Daraufhin erbaute er mit Hilfe seiner Armee von Affen eine gewaltige Brücke über den Ozean, zog mit seiner Streitkraft nach Lanka und tötete schließlich Rāvana mitsamt all seinen Mitstreitern.

Als die Zeit für Sītās Feuerprüfung gekommen war, übergab Agni die wahre Sītā wieder an Rāmachandra. Die Schatten-Sītā aber sprach demütig zu Agni und Rāma Chandra: O Herr, was soll ich nun tun? Bitte trefft eine Entscheidung darüber.

Agni und Rāmachandra sprachen daraufhin zu der Chhāyā Sītā: O Devī, begib dich nach Pushkara und praktiziere dort Tapasyā. Dieser heilige Ort schenkt große spirituelle Verdienste und so wirst du dann Svarga Lakshmī, die Lakshmī der Himmelswelt, sein.

Chhāyā Sītā machte sich sogleich auf den Weg, führte über einen Zeitraum von dreihunderttausend Jahren der Götter hinweg Tapasyā aus und wurde so zu Mahā Lakshmī.

Jene Svarga Lakshmī ging einst aus der Stätte des heiligen Opferfeuers (kunda) hervor. Sie war weithin berühmt als die Tochter des Drupada und wurde die Gemahlin der fünf Pāndavas. Im Satya-Yuga war sie Vedavatī, die Tochter des Kushadhvaja; im Tretā-Yuga war sie Rāmas Frau Sītā und die Tochter des Königs Janaka; im Dvāpara-Yuga war sie Draupadī, die Tochter des Drupada. Da es sie in den drei Yugas Satya, Tretā und Dvāpara gab, wird sie auch Trihāyanī genannt.

Nārada sagte: O größter aller Weisen, o Beseitiger der Zweifel, warum hatte Draupadī fünf Ehemänner? In meinem Geist ist hierüber ein großer Zweifel entstanden. Bitte beseitige diesen meinen Zweifel.

Nārāyana sprach: O Devarishi, als in der Stadt Lanka (nach dem Sieg über Rāvana) die wahre Sītā vor Rāma trat, wurde Chhāyā Sītā, die sehr schön war und in der Blüte ihrer Jugend stand, sehr besorgt. Agni Deva und Rāmachandra gaben ihr den Rat, sich nach Pushkara zu begeben und dort Shankara, den großen Gott Shiva, zu verehren.

Während Chhāyā Sītā in Pushkara ihre strenge Askese durchführte, begann sie sich darüber zu sorgen, wie sie einen guten Ehemann erlangen könne und bat Mahādeva *Bitte gewähre mir einen guten Ehemann.* Diese Bitte sprach sie fünf Mal ihm gegenüber aus.

Als Shiva, der beste von allen, die über Witz und Humor verfügen, dies hörte, sagte er zu ihr *O meine Liebe, du wirst fünf Ehemänner bekommen* und gewährte ihr damit die Erfüllung ihrer wiederholten

Bitten. Infolgedessen wurde sie dann später die geliebte Gemahlin der fünf Pāndavas.

Höre nun noch weitere Einzelheiten. Als der Krieg um Lanka vorüber war, erlangte Shrī Rāmachandra seine geliebte Frau Sītā wieder. Er setzte Vibhīshana als neuen Herrscher über Lanka ein und kehrte dann nach Ayodhyā zurück. Rāma regierte elftausend Jahre lang über Bhārata. Danach ging er mit all seinen Untertanen nach Vaikuntha und Vedavatī, die Teilinkarnation von Lakshmī, ging im Körper der großen Göttin Kamalā auf.

Somit habe ich dir diese reine Anekdote über Vedavatī vorgetragen. Sie zu hören löscht Sünden aus und vermehrt die Tugend. Die vier Veden inkarnierten sich in ihrer reinen Form auf den Lippen von Vedavatī und daher stammt auch ihr Name Vedavatī. Somit habe ich dir die Erzählung über die Tochter des Kushadhvaja vollständig vorgetragen.

Vernimm nun die Geschichte von Tulasī, der Tochter des Dharmadhvaja.

Hier endet im neunten Buch des Shrimad Devī Bhāgavatam, des Mahāpurānam von 18.000 Versen von Maharishi Veda Vyāsa, das sechzehnte Kapitel: Die Inkarnation von Mahā Lakshmī im Hause des Kushadhvaja.

Kapitel 17
Die Erzählung über Tulasī

Shrī Nārāyana sprach: O Nārada, die Ehefrau von Dharmadhvaja war Mādhavī. Im Gandhamādan-Gebirge genoss sie ausgiebig die Liebesfreuden im Zusammensein mit dem König Dharmadhvaja. Dort war ein prächtiges Bett bereitet und mit schönen Blumen geziert und mit lieblichem Sandelholzduft versehen worden. Sie rieb ihren ganzen Körper mit Sandelpaste ein. Eine kühle Brise nahm den Duft der Blumen und der Sandelpaste auf und kühlte die Körper der Liebenden.

Mādhavī war ein Juwel unter den Frauen. Ihr ganzer Körper war überaus anmutig und zudem mit herrlichem Juwelenschmuck geziert. Sie hatte viel Humor und der König war ein Experte, was dies betrifft. Es schien, als habe der Schöpfer eigens für Dharmadhvaja diese humorvolle und in der Liebeskunst wohlbewanderte junge Frau erschaffen.

Beide waren Experten in der Liebeskunst und so geschah es, dass keiner von beiden damit aufhören wollte, zusammen die Freuden der Liebe zu genießen. Auf diese Weise vergingen einhundert Jahre der Götter, in denen keiner der beiden bemerkte, wie die Tage und Nächte vorüberzogen.

Schließlich kam der König wieder zur Besinnung und beendete die Liebesumarmungen; seine von großer Lust erfüllte Gemahlin aber war noch nicht vollständig zufriedengestellt. Infolge des Wirkens der Devas war sie jedoch schwanger geworden. Ihre Schwangerschaft dauerte einhundert Jahre. In ihrem Leibe wuchs die Inkarnation der Devī Lakshmī heran und der Glanz, der von Mādhavīs Körper ausging, nahm Tag für Tag zu.

Schließlich brachte sie – an einem glückverheißenden Tag und in einem glückverheißenden Augenblick, in einem günstigen Yoga, bei einem förderlichen Aszendenten (lagna) und Amsa und während eines segensreichen Zusammenwirkens der planetaren Herrscher mit ihren Häusern – in der Vollmondnacht des Monats Kārtika eine wunderschöne Tochter zur Welt, die eine Teilinkarnation von Shrī Lakshmī war.

Das Antlitz des neugeborenen Mädchens strahlte wie der Vollmond im Herbst. Ihre beiden Augen glichen voll erblühten Herbstlotusblumen und ihre Lippen in ihrer Schönheit reifen Bimba-Früchten.

Schon direkt nach ihrer Geburt begann die Tochter, sich im Gebärzimmer umzublicken. Ihre Handflächen und Fußsohlen hatten eine rötliche Färbung. Ihr Nabel war tiefliegend und unterhalb von ihm waren drei kleine Falten zu sehen. Ihre Hüften waren formschön gerundet. Ihr Körper war heiß im Winter und kühl im Sommer und angenehm zu berühren. Ihre Haupthaare hingen lieblich herab wie die zarten Wurzeln des Feigenbaumes. Ihre Hautfarbe war hell wie Champakablüten. Sie war ein Juwel unter den Frauen. Kein Mann und keine Frau glichen ihr an Schönheit. Die heiligen Weisen gaben ihr den Namen Tulasī. Bereits bei ihrer Geburt hatte sie die Gestalt einer erwachsenen jungen Frau.

Obwohl alle sie immer wieder davon abbringen wollten, begab sie sich in den Badari-Wald, um dort Askese (tapasyā) zu praktizieren. Dort führte sie 100.000 Jahre der Götter lang ein äußerst hartes Tapasyā durch, dessen Hauptziel es war, Nārāyana zum Gemahl zu erlangen.

Im Sommer praktizierte sie Panchatapā – eine asketische Übung, bei der man zu allen vier Seiten und von oben von Feuer umgeben ist. Im Winter weilte sie im Wasser und in der Regenzeit in der frischen Luft und ertrug 20.000 Jahre lang heftige Regenschauer. In dieser Zeit ernährte sie sich ausschließlich von Früchten und Wasser.

Danach lebte sie 30.000 Jahre lang nur von den Blättern der Bäume. Ab dem vierzigtausendsten Jahr nahm sie dann nur noch Luft zu sich und ihr Körper magerte von Tag zu Tag immer mehr ab. Schließlich aß sie 10.000 Jahre lang überhaupt nichts mehr und stand regungslos auf nur einem Bein.

Als der lotusgeborene Brahmā dies sah, erschien er vor ihr, um ihr die Erfüllung ihres Herzenswunsches zu gewähren. Als Tulasī den viergesichtigen Schöpfergott Brahmā auf seinem Reittier, einem göttlichen Schwan, vor sich sah, verneigte sie sich sogleich respektvoll vor ihm.

Daraufhin sprach Brahmā zu ihr die folgenden Worte: O Tulasī, sprich nun aus, was du dir wünschst. Ob es Hingabe an Hari ist, der Wunsch Hari zu dienen oder Freiheit von Alter oder Tod – ich werde es dir gewähren.

Tulasī antwortete: Vater, ich werde dir nun sagen, was ich denke. Bitte höre mich an. Warum sollte ich aus Furcht oder aus Scham versuchen, meine Gedanken vor jemandem zu verbergen, der ohnehin alles weiß, was man in seinem Herzen bewegt. Ich bin Tulasī Gopī und ich lebte zuvor in Goloka. Ich war eine der vertrauten Dienerinnen von Rādhikā, der geliebten Frau von Krishna, und wurde auch als Teilinkarnation von ihr geboren; ihre anderen Gespielinnen liebten mich. Eines Tages erfreute sich Govinda im Rāsa Mandalam an der Liebesvereinigung mit mir. Ich konnte gar nicht genug davon haben, aber während ich gerade ganz erschöpft vom Liebesspiel dalag, erschien dort Rādhā, die Gebieterin des Rāsa Mandalam und erblickte mich in diesem Zustand. Sie machte Govinda Vorwürfe und verfluchte mich dann voller Zorn mit den Worten: Gehe augenblicklich fort von hier und nimm als Frau in der Welt der Menschen Geburt an.

Daraufhin sagte Govinda zu mir: Wenn du in Bhārata Tapas ausführst, wird Brahmā darüber erfreut sein und dir Wunscherfüllung gewähren. Dann wirst du den vierarmigen Nārāyana zum Gemahl erhalten, der aus einem Teil von mir geboren wurde.

O Vater, mit diesen Worten verschwand Krishna vor meinen Augen. Aus Furcht vor Rādhā gab ich meinen himmlischen Körper auf und nahm in dieser Welt Geburt an. Bitte erfülle nun meinen Wunsch, den friedvollen, liebreizenden, wunderschönen Nārāyana als Gemahl zu gewinnen.

Brahmā sprach: O Tulasī, mein Kind, der Kuhhirte (gopa) Sudāmā wurde als Teilinkarnation von Shrī Krishna geboren und weilt jetzt, von großer Kraft erfüllt, hier auf der Erde. Er wurde ebenfalls von Rādhā verflucht und wurde infolgedessen unter den Dānavas geboren. Er wird auch Shankha Chūda genannt und niemand gleicht ihm an Kraft. Als er dich einst in Goloka erblickte, wurde er von großer Leidenschaft zu dir ergriffen, aber angesichts der großen Macht von Rādhā konnte er dich damals nicht umarmen.

Sudāmā ist ein Jātismarā – jemand, der sich an seine vorherigen Leben erinnert. Auch du bist ja eine Jātismarā und keines deiner früheren Leben ist dir verborgen. O Schöne, du sollst nun seine Ehefrau werden und später wirst du dann den unübertrefflich liebreizenden und schönen Nārāyana zum Gemahl erlangen.

Infolge eines Fluches von Nārāyana wirst du dich dann in den Tulasī-Baum verwandeln, der die ganze Welt läutert. Du wirst die herrlichste aller Blüten sein und Nārāyana wird dich mehr lieben als sein eigenes Leben. Keine hingebungsvolle Verehrung wird ohne dich in Gestalt eines Blattes vollständig sein. Du wirst als Baum in Vrindāvan weilen und daher unter dem Namen Vrindāvanī weithin berühmt sein. Die Gopas und Gopīs werden Mādhava mit deinen Blättern verehren und als Gottheit, die über den Tulasī-Baum gebietet, wirst du dich stets am Zusammensein mit Krishna, dem besten aller Gopas, erfreuen.

O Nārada, als die Devī Tulasī diese Worte von Brahmā hörte, freute sie sich sehr und ein Lächeln erschien auf ihrem Gesicht. Dann verneigte sie sich vor dem Schöpfer der Welt und sagte: O Vater, ich sage dir in aller Wahrhaftigkeit, dass ich nicht so viel hingebungsvolle Zuneigung gegenüber dem vierarmigen Nārāyana verspüre, wie ich sie jetzt für den zweiarmigen Shyāma Sundara empfinde, denn mein Liebesspiel mit Govinda Shrī Krisna war ja plötzlich unterbrochen worden, noch bevor meine Liebessehnsucht vollständig erfüllt war. Shrī Govindas Worte waren es, die mich dazu bewogen haben, mir den vierarmigen Nārāyana als Gemahl zu erbitten.

Nun scheint es sicher zu sein, dass ich durch deine Gnade wieder mit meinem Govinda vereint sein werde, der so schwer zu erlangen ist. Aber, o Vater, bitte bewirke, dass ich mich nicht vor Rādhā fürchten muss!

Brahmā sagte: O mein Kind, ich will dir nun das aus sechzehn Buchstaben bestehende Mantra von Rādhā geben. Dadurch wirst du Rādhās Gnade erlangen und sie wird dich mehr lieben als ihr eigenes

Leben. Rādhikā wird nicht fähig sein, von deinem heimlichen Umgang zu erfahren. O vom Glück Gesegnete, Govinda wird dich genauso sehr lieben, wie er Rādhā liebt.

Dann gab Brahmā, der Schöpfer des Universums, Tulasī das aus sechzehn Buchstaben bestehende Rādhā Mantra mitsamt dem zugehörigen Stotra, Kavacha, Purashcharana und der Methode der Verehrung und segnete sie.

Tulasī widmete sich dann den Anweisungen entsprechend der Verehrung von Rādhā. Durch die von Brahmā gewährte Wunschgabe erlangte sie darin ebenso vollständigen Erfolg (siddhi) wie Lakshmī.

Durch die große Kraft des Siddha Mantra erlangte sie die Erfüllung ihres Herzenswunsches und vom Glück gesegnet konnte sie zahlreiche Freuden genießen, die in dieser Welt nur schwer zu erlangen sind. Ihr Geist wurde ruhig und klar und all die Qualen ihrer harten Askese schwanden, denn wenn man schließlich die Frucht seiner Bemühungen erntet, verwandelt sich alle Qual in große Freude.

Sie nahm wieder Speise und Trank zu sich und schlief auf einer herrlichen Bettstatt, die mit Blumen geschmückt und mit dem lieblichen Duft von Sandelpaste versehen war.

Hier endet im neunten Buch des Shrimad Devī Bhāgavatam, des Mahāpurānam von 18.000 Versen von Maharishi Veda Vyāsa, das siebzehnte Kapitel: Die Erzählung über Tulasī.

Kapitel 18
Die Vereinigung von Shankhachūda und Tulasī

Nārāyana sprach: Von großer Zufriedenheit erfüllt legte sich Tulasī freudigen Herzens zum Schlafen nieder. Während sie, die schöne Tochter des Vrishadhvaja, die in der Blüte ihrer Jugend stand, schlief, schoss der Liebesgott Kāmadeva fünf Pfeile auf sie ab, was zur Folge hatte, dass der Körper der Devī, obwohl er mit kühlender Sandelpaste eingerieben war und auf einem mit Blumen geschmückten bequemen

Bett ruhte, sich anfühlte, als ob er in Flammen stünde. Die Haare ihres Körpers richteten sich vor Freude auf, ihre Augen röteten sich und sie begann am ganzen Körper zu zittern.

Manchmal war sie voller Unruhe und manchmal fühlte sich ihre Haut wie ausgetrocknet an. Manchmal schien sie einer Ohnmacht nahe, manchmal war sie wie benommen und dann ging es ihr wieder ausgesprochen gut. Zu Zeiten war sie hellwach, dann wieder bekümmert. Ab und zu erhob sie sich aus ihrem Bett und wandelte umher, dann setzte sie sich wieder und dann legte sie sich erneut zum Schlafen nieder.

Das blumengeschmückte, mit Sandelpaste versehene Bett schien ihr voller Dornen zu sein. Köstliche süße Früchte und reines, kühles Wasser kamen ihr wie Gift vor. Ihr prächtiges Haus erschien ihr als ein düsteres Loch und ihr fein gewebtes Gewand schien ihren Körper zu verbrennen. Der auf ihre Stirn aufgemalte Sindūra-Punkt kam ihr wie ein Geschwür oder eine offene Wunde vor.

In ihren Träumen erschien ihr ein wunderschöner, gut gekleideter, humorvoller junger Mann, der ein Lächeln auf den Lippen trug. Sein Körper war mit Sandelpaste eingerieben und mit prächtigen Juwelen geschmückt. Eine Girlande aus Waldblumen zierte seinen Hals. Er nahte sich ihr und trank den Honig ihres Lotus-Antlitzes. Er sprach über die Liebe und andere liebliche Themen. Dann umarmte er sie liebevoll und sie erfreuten sich an der Lust der Vereinigung. Nach der Liebesvereinigung ging er fort, dann kam er erneut herbei und die junge Frau rief ihm zu *O Geliebter, o Gebieter über mein Herz, wohin gehst du? Komm doch her zu mir!* Als sie aus ihrem Traum erwachte, begann sie bitterlich zu weinen.

Als die Devī Tulasī das Jugendalter erreichte, begann sie in der Einsiedelei von Badari zu leben.

Inzwischen hatte der große Yogi Shankhachūda von Maharishi Jaigishavya das Krishna-Mantra erhalten und im Pushkara Tīrtha den Status eines Siddha erlangt. Er trug an seinem Hals das Kavacha namens Sarvamangalamaya und, nachdem er von Brahmā die Erfüllung seines Herzenswunsches erlangt hatte, begab er sich auf Brahmās Anweisung hin nach Badari.

An Shankhachūdas Körper waren gerade die ersten Anzeichen des Jugendalters zu erkennen und es schien, als ob der Liebesgott selbst in diesem Körper menschliche Gestalt angenommen hätte. Seine Hautfarbe glich der Farbe weißer Champaka-Blüten und sein ganzer Körper war mit Juwelenschmuck geziert. Sein Antlitz glich dem Herbstmond und seine Augen strahlten wie voll erblühte Lotusblumen. Der herrliche junge Mann saß in einem prächtigen Luftfahrzeug, das aus Perlen und Edelsteinen gefertigt war.

Zwei aus kostbaren Juwelen gefertigte Ohrringe reichten bis an seine Wangen, sein Hals war mit einer Girlande aus Pārijāta-Blüten geziert und sein Körper war mit Kunkuma und wohlduftender Sandelpaste eingerieben.

O Nārada, als Tulasī Shankhachūda herannahen sah, bedeckte sie ihr Antlitz mit einem Teil ihres Gewandes, warf ihm in freudiger Erwartung eines zärtlichen Zusammenseins lächelnd und geneigten Hauptes zärtlich-scheue Seitenblicke zu.

Ihr klares Antlitz war so schön, dass selbst der liebliche Herbstmond den Vergleich mit ihm scheuen musste. Ihre Zehen waren mit unvergleichlich wertvollem Schmuck geziert. Ihr Haarschopf war mit süß duftenden Mālatī-Girlanden umwunden.

Ihre wunderschönen kostbaren Ohrringe in der Form von Haifischen hingen bis auf ihre Wangen herab und glanzvolle Halsketten von unübertrefflicher Schönheit reichten bis zur Mitte zwischen ihren Brüsten und erhöhten deren Liebreiz. Ihre Arme waren mit Armreifen aus Juwelen und wohlgeformten Muscheln geziert und ihre Finger mit kostbaren Ringen aus Edelstein.

O Muni, als Shankhachūda diese liebreizend schöne, keusche junge Frau von gutem Charakter erblickte, ging er zu ihr, setzte sich bei ihr nieder und richtete an sie die folgenden Worte: O du stolze

Schöne, o herrliche junge Frau, wer bist du? Wessen Tochter bist du? Du siehst wahrlich vom Glück gesegnet aus unter den Frauen. Ich bin dein stummer Sklave. Bitte sprich zu mir!

Darauf antwortete die schönäugige Tulasī, im Herzen voller Liebe, lächelnd und geneigten Hauptes: Ich bin die Tochter des großen Königs Vrishadhvaja. Ich bin in diesen Wald gekommen, um hier Tapasyā zu praktizieren und damit bin ich immer noch beschäftigt.

Wer bist du? Wie kommst du dazu mich anzusprechen? Es steht dir frei, sogleich wieder fort zu gehen. Ich habe von den vedischen Schriften gehört, dass Männer, die einer edlen Familie entstammen, niemals mit einer Frau aus einer angesehenen Familie ein persönliches Gespräch führen. Nur unzüchtige Männer, die keinerlei Wissen der Dharma Shāstras und der Veden besitzen und die keine ehrbaren Menschen (kulīna) sind, führen gern solche vertraulichen Gespräche mit Frauen.

Und nur solche Frauen stimmen dem zu, die nur äußerlich schön sind, im Inneren aber voll ungezügelter Leidenschaft, die wahrlich die Verkörperung des Todes für die Männer sind, die süße Worte lispeln, aber Gift im Herzen tragen, die nach außen hin lieblich, aber innerlich wie ein scharfes Schwert sind, die stets nur danach trachten, ihre eigenen selbstsüchtigen Ziele zu verfolgen, die nur aus egoistischen Motiven ihren Ehemännern dienen und sich ansonsten verhalten, wie es ihnen gefällt, die im inneren voller Schmutz sind, aber nach außen hin ein hübsches Gesicht und liebliche Augen zur Schau stellen und deren Charakter man als verdorben bezeichnen muss – welcher intelligente, gebildete Mann edlen Geistes wird sich mit solchen Frauen abgeben oder ihnen vertrauen wollen?

Diese Art von Frauen unterscheiden nicht, wer ihre Freunde oder wer ihre Feinde sind; sie sind stets auf der Suche nach neuen Bekanntschaften. Sobald sie einen gut gekleideten Mann erblicken, wollen sie sogleich mit ihm ihre Leidenschaften befriedigen. Gleichzeitig geben sie äußerst sorgfältig vor, ganz treue und keusche Frauen zu sein. Sie sind mit ungezügelter Leidenschaft gefüllte Gefäße. Sie verführen immer wieder den Geist anderer und sind stets voller Begeisterung darauf aus, ihre eigene Lust zu befriedigen.

Sie weisen andere Männer mit Worten ab, obwohl sie in ihren Herzen weiterhin von dem Wunsch nach geschlechtlicher Vereinigung beherrscht werden. Wenn sie sich heimlich mit ihren Liebhabern treffen, freuen sie sich und lachen, aber nach außen hin stellen sie sich scheu und tugendhaft. Wenn sie einmal nicht mit ihren Liebhabern zusammen sein können, geraten sie in große innere Unruhe; ihre Körper brennen dann vor Zorn und sie suchen überall Streit. Sie sind glücklich, wenn ihre leidenschaftlichen Begierden befriedigt worden sind und wenn das einmal nicht möglich ist, sind sie voller Kummer.

Sie lieben wohlschmeckende, süße Nahrung und kühle berauschende Getränke und vor allem gut aussehende junge Männer, die potent und humorvoll sind. Sie bevorzugen geistreiche junge Männer als Liebhaber und lieben sie mehr als ihre eigenen Söhne. Wenn ein Liebhaber aber älter wird und seine Manneskraft nachlässt, sehen sie ihn alsbald als Feind an und dann gibt es nur noch Ärger und Streit. Sie verschlingen diese Männer dann, wie Schlangen Ratten auffressen. Sie sind die Dreistigkeit in Person und eine sprudelnde Quelle aller Laster und Übel. Selbst Brahmā, Vishnu und Mahesha werden von derartigen Frauen verblendet und ihr Geist findet keinen Halt mehr.

Solche Frauen sind das größte Hindernis für jede Askese und fest verschlossene Tore zur spirituellen Befreiung. Hingabe an Hari bleibt jenen Frauen fremd. Sie sind Behälter voller Māyā und binden die Männer mit eisernen Ketten an diese Welt. Sie sind wie Gaukler und so trügerisch und unwirklich wie Träume. Sie bezaubern andere durch ihre äußerliche Schönheit, aber ihre Unterkörper sind überaus hässlich, mit Kot und Urin gefüllt, übelriechend, überaus unheilig und mit Blut verschmiert.

Bhagavān, der Schöpfer hat sie als solche erschaffen, als Verkörperungen der Māyā und der Verblendung, als Gift für diejenigen, die nach Befreiung streben, die durch sie in fernste Ferne entschwindet.

Nach diesen Worten schwieg Tulasī.

O Nārada, daraufhin wandte sich Shankhachūda lächelnd mit den folgenden Worten an sie: O Devī, was du da gesagt ist, ist nicht vollständig falsch; es ist teilweise wahr und teilweise unwahr. Höre: Der Schöpfer hat diese alles bezaubernde weibliche Gestalt in zweierlei Form erschaffen; eine davon ist löblich und die andere ist es nicht.

Er hat Lakshmī, Sarasvatī, Durgā, Sāvitrī, Rādhā und andere als primäre Ursachen des Schöpfungsprozesses erschaffen und die eine Art von Frauen, die als Teilmanifestationen von diesen in Erscheinung treten, sind segensreich, herrlich und stets zu preisen.

Shatarūpā, Devahūtī, Svadhā, Svāhā, Dakshinā, Chhāyāvatī, Rohinī, Varunānī, Shachī, die Gemahlin des Kubera, Diti, Aditi, Lopāmudrā, Anasūyā, Kautabhī, Tulasī, Ahalyā, Arundhatī, Menā, Tarā, Mandodarī, Damayantī, Vedavatī, Gangā, Manasā, Pushti, Tushti, Smriti, Medhā, Kālikā, Vasundharā, Shasthī, Mangalachandī, Mūrti, die Gemahlin des Dharma, Svasti, Shraddhā, Shānti, Kānti, Kshānti, Nidrā, Tandrā, Kshudhā, Pipāsā, Sandhyā, Rātri, Divā, Sampatti, Dhriti, Kīrtī, Krīyzā, Shobhā, Prabhā, Shivā und andere edle Frauen, die aus der uranfänglichen Prakriti hervorgingen, werden in jedem Zeitalter zu Recht gerühmt.

Auch die singenden und tanzenden Himmelsmädchen (apsarā) gingen aus Teilen oder aus Teilen von Teilen der genannten Frauen hervor, aber diese sind in diesem Universum nicht preiswürdig und werden als unkeusche Frauen betrachtet.

Die Frauen, in denen das Sattva-Guna vorherrscht, sind ausgezeichnet und sehr mächtig. Sie sind gut, keusch und preisenswert in dieser Welt: Dies ist nicht unwahr und die vedischen Gelehrten bekräftigen dies. Die Frauen, die von den Gunas Rajas und Tamas beherrscht werden, sind weniger preisenswert. Dabei sind diejenigen, die unter dem Haupteinfluss von Rājo-Guna stehen, von mittlerer Art. Sie sind stets auf Sinnesfreuden aus und an diese gebunden und sie sind immer dazu bereit, ihre eigenen Ziele zu verfolgen. Diese Frauen sind im Allgemeinen unaufrichtig, betrügerisch, haben wenig Sinn für Tugend und Pflichterfüllung und sind unkeusch. Die vedischen Gelehrten sagen, dass sie von mittlerer Art (zwischen gut und schlecht) sind. Am schlimmsten sind diejenigen Frauen, die von Tāmo-Guna beherrscht werden.

Du hast Recht, ein Mann aus edler Familie wird niemals mit anderen Frauen sprechen, wenn sie allein sind, aber ich bin auf Brahmās Anweisung hin zu dir gekommen. O schöne Frau, ich möchte dich nun auf die Art und Weise der Gandharvas heiraten (eine sehr spontane, informelle Form der Eheschließung).

Mein Name ist Shankhachūda. Die Devas fliehen voller Furcht vor mir. Ich war einst ein enger Freund von Shrī Hari namens Sudāmā. Weil Rādhā mich verflucht hat, wurde ich als Dānava geboren. Ich war ein Gefolgsmann (pārishad) von Shrī Krishna und der oberste seiner acht Gopas. Infolge von Rādhikās Fluch nahm ich als Shankhachūda, der Indra (Herrscher) der Dānavas, Geburt an. Durch Shrī Krishnas Gnade und durch sein Mantra bin ich ein Jātismara – einer, der seine vorherigen Leben kennt. Du bist die Jātismarā Tulasī und Shrī Krishna hat sich am trauten Zusammensein mit dir erfreut; infolge des Zornes von Rādhikā kamst du dann in Bhārata zur Welt. Als ich dich damals sah, wollte ich sehr gern mit dir zusammen sein, aber die Furcht vor Rādhikā hinderte mich daran.

Nach diesen Worten hielt Shankhachūda inne.

Daraufhin antwortete ihm Tulasī lächelnd und freudigen Herzens: Persönlichkeiten wie du sind in der Tat ruhmreich in dieser Welt und gute Frauen sehnen sich nach einem solchen Ehemann. Wahrlich, du hast mich in dieser Diskussion besiegt. Ein Mann, der von einer Frau unterworfen wird, ist äußerst unrein und wird zu Recht von der Gesellschaft getadelt. Die himmlischen Bewohner von Pitri Loka,

Deva Loka und Gandharva Loka blicken verächtlich auf einen Mann herab, der sich Frauen unterworfen hat und selbst sein Vater, seine Mutter, seine Geschwister und Verwandten empfinden in ihrem Inneren Hass gegenüber einem solchen Menschen.

Es heißt in den Veden, dass die Unreinheiten, die bei Geburten und Todesfällen entstehen, durch Zeremonien beseitigt werden können, die für Brahmanen zehn Tage, für Kshatriyas zwölf Tage, für Vaishyas fünfzehn Tage und für Shūdras und andere niedere Stände einen Monat lang durchgeführt werden. Aber die Unreinheit eines Mannes, der Frauen unterworfen ist, kann durch kein anderes Mittel beseitigt werden als durch das Verbrennungsfeuer, das seinen Leichnam verzehrt. Die Pitris werden niemals die Opfergaben und die Darbringung von Wasser (tarpanam) eines Mannes annehmen, der Frauen verfallen ist; selbst die Devas zögern, Blumen, Wasser und andere Gaben eines solchen Mannes anzunehmen, wenn er ihre Namen anruft. Ein Mann, dessen Herz von Frauen unterjocht wurde, gewinnt keinerlei Frucht aus seinem Wissen, seiner Askese, der Wiederholung göttlicher Namen (japam), seinen Feueropfern, seiner Verehrung der Devas, seiner Gelehrsamkeit und seinem Ruhm.

Was ich vorhin zu dir sagte, sollte nur dazu dienen, dein Wissen, deine Bildung und deine Gelehrsamkeit zu prüfen, denn es ist ja äußerst ratsam, die Stärken und Schwächen eines künftigen Ehemannes einer Prüfung zu unterziehen.

Derjenige Vater begeht eine Sünde, die der eines Brahmanenmordes gleich kommt, wenn er seine Tochter mit jemandem verheiratet, der keine guten Eigenschaften hat, einem alten Mann, einem, der unwissend ist, einem Armen, Ungebildeten, Kranken oder Hässlichen, einem überaus zornmütigen oder grausamen Menschen, einem Lahmen, einem, dem Gliedmaßen fehlen, einem Tauben, einem, der stumpfsinnig und wie leblos ist oder einem Impotenten.

Wer seine Tochter einem jungen Mann von gutem Charakter zur Frau gibt, der gebildet und tüchtig ist sowie eine sanfte und friedvolle

Art hat, erlangt dadurch Früchte (punyam), die denen der Durchführung von zehn Pferdeopfern gleichen.

Wenn jemand eine Tochter großzieht und sie dann aus Geldgier verkauft, fällt er in die Kumbhīpāka-Hölle; dort weilend muss er den Urin jener Tochter trinken und ihre Exkremente essen: Über einen Zeitraum, welcher der Lebensdauer von vierzehn Indras entspricht, wird er in der Hölle von Würmern und Krähen gebissen, wird dann nach Ablauf dieser Zeit in der Welt der Menschen mit einem kranken Körper wiedergeboren und muss in dieser menschlichen Gestalt seinen Lebensunterhalt mit dem Herumschleppen und Verkaufen von Fleisch verdienen.

Als Tulasī nach diesen Worten innehielt, erschien Brahmā vor den beiden und sprach zu Shankhachūda: O Shankhachūda, warum verschwendest du deine Zeit damit, hier mit Tulasī sinnlos Worte zu wechseln? Heirate sie alsbald nach der Sitte der Gandharvas!

So wie du ein Juwel unter den Männern bist, so ist sie ein Juwel unter den Frauen. Wenn ein geistreicher, humorvoller Mann und eine geistreiche, humorvolle Frau zusammenkommen, so stellt dies eine überaus glückliche Verbindung dar.

O König, wer wird das Glück von sich weisen, das direkt vor ihm steht? Wer eine solche freudvolle Gelegenheit vorübergehen lässt, ist in dieser Welt schlimmer als ein wildes Tier.

Dann wandte Brahmā sich an Tulasī und sagte zu ihr: O Tulasī, weshalb willst du diesen edlen Mann von gutem Charakter einer Prüfung unterziehen, welcher der Züchtiger der Devas, Asuras und Dānavas ist?

O mein Kind, so wie Lakshmī Devī als Gemahlin zu Nārāyana gehört, Rādhikā zu Krishna, Sāvitrī zu mir, Bhavānī zu Bhava, die Erde zum Eber, Dakshinā zu Yagya, Anasūyā zu Atri, Ahalyā zu Gotama, Rohinī zum Mondgott Chandra, Tārā zu Brihaspati, Satarūpa zu Manu, Rati zu Kandarpa, Aditi zu Kashyapa, Arundhatī zu Vasishtha, Devahūti zu Karddama, Svāhā zu Agni, Shachī zu Indra, Pushti zu

Ganesha, Devasenā zu Skanda und Murti zu Dharma, so sollst auch du als seine geliebte Ehefrau zu Shankhachūda gehören.

Mögest du mit dem überaus gutaussehenden Shankhachūda lange Zeit glücklich sein und dich seiner an vielen schönen Orten nach Herzenslust erfreuen. Wenn Shankhachūda einst seine sterbliche Hülle verlässt, wirst du nach Goloka gehen, dort das Zusammensein mit dem zweiarmigen Krishna genießen und in Vaikuntha voller Freude mit dem vierarmigen Krishna vereint sein.

Hier endet im neunten Buch des Shrimad Devī Bhāgavatam, des Mahāpurānam von 18.000 Versen von Maharishi Veda Vyāsa, das achtzehnte Kapitel: Die Vereinigung von Shankhachūda und Tulasī.

Kapitel 19
Wie die Devas sich nach der Hochzeit von Tulasī und Shankhachūda nach Vaikuntha begaben

Nārada sagte: O Bhagavān, welch eine wundervolle Geschichte du mir da erzählt hast! Meine Ohren haben noch nicht genug davon zu hören. Bitte erzähle mir, was danach geschah.

Nārāyana sprach: O Nārada, nachdem Brahmā, der Schöpfer der Welten, das Paar gesegnet hatte, kehrte er zu seiner Heimstätte zurück.

Der Dānava heiratete alsbald Tulasī nach der Sitte der Gandharvas. Die himmlischen Trommeln erklangen und Blüten regneten auf die beiden herab. Der Dānavendra (Herrscher über die Dānavas) erfreute sich in seinem schön geschmückten Haus am Zusammensein mit seiner Braut und Tulasī genoss mit ihm die Freuden der Liebe und war geradezu süchtig nach ihm.

Die keusche Tulasī und der energievolle Shankhachūda versanken in ihrem Liebesrausch in einem Ozean der Freude und genossen lustvoll die vierundsechzig Arten der Liebesvereinigung. An all den unterschiedlichen lustvollen wechselseitigen Verbindungen der

Gliedmaßen des Liebhabers und der Geliebten miteinander, die in den Schriften über die Liebeskunst beschrieben werden, erfreuten sie sich hemmungslos und voller Begeisterung.

Ihr Zusammensein fand an einem abgelegenen Ort und zudem in einer lieblichen und romantischen Umgebung statt, sodass nichts dem vielfältigen Genuss der Liebesfreuden entgegenstand. Am Ufer eines Flusses oder in prächtigen Blumengärten schliefen sie auf einem mit Sandelpaste versehenen Blumenbett und genossen die Freuden der Liebe. Beide waren mit herrlichem Juwelenschmuck geziert und in der Liebeskunst bestens bewandert und so fand keiner von beiden einen Grund, ihr lustvolles Beisammensein zu beenden.

In ihrem jugendlichen Liebreiz stahl sich die keusche Tulasī mühelos in Shankhachūdas Herz und auch Shankhachūda, der ein Meister darin war, die Wünsche seiner Partnerin zu erkennen, gewann rasch Tulasīs Herz.

Tulasī wischte die Markierungen aus Sandelpaste von der Brust des Shankhachūda fort und ebenso die Tilak-Verzierung von seiner Nase. Der König tilgte seinerseits den Sindura-Punkt und die Alakā-Markierungen von Tulasīs Stirn und verursachte mit seinen Fingernägeln kleine Male auf ihren vollen, runden Brüsten. Auch Tulasī fügte dem König mit ihren Armbändern zärtliche Verletzungen an seiner linken Körperseite zu. Dann biss der König leidenschaftlich Tulasīs Lippen. So umarmten sie einander, küssten sich und streichelten gegenseitig ihre Hüften, Schenkel und andere Körperteile.

Nachdem sich die beiden ausgiebig dem Liebesspiel gewidmet hatten, erhoben sie sich und kleideten sich in schöne Gewänder ihrer Wahl.

Tulasī trug mit Safran vermischte rotfarbene Sandelpaste auf Shankhachūdas Nase auf, rieb seinen Körper mit süß-duftender Sandelpaste ein, gab ihm lieblich-riechende Betelblätter in seinen Mund, half ihm, sich in himmlische Gewänder einzukleiden, legte ihm eine herrliche Girlande aus Pārijāta-Blüten um seinen Hals, die

Krankheit und Alter vertreiben, streifte ihm kostbare Juwelenringe, die in der Welt ihresgleichen suchen, auf seine Finger und während sie sich hingebungsvoll zu den Füßen ihres Gemahls verneigte, sagte sie immer wieder zu ihm: O Herr, ich bin deine Dienerin. Dann erhob sie sich wieder und blickte ihm lächelnd mit stetem Blick in die Augen.

Der König Shankhachūda drückte daraufhin seine geliebte Tulasī an seine Brust, zog ihren Schleier zur Seite, um sich am Anblick ihres lieblichen Gesichtes zu erfreuen, küsste sie auf ihre Lippen und Wangen und schenkte ihr lächelnd Gewänder, die aus dem Hause des Gottes Varuna stammten, ein Halsband aus Juwelen, das in den drei Welten seinesgleichen sucht, kostbare Fußringe von Svāhā, der Ehefrau des Feuergottes Agni, Armreife von Chhāyā, der Gemahlin des Sonnengottes Sūrya, die beiden Ohrringe von Rohinī, der Ehefrau des Mondgottes Chandra, die herrlichen Fingerringe von Rati, der Frau des Liebesgottes Kāmadeva, eine wunderbar prächtige Muschelschale, eine Gabe von Vishvakarmā, wunderschöne mit Perlen gezierte Bettwäsche sowie Juwelen und anderes kostbares Geschmeide.

Dann wand der König Blumengirlanden in Tulasīs Haarschopf, markierte ihre Wangen mit unterschiedlichen hübsch anzusehenden Alakā-Mustern aus Sandelpaste, die drei mondsichelförmige Linien aufwiesen, und trug um diese herum Punkte aus Safranpaste auf. Er zierte sie mit einem strahlenden Sindura-Mal, das einer leuchtenden Flamme glich, und zierte ihre Füße und Zehen mit rötlichem Āltā. Dann presste er ihre Füße auf seine Brust und sagte immer wieder zu ihr *Ich bin dein Diener!* und drückte Tulasī leidenschaftlich an seine Brust.

Schließlich verließen die beiden den Ort ihres trauten Zusammenseins und besuchten eine ganze Reihe anderer Orte und vergnügten sich im Malaya-Gebirge und anderen herrlichen Gebirgsorten, in abgelegenen Blumengärten, in den Höhlen der Berge, an schönen Meeresstränden, an den Ufern des Flusses Pushpabhadrā, dessen Wasser eine kühlende Brise heranwehte, an zahlreichen Ufern anderer Flüsse und im Vishpandana-Wald, in dem die Luft im Frühling von dem lieblichen Zwitschern der Vögel erfüllt war.

Vom Vishpandana-Wald aus reisten sie weiter zum Surasena-Wald, vom Surasena-Wald aus weiter zum Nandana-Wald, vom Nandana-Wald aus weiter zu dem lieblichen Chandana-Wald und von dort aus bereisten sie dann die Wälder namens Champaka, Ketakī, Mādhavī Kunda, Mālatī, Kumuda und schließlich die Lotus-Wälder. Danach besuchten sie den Kalpavriksha-Wald, dessen Bäume alle Wünsche erfüllen und den Wald aus Pārijāta-Bäumen.

Anschließend suchten sie den abgelegenen Ort auf, der Kānchan genannt wird, dann den Kānchi Wald, den Kīnjalaka Wald, dann das goldene Kānchanākar, dann Kanchuka und zahlreiche andere Wälder, die von den lieblichen Rufen der Kuckucke widerhallten.

An all diesen Orten erfreuten sie sich aneinander nach Herzenslust auf herrlichen Bettstätten, die mit Blumen bestreut und mit süß duftender Sandelpaste versehen waren – und keiner von beiden, weder Shankhachūda noch Tulasī, vermochten den Durst nach weiterem lustvollen Zusammensein zu löschen, sondern ihre Leidenschaft wurde immer wieder aufs Neue entflammt, wie die Flammen eines Opferfeuers, in das immer wieder geklärte Butter hineingegossen wird. Schließlich führte der König der Dānavas Tulasī heim in sein eigenes Königreich und erfreute sich in seinem bezaubernden Gartenhaus immer wieder am Zusammensein mit ihr. So verbrachte der mächtige Herrscher über die Dānavas ein ganzes Manvantara (Zeitalter) lang seine Zeit damit, sich an seinem Königreich zu erfreuen und dehnte in dieser Zeit seine Herrschaft über die Devas, Asuras, Dānavas, Gandharvas, Kinnaras und Rākshasas aus.

Die Devas verloren all ihre Herrschaftsgebiete und ihre Heimat und irrten überall wie Bettler umher. Schließlich begaben sich die Götter alle gemeinsam zu Brahmās Ratsversammlung, klagten ihm jammernd ihr Leid und erzählten ihm die vollständige Geschichte davon, wie der Dānava Shankhachūda sie vertrieben und unterdrückt hatte.

Als Brahmā dies alles vernommen hatte, suchte er mit ihnen zusammen Shankara auf und berichtete ihm alles, was geschehen war. Nachdem Mahādeva dies vernommen hatte, machte er sich mit ihnen auf den Weg zu der höchsten Stätte, nach Vaikuntha, das jenseits des Einflusses von Alter und Tod existiert.

Als sie zum ersten Eingang der Heimstatt von Nārāyana gelangten, erblickten sie dort die wachsamen Hüter des Tores, die ihren Sitz auf Thronen eingenommen hatten, die aus Juwelen gefertigt waren; sie waren alle von einer leuchtenden Aura umgeben, in gelbe Gewänder gekleidet, mit kostbarem Juwelenschmuck geziert, trugen herrliche Girlanden aus Waldblumen und ihre Körper leuchteten in dunkelblauer Farbe (shyāma sundara). Sie alle hatten vier Arme, in denen sie Muschelhorn, Keule, Diskus und Lotus hielten. Ihre Gesichter zeigten ein liebliches Lächeln und ihre Augen strahlten wie voll erblühte Lotusse.

Als Brahmā sie um Erlaubnis bat einzutreten, gaben sie mit einem Nicken ihre Zustimmung. Brahmā und die anderen Devas durchschritten, eines nach dem anderen, insgesamt sechzehn Tore, bis sie schließlich vor Nārāyana traten. Als sie dort ankamen, sahen sie, dass die gesamte Versammlungshalle mit Devarishis und wie Nārāyana selbst aussehenden Gefolgsleuten (pārisada) gefüllt war, die mit herrlichen Kaustubha-Juwelen geschmückt waren. Beim Anblick dieser Versammlung (sabhā) hatte man den Eindruck, als wenn gerade eben der Mond aufgegangen wäre und seine leuchtenden Strahlen ringsum ausbreitete.

Auf Anweisung von Shrī Hari war der Raum überall mit prächtigen Diamanten, unschätzbar kostbaren Edelsteinen und ringsum mit aus Edelsteinen und Juwelen gefertigten Ketten ausgestattet worden. An anderen Stellen verbreiteten Perlenketten ihren herrlichen

Glanz, die dem der Girlanden aus Juwelen und Edelsteinen in nichts nachstanden. Mancherorts waren kreisförmig angeordnete Spiegel zu sehen und an anderer Stelle zierten unzählige kunstfertig angelegte Muster die Halle. Hier und da sah man die Juwelen namens Padmarāga, die kunstvoll in Form sich entfaltender Lotusblumen angeordnet waren und ringsum ihren herrlichen Glanz verbreiteten. An vielen anderen Stellen waren Stufen aus prächtigen Ayamantak-Juwelen zu bewundern. Rings um die Versammlungshalle herum erhoben sich wunderbare Säulen, die aus Indrānīlam-Juwelen gefertigt waren. Die oberen Enden der Säulen waren kunstvoll durch Sandelblätter-Ranken miteinander verbunden.

Mancherorts sah man mit kristallklarem Wasser randvoll gefüllte goldene Krüge aufgestellt und ringsum waren Girlanden aus Pārijāta-Blüten angebracht. Die Halle war mit wohlriechenden Sandelbäumen geschmückt, deren Farbe rötlich wie Safran oder Moschus aussah und süße Wohlgerüche erfüllten ringsum die Luft. Hier und dort konnte man sich am Tanz der himmlischen Vidyādharīs erfreuen. Die Versammlungshalle maß eintausend Yojanas und zahllose Bedienstete gingen in ihr den verschiedensten Tätigkeiten nach.

Brahmā, Shankara und die anderen Götter erblickten Shrī Hari, der im Zentrum der Halle auf einem unermesslich kostbaren Juwelenthron saß und der dem Mond in einem Meer von Sternen glich. Er trug die Krone auf seinem Haupt und seine Ohren waren von herrlichen Ohrringen geziert. Er trug Girlanden aus Wildblumen um seinen Hals. Sein Körper war über und über mit Sandelpaste eingerieben und er hielt die liebliche Lotusblume namens Kelipadma in seiner Hand. Lächelnd verfolgte er den Tanz und die Musik, die ihm vorgetragen wurden. Der Herr von Sarasvatī strahlte tiefen Frieden aus. Lakshmī Devī hielt zärtlich seine Lotusfüße und er kaute die Betelblätter, die ihm von ihr dargebracht worden waren. Gangā fächelte ihm mit einem weißen Fächer kühlende Luft zu und seine Verehrer sangen ihm hingebungsvoll gesenkten Hauptes Hymnen zu.

Brahmā und die anderen Götter verneigten sich vor ihm und ihre Körper waren dabei von ekstatischer Freude erfüllt. Tränen entströmten ihren Augen und ihre Stimmen stockten vor überwältigendem Gefühl.

Der Schöpfergott Brahmā gab ihm dann mit geneigtem Haupte und ehrerbietig zusammengelegten Händen einen vollständigen Bericht über Shankhachūda und seine Taten. Als der allwissende Hari, der die Herzen aller Wesen kennt, diesen Bericht Brahmās vernommen hatte, lächelte er und offenbarte Brahmā den geheimnisvollen Hintergrund von dem, was geschehen war.

Bhagavān Hari sprach: O Lotusgeborener, ich weiß alles über Shankhachūda. Er war in seinem vorherigen Leben mein großer Verehrer und ein überaus energievoller Gopa. Ich will dir nun eine Geschichte erzählen, die sich vor langer Zeit in Goloka zugetragen hat, höre aufmerksam zu. Diese Geschichte über Goloka zu hören vernichtet die Sünden und ist äußerst verdienstvoll.

Shankhachūda war in seinem vorigen Leben der Gopa Sudāmā, der oberste meiner Gefolgsleute. Infolge eines furchtbaren Fluches, den Shrī Rādhā über ihn aussprach, nahm er schließlich als Dānava Geburt an. Eines Tages begab ich mich in Begleitung von Virajā Gopī zum Rāsa Mandalam. Als meine geliebte Rādhā dies von einer Dienerin erfuhr, eilte sie sogleich mit der ganzen Heerschar ihrer Gespielinnen (sakhī) zum Rāsa Mandalam. Als sie dort Virajā erblickte, die in einen Fluss verwandelt worden war, und sie mich nirgendwo sehen konnte, dachte sie, ich sei verschwunden, und kehrte zusammen mit all ihren Sakhīs wieder heim.

Als ich dann später in Begleitung von Sudāmā heimkehrte, beschimpfte Rādhā mich lautstark. Ich schwieg daraufhin, aber Sudāmā konnte es nicht ertragen, dass sein Bhagavān beschimpft wurde und beschimpfte seinerseits in meiner Gegenwart Rādhā – etwas, das für sie in Anbetracht ihres Status und ihrer Würde gänzlich untragbar war.

Als Rādhā seine harsche Zurechtweisung hörte, wurden ihre Augen rot vor Zorn, und sie gab sogleich ihren Sakhīs den Befehl, Sudāmā fortzuschaffen. Er begann daraufhin vor Furcht zu zittern. Auf Rādhās Befehl hin erhoben sich sogleich Hunderttausende von Sakhīs, um den heißblütigen, unbotmäßigen Sudāmā zu vertreiben. Daraufhin schrie Sudāmā Rādhā erneut voller Empörung an. Als Rādhā dies hörte, verfluchte sie ihn mit den Worten: Du sollst aus dem Leibe einer Dānavī geboren werden!

Als Sudāmā diesen furchtbaren Fluch vernommen hatte, verneigte er sich vor mir und ging weinend fort. Daraufhin schmolz Rādhā, die Verkörperung der Barmherzigkeit, in Mitgefühl zu ihm dahin, und sie bat ihn wieder und wieder, doch nicht fortzugehen. Rādhā weinte, rief ihm zu *O mein Kind, warte doch! Wohin willst du denn gehen? Komm doch zurück, du musst doch gar nicht fortgehen!*, und war außer sich vor Kummer. Auch all die Gopas und Gopīs begannen zu weinen.

Daraufhin erklärte ich ihnen: In etwa einem halben Augenblick wird Sudāmā wieder hierher zurückkehren, nachdem er die Bedingungen des Fluches erfüllt hat. O Sudāmā, komme wieder hierher, sobald der Fluch abgegolten ist. Danach tröstete ich auch die weinende Rādhā.

Ihr müsst wissen, dass ein Augenblick (kshan) in Goloka einem Zeitalter (manvantara) auf der Erde entspricht. Daher wird der Yogi Shankhachūda, der ein Experte der Magie der Bewusstseinskräfte (māyā) ist, schon sehr bald wieder von der Erde hierher zurückkehren. Nehmt diese meine Shūla Waffe (eine magische Lanzenwaffe) und begebt euch nach Bhārata. Shiva wird den Dānava mit dieser Shūlastra töten. Der Dānava trägt stets meine herrliche Kavacha an seinem Hals, die ihn befähigt, das ganze Universum zu unterjochen. Niemand vermag ihn zu töten, solange er diese Kavacha trägt. Daher werde ich als Erstes in Gestalt eines Brahmanen zu ihm gehen und von ihm die Kavacha als Gabe erbitten.

O Schöpfer, zudem hast du ihm die Erfüllung seines Wunsches gewährt, dass er erst dann zu Tode kommen kann, wenn die Keuschheit und Treue seiner Ehefrau verlorengeht. Daher werde ich mich auf den Weg machen und mit seiner Ehefrau verkehren; dann wird sein Tod unfehlbar eintreten. Seine Ehefrau wird danach zu mir kommen und meine liebste Gemahlin sein.

Nachdem Nārāyana diese Worte gesprochen hatte, überreichte er Mahādeva die Shūlastra und begab sich dann voller Freude in seine inneren Gemächer.

Brahmā, Rudra und die anderen Devas inkarnierten sich daraufhin in Bhārata.

Hier endet im neunten Buch des Shrimad Devī Bhāgavatam, des Mahāpurānam von 18.000 Versen von Maharishi Veda Vyāsa, das neunzehnte Kapitel: Wie die Devas sich nach der Hochzeit von Tulasī und Shankhachūda nach Vaikuntha begaben.

Kapitel 20
Shankhachūda bereitet sich auf den Krieg mit den Devas vor

Nārāyana fuhr fort: Nachdem Brahmā Shiva die Aufgabe zugewiesen hatte Shankhachūda zu töten, begab er sich zurück in sein Heim. Auch die anderen Devas kehrten zu ihren jeweiligen Heimstätten zurück.

Mahādeva errichtete daraufhin am Ufer des Flusses Chandrabhāga unter dem herrlichen Bata-Baum sein großes Kriegszelt auf und errichtete dort sein Lager, um den Sieg der Devas vorzubereiten.

Dann sandte er Chitraratha, den Herrscher der Gandharvas, als Botschafter zu dem Dānavakönig Shankhachūda. Auf Anweisung von Mahādeva machte sich Chitraratha sogleich auf den Weg zur Hauptstadt des Herrschers über die Daityas, die prächtiger war als Indras Palast und reicher als das Schatzhaus des göttlichen Schatzmeisters Kubera.

Die Stadt war fünf Yojanas breit und zweimal so lang und war aus Perlen- und Juwelenkristallen gebaut. Nach allen Seiten zogen sich breite Straßen hin. Sie war von sieben Stadtgräben umgeben, die einer nach dem anderen nur schwer zu überqueren waren. Die prächtigsten Gebäude der Stadt bestanden aus zahllosen Rubinen und anderen Edelsteinen, die hell wie Flammen leuchteten.

Es gab dort hunderte von Verbindungsstraßen, Märkten und Stallungen und zahllose herrliche Plattformen, die aus Juwelen gefertigt waren. Ringsum waren beeindruckende, geräumige Gebäude von Händlern und Kaufleuten zu sehen, in denen die verschiedensten Dinge gelagert wurden. In der Stadt gab es hunderte und tausende prächtiger Gebäude, die schöne Verzierungen aufwiesen und aus unterschiedlichen Arten zinnoberroter Steine gebaut waren.

Schließlich gelangte Chitraratha in der Mitte der Stadt zu dem gewaltigen Palast Shankhachūdas, der rund wie der Vollmond aussah. Er war von vier Gräben umgeben, aus denen Flammen emporzüngelten; diese waren so konstruiert, dass Feinde sie nicht überwinden konnten, während Freunde des Herrschers sie mühelos zu passieren vermochten.

Auf dem Dach des Palastes ragten aus Juwelen erbaute Türme hoch in den Himmel empor und die zwölf Tore zum Palast wurden von aufmerksamen Torwächtern bewacht. Im inneren Kreis des Palastes waren Hunderttausende von Gebäuden angesiedelt, die aus herrlichen Juwelen bestanden. In jedem Raum gab es Treppen und Stufen, die ebenfalls aus kostbaren Edelsteinen gefertigt waren, und auch sämtliche Säulen des Gebäudes bestanden aus Edelsteinen, Juwelen und Perlen.

Pushpadanta (Chitraratha) sah all dies und als er zum ersten Tor gelangte, erblickte er dort eine schreckenerregende Gestalt mit kupferfarbener Haut und flammenden Augen, die dort lächelnd mit einem Dreizack in der Hand saß. Chitraratha sagte, dass er als Botschafter komme und durfte passieren. Dann durchschritt er ein Tor nach dem anderen, ohne aufgehalten zu werden, obwohl er offen sagte, dass er als Bote eine Kriegserklärung überbringen wollte. Als der Gandharva schließlich das letzte Tor erreichte, sprach er zu dem Torwächter: O Hüter des Tores, bitte teile dem Herrscher der Dānavas mit, dass ich gekommen bin, um ihn über einen bevorstehenden Krieg zu informieren. Der Torwächter ließ ihn daraufhin passieren.

Im Inneren des Hauptgebäudes des Palastes erblickte der Gandharva-König die herrliche Gestalt Shankhachūdas, der von seinen Ministern umgeben auf einem goldenen Thron saß. Ein Diener hielt einen mit prächtigen himmlischen Juwelen verzierten Schirm, dessen Stab mit einem Blumenmuster aus Juwelen geschmückt war, über das Haupt des Herrschers der Dānavas. Andere Diener fächelten dem König mit weißen Wedeln kühlende Luft zu und Shankhachūdas schöne, liebliche Gestalt war in ein herrliches Gewand gekleidet, in das zahlreiche kostbare Juwelen eingewoben waren. Er trug wunderschöne Girlanden um den Hals, trug allerfeinste himmlische Gewänder und war von dreißig Millionen kraftvoller Dānavas umgeben. In der gewaltigen Halle marschierten siebzig Millionen wohlbewaffneter Dānava-Krieger umher.

Von großem Staunen erfüllt sah Pushpadanta den Dānava inmitten seiner Gefolgsleute und sprach zu ihm: O König, ich bin der Gesandte von Shiva und mein Name ist Pushpadanta. Höre, was Shiva mir für dich aufgetragen hat: Du sollst unverzüglich den Devas ihre vorherigen Rechte zurückgeben. Die Devas haben Shrī Hari aufgesucht und zu ihm Zuflucht genommen. Shrī Hari übergab Shiva daraufhin eine mächtige Shūla-Waffe und entließ dann die Devas. Der dreiäugige Gott hat derzeit sein Kriegslager am Ufer des Flusses Pushpabhadrā im Schatten des Bata-Baumes aufgeschlagen und er trug mir auf, dir zu sagen: Gib entweder den Devas ihre Rechte zurück oder kämpfe mit mir.

Bitte gib mir darauf eine Antwort und ich werde sie ihm treulich wiedergeben.

In der Zwischenzeit waren die folgenden hohen Persönlichkeiten mit ihren herrlichen, mit Juwelen und Edelstein besetzten Himmelsfahrzeugen, bei Shiva eingetroffen, um ihn im Kampf zu unterstützen: Skanda, Vīrabhadra, Nandī, Mahākāla, Subhadraka, Vishālāksa, Bāna, Pingalāksha, Vikampana, Virūpa, Vikriti, Manibhadra, Vāskāla, Kapilāksha, Dīrgha Dangstra, Vikata, Tāmralochana, Kālākantha, Balībhadra, Kālajīhba, Kutīchara, Balonmatta, Ranashlāghī, Durjaya, Durgama, die elf Rudras, die acht Vasus, Indra, die zwölf Ādityas, Agni, Chandra, Vishvakarmā, die beiden Ashvins, Kubera, Yama, Jayanta, Nala Kūbara, Vāyu, Varuna, Budha, Mangala, Dharma, Shanī, Ishāna, der mächtige Kāmadeva, Ugradamshtrā, Ugrachandā, Kotarā, Kaitabhī und die schreckenerregende achtarmige Devī Bhadrakālī.

Kālī trug ein blutrotes Gewand und ihr ganzer Körper war mit roter Sandelpaste eingerieben. Sie tanzt, lacht und singt voller Ausgelassenheit, gewährt ihren Verehrern Freiheit von jeglicher Furcht und versetzt die Feinde in Schrecken.

Ihre schreckliche Zunge ist weit herausgestreckt und ein Yojana lang. In ihren acht Händen trägt sie Muschelhorn, Diskus, Keule, Lotus, Axt, ein Fell, Pfeil und Bogen und ein Trinkgefäß in der Form eines menschlichen Totenschädels, das sehr tief ist und einen Durchmesser von einem Yojana hat.

Ihr Dreizack reicht bis in den Himmel hinauf und ihre Shakti-Waffe (ein Speer) ist ein Yojana lang. An unfehlbaren göttlichen Waffen ist sie unter anderem noch mit Mudgara, Mushala, Vajra, Kheta, einem leuchtenden Schild, Vaishnava-Waffe, Varuna-Waffe, der Āgneyāstra-Feuerwaffe, Nāgapāsha, Nārāyanāshtra, Gandharva-Waffen, Brahmā-Waffen, der Gadudāshtram, der Pārjanayāshtram, der Pāshupatāshtram, der Jrimbhanāshtram, der Pārvatāshtram, der Maheshvarāshtram, der Vāyavyāshtram, der Sanmohanam- Schlinge und hunderten anderer göttlicher Waffen ausgerüstet.

Dreißig Millionen Yoginīs und fünfunddreißig Millionen schreckenerregende Dākinīs bildeten die Begleiterschar von Bhadrakālī und ebenso unüberschaubare Heere von Bhūtas, Pretas, Pishāchas, Kusmāndas, Brahmā Rākshasas, Rākshasas, Vetālas, Yakshas und Kinnaras.

Dann kam auch Kārtikeya dort an und verneigte sich ehrerbietig vor seinem Vater Mahādeva, der ihn als Mitstreiter willkommen hieß und ihn zu seiner Linken Platz nehmen ließ. Schließlich stellte sich die gesamte Armee in Schlachtordnung auf.

In der Zwischenzeit hatte sich Shankhachūda, nachdem Shivas Gesandter sich verabschiedet hatte, in die Versammlungshalle begeben und Tulasī über den bevorstehenden Krieg informiert.

Ala Tulasī diese Neuigkeit erfuhr, fühlten sich ihre Lippen, ihr Hals und ihr Gaumen wie ausgetrocknet an. Dann sprach sie sorgenvollen Herzens die folgenden süßen Worte zu ihrem Gemahl: O mein Herr, o mein Freund, o Gebieter über mein Leben, warte einen Moment, nimm an meiner Seite Platz, um mir Leben einzuhauchen und den Herzenswunsch meines Daseins zu erfüllen. Lass mich dich anschauen, um meine Augen zu erfreuen. Mein Atem ist gerade sehr aufgewühlt. Gegen Ende der Nacht hatte ich einen schlimmen Traum und seither steht mein Inneres gleichsam in Flammen.

Nach diesen Worten von Tulasī beendete der König Shankhachūda seine Mahlzeit und begann, auf ihr Wohl bedacht, die folgenden guten und wahren Worte zu ihr zu sprechen: O Dame meines Herzens, es ist die Zeit (kāla), die all die unterschiedlichen Kombinationen hervorbringt, durch welche man die Früchte des Karma genießt. Die Zeit ist es, die segensreiche und widrige Dinge hervorbringt. Die Zeit ist der eine und einzige Meister, der Schmerz, Furcht sowie alle guten und schlechten Dinge hervortreten lässt.

Bäume wachsen zu ihrer Zeit; ihre Zweige usw. treten hervor zu ihrer Zeit; die Blüten erscheinen zu ihrer Zeit und die Früchte bilden sich zu ihrer Zeit heraus. Die Früchte reifen zu ihrer Zeit und wenn die Bäume Früchte getragen haben, sterben sie ebenfalls zu ihrer Zeit ab.

O Schöne, das Universum tritt zu seiner Zeit hervor und geht zu seiner Zeit zugrunde. Ganz und gar auf Anweisung der Zeit erschaffen, erhalten und zerstören die Erschaffer, Erhalter und Zerstörer des Universums die Welten mit Hilfe der Zeit.

Die höchste Prakriti aber ist die Gottheit von Brahmā, Vishnu und Mahesha. Diese höchste Prakriti, die höchste Gottheit, erschafft, erhält und zerstört dieses Universum. Sie lässt die Zeit tanzen.

Allein durch ihre göttliche Willenskraft hat sie ihre untrennbar vereinheitlichte Prakriti in Māyā umgewandelt und erschafft so all die bewegten und unbewegten Dinge. Sie ist die Herrscherin über alle, die Allgestalt und die höchste Gottheit. Wo immer jemand etwas erschafft, erhält oder zerstört, ist es in Wahrheit sie, die das vollbringt. Du solltest daher jetzt Zuflucht nehmen zu dieser allerhöchsten Allmacht. Wisse, dass auf ihren Befehl hin der Wind bläst, dass auf ihren Befehl hin die Sonne Licht und Hitze verbreitet und auf ihren Befehl hin Indra den Regen hervorbringt. Auf ihren Befehl hin schreitet der Tod über die Wesen dahin, auf ihren Befehl hin verbrennt das Feuer alle Dinge und auf ihren Befehl hin zieht der Kühlung bringende Mond seine Bahn. Sie ist der Tod des Todes, die Zeit der Zeit, der Yama des Todesgottes Yama, das Feuer des Feuers und die Zerstörerin des Zerstörers. Daher nimm Zuflucht zu ihr.

In dieser Welt kannst du nicht mit Gewissheit sagen, wer wessen Freund ist. Daher bete zu ihr, der höchsten Gottheit, die der Freund aller Wesen ist.

O, wer bin ich und auch: Wer bist du? Der Schöpfer hat uns beide zusammen gebracht und so wird er uns auch entsprechend unserem Karma wieder voneinander trennen. Wenn Schwierigkeiten entstehen, werden die unwissenden Narren von Kummer überwältigt, aber die intelligenten, wissenden Persönlichkeiten fallen in keiner Weise der Täuschung oder dem Kummer anheim.

Das Rad der Zeit bewirkt, dass die Wesen zuweilen Freude erfahren und zu anderen Zeiten Schmerz. Du wirst ganz gewiss Nārāyana zu deinem Gemahl gewinnen, was du dir zuvor durch deine harte Askese in der Einsiedelei von Vadari verdient hast. Ich selbst habe durch mein Tapasyā die Gunst von Brahmā erlangt und er gewährte mir als Wunschgabe, dass ich dich zur Frau bekam – aber die Absicht, mit der du dein Tapasyā ausführtest, nämlich dass du Hari zum Gemahl gewinnen möchtest, wird sich ganz gewiss verwirklichen und so wirst du in Vrindāvan und in der Goloka-Welt mit Govinda vereint sein. Auch ich werde wieder nach Goloka zurückkehren, nachdem ich diesen meinen dämonischen Körper aufgegeben habe.

Jetzt unterhalte ich mich hier mit dir und später werden wir uns in der Goloka-Welt wieder begegnen. Infolge des Fluches von Rādhikā habe ich hier in Bhārata Geburt angenommen – was ansonsten nur schwer zu erreichen ist. Auch du wirst diesen deinen Körper aufgeben, eine göttliche Gestalt annehmen und dann mit Shrī Hari zusammen sein. Daher, o Geliebte, solltest du weder Kummer noch Sorge empfinden.

O Muni, mit Gesprächen dieser Art verbrachten sie den ganzen Tag, bis schließlich der Abend heranbrach. Shankhachūda, der Dämonenherrscher, legte sich dann mit Tulasī zusammen im Ratna Mandir, dem Juwelentempel, auf ein schön bereitetes Bett, das mit Blüten bestreut und mit duftender Sandelpaste eingerieben war. Dieser Juwelentempel war mit vielen Kostbarkeiten reich geschmückt und wurde von herrlichen Juwelenlampen beleuchtet. Shankhachūda verbrachte hier mit seiner geliebten Frau eine lustvolle Nacht.

Zuerst weinte die schlanke Tulasī viel; ihr Herz war bekümmert und sie wollte keine Nahrung zu sich nehmen, aber der König, der das innere Wesen der Realität kannte, zog sie an seine Brust und tröstete sie auf vielerlei Weise.

Die spirituellen Unterweisungen und tiefen Einsichten, die er einst im Bhāndīra-Wald von Shrī Krishna persönlich erhalten hatte, teilte er nun voller Achtsamkeit mit Tulasī und schließlich war Tulasī von grenzenloser Freude erfüllt. Sie begann das ganze

Universum als vergänglich anzusehen und genoss freudigen Herzens das Zusammensein mit ihrem Ehemann. Beide versanken in einem Meer der Glückseligkeit, ihre Körper waren von überwältigender Freude erfüllt und ihre Haare standen voller Ekstase empor. Von Liebessehnsucht erfüllt vereinigten sie sich dann miteinander gleichsam zu Ardhanārishvara - der Gestalt der Gottheit, die Mann und Frau in einem ist.

Tulasī sah Shankhachūda als ihren Herrn und Gebieter an und der Dānava-Herrscher sah seinerseits in Tulasī die große Liebe seines Lebens. Ihr Bewusstsein versank gänzlich in den freudevollen Empfindungen ihrer liebevollen Vereinigung. Als sie wieder zu sich kamen, begannen sie sich über Liebesdinge zu unterhalten und so verbrachten sie ihre Zeit in lieblichen Gesprächen, manchmal lachend und scherzend, manchmal sich gleichsam im Liebesrausch verlierend.

Sowohl Shankhachūda als auch Tulasī waren Experten in der Liebeskunst und so wurde keiner von beiden des zärtlichen Zusammenseins satt und keiner war dem anderen unterlegen.

Hier endet im neunten Buch des Shrimad Devī Bhāgavatam, des Mahāpurānam von 18.000 Versen von Maharishi Veda Vyāsa, das zwanzigste Kapitel: Shankhachūda bereitet sich auf den Krieg mit den Devas vor.

Kapitel 21
Das Treffen zwischen Mahādeva und Shankhachūda vor dem Ausbruch der Schlacht

Shrī Nārāyana sprach: Dann erhob sich der Dānava, der große Verehrer von Shrī Krishna, von seinem mit Blüten bestreuten Bett, und richtete seinen Geist in der Meditation zur frühen Morgenstunde, in der Stunde Brahmans (brahmā muhūrta), ganz auf Shrī Krishna. Er zog sein Nachtgewand aus, nahm ein Bad in reinem, klarem Wasser und zog ein frisch gewaschenes Gewand an. Dann brachte er auf seiner Stirn das leuchtende Tilak-Mal an und vollzog seine vorgeschriebene tägliche Andacht in der Verehrung der Gottheit seiner persönlichen Wahl (ishta devatā). Anschließend nahm er hochwertige Nahrung wie Quark, Ghee, Honig und gebratenen Reis zu sich und beschenkte wie jeden Tag die Brahmanen mit Juwelen, Perlen, Gewändern und Gold in allerbester Qualität.

Um den Segen für seinen Auszug in den Krieg zu erhalten, brachte er zu den Füßen seines Guru Deva unschätzbar kostbare Edelsteine, Juwelen, Perlen, Diamanten und andere wertvolle Dinge dar und verteilte schließlich voller Freude unter den ärmeren Brahmanen Elefanten, Pferde, große Reichtümer, Tausende von mit Waren wohlgefüllte Läden, Hunderttausende von Städten und zig Millionen von Dörfern.

Dann übertrug er seinem Sohn die Verantwortung über das Königreich, über seine Ehefrau und sämtliche Herrschaftsgebiete, Reichtümer, Besitztümer, Diener und Dienerinnen, Läden und Fahrzeuge. Er selbst legte seine Kriegsrüstung an und nahm Bogen, Köcher und Pfeile auf.

Dann sammelte sich auf den Befehl des Königs hin das Heer. 300.000 Reiter, 100.000 Elefantenreiter, 10.000 Kriegswagen, 30.000.000 Bogenschützen, 30.000.000 Rüstung tragende Fußsoldaten und 30.000.000 Dreizack-Träger machten sich kampfbereit.

Der König zählte seine Heerscharen und ernannte einen mächtigen Krieger (mahāratha), der in der Kriegskunst bestens bewandert war, zum obersten Befehlshaber der gesamten Armee. Es wurden weitere Befehlshaber für die 300.000 Akshauhinī große Armee ernannt und 300 Akshauhinī weitere Männer damit beauftragt, sich um die Versorgung der Armee zu kümmern [ein Akshauhinī besteht jeweils aus 21.870 Kriegswagen, ebenso vielen Elefantenreitern, 65.610 Reitern und 109.350 Fußsoldaten].

Dann rief sich Shankhachūda Shrī Hari ins Bewusstsein und zog mit seiner gewaltigen Armee in den Krieg. Er bestieg ein prächtiges

Gefährt, das aus herrlichen Juwelen gefertigt war, und machte sich an der Spitze seines Heeres zusammen mit seinem Guru und seinen erfahrenen Beratern auf den Weg zu Shankara.

O Nārada, Mahādeva weilte zu jener Zeit an den Ufern des Flusses Pushpabhadra. Dieser Ort war ein Siddhāshrama – eine Stätte, die für die Erlangung und Meisterung der höheren yogischen Geisteskräfte außerordentlich förderlich war. An dieser Stelle im heiligen Lande Bhārata hatte einst der Muni Kapila sein Tapasyā praktiziert. Sie wurde im Osten vom westlichen Ozean begrenzt, im Westen vom Malaya-Gebirge, im Süden von dem Berg Shrī Shaila und im Norden von dem Gandha-Mādana-Gebirge. Sie war fünf Yojanas breit und einhundert Mal so lang.

Dieser segensreiche Pushpabhadra-Fluss gewährt große spirituelle Verdienste (punyam) und ist stets von klarem Wasser erfüllt, das kraftvoll schäumend dahinfließt. Pushpabhadra ist die Lieblingsfrau des Salzozeans und sie ist überaus gesegnet. Sie entspringt dem Sharāvatī-Himālayā-Gebirge und mündet schließlich, mit dem Fluss Gomatī zu ihrer Linken, in den westlichen Ozean.

Als Shankhachūda dort ankam, sah er Mahādeva, wie zehn Millionen Sonnen erstrahlend, lächelnd in Yogahaltung nahe der Wurzel eines großen Feigenbaumes sitzen. Seine Hautfarbe war weiß wie ein reiner Bergkristall und das Feuer Brahmans (brahmā teja) leuchtete aus jeder Pore seines Körpers hervor. Er trug das Tigerfell und hielt Axt und Dreizack in Händen. Er vertreibt sämtliche Todesfurcht seiner hingebungsvollen Verehrer (bhakta). Sein Antlitz strahlt Frieden und Stille aus. Er, der Gemahl der Gaurī, gewährt die Früchte der Askese und schenkt Söhne, Wohlstand und Reichtum. Das lächelnde Antlitz von Āshutosha (der, dessen Gunst leicht zu erlangen ist) zeigt an, dass er stets an das Wohlergehen seiner Bhaktas denkt.

Er ist der Herr des Universums, der ewige Samen des Universums, die All-Gestalt und der Ahnherr der Welten. Er ist allgegenwärtig, allesdurchdringend, der Beste von allen, der Zerstörer des Universums, die Ursache aller Ursachen und der Erlöser von der Hölle. Er ist der Erwecker, der Schenker höchsten Wissens, die Essenz allen Wissens und sein Wesen ist Erkenntnis und Glückseligkeit.

Als der König der Dānavas jenen ewigen Purusha erblickte, stieg er sogleich von seinem Wagen herab und verneigte sich vor ihm und vor Bhadra Kālī zu Shivas Linken und vor Kārtikeya, der vor ihm saß; Shankhachūdas Gefolgsleute taten es ihm nach. Nandishvara und andere Gefolgsleute von Shankara erhoben sich von ihren Sitzen, als sie den Herrscher der Dānavas vor sich sahen und sprachen über ihn.

Der König begrüßte Shiva und nahm in seiner Nähe Platz. Dann richtete Bhagavān Mahādeva, die Verkörperung der friedvollen, in sich wachen Stille des Selbst, die folgenden Worte an den Dānava: O König, Brahmā, der Schöpfer des Universums, ist der Kenner und Vater des Dharma. Der tugendhafte Marīchi ist ein Sohn Brahmās und großer Verehrer von Vishnu. Auch der tugendhafte Prajāpati Kashyapa ist ein Sohn Brahmās. Daksha hat einst voller Freude dem Maharishi Kashyapa seine dreizehn Töchter zu Ehefrauen gegeben – die keusche, vom Glück gesegnete Danu ist eine von ihnen. Danu hat vierzig hochherzige Söhne zur Welt gebracht, die als die Dānavas bekannt wurden; der mächtige Viprachitti war der bedeutendste unter ihnen.

Viprachittis Sohn war Dambha; er besaß Selbstbeherrschung und war ein so hingebungsvoller Verehrer von Vishnu, dass er hunderttausend Jahre lang in Pushkara das Vishnu-Mantra rezitierte. Sein Guru war Shukrāchārya und auf dessen Rat hin rezitierte er das Mantra von Shrī Krishna, des höchsten Selbst. Du wurdest als sein Sohn geboren und besitzt ebenfalls Hingabe an Krishna.

In deinem vorherigen Leben warst du der oberste der Gopas von Krishna und du warst überaus tugendhaft. Infolge der Verfluchung durch Rādhikā nahmst du schließlich in Bhārata als mächtiger, heldenhafter, tapferer und ritterlicher Herrscher über die Dānavas Geburt an.

Die Vaishnavas, die Verehrer von Shrī Vishnu, sehen alle Dinge – von Brahmā bis hinab zu einem Grashalm – als nichtig und bedeutungslos an. Selbst wenn ihnen als spirituelle Errungenschaft Sālokya, Sārshti, Sāyujya und Sāmīpya mit Hari angeboten wird (verschiedene Stufen der Nähe zu Gott), bedeutet das für sie nicht mehr als ein Strohhalm und ohne die Möglichkeit, Hari weiterhin selbstlos und hingebungsvoll dienen zu können (sevā), nehmen sie diese Dinge nicht an, selbst wenn sie ihnen aufgedrängt werden. Selbst Brahmanschaft und Unsterblichkeit sehen die Vaishnavas für nichts an – sie wollen einzig und allein Hari dienen (sevā bhāva). Ein Status als Indra oder Manu ist bedeutungslos für sie.

Auch du bist ein wahrer Krishna Bhakta. Was bedeuten dir da die Besitztümer der Devas, die für dich illusionär und unwirklich sind. Gib den Devas ihre Königreiche zurück und mache mir damit eine Freude. Lass die Devas in ihre Heimstätten zurückkehren und erfreue dich an deinem eigenen Königreich, dann gibt es keinerlei Grund für weitere Streitigkeiten. Bedenke, dass ihr alle zur selben Familie des Kashyapa gehört. Todsünden wie zum Beispiel die Ermordung eines Brahmanen sind nicht einmal ein Sechzehntel so groß wie die Sünde, Feindschaft unter Verwandten zu säen.

O König, falls du denken solltest, dass deine Besitztümer dadurch gemindert werden, dass du den Devas ihr Eigentum zurückgibst, dann bedenke, dass ohnehin niemand sich im Leben stets in einem und demselben Zustand befindet. Immer, wenn die Prakriti sich auflöst, geht auch Brahmā dahin – dann tritt er, dem Willen Gottes zufolge, erneut hervor. Dies findet wieder und wieder statt. Es ist wahr, dass diese Erkenntnis (der Vergänglichkeit von allem) durch wahre Askese (tapasyā) gefördert wird, aber ebenso wahr ist, dass einem diese unverbrüchliche Wahrheit manchmal aus der Erinnerung verschwindet.

Der Schöpfer dieser Welt bringt diese Schöpfung immer wieder Schritt für Schritt hervor und es ist seine Wissensmacht (gyāna shakti), die ihn dazu befähigt. Im Satya-Yuga regiert das Dharma in seiner Fülle. Im Treta-Yuga ist seine Wirksamkeit um ein Viertel gemindert, im Dvāpara-Yuga ist es nur noch zur Hälfte wirksam und im Kali-Yuga ist die Kraft des Dharma auf ein Viertel reduziert. Auch für das Dharma gibt es also Zunahme und Abnahme. Am Ende des Kali-Yuga sieht das Dharma ganz dünn und kraftlos aus – so, wie die Mondsichel in der Neumondnacht kaum noch zu sehen ist.

Schau, auch die Sonne ist im Sommer sehr mächtig, aber nicht in der Winterzeit. Am Mittag entfaltet die Sonne große Hitze, aber am Morgen und am Abend ist dies nicht der Fall. Die Sonne geht zu einer bestimmten Zeit am Himmel auf und ist dann gleichsam jung. Zu einer anderen Zeit besitzt sie große Macht und zu einer anderen Zeit geht sie wieder unter. Manchmal ist die Sonne gleichsam schwach und kränklich und wird (von Wolken) verdeckt.

Wenn der Mond (während einer Mondfinsternis) von Rāhu verschlungen wird, zittert er vor Furcht; wenn er dann wieder frei wird, erstrahlt er erneut in seinem gewohnten Glanz. In der Vollmondnacht hat der Mond seine vollendet runde Gestalt, aber dies bleibt nicht so, denn in der dunklen Monatshälfte schwindet er Tag für Tag mehr, während er in der hellen Monatshälfte Tag für Tag zunimmt.

Während der hellen Monatshälfte nimmt der Mond immer mehr an Gesundheit und Wohlstand zu, aber während der dunklen Monatshälfte wird er immer dünner und dünner, als wenn er an Schwindsucht erkrankt wäre. Während einer Finsternis verblasst er vollständig, und wenn Wolken den Himmel bedecken, wird er verdeckt. Auch der Mond ist also zuweilen kraftvoll und strahlend und zu anderen Zeiten schwach und blass. Der Asuraherrscher Bali weilt derzeit in der Unterwelt Pātāla und sein Glück hat ihn verlassen, aber später wird er dann der Devendra, der Herrscher der Götter, sein. Diese Erde ist zu manchen Zeiten reich mit Getreide bedeckt und ist die Heimstatt aller Wesen. Zu einer anderen Zeit ist sie dann ganz und gar in den Tiefen des Wassers versunken.

Dieses ganze Universum entsteht zu einer Zeit und löst sich zu einer anderen Zeit wieder auf. Alles, ob es bewegt oder unbewegt ist, erscheint manchmal und verschwindet dann zu einer anderen Zeit wieder.

Nur Brahman, das höchste Selbst, bleibt stets unwandelbar. Durch seine Gnade erhielt ich den Namen Mrityunjaya, Sieger über den Tod, und so bin ich immer wieder Zeuge der Auflösung der Natur (Prakriti), war bereits viele Male Zeuge solcher Auflösungen und werde in Zukunft noch viele Male der Zeuge einer solchen Auflösung des Universums sein.

Der Paramātman, das höchste Selbst, nimmt die Natur der Prakriti an und er ist wiederum der Purusha. Er ist das universale Selbst (paramātman), er ist die individuelle Seele (jīva) und so nimmt er unterschiedliche Gestalten an – und zugleich ist er wahrlich auch jenseits aller Gestalten!

Wer stets seinen Namen wiederholt und seine Herrlichkeit besingt, dem kann es gelingen den Tod zu besiegen und er gerät nicht unter die Herrschaft von Geburt, Tod, Krankheit, Alter und Furcht.

Er, der Paramātman, hat Brahmā zum Schöpfer gemacht, Vishnu zum Erhalter und mich zum Zerstörer des Universums. Und durch seinen Willen besitzen wir den Einfluss und die Macht, diese Tätigkeiten auszuführen. O König, nachdem ich Kāla, Agni und Rudra mit der Durchführung der Tätigkeit der Zerstörung beauftragt hatte, beschäftige ich mich selbst nur noch damit, Tag und Nacht unaufhörlich seinen Namen zu wiederholen und seine Herrlichkeit zu besingen und dadurch erhielt ich den Namen Mrityunjaya. Seiner Wissenskraft (gyāna shakti) verdanke ich es, dass ich frei von jeglicher Furcht bin und der Tod flieht eilig vor mir, so wie die Schlangen beim Anblick des Göttervogels Garuda, des Sohnes der Vinātā, so schnell wie möglich fliehen.

O Nārada, nach diesen Worten schwieg Shambhu, der Ahnherr von allen und der Herr über alle.

Nachdem König Shankhachūda die Worte von Shambhu vernommen hatte, dankte er Mahādeva wieder und wieder und sprach zu ihm die folgenden süßen und demütigen Worte.

Shankhachūda sagte: Die Worte, die du ausgesprochen hast, sind in der Tat wahr. Dennoch möchte ich etwas dazu sagen. Bitte sei so freundlich und höre mir zu. Du hast gerade angesprochen, welch große Sünde es sei, Streit unter Verwandten anzuzetteln. Wie konnte es dann geschehen, dass Shrī Vishnu den Asura-Herrscher Bali all seiner Besitztümer beraubte und ihn hinab in die Unterwelt Pātāla schickte? Gadādhara Vishnu vermochte offenbar nicht, Balis Ruhm wiederherzustellen – aber ich habe dies getan! Und warum haben die Devas Hiranyāksha und Hiranyākashipu, Shumbha und die anderen Dānavas getötet? Vor Zeiten haben wir harte Arbeit verrichtet, um bei der Quirlung des Milchozeans den Nektar der Unsterblichkeit zu erzeugen – aber die herrlichsten Früchte davon haben nur die Devas geerntet. Aber wie auch immer: Letztlich ist dieses Universum nichts als das Spielfeld des Paramātman, der die Natur der Prakriti angenommen hat und nur derjenige erlangt Herrlichkeit und Ruhm, dem er dies gewährt.

Der Kampf zwischen den Devas und den Dānavas ist ewig. Sieg und Niederlage kommen abwechselnd beiden Parteien zu. Daher ist es nicht angemessen für dich, dich hier in diesen Streit einzumischen, denn du bist der eine Gott, dessen Wesen das höchste Selbst ist. Vor dir sind wir beide, die Devas und die Dānavas, gleich. Daher ist es ganz zweifellos eine Schande, dass du dich zugunsten der Götter gegen uns erhebst. Wenn du den Sieg erringst, wird daher der Ruhm und die Herrlichkeit für dich nicht so groß sein wie für uns, wenn wir gewinnen sollten, und umgekehrt werden die Schande und die Demütigung, wenn du im Kampf unterliegst, ungleich größer sein für dich als für uns, wenn wir unterliegen sollten.

Mahādeva lachte sehr, als er diese Worte des Dānava hörte und antwortete: O König, du entstammst der Familie eines Brahmanen –

wie könnte es da eine Schande für mich sein, wenn ich im Kampf gegen dich unterliegen sollte?

Vor Zeiten kam es zum Kampf zwischen Vishnu und den Asuras Madhu und Kaitabha und später dann zum Kampf zwischen Shrī Hari und Hiranya Kashipu und Hiranyāksha. Auch ich habe gegen den Asura Tripurā gekämpft. Dann gab es noch furchtbare Kämpfe zwischen Shumbha und den anderen Daityas gegen die höchste Prakriti Devī, die Herrin über alle, die Erschafferin und Vernichterin aller Wesen.

Du aber warst einst der Pārishada-Gefolgsmann von Shrī Krishna, des höchsten Selbst. Daher können die Daityas, die zuvor getötet wurden, sich nicht mit dir messen. Warum sollte es dann eine Schande für mich sein, gegen dich zu kämpfen?

Shrī Krishna hat mich hierher geschickt, um die Devas zu retten. Daher gib entweder den Devas ihre Besitztümer zurück oder kämpfe mit mir. Es ist nicht nötig, weitere nutzlose Worte über diese Sache zu verlieren.

O Nārada, nach diesen Worten schwieg Shankara und Shankhachūda erhob sich zusammen mit seinen Ministern.

Hier endet im neunten Buch des Shrimad Devī Bhāgavatam, des Mahāpurānam von 18.000 Versen von Maharishi Veda Vyāsa, das einundzwanzigste Kapitel: Das Treffen zwischen Mahādeva und Shankhachūda vor dem Ausbruch der Schlacht.

Kapitel 22

Der Kampf zwischen den Devas und Shankhachūda

Shrī Nārāyana sprach: Dann verneigte sich der überaus mächtige Herrscher der Dānavas vor Mahādeva und bestieg in Begleitung seiner Minister seinen Streitwagen. Sowohl Mahādeva als auch Shankhachūda befahlen daraufhin ihren Armeen, sich zum Kampf bereit zu machen.

Sogleich entwickelte sich eine furchtbare Schlacht, in der Mahendra gegen Vrishaparvā antrat, Bhāskara gegen Viprachitti, Nishākara gegen Dambha, Kāla gegen Kāleshvara, Agni gegen Gokarna, Kubera gegen Kālakeya, Vishvakarmā gegen Māyā, Mrityu gegen Bhayamkar, Yama gegen Samhāra, Varuna gegen Vikamka, Budha gegen Dhritaprishtha, Shani gegen Raktāksha, Jayanta gegen Ratnasāra, die Vasus gegen die Varchasas, die beiden Ashvin Kumāras gegen Dīptimān, Nalakūbara gegen Dhūmra, Dharma gegen Dhurandhara, Mangala gegen Ushāksha, Bhānu gegen Shovākara, Kandarpa gegen Pīthara, die elf Ādityas gegen Godhāmukha, Chūrna gegen Khadgadhvaja, Kanchīmukha gegen Pinda, Nandī gegen Dhūmra, Vishva gegen Palāsha, die elf Rudras gegen die elf Bhayamkaras sowie Ugrachandā und die anderen Mahāmārīs und Nandīshvara gegen die übrigen Dānavas. Schon bald bot das Schlachtfeld einen grauenvollen Anblick, als wenn der Weltuntergang herbeigekommen wäre.

Bhagavān Mahādeva saß zusammen mit Kārtikeya und Bhadrakālī unter dem Feigenbaum und der mit Juwelen reich geschmückte Shankhachūda saß auf seinem Juwelenthron, von Millionen und Abermillionen Dānavas umgeben.

Shankaras Streitkräfte konnten den Dānavas nicht standhalten und die Devas flohen voller Furcht mit Wunden übersät vom Schlachtfeld. Kārtikeya rief den Devas zu *Fürchtet euch nicht!* und machte ihnen neuen Mut und Skanda stellte sich ganz allein der Streitmacht der Dānavas. In einem einzigen Augenblick vernichtete er einhundert Akshauhinīs der Dānava-Truppen.

Dann begann auch die lotusäugige Kālī die Asuras niederzumetzeln. Von großem Zorn erfüllt erschlug sie die Scharen der Asuras und begann sogleich, ihr Blut zu trinken. Mit einer Hand erschlug sie mühelos unzählige feindliche Krieger und verschlang dann mit weit aufgerissenem Rachen auf einmal Hunderttausende von Dānava-Kriegern und Millionen und Abermillionen von Kriegselefanten. Auf dem Schlachtfeld sah man Tausende von kopflosen Körpern liegen.

Die Körper der Dānavas wurden von den scharfen Pfeilen Kārtikeyas verwundet, sodass sie voller Furcht in Scharen vom Schlachtfeld zu fliehen begannen. Nur Vrishaparvā, Viprachitti, Dambha und Vikamkanah kämpften weiterhin mit heroischer Tapferkeit gegen Skanda an. Auch Mahāmārī wandte dem Feind nicht den Rücken zu und kämpfte todesmutig. Ihre Verwirrung und ihre Verzweiflung nahmen immer mehr zu, aber dennoch wandten sie ihrem Feind nicht den Rücken zu. Die Devas, die Skandas furchtbare Kriegskunst beobachteten, begannen, Blüten auf ihn herabregnen zu lassen. Das Abschlachten der Dānavas glich dem Weltuntergang.

Dann begann Shankhachūda von seinem Kriegswagen herab zahlreiche Pfeile abzuschießen, die wie ein Wolkenbruch auf seine Feinde herabfielen und das ganze Schlachtfeld verdunkelten, sodass nur noch die Feuer mit ihren goldenen Flammenzungen etwas Licht verbreiteten.

Nandīshvara und die anderen Devas ergriffen daraufhin voller Furcht die Flucht, nur Kārtikeya hielt noch auf dem Schlachtfeld stand.

Dann begann Shankhachūda unzählige schreckliche Schauer von Bergen, Schlangen, Steinen und Bäumen auf das Schlachtfeld herabregnen zu lassen, in denen Kārtikeya zu verschwinden schien wie die Sonne in dichtem Nebel. Der Dämonenherrscher zerstörte Skandas Podest, seinen schweren Köcher und schließlich seinen gesamten Streitwagen. Durch die Wirkung der göttlichen Waffen, die der Dānava zum Einsatz brachte, begann Kārtikeyas Reittier, der göttliche Pfau, Zeichen von Erschöpfung zu zeigen.

Kārtikeya warf einen Speer (shakti) nach der Brust des Dānava, aber bevor dieser sein Ziel erreichte, wurde der hell wie die Sonne leuchtende Speer von dem Dānava in Stücke geschossen und Shankhachūda schleuderte nun seinerseits einen Speer auf Kārtikeya. Von diesem Speer getroffen stand Kārtikeya einen Augenblick lang wie gelähmt da, aber er kam sogleich wieder zu sich, nahm einen

Köcher mit Pfeilen und andere göttliche Waffen auf, die er von Bhagavān Vishnu erhalten hatte, bestieg einen anderen aus Juwelen gefertigten Streitwagen und begann erneut tapfer und kraftvoll zu kämpfen. Er wurde zornig und widerstand mit Hilfe seiner göttlichen Waffen all den Schauern von Schlangen, Bergen und Bäumen. Mit seiner Wasserwaffe neutralisierte er die Feuerwaffe des Dānava. Dann schoss er mühelos Shankhachūdas Streitwagen, Bogen und Rüstung in Stücke, zerstörte seine strahlende Krone, tötete seinen Wagenlenker und schleuderte einen strahlend weißen Götterspeer nach der Brust des Asura.

Der Dānavendra fiel bewusstlos zu Boden, erlangte aber im nächsten Augenblick schon wieder sein Bewusstsein, bestieg einen anderen Streitwagen und rüstete sich mit einem neuen Köcher aus. Der Dānava war ein Meister der magischen Kriegsführung. Vermittels der Kraft seiner Māyā erzeugte er einen so dichten Schauer von Pfeilen, dass Kārtikeya von der gewaltigen Masse an Pfeilen vollständig eingedeckt wurde.

Nun ergriff der Dānava eine unbesiegbare Shakti, die hell wie einhundert Sonnen erstrahlte; Flammen schlugen aus ihr hoch empor, sodass es schien, als sei die Zeit des Weltunterganges herbeigekommen. Dann schleuderte der Dānava voller Zorn diese Shakti auf Kārtikeya. Wie von einer großen Masse von Feuer getroffen fiel der mächtige Kārtikeya bewusstlos zu Boden, aber Bhadrakālī nahm ihn sogleich auf ihren Schoß und trug ihn zu Shiva. Mahādeva rief seinen Sohn vermittels seiner Wissensmacht (gyāna shakti) mühelos ins Leben zurück und verlieh ihm unbesiegbare Stärke, sodass Kārtikeya sich sogleich in voller Lebenskraft wieder erhob.

Bhadrakālī betrat nun das Schlachtfeld, um die Streitkräfte Kārtikeyas zu unterstützen. Nandīshvara und andere Helden, die Devas, Gandharvas, Yakshas, Rākshasas und Kinnaras folgten ihr.

Hunderte von Kriegstrommeln erdröhnten und Hunderte von Helfern trugen berauschenden Wein (madhu) herbei. Als Bhadrakālī das Schlachtfeld betrat, stieß sie einen lauten Kriegsschrei aus; von ihrem Schrei erschüttert, verloren die Scharen der Dānavas das Bewusstsein. Bhadrakālī stieß daraufhin wieder und wieder ein furchterregendes Lachen aus. Dann trank sie von dem berauschenden Wein und tanzte über das Schlachtfeld. Auch Ugra Damshtrā, Ugrachandā, Kotavī, die Yoginīs, Dākinīs und die Devas berauschten sich an dem Wein.

Als Shankhachūda Kālī auf dem Schlachtfeld erblickte, eilte er sogleich herbei und verlieh den vor Furcht zitternden Daityas neuen Mut.

Bhadrakālī schleuderte dem Dānava-Herrscher ihre göttliche Feuerwaffe entgegen, die wie das gewaltige Weltuntergangsfeuer aufflammte, aber dieser löschte das Feuer der Götterwaffe mit seiner Wasserwaffe. Dann schleuderte Kālī die staunenerregende, überaus zerstörerische Varuṇāstra auf ihn, aber der Dānava neutralisierte sie mit seiner Gandharvāstra. Nun warf Kālī dem Daitya die flammengleiche Maheshvarāstra entgegen, aber der König konterte diese mit der Vaishnavāstra.

Schließlich weihte die Devī die Nārāyanāstra mit einem Mantra und schleuderte sie auf den Asura-Herrscher. Daraufhin stieg Shankhachūda von seinem Wagen herab und verneigte sich vor Haris Götterwaffe. Als die Nārāyanāstra sich hoch erhob wie das Weltuntergangsfeuer, warf Shankhachūda sich vor ihr voller Hingabe zu Boden (sodass, die Waffe ihm keinen Schaden zufügte).

Dann schleuderte die Devī dem Dānava die mit einem Mantra aufgeladene Brahmāstra entgegen, aber dieser neutralisierte sie sogleich mit seiner eigenen Brahmāstra. Auch als die Devī den Dānava mit anderen göttlichen, mit Mantras geweihten Waffen angriff, vermochte der Dānava sie mit seinen eigenen magischen Waffen zu kontern. Nun warf Bhadrakālī einen kilometerlangen Speer nach dem Daitya, aber dieser schoss den heranfliegenden Speer mit seinen Götterwaffen in Stücke.

Von gewaltigem Zorn erfüllt machte die Devī sich daraufhin bereit, die mächtige Pāshupata-Waffe zu aktivieren – als eine körperlose Stimme vom Himmel erklang und sie davon abhielt mit den Worten: O Devī, der hochherzige Dānava könnte von der Pāshupata-Waffe nicht getötet werden, denn Brahmā hat ihm die Wunschgabe gewährt, dass Alter und Tod ihm nichts anhaben können, solange er Vishnus Kavacha (ein Schutzamulett) um den Hals trägt und solange seine Frau ihre Keuschheit und Treue bewahrt.

Als die Devī diese himmlische Stimme vernahm, ließ sie umgehend von ihrem Vorhaben ab, begann aber sogleich, von gewaltigem Hunger erfüllt, hunderte und hunderttausende von Dānavas zu verschlingen. Dann eilte die schreckenerregende Devī Kālī mit großer Geschwindigkeit auf Shankhachūda zu um ihn zu verschlingen, aber der Dānava wehrte sie mit seinen scharfen göttlichen Waffen ab.

Daraufhin warf die Devī eine mächtige Kriegsaxt nach ihm, die hell wie die Sommersonne erstrahlte, aber der Dānava schoss diese Götterwaffe mit seinen eigenen göttlichen Waffen in Stücke. Als die Devī dies sah, wurde sie sehr zornig und stürmte erneut auf ihn zu, um ihn zu verschlingen, aber der Dānava-Herrscher, der Meister aller Siddhis, dehnte seinen Körper zu so riesiger Größe auf, dass ihr dies nicht gelang.

Kālī wurde daraufhin von gewaltigem Zorn ergriffen. Sie nahm eine furchterregende Gestalt an, eilte vorwärts, zerbrach mit einem einzigen Faustschlag seinen Kriegswagen und schlug den Wagenlenker zu Boden. Dann schleuderte sie eine Shūla-Waffe auf den Asura, die wie das Feuer des Weltunterganges leuchtete, aber Shankhachūda hielt diese Waffe mühelos mit seiner linken Hand auf. Voller Zorn schlug sie den Dānava mit ihrer Faust, sodass der Kopf des Daitya nach hinten schlug und er bewusstlos zu Boden stürzte.

Doch schon im nächsten Augenblick erhob sich der Asura wieder, aber er suchte nicht den Nahkampf mit der Devī, sondern verneigte sich stattdessen vor ihr. Die Waffen, die dann von der Devī auf ihn geschleudert wurden, zerstörte er entweder bereits in ihrem Flug oder absorbierte sie in seinem Körper, ohne dass sie ihm Schaden zufügten.

Nun ergriff Bhadrakālī den Dānava, wirbelte ihn herum und warf ihn zu Boden. Der mächtige Shankhachūda schlug aus großer Höhe mit gewaltiger Vehemenz auf dem Erdboden auf, aber er erhob sich sogleich wieder und verneigte sich vor der Devī. Anschließend bestieg er wohlgemut wieder seinen herrlichen, aus Juwelen gefertigten Kriegswagen. Er zeigte keinerlei Erschöpfung und kämpfte weiter. Die Devī Bhadrakālī aber begann, von gewaltigem Hunger ergriffen, das Blut der Dānavas zu trinken und ihr Fleisch und ihr Fett zu verzehren.

Schließlich trat sie vor Mahādeva und beschrieb ihm von Anfang bis Ende, was sich auf dem Schlachtfeld ereignet hatte. Als dieser von der Tötung der Scharen der Dānavas hörte, lachte er laut auf. Die Devī fuhr mit ihrem Bericht fort und sagte: Diejenigen Dānavas, die von meinem Mund herabfielen, als ich dabei war, sie zu verschlingen, sind die einzigen, die überlebten – das sind in etwa einhunderttausend an der Zahl.

Als ich die Pāshupata-Waffe aktivieren wollte, um den Dānava zu töten, sagte eine körperlose Stimme vom Himmel zu mir: Er kann nicht von dir getötet werden.

Der überaus mächtige Dānava hat mich danach mit keiner Waffe mehr angegriffen, sondern einfach nur noch die Waffen zerstört, die ich nach ihm schleuderte.

Hier endet im neunten Buch des Shrimad Devī Bhāgavatam, des Mahāpurānam von 18.000 Versen von Maharishi Veda Vyāsa, das zweiundzwanzigste Kapitel: Der Kampf zwischen den Devas und Shankhachūda.

Kapitel 23
Wie Shankhachūda getötet wurde

Nārāyana sprach: Als Shiva, der Kenner der höchsten Wirklichkeit, all dies von Bhadrakālī vernommen hatte, begab er sich selbst mit seiner gesamten Streitmacht in die Schlacht. Als Shankhachūda ihn erblickte, stieg er sogleich von seinem Wagen herab und warf sich vor ihm zu Boden. Dann erhob er sich wieder mit großer Energie und nahm seinen gewaltigen Bogen auf.

Nun begann ein gewaltiger Kampf zwischen Shiva und Shankhachūda, der volle einhundert Jahre dauerte und keiner der beiden Seiten Sieg oder Niederlage brachte, sondern unentschieden ausging.

Beide, der Bhagavān und der Dānava, legten daraufhin ihre Waffen nieder. Shankhachūda blieb in seinem Streitwagen sitzen und Mahādeva auf seinem göttlichen Stier. Hunderte und Aberhunderte von Dānavas fanden in der Schlacht den Tod, aber Shambhu erweckte vermittels seiner überragenden göttlichen Kräfte all diejenigen Krieger wieder zum Leben, die auf seiner Seite im Kampf gefallen waren.

Dann aber erschien ein alter Brahmane, der sehr bekümmert aussah, auf dem Schlachtfeld und sprach zu Shankhachūda, dem König der Dānavas: O König, gewähre mir, um was ich dich bitte. Du bist ja berühmt dafür, dass du großzügig alle Arten von Reichtümern und Besitztümern wohltätig spendest. Gib auch mir denn, was ich mir wünsche. O König, schenke auch mir etwas. Ich bin ein ganz friedfertiger alter Brahmane und sehr, sehr bedürftig. Versprich mir zuerst, dass du meinen Wunsch erfüllen wirst, dann will ich dir sagen, was ich mir wünsche.

König Shankhachūda sah ihn mit gnädigem und wohlwollendem Blick an und versprach ihm, dass er ihm gewähren würde, was er sich wünscht.

Der Brahmane sagte daraufhin mit großem Nachdruck und voller Māyā: Ich möchte dein Schutzamulett (kavacha) haben.

Ohne zu zögern überreichte der König ihm das Kavacha. Bhagavān Hari nahm in Gestalt des Brahmanen das Kavacha an sich, nahm dann die Gestalt von Shankhachūda an und ging zu Tulasī. Als er zu ihr kam, manifestierte er seine göttliche Māyā und vollzog die Liebesvereinigung mit ihr.

Genau zu dieser Zeit nahm Mahādeva die Dreizackwaffe auf, die er von Hari erhalten hatte, und zielte damit auf den Herrscher der Dānavas. Der göttliche Dreizack glich an Glanz der Mittagssonne im Hochsommer und strahlte wie das Feuer des Weltunterganges (pralaya). Er strahlte Unbesiegbarkeit und unwiderstehliche Kraft aus, die alle Feinde zu vernichten vermag. Er kam an Glanz der göttlichen Diskuswaffe (sudarshana chakra) von Shrī Vishnu gleich und war die oberste aller Waffen.

Niemand außer Shiva und Keshava konnte diese Waffe bändigen und verwenden, und sie erregte Furcht in den Herzen aller, außer bei Shiva und Keshava. Sie hatte eine Länge von eintausend Fäusten und war einhundert Hände breit.

Die göttliche Dreizackwaffe schien lebendig zu sein, sie bestand aus Brahman, war ewig und niemand vermochte ihre Flugbahn nachzuvollziehen. Diese Waffe vermochte aus eigenem freien Willen alle Welten zu zerstören.

Als Shiva diese Waffe emporhob, mit ihr auf Shankhachūda zielte und sie auf ihn schleuderte, legte der König der Dämonen Bogen und Pfeile ab, setzte sich in Yogahaltung nieder, sammelte seinen Geist und richtete ihn in der Meditation voller Hingabe ganz auf die Lotusfüße von Shrī Krishna aus. Im nächsten Augenblick traf der wirbelnde Dreizack Shankhachūda und verbrannte ihn mühelos mitsamt seinem Streitwagen zu Asche.

Shankhachūda nahm sogleich die göttliche Gestalt eines zweiarmigen Gopa in voller Jugendblüte an, der ein herrliches, mit Juwelen reich geschmücktes Gewand trug und eine Flöte in der Hand hielt. In Begleitung von Millionen und Abermillionen von Gopas, die aus der Goloka-Welt herbeigekommen waren und kostbare, juwelengeschmückte Gewänder trugen, bestieg Shankhachūda dann ein herrliches Himmelsgefährt, das ihn nach Vrindāvan brachte. Dort verneigte er sich voller Hingabe und Ekstase vor den Lotusfüßen von Rādhā und Krishna.

Rādhā und Krishna waren von großer Liebe erfüllt, als sie Sudāmā wieder vor sich sahen, und ließen ihn voller Freude und mit einem Blick voll göttlicher Gnade auf ihrem Schoß Platz nehmen. Die Shūla-Waffe kehrte ihrerseits voller Energie und Freude zu Krishna zurück.

Die Knochen von Shankhachūda, o Nārada, wurden in Muschelhörner verwandelt. Diese Muschelhörner werden stets in der Verehrung der Devas als äußerst heilig und segensreich angesehen. Das Wasser eines solchen Muschelhornes ist ebenfalls sehr heilig und die Devas freuen sich darüber. Das Wasser eines derartigen Muschelhornes gilt zudem als genauso heilig wie das Wasser eines heiligen Badeortes (tīrtha). Dieses Wasser kann allen Göttern dargebracht werden – mit Ausnahme von Shiva.

Wo auch immer ein Muschelhorn geblasen wird, da weilt die Glücksgöttin Lakshmī voller Freude. Wenn man im Wasser eines Muschelhornes badet, so gleicht das dem Bad im Wasser aller Tīrthas. Bhagavān Hari selbst weilt unmittelbar in einem Muschelhorn. Wo sich ein Muschelhorn (shankha) befindet, da weilt auch Hari und mit ihm auch die Devī Lakshmī und alle üblen Dinge fliehen weit fort von einem solchen Ort.

Wenn aber irgendwo Frauen oder Shūdras die Shankhas blasen, dann wird Lakshmī dadurch verärgert und sie verlässt sogleich zornig diesen Ort.

O Nārada, nachdem Mahādeva den Dānava getötet hatte, kehrte er in seine Heimatwelt zurück. Als er voller Freude auf dem Rücken seines Stieres mit all seinen Gefolgsleuten fortzog, kehrten auch all die anderen Devas überaus glücklich in ihre jeweiligen Heimstätten zurück.

Der Klang göttlicher Trommeln erfüllte die Himmelswelten. Die Gandharvas und die Kinnaras begannen frohe Lieder zu singen und ein Blütenregen ging auf Shivas Haupt nieder. All die Munis und Devas und ihre Herrscher begannen Hymnen an Shiva Mahādeva zu chanten.

Hier endet im neunten Buch des Shrimad Devī Bhāgavatam, des Mahāpurānam von 18.000 Versen von Maharishi Veda Vyāsa, das dreiundzwanzigste Kapitel: Wie Shankhachūda getötet wurde.

Kapitel 24
Die Herrlichkeit von Tulasī

Nārada sagte: Wie hatte denn Nārāyana Tulasī verführt? Bitte beschreibe mir all das im Einzelnen.

Nārāyana sprach: Um die Ziele der Devas zu verwirklichen nahm Bhagavān Hari mit Hilfe seiner Vaishnavī Māyā die Gestalt eines alten Brahmanen an, nahm das Kavacha von Shankhachūda entgegen, nahm dessen Gestalt an und begab sich in das Heim von Tulasī.

Als er dort erschien, wurden vor Tulasīs Tür die Dundubhis (himmlische Trommeln) geschlagen, laute Siegesrufe erklangen und Tulasī wurde von der Ankunft ihres Gemahles unterrichtet. Als die keusche Tulasī dies hörte, freute sie sich sehr und ging zum Fenster, um einen Blick auf die königliche Hauptstraße zu werfen. Dann verschenkte sie großzügig Reichtümer an die Brahmanen, die königlichen Hofsänger, andere Hymnensänger und an die Bedürftigen, um diesen glückverheißenden Moment zu feiern.

Bhagavān Nārāyana stieg von seinem Gefährt herab und begab sich in Tulasīs Haus, das aus unschätzbar wertvollen Juwelen gebaut war und einen unvergleichlich prächtigen und schönen Anblick bot.

Als Tulasī ihren Gemahl vor sich sah, kannte ihre Freude keine Grenzen. Sie wusch zur Begrüßung seine Füße, weinte Freudentränen und verneigte sich vor ihm. Dann ließ sie ihn liebevoll auf dem herrlichen Juwelenthron Platz nehmen, reichte ihm süß duftende, mit Kampfer gewürzte Betelblätter und sagte zu ihm: Heute ist mein Leben mit Erfolg gekrönt worden, denn vor mir steht wieder mein Herr und Gemahl, der glücklich aus der Schlacht heimgekehrt ist.

Dann warf sie ihm bezaubernde Blicke zu, ihr Körper war von ekstatischer Freude erfüllt und sie fragte ihn liebevoll mit süßen Worten nach dem Verlauf der siegreichen Schlacht: O du Ozean der Barmherzigkeit, nun berichte mir von deiner großen Heldentat und erzähle mir, wie du den Sieg im Kampf gegen Mahādeva, den Vernichter unzähliger Universen, erringen konntest.

Als der Gemahl der Lakshmī in der trügerischen Erscheinungsform des Shankhachūda Tulasīs Worte vernommen hatte, sprach er lächelnd zu ihr die folgenden nektargleichen Worte: O meine Liebe, der Kampf zwischen uns dauerte ein volles Jahr (samvatsara) lang. Sämtliche Daityas wurden getötet.

Dann erschien Brahmā selbst als Vermittler auf dem Schlachtfeld. Es wurde ein Frieden geschlossen und auf Anweisung von Brahmā hin setzte ich die Devas wieder in ihre vorherigen Rechte ein. Dann machte ich mich auf den Heimweg und Shiva kehrte in seine Heimatwelt Satyaloka zurück.

Nachdem Hari dies gesagt hatte, legte er sich mit Tulasī nieder und vollzog die Liebesvereinigung mit ihr. Aber die keusche Tulasī stellte fest, dass ihre Erfahrung während der Liebesfreuden sich ganz anders anfühlte, als es sonst mit ihrem Gemahl gewesen war. Sie grübelte eine Weile darüber nach, was dies bedeuten könnte, und stellte ihn schließlich zur Rede mit den Worten: Wer bist du, du Magier? Mit Hilfe deiner Magie hast du dich an mir erfreut. Du hast meine Keuschheit und eheliche Treue zerstört und dafür werde ich dich verfluchen!

Als Bhagavān Nārāyana diese Worte von Tulasī gehört hatte, fürchtete er sich vor ihrem Fluch, nahm sogleich wieder seine eigene wunderschöne Erscheinungsform an, und so sah die Devī Tulasī plötzlich den ewigen Herrn der Devas vor sich. Seine dunkelblaue Hautfarbe glich der Farbe neu entstandener Gewitterwolken, seine Augen erstrahlten wie herbstliche Lotusblüten und seine liebreizende Ausstrahlung übertraf die von zig Millionen Liebesgöttern in Person. Er war mit herrlichem Schmuck und mit kostbaren Juwelen geziert. Sein lächelndes Antlitz drückte gnadenvolle Gunst aus und er trug ein prächtiges gelbfarbenes Gewand.

Als Tulasī so unvermittelt die liebliche Gestalt Vāsudevas erblickte, fiel sie in Ohnmacht. Als sie einen Augenblick später wieder zu Bewusstsein kam, sagte sie zu ihm: O Herr, du bist gefühllos wie ein Stein. Du kennst keine Gnade. Mit deiner betrügerischen Māyā hast du meine Keuschheit, meine Tugend und eheliche Treue zerstört, um den Tod meines Gemahls herbeizuführen.

O Herr, da du keine Gnade kennst und dein Herz hart wie Stein ist, sollst du in einen Stein verwandelt werden. Sie irren sich wahrlich, die dich als heilig bezeichnen. Warum hast du um anderer willen einen weiteren deiner hingebungsvollen Verehrer zu Tode gebracht?

Nachdem Tulasī diese Worte gesprochen hatte, wurde sie von Trauer und Leid überwältigt, weinte laut und beklagte ihr Schicksal.

Als Nārāyana, der Ozean an Barmherzigkeit, sie in diesem kummervollen Zustand sah, sprach er in Einklang mit dem göttlichen Gesetz (dharma) folgende Worte zu ihr: O ehrbare Schöne, du hast hier in Bhārata lange Zeit strengste Askese vollbracht, um mich zu erlangen. Auch Shankhachūda führte lange Zeit ein hartes Tapasyā aus, um dich für sich zu gewinnen. Durch dieses Tapas erlangte er dich als seine Ehefrau. Nun ist es allerhöchste Zeit, dass du mit der Frucht belohnt wirst, um die du gebeten hast. Daher habe ich dies getan. Gib nun diesen deinen irdischen Körper auf, nimm einen göttlichen Körper an und heirate mich.

O Rāme, sei nun wie Lakshmī. Dieser dein Körper wird als ein überaus tugendfördernder, reiner und kristallklarer Strom im heiligen Lande Bhārata unter dem Namen Gandakī gepriesen werden. Deine Haare werden sich in heilige Bäume verwandeln und, da sie aus dir entstanden sind, werden diese Bäume unter dem Namen Tulasī bekannt werden. Alle drei Welten werden ihre Pūjas mit den Blättern und Blüten dieses Tulasī-Baumes durchführen und daher, o Schöngesichtige, wird Tulasī als der oberste aller Blätter und Blüten tragenden Bäume gerühmt werden.

In den Himmelswelten, auf der Erde, in der Unterwelt und in meiner Gegenwart, o Schöne, wirst du die oberste Herrin unter all den Bäumen und Blüten sein. In der Welt Goloka, an den Ufern des Flusses Virajā, im Rāsa Mandalam, wo im Wald Vrindāvana das Fest der Liebe gefeiert wird, im Bhāndīra-Wald, im Champaka-Wald, in dem wunderschönen Chandana-(Sandelholz)Wald und in den Hainen von Mādhavī, Ketakī, Kunda, Mallikā, und Mālatī und in den heiligen Stätten (tīrtha) der Welt wirst du gegenwärtig sein und allerhöchste spirituelle Verdienste (punyam) gewähren. Sämtliche Tīrthas werden am Fuße des Tulasī-Baumes gelegen sein und dadurch werden alle sich des Segens der Gabe spiritueller Verdienste erfreuen können; o Schöne, ich selbst und all die Devas werden dort darauf warten, dass ein Tulasī-Blatt herabfällt [Tulasī ist die indische Basilikumpflanze].

Bei der Weihe und Initiation für ein Opfer (yagya) wird derjenige alle Früchte dieser Weihe ernten, der dabei das Wasser (den Tau) der Tulasī-Blätter verwendet. Die Freude, die Hari empfindet, wenn ihm Tausende und Abertausende mit klarem Wasser gefüllte Krüge dargebracht werden, dieselbe Freude empfindet er, wenn ihm ein einziges Tulasī-Blatt dargebracht wird. Dieselben Früchte, die man erlangt, wenn man zehntausend Kühe schenkt, werden ebenso erlangt, wenn man Tulasī-Blätter schenkt. Insbesondere erlangt man die genannten Früchte, wenn man im Monat Kārtika Tulasī-Blätter schenkt. Wenn man im Augenblick des Todes das Wasser der Tulasī-Blätter erhält oder trinkt, wird man von allen Sünden befreit und wird im Vishnu Loka mit großen Ehren empfangen.

Wer täglich das Wasser der Tulasī-Blätter trinkt, erlangt dadurch ganz gewiss die Frucht von einhunderttausend Pferdeopfern.

Wer mit eigener Hand ein Tulasī-Blatt pflückt und es an seinen Körper hält und sein Leben an einem heiligen Ort beendet, gelangt in die Welt von Shrī Vishnu (vishnu loka).

Wer auch immer eine Kette aus Tulasī-Holz um den Hals trägt, erlangt bei jedem Schritt, den er macht, die Frucht eines Pferdeopfers.

Wer ein Versprechen nicht hält, das er mit einem Tulasī-Blatt in der Hand gegeben hat, geht in die Kālasūtra-Hölle ein und muss dort solange bleiben, wie Mond und Sonne dauern. Wer in Gegenwart des Tulasī-Blattes einen Meineid ablegt, geht in die Kumbhīpāka-Hölle ein und bleibt dort für die Lebensspanne von vierzehn Indras.

Wer zur Zeit seines Todes auch nur ein wenig Wasser eines Tulasī-Blattes erhält oder trinkt, steigt ganz gewiss in einem prächtigen himmlischen Juwelengefährt nach Vaikuntha auf.

Wer jedoch in einer Vollmondnacht, am zwölften Tage eines Mondmonates, während des Überganges der Sonne von einem Tierkreiszeichen in das nächste, am Mittag oder während der Dämmerungszeiten, in der Nacht, mit eingeöltem Körper, in der Periode der Unreinheit oder im Nachtgewand Tulasī-Blätter pflückt, isst dadurch gleichsam Nārāyanas Kopf auf.

O Keusche, in der Nacht ein Tulasī-Blatt zu halten wird als heilige Handlung angesehen. Auch wenn man dies während des Shraddhā-Rituales tut, während der Ablegung eines heiligen Eides, während man ein Geschenk überreicht, eine Götterstatue einweiht oder einen der Devas verehrt, wird dies als gut und förderlich betrachtet.

Ein Tulasī-Blatt, das zu Boden oder ins Wasser fiel oder Vishnu dargebracht wurde, kann für heilige Handlungen oder andere Zwecke verwendet werden, nachdem man es sorgfältig abgewaschen hat. Und so, o Gute, wirst du auf der Erde als Baum weilen und zugleich in Goloka, in freudevollem Zusammensein mit Krishna, als Gottheit, die über diesen Baum gebietet. Du wirst zudem auch die Gottheit sein, die über den Fluss Gandakī gebietet und so in Bhārata spirituelle Verdienste schenken; dabei wirst du die Gemahlin des Salz-Ozeanes sein, der ein Teil meiner selbst ist. Du bist wahrlich eine überaus keusche und treue Frau und wirst dich in Vaikuntha am Zusammensein mit mir erfreuen und mit mir leben, wie Rāmā (Shrī Lakshmī) es tut.

Was mich betrifft, so werde ich infolge deines Fluches die Gestalt eines Steines annehmen und als solcher in Bhārata in der Nähe des Ufers des Flusses Gandakī zu finden sein. In den dortigen Gebirgshöhlen werden Millionen und Abermillionen von Insekten in mich in meiner Gestalt als Shālagrāma-Stein mit ihren scharfen Zähnen Ringe, Löcher und Vertiefungen einkerben.

Diejenigen dieser Steine, die ein Loch haben, vier Kerben, eine Markierung, die einer Girlande von Wildblumen gleichen und die Farbe neuentstandener Gewitterwolken haben, werden als Lakshmī Nārāyana Mūrtis bezeichnet, und diejenigen, die ein Loch, vier Kerben und ebenfalls die Farbe neuentstandener Gewitterwolken haben, aber nicht die Markierung einer Blumengirlande, werden Lakshmī Janārdana Chakras genannt.

Die Shālagrāma-Steine mit zwei Löchern, vier Kerben, einer Markierung, die dem Huf einer Kuh gleicht und kein Girlanden-Muster aufweisen, werden Raghunātha Chakras genannt.

Diejenigen Steine, die sehr klein sind, zwei Markierungen in Gestalt eines Diskus (chakra) aufweisen, die Farbe neuentstandener Gewitterwolken haben und kein Girlandenmuster zeigen, heißen Vāmana Chakras (sie sind der Zwergen-Inkarnation von Shrī Vishnu zugeordnet).

Diejenigen sehr kleinen Steine mit zwei Chakras und zusätzlich der Girlandenmarkierung sind unter dem Namen Shrīdhara Chakras bekannt. Sie bringen stets Wohlstand in einen Haushalt.

Diejenigen Shālagrāma-Steine, die groß und rund sind, keine Girlanden-Markierung, aber zwei kreisförmige Chakras haben, besitzen die sogenannte Dāmodara-Gestalt.

Die Steine von mittlerer Größe mit zwei Chakras und einem Muster, das aussieht, als wenn sie von einem Pfeil getroffen wurden, und die Markierungen von Pfeilen und Köchern zeigen, werden als Rana-Rāmas bezeichnet.

Die von mittlerer Größe mit sieben Chakras, der Markierung eines Schirmes und einem Schmuckmuster, werden Rājarājeshvaras genannt. Sie gewähren Menschen den Segen der königlichen Lakshmī.

Diejenigen großen Steine mit zweimal sieben Chakras und der Farbe neuentstandener Gewitterwolken heißen Anantas. Sie gewähren die Erlangung der vier Hauptlebensziele des Menschen (dharma, artha, kāma, moksha).

Die schönen ringförmigen Steine mittlerer Größe mit zwei Chakras, der Farbe neuentstandener Gewitterwolken und der Markierung von Kuhhufen, werden Madhusūdanas genannt.

Diejenigen mit einem Chakra heißen Sudarshanas und die mit eingeschlossenen Chakras werden Gadādharas genannt.

Die Shālagrāma-Steine mit zwei Chakras und der Form eines Pferdekopfes sind unter der Bezeichnung Hayagrīvas bekannt.

O keusche Schöne, diejenigen mit Öffnungen, die großen, weit aufgerissenen Mäulern gleichen, zwei Chakras besitzen und furchterregend aussehen, heißen Narasimhas (und sind somit der Inkarnation von Shrī Vishnu als Löwenmann zugeordnet). Sie fördern Leidenschaftslosigkeit (vairāgya) bei den Menschen, die ihnen dienen.

Die Steine mit zwei Chakras, mit Öffnungen wie ein aufgerissener Rachen und Girlandenmarkierungen werden Lakshmī Nrisinghas genannt und segnen den Familienvater, der sie verehrt.

Diejenigen, die zwei Chakras in der Nähe ihrer Öffnungen besitzen, die gleichmäßig gebildet und schön sind und Muster aufweisen, heißen Vāsudevas. Sie schenken alle Arten von Früchten.

Die Steine von der Farbe neu entstandener Regenwolken, mit fein ausgebildeten Chakras und vielen feinen Einbuchtungen innerhalb ihrer weit klaffenden Öffnungen werden Pradyumnas genannt. Sie schenken dem Familienvater Freude und Glück.

Die Shālagrāma-Steine mit zwei Chakras dicht beieinander und ausgeprägten Wölbungen an ihrer Rückseite sind als Shankarshanas bekannt. Sie bringen stets Freude und Glück in das Leben der Familienväter.

Die runden und überaus schönen gelbfarbenen Steine sind Anirudhas. Die Weisen sagen, dass sie den Familienvätern Freude und Glück bringen.

Wo ein Shālagrāma-Stein zu finden ist, da weilt Shrī Hari selbst, und wo Hari weilt, da sind auch die Glücksgöttin Lakshmī und sämtliche heiligen Stätten gegenwärtig.

Die Verehrung von Shālagrām Shilā löscht selbst schwerste Sünden wie die der Ermordung eines Brahmanen (brahmāhatya) aus.

Wer einen Shālagrāma-Stein verehrt, der die Form eines Schirmes hat, erlangt die Herrschaft über ein Königreich. Wer einen wagenförmigen Stein verehrt, der gerät ins Elend und die Verehrung von Steinen, die Speeren ähneln, führt unweigerlich zum Tode. Steine mit deformierten Mustern führen zu Armut und gelbe Steine verursachen vielfältige Übel und Leiden. Steine mit gebrochenen Chakras bringen Krankheiten und solche mit völlig zerstörten Chakras den sicheren Tod.

Das Einhalten von Gelübden, das Schenken mildtätiger Gaben, die Einweihung von Götterbildern, die Durchführung von Shraddhās, die Verehrung der Devas – all diese Tätigkeiten werden bedeutend verherrlicht, wenn sie vor einem Shālagrāma Shilā ausgeführt werden.

Wenn man den Shālagrāma Shilā verehrt, erlangt man denselben spirituellen Verdienst, als wenn man in allen heiligen Tīrthas ein Bad nimmt und in alle Opfer eingeweiht wird und mehr noch als dies: Man erlangt den Verdienst der Durchführung aller Yagyas, des Besuches aller heiligen Stätten (tīrtha), des Einhaltens aller Gelübde, der Ausführung aller Arten strenger Askese und des Lesens aller vedischen Schriften, wenn man auf angemessene Weise den heiligen Shālagrāma Shilā verehrt.

Wer seine Abhisheka-Zeremonie stets mit Shālagrāma-Wasser durchführt, erlangt dadurch spirituelle Verdienste, die dem Spenden aller Arten mildtätiger Gaben und dem Umpilgern des gesamten Erdkreises entspricht.

Wer täglich den Shālagrāma verehrt, wird ganz zweifellos dadurch die Gnade und Gunst sämtlicher Devas erlangen und darüber hinaus werden alle heiligen Stätten sich nach seiner Gegenwart sehnen; er wird ein zu Lebzeiten Befreiter (jīvanmukta) und überaus heilig sein; schließlich geht er in die Welt von Shrī Hari ein und wird dort Hari dienen und mit ihm über zahllose Auflösungen der Prakriti hinweg zusammen sein; selbst schwerste Sünden wie Brahmāhatya fliehen vor ihm wie Schlangen beim Anblick des Göttervogels Garuda: Die Devī Vasundharā (die Erde) wird durch die Berührung mit dem Staub zu seinen Füßen geläutert. Durch seine Geburt erlangen all seine Vorfahren Erlösung.

Wer zur Zeit seines Sterbens das Shālagrāma-Shilā-Wasser erhält, wird von all seinen Sünden befreit, geht in Vishnu Loka ein und erlangt Nirvāna. Er wird vollkommen frei von jedem Einfluss des Karmas und geht für alle Zeiten in Shrī Vishnu ein.

Wer mit einem Shālagrāma-Stein in Händen lügt, muss sich für die Dauer der Lebensspanne eines Brahmā in der Kumbhīpāka-Hölle aufhalten. Wer ein Versprechen bricht, dass er mit einem Shālagrāma-Stein in der Hand gegeben hat, muss 100.000 Manvantaras lang in der Asipatra Hölle weilen.

Wenn jemand einen Shālagrāma-Stein verehrt, ohne auf ihm Tulasī-Blätter darzubringen, oder, wer Tulasī-Blätter von dem Stein trennt, wird in seinem nächsten Leben die schmerzliche Trennung von seiner Ehefrau erfahren. Wer keine Tulasī-Blätter in einer Muschel darbringt, wird sieben Leben lang ohne seine Ehefrau verbringen und krank sein. Wer Shālagrāma-Stein, Tulasī und Muschel sorgsam zusammen an einem Ort aufbewahrt, wird überaus gelehrt und Nārāyana lieb.

Schau, wer nur ein einziges Mal den Samen in seine Ehefrau ergießt, der erleidet bei der Trennung von ihr ganz zweifellos großen Schmerz. Du bist ein ganzes Manvantara lang mit Shankhachūda in Liebe vereint gewesen, wen wundert es da, dass du durch die Trennung von ihm großen Kummer empfindest.

O Nārada, nach diesen Worten schwieg Shrī Hari.

Tulasī gab daraufhin ihre sterbliche Hülle auf, nahm eine herrliche göttliche Gestalt an und begann, ganz wie Shrī Lakshmī Devī, an der Brust von Shrī Hari zu weilen. Hari ging dann mit ihr nach Vaikuntha.

So wurden alle vier – Lakshmī, Sarasvatī, Gangā und Tulasī – Hari sehr lieb und sie alle werden als Īshvarīs angesehen.

Die sterbliche Hülle von Tulasī aber wurde, sobald Tulasī sie verlassen hatte, sogleich in den Fluss Gandakī verwandelt. Bhagavān Hari aber wurde in der Nähe des Ufers dieses Flusses in einen heiligen Berg verwandelt, der den Menschen große spirituelle Verdienste schenkt. Die Insekten sondern mit ihren scharfen Zähnen zahlreiche Shālagrāmasteine von diesem Berg ab. Diejenigen dieser Steine, die in den Fluss fallen, bringen zweifellos wunderbare Früchte hervor, aber diejenigen, die zu Boden fallen, nehmen eine gelbliche Farbe an und sind nicht für die Verehrung geeignet.

O Nārada, somit habe ich dir alles hierüber berichtet. Was möchtest du sonst noch hören, sprich.

Hier endet im neunten Buch des Shrimad Devī Bhāgavatam, des Mahāpurānam von 18.000 Versen von Maharishi Veda Vyāsa, das vierundzwanzigste Kapitel: Die Herrlichkeit von Tulasī.

Kapitel 25
Die Methode der Verehrung der Tulasī Devī

Nārada sagte: Wenn die Devī Tulasī Nārāyana so lieb und sie daher verehrungswürdig ist, dann beschreibe mir bitte ihre Verehrung und die dazugehörige Hymne.

O Muni, von wem wurde sie zuerst verehrt? Von wem wurde ihre Herrlichkeit zuerst besungen? Und auf welche Weise wurde sie zu einem Gegenstand der Verehrung? Bitte berichte mir dies alles.

Sūta fuhr fort: Als Nārāyana diese Worte von Nārada hörte, lachte er und begann dann die folgende überaus heilige und sündenzerstörende Geschichte über Tulasī zu erzählen.

Nārāyana sprach: Bhagavān Hari verehrte Tulasī auf jegliche Weise und begann, sich am Zusammensein mit ihr wie am Zusammensein mit Lakshmī zu erfreuen. Er erhob Tulasī in den gleichen Rang wie Lakshmī und verlieh ihr damit Ruhm und großes Glück. Lakshmī und Gangā ertrugen und akzeptierten diese neue Vereinigung von Nārāyana und Tulasī, aber Sarasvatī konnte aufgrund ihres zornmütigen Temperaments die hohe Stellung von Tulasī nicht ertragen. In ihrem Hochmut schlug sie einmal Tulasī in der Gegenwart von Hari während einer Auseinandersetzung.

Tulasī war hierüber gekränkt und tief beschämt und verschwand. Wen wundert es, dass Tulasī in ihrem hohen Rang als Īshvarī (Herrin) über alle Siddhis, als sich selbst manifestierende Devī und als Göttin, die den Gyānins (den zur Erkenntnis Gelangten) Siddhiyoga gewährt, über diese Behandlung erzürnt war und daraufhin selbst für Hari unsichtbar wurde!

Als Hari Tulasī nirgends mehr sehen konnte, beruhigte er Sarasvatī und begab sich dann mit ihrer Zustimmung in den Tulasī-Wald. Dort nahm er ein Bad, verehrte von ganzem Herzen die keusche Tulasī und richtete in der Meditation seinen Geist voller Hingabe auf sie aus.

O Nārada, ganz gewiss erlangt derjenige sämtliche höheren Geisteskräfte (siddhi), der Tulasī auf die rechte Weise mit dem zehnsilbigen Mantra *Shrīm Hrīm Klīm Aim Vrindāvanyai Svāhā,* dem höchsten aller Mantras, verehrt, das – ganz wie der wunscherfüllende Kalpa-Baum – zur Erlangung aller erwünschten Früchte und zur Erfüllung führt.

O Nārada, zur Zeit von Haris Verehrung der Devī Tulasī hatte er eine Ghee-Lampe entzündet und brachte ihr Dhūp, Sindūra, Sandel, gute Nahrung, Blumen und andere hochwertige Gaben dar.

Als Hari ihr Hymnen gesungen hatte, trat Tulasī voller Freude aus einem Tulasī-Baum hervor und nahm Zuflucht zu seinen Lotusfüßen. Vishnu gewährte ihr daraufhin eine Gabe: Du wirst von allen verehrt werden. Ich werde dich allzeit an meine Brust drücken und (in Gestalt einer Tulasī-Blüte) auf meinem Kopf tragen und auch die Devas werden dich auf ihren Köpfen tragen. Dann kehrte er mit ihr zusammen in seine Heimstatt zurück.

Nārada sagte: O Glückseliger, was ist Tulasīs Meditation (dhyāna), Hymne (stotra) und was die Methode ihrer Verehrung? Bitte sei so freundlich und erzähle mir alles hierüber.

Nārāyana sprach: Als Tulasī plötzlich verschwand, war Hari über die Trennung von ihr sehr traurig und beunruhigt. Er begab sich deshalb nach Vrindāvana, um sie zu preisen.

Der Bhagavān sagte: In diesem Wald sind große Ansammlungen von Tulasī-Bäumen zu finden und deshalb nennen ihn die Weisen Vrindā. Ich preise meine geliebte Tulasī. Vor Zeiten erschien sie im Vrindāvana Wald und ist seither unter dem Namen Vrindāvanī bekannt. Ich verehre sie, die Herrliche und vom Glück reich Gesegnete. Sie wird in unzähligen Universen verehrt und wird daher Vishvapūjitā (die von allen Verehrte) genannt. Da stets durch die Berührung mit ihr all jene unzähligen Universen geläutert werden, trägt sie den Namen Vishvapāvani (die alle Welten läutert). Ich leide sehr unter der Trennung von ihr und denke an sie. Ohne Tulasī können die Götter nicht gnädig gestimmt werden, selbst wenn man ihnen haufenweise andere Blüten darbringt, daher wird sie zu Recht als die Essenz aller Blüten angesehen.

Nun bin ich voller Kummer und Sorge und sehne mich nach dem Anblick der Devī, die in ihrer Natur vollkommene Reinheit verkörpert. Das gesamte Universum freut sich, wenn die Bhaktas sie empfangen und daher wird sie Nandinī genannt. Möge sie mir freundlich gewogen sein.

Es gibt nichts im Universum, das sich mit ihr vergleichen könnte und daher wird sie Tulasī genannt. Ich nehme Zuflucht zu der kristallklar reinen und lauteren Tulasī. Die keusche all-liebe Schöne ist das Leben von Krishna, daher kennt man sie unter dem Namen Krishnajīvanī. Möge sie jetzt mein Leben retten!

O Nārada, mit solchen Worten fuhr Ramāpati fort, sie zu preisen. Die keusche Tulasī erschien daraufhin vor ihm und verneigte sich zu seinen Lotusfüßen. In Erinnerung an die Kränkung, die ihr widerfahren war, begann sie zu weinen. Als Bhagavān Vishnu seine liebe, empfindsame Frau erblickte, drückte er sie sogleich an seine Brust.

Mit Sarasvatīs Zustimmung nahm er sie dann mit zu sich nach Hause und versöhnte sie als Erstes mit Sarasvatī. Dann gewährte er ihr die Gabe: Du wirst von allen verehrt, von allen respektiert und hoch geachtet werden und alle werden dich auf ihren Häuptern tragen. Auch ich werde dich verehren, respektieren und hoch achten und dich auf meinem Haupte tragen.

Als die Devī Tulasī diese Gabe von Vishnu erhalten hatte, freute sie sich sehr. Sarasvatī zog sie daraufhin zu sich und ließ sie an ihrer Seite Platz nehmen. Auch Lakshmī und Gangā näherten sich ihr freundlich und baten sie ins Haus einzutreten.

O Nārada, wer immer sie mit ihren acht Namen Vrindā, Vrindāvanī, Vishvapūjitā, Vishvapāvanī, Tulasī, Pushpasārā, Nandanī und Krishna Jīvanī und deren Bedeutung verehrt und ihre aus acht Versen bestehende Hymne (shrī tulasī namashtaka stotra) auf rechte

Weise singt, erlangt dadurch die volle Frucht der Durchführung eines Pferdeopfers (ashvamedha-yagya).

Insbesondere wird in der Vollmondnacht des Monates Kārtika die segensreiche Geburtszeremonie von Tulasī durchgeführt – zu dem Zeitpunkt, wo Vishnu sie vor Zeiten verehrte. Wer auch immer zum Zeitpunkt dieses Vollmondes voller Hingabe die alle Welten läuternde Tulasī verehrt, der erlangt Befreiung von all seinen Sünden und erhebt sich nach Vishnu-Loka.

Im Monat Kārtika Shrī Vishnu Tulasī-Blätter darzubringen bringt ebenso viel spirituelle Verdienste wie das Schenken von zehntausend Kühen. Das Hören dieser Hymne in jenem Zeitraum gibt demjenigen Söhne, der keine Söhne hat, demjenigen Ehefrauen, der keine Ehefrauen hat und dem Freunde, der keine Freunde hat. Durch das Anhören dieser Hymne wird ein Kranker von seiner Krankheit befreit, wer in Gefangenschaft lebt, wird frei, wer sich fürchtet, wird frei von Furcht und die Sünder werden von ihren Sünden befreit.

O Nārada, somit habe ich dir berichtet, wie man ihr Hymnen chantet. Höre nun von ihrer Meditation (dhyāna) und der Methode ihrer Verehrung.

Die Methode der Verehrung wird im Kānva-Shākhā-Abschnitt der Veden beschrieben. Wisse, dass man sich in der Meditation im Geist auf die Tulasī-Pflanze ausrichtet, ohne vorher eine Anrufung (āvāhana) durchzuführen, und sie danach dann voller Hingabe verehrt und ihr die entsprechenden Gaben darbringt.

Vernimm nun ihr Dhyānam: Von allen Pflanzen ist Tulasī die beste. Sie ist überaus heilig und bezaubert den Geist. Sie ist eine Flamme, die all den Brennstoff der von den Menschen begangenen Sünden verbrennt.

Die Veden sagen, dass diese Pflanze Tulasī genannt wird, weil es unter all den Pflanzen keine gibt, die ihr gleich kommt und sie die heiligste von allen ist. Sie weilt auf den Häuptern aller und schenkt dem Universum erhabene Heiligkeit.

Sie schenkt Befreiung zu Lebzeiten (jīvanmukti), ewige Befreiung (mukti) und Hingabe an Shrī Hari. Ich verehre sie.

Nachdem man ihre Meditation ausgeübt und sie den rechten Vorschriften gemäß verehrt hat, soll man sich vor ihr verneigen.

O Nārada. Ich habe dir somit die gesamte Geschichte über Shrī Tulasī erzählt. Was möchtest du jetzt weiter hören, sprich.

Hier endet im neunten Buch des Shrimad Devī Bhāgavatam, des Mahāpurānam von 18.000 Versen von Maharishi Veda Vyāsa, das fünfundzwanzigste Kapitel: Die Methode der Verehrung der Tulasī Devī.

Kapitel 26
Die Geschichte von Sāvitrī

Nārada sagte: Die Erzählung über Tulasī habe ich von dir vernommen. Nun trage mir bitte in allen Einzelheiten die Geschichte von Sāvitrī vor. Sāvitrī wird ja als die Mutter der Veden angesehen. Warum wurde sie vor langer Zeit geboren? Von wem wurde sie als Erstes und von wem dann in der Folge verehrt?

Nārāyana sprach: O Muni, als Erstes wurde sie von Brahmā verehrt. Als Nächstes haben dann die Veden sie verehrt und wiederum als Nächste haben die vedischen Gelehrten (pandit) sie verehrt. Danach hat sie in Bhārata der König Ashvapati verehrt und schließlich haben dann alle vier gesellschaftlichen Stände (varna) sie verehrt.

Nārada fragte: O Brahmane, wer ist dieser Ashvapati? Weshalb hat er sie verehrt? Nachdem offenbar wurde, dass die Devī Sāvitrī die Verehrung aller verdient – welche Menschen haben sie dann als Erste verehrt und welche anschließend?

Nārāyana sprach: O Muni, der König Ashvapati regierte in Bhadradesha. Er machte seine Feinde machtlos und seine Freunde kummerlos. Seine überaus tugendhafte Gemahlin hieß Mālatī und sie war gleichsam eine zweite Lakshmī. Aber sie war unfruchtbar; deshalb verehrte sie im Wunsch nach Nachkommenschaft unter Anleitung des Maharishi Vasishtha auf rechte Weise voller Hingabe die Devī Sāvitrī. Dennoch erlangte sie keinerlei Schau oder irgendwelchen Rat seitens der Devī und kehrte daher schließlich bekümmerten Herzens nach Hause zurück.

Als der König sie in ihrem betrübten Zustand sah, tröstete er sie mit heilsamen Worten und begab sich dann mit ihr zusammen nach Pushkara, um sich dort in Verehrung von Sāvitrī hingebungsvoll dem Tapas zu widmen. Einhundert Jahre lang hielt er sich in strenger Zucht und praktizierte Tapasyā. Dennoch erschien Sāvitrī nicht vor ihm, aber eine körperlose himmlische Stimme sprach zu ihm: Führe Japam aus und wiederhole eine Million Mal das Gāyatrī-Mantra.

In diesem Augenblick traf der Maharishi Parāshara dort ein. Der König verneigte sich ehrerbietig vor ihm und der Muni sagte: O König, ein Japa des Gāyatrī-Mantras zerstört sämtliche Sünden eines Tages. Zehn Japams des Gāyatrī vernichten alle Sünden eines Tages und einer Nacht. Einhundert Gāyatrī Japams löschen die Sünden eines Monats aus. Eintausend Japams zerstören die innerhalb eines Jahres begangenen Sünden. Einhunderttausend (ein Lakh) vernichten alle Sünden des jetzigen Lebens und eine Million (zehn Lakh) Gāyatrī Japams löschen die Sünden sämtlicher Geburten aus. Wenn zehn Millionen (einhundert Lakh) Japams durchgeführt werden, so erlangt man Erlösung oder vollkommene Befreiung (moksha).

Gib deiner (rechten) Hand die Form der Haube einer Schlange. Achte dabei darauf, dass keine Lücken zwischen den Fingern zu sehen sind und richte die Fingerspitzen dabei nach unten. Dann praktiziere in Stille und Ruhe gegründet und mit dem Gesicht nach Osten gewandt das Japam. Dann zähle von der Mitte des Ringfingers an im Uhrzeigersinn weiter bis zur Unterseite des Zeigefingers – dies ist die Regel für das Zählen mit der Hand.

O König, die Gebetskette sollte aus dem Samen des weißen Lotus oder aus Kristallen bestehen; sie sollte geweiht und geläutert sein.

Das Japam sollte an einem heiligen Wallfahrtsort (tīrtha) oder in einem Tempel durchgeführt werden. In einem selbstbeherrschten Zustand sollte man die Gebetskette auf ein Banyan-Blatt oder ein Lotus-Blatt legen und mit Kuhdung einreiben; dann soll man sie waschen und leise das Gāyatrī-Mantra über sie aussprechen. Danach soll man achtsam und nach den vorgeschriebenen Regeln das Gāyatrī Japam einhundert Mal ausführen.

Man kann die Gebetskette auch mit den fünf von der Kuh erlangten Produkten (panchagavya – Milch, Quark, geläuterte Butter, Kuhurin und Kuhdung) läutern und dann weihen, das heißt mit Wasser der Gangā abwaschen und dann die beste Weihung darüber ausführen.

O Rājarishi, danach führe nacheinander zehn Lakh Japams durch. Dadurch werden die in deinen drei Leben begangenen Sünden allesamt zerstört und du wirst die Devī Sāvitrī schauen.

O König, führe jeden Tag in einem reinen Zustand morgens, mittags und abends dieses Japam aus. Wer unrein und ohne Sandhyā (tägliche spirituelle Praxis) ist, hat kein Recht irgendeine Handlung auszuführen und selbst, wenn er Handlungen ausführt, wird er keine Frucht daraus erlangen.

Wer nicht das morgendliche Sandhyā und das abendliche Sandhyā ausführt, ist von allen brahmanischen Aktivitäten abgekommen und gleichsam zu einem Shūdra geworden. Wer sein ganzes Leben lang stets dreimal am Tag sein Sandhyā praktiziert, erlangt sonnengleichen Glanz und leuchtendes Tapas. Mehr noch als dies: Die Erde wird stets durch die Berührung mit dem Staub zu seinen Füßen geläutert.

Ein Zweimalgeborener (dvīja), der regelmäßig sein Sandhyā Vandanam ausführt und seine Reinheit bewahrt, wird voller Energie und ein zu Lebzeiten Erlöster (jīvan mukta) sein. Durch seine Gegenwart werden alle heiligen Stätten geläutert. Alle Sünden fliehen vor ihm in weite Ferne, ganz so, wie die Schlangen beim Anblick des

Göttervogels Garuda fliehen. Von dem Dvīja, der aufhört, dreimal täglich sein Sandhyā zu praktizieren, nehmen die Devas keine Verehrung an und die Ahnen (pitri) verweigern die Annahme seiner Gaben (pinda).

Wer keine Hingabe (bhakti) an die Mūla Prakriti besitzt, nicht die Wiederholung seines speziellen Samenmantras der Māyā praktiziert und nicht an den Festlichkeiten zu Ehren der Mūla Prakriti teilnimmt, von dem wisse, dass er wahrlich eine Ajagara-Schlange ohne Gift ist.

Ohne das Vishnu-Mantra, ohne die drei Sandhyās und ohne das Fasten am elften Tage der Monatshälfte (ekādashi tithi) wird ein Brahmane gleichsam zu einer giftlosen Schlange.

Ein schlechter Brahmane, der nicht gerne Gaben annimmt, die Hari dargebracht werden sollen, der als Wäscher arbeitet, die Nahrung von Shūdras zu sich nimmt oder als Büffeltreiber seinen Lebensunterhalt bestreitet, wird zu einer Schlange ohne Gift.

Ein Brahmane, der die Leichname von Shūdras verbrennt, gleicht einem Mann, der in wilder Ehe mit einem jungen Mädchen zusammenlebt. Auch ein Brahmane, der sich als Koch für einen Shūdra betätigt, wird zu einer giftlosen Schlange. Derjenige Brahmane, der Geschenke von Shūdras annimmt, der Opfer für einen Shūdra durchführt oder der das Leben eines Beamten oder Kriegers führt, wird gleichsam zu einer Schlange ohne Gift.

Ein Brahmane, der seine Tochter oder den Namen von Hari verkauft oder die Nahrung einer unverheirateten und sohnlosen Frau oder einer Frau, die gerade das Bad nach ihrer Menstruation genommen hat, isst, der wird zu einer giftlosen Schlange.

Ein Brahmane, der einen Beruf als Zuhälter oder als Prostituierter ergreift oder Geld für Zinsen verleiht, gleicht ebenfalls einer Schlange ohne Gift. Auch ein Brahmane, der nach Sonnenaufgang noch schläft, der Fisch isst und nicht die Devī verehrt, ist gleichsam eine giftlose Schlange.

Nachdem Parāshara, der beste aller Weisen (muni), dem König die Regeln der Verehrung der Devī Sāvitrī vorgetragen hatte, erklärte er ihm wunschgemäß das Dhyānam und die anderen Methoden des Dienstes an der Göttin. Danach vertraute er dem König all die zugehörigen Mantras an und kehrte dann in seinen eigenen Āshram zurück.

Der König verehrte die Devī Sāvitrī getreu nach diesen Anweisungen und erlangte so die Schau der Devī und die Gewährung seines Herzenswunsches von ihr.

Nārada sagte: Was genau ist das Sāvitrī Dhyānam, was sind die Methoden ihrer Verehrung, was die Hymne und das Mantra, das Parāshara dem König gab, bevor er fortging? Und wie führte der König die Verehrung der Devī Sāvitrī aus und welche Wunschgabe erlangte er dadurch? Ich bin äußerst begierig, all diese großartigen Geheimnisse zu erfahren, die in der vedischen Überlieferung (shruti) so hoch gepriesen werden.

Nārāyana sprach: Am dreizehnten Tage (trayodashi tithi) der dunklen Monatshälfte des Monats Jyeshtha oder am vierzehnten Tage (chaturdashi tithi) oder in einem anderen heiligen Zeitraum soll dieser Eid mit großer Achtsamkeit und Hingabe eingehalten werden. Vierzehn Früchte und vierzehn Teller voller Nahrungsgaben, Blumen und Wohlgerüche sollen dargebracht werden und dieser Eid ist vierzehn Jahre in Folge einzuhalten. Auch Gewänder, heilige Schnüre und andere hochwertige Gaben sollen dargebracht werden. Nach Abschluss des Eides sollen die Brahmanen großzügig gespeist werden. Der glückverheißende Krug (mangal ghat) soll entsprechend den Vorschriften für die Verehrung mit Zweigen und Früchten aufgestellt werden; auch Ganesha, Agni, Vishnu, Shiva und Shivā sind angemessen zu verehren. Mit jenem geweihten Krug soll dann als Nächstes die Devī Sāvitrī angerufen und verehrt werden.

Höre nun das Dhyānam der Sāvitrī, wie es im Mādhyan Dina Sakhā aufgeführt ist, und auch die Hymne (stotra), die Methode der

Verehrung und das Mantra der Devī, der Erfüllerin aller Wünsche: Meine Meditation und Verehrung widme ich Sāvitrī, der Mutter der Veden in ihrer Natur als Pranava (die heilige Silbe Oṁ), deren Farbe geschmolzenem Golde gleicht, die in der feurigen Ausstrahlung Brahmans (brahmā teja) erstrahlt, in einem Glanz, der Tausenden und Abertausenden von Strahlen der mittäglichen Sommersonne gleicht, die ein gnadenvolles Lächeln zeigt, mit Juwelen und herrlichem Schmuck ausgestattet ist, die ein himmlisches Gewand trägt, die stets bereit ist, ihre Bhaktas zu segnen, die höchste Freude und Erlösung schenkt, die friedvolle Gemahlin des Schöpfers des Universums, die der Inbegriff allen Wohlstandes ist und Reichtum in Fülle gewährt, die Gottheit, die über die Veden gebietet und selbst die Verkörperung der Veden ist. Ihr wende ich mich in meiner Meditation zu.

Nachdem man dieses Dhyānam rezitiert und mit ihrem Mantra meditiert hat, soll man ihr hochwertige Früchte (naivedyam) darbringen und dann die Finger auf den Kopf legen. Danach soll man erneut meditieren und dann die Devī unter Verwendung des vorbereiteten Kruges anrufen. Als Nächstes soll man vierzehn Gaben darbringen und dabei die Mantras vortragen, die von den Veden dafür vorgeschrieben sind. Dann soll man eine spezielle Pūja ausführen, der Devī Hymnen vortragen und sie verehren.

Folgende sind die vierzehn Gaben, die darzubringen sind: Ein Sitz (āsanam), Wasser zum Waschen der Füße (pādyam), Reis und Durvagras (arghyam), Wasser zum Baden (snānīyam), Sandelpaste und andere Wohlgerüche (anulepanam), Räucherwerk (dhūpam), Lichter (dhīpam), Früchte (naivedyam), Betelblätter (tambūlam), kühles Wasser, Gewänder, Schmuck, Girlanden, Wasser zum Trinken und eine schöne Ruhestätte.

Während man diese Gaben darbringt, soll man die zugehörigen Mantras vortragen: Diesen schönen Sitz aus Holz oder aus Gold, der spirituelle Verdienste mehrt, bringe ich dir dar. Dieses Wasser von den heiligen Stätten (tīrtha), das angenehm, verdienstvoll und rein ist, bringe ich dir als Verkörperung der Pūja zum Waschen deiner Füße dar. Dieses heilige Arghya bringe ich dir mit Durba-Gras, Blumen sowie reinem Wasser in einer Muschel dar. Dieses wohlduftende Öl bringe ich dir zum Baden zusammen mit Wasser voller Hingabe dar. Bitte nimm dies freundlich an. O Mutter, dieses göttliche, süß duftende und überaus reine, mit Kunkuma und anderen Wohlgerüchen bereitete Wasser bringe ich dir dar.

O Parameshvarī, dieses ganz und gar segensreiche, gute und verdienstvolle Dhūpa nimm bitte freundlich an, o Weltenmutter. Es ist sehr angenehm und süß duftend, daher bringe ich es dir dar.

O Mutter, dieses Licht, aus dem das gesamte Universum hervorgeht und das gleichsam den Samen zur Vernichtung aller Dunkelheit in sich trägt, wird dir von mir dargebracht.

O Devī, bitte nimm diese köstliche, höchst verdienstvolle, den Hunger stillende, wohlschmeckende und Genuss bringende Nahrung freundlich an.

Diese schönen, nahrhaften, wohlschmeckenden, mit Kampfer gewürzten Betelblätter bringe ich dir dar.

Dieses klare, kühle Wasser, das den Durst löscht und das Leben der Welt verkörpert, nimm bitte freundlich an.

O Devī, bitte nimm freundlich dieses Gewand aus Seide und auch dieses Gewand aus Kārpāsa-Baumwolle an, das die Schönheit des Körpers mehrt.

Bitte nimm freundlich diesen prächtigen, verdienstvollen, Freude bringenden, schönen und wertvollen goldenen und mit Juwelen gezierten Schmuck an.

Bitte nimm freundlich diese verschiedenen, von unterschiedlichen Bäumen stammenden Früchte an, die gleichsam die Frucht vollkommener Wunscherfüllung verkörpern.

Bitte nimm diese schöne, segensreiche und Freude bringende Girlande an, die aus verschiedenen Blumen gefertigt wurde.

O Devī, bitte nimm diese überaus erfreuenden und segensreichen süßen Wohlgerüche freundlich an.

Bitte nimm dieses ausgezeichnete, schöne Sindūra, das beste aller Schmuckmale, welches die Stirn verschönt, an.

Bitte nimm diese heiligen, die spirituellen Verdienste erhöhenden Schnüre freundlich an, die mit vedischen Mantras geläutert und aus überaus reinen Knoten geknotet wurden.

Mit diesen Worten soll man die genannten Gaben der Devī darbringen und dabei jedes Mal das zugehörige Wurzelmantra aussprechen.

Dann soll der intelligente Verehrer der Devī Hymnen an die Göttin rezitieren und schließlich hingebungsvoll den Brahmanen reichlichen Opferlohn (dakshina) schenken.

Die Wortessenz oder das spezielle Samenmantra ist das achtsilbige Mantra *Shrīm Hrīm Klīm Svāitrai Svāhā* – die Weisen wissen dies.

Das Stotra, das im Mādhyandīna Shākhā aufgeführt ist, schenkt die Frucht aller Wünsche. Ich werde dir nun von diesem Mantra berichten, welches das eigentliche Leben der Brahmanen in sich trägt. Höre aufmerksam zu.

O Nārada, in uralten Zeiten wurde Sāvitrī von Krishna in der Goloka-Welt dem Brahmā zur Frau gegeben, aber Sāvitrī begab sich nicht zu Brahmā nach Brahmāloka. Daraufhin pries Brahmā auf Anweisung von Shrī Krishna hin die Mutter der Veden. Von Brahmās Lobeshymne erfreut akzeptierte sie Brahmā als ihren Gemahl.

Brahmā sagte: Du bist Sat-Chit-Ānanda, die ewige Realität von Sein, Bewusstsein und Seligkeit. Du bist die Mūla Prakriti. Du bist Hiranya Garbha. Sei mir freundlich gewogen, o Schöne!

Feuer und Energie ist dein Wesen. Du bist die Höchste. Du bist die höchste Glückseligkeit (paramānanda) und du bist der Stand der Zweimalgeborenen. Sei mir freundlich gewogen, o Schöne!

Du bist ewig und dem Ewigen lieb. Dein Wesen ist ewige Glückseligkeit. O Devī, o All-Segensreiche, o Schöne, mögest du mir freundlich gewogen sein! Du bist die Allgestalt. Du bist die Essenz aller Mantras der Brahmanen. Du bist höher als das Höchste. Du bist die Schenkerin von Freude und die Befreierin, o Devī. O Schöne, sei mir freundlich gewogen!

Du bist gleichsam die brennende Flamme für den Brennstoff der Sünden der Brahmanen. O du, die du den feurigen Glanz Brahmans (brahmā teja) verleihst, o Devī, o Schöne, mögest du mir freundlich gewogen sein!

Allein dadurch, dass ich deiner gedenke, sind alle meine Sünden verbrannt, die ich mit Körper, Geist oder Worten begangen habe.

Diese Worte sprechend kam der Schöpfer in der Versammlungshalle an und dann begab sich Sāvitrī zusammen mit Brahmā nach Brahmāloka.

Der König Ashvapati sang diese Hymne an Sāvitrī und schaute sie und erlangte von ihr die ersehnten Wunschgaben.

Wer auch immer diese höchst heilige Königin aller Hymnen nach seinem Sandhyā Bandanam rezitiert, erlangt alsbald die Früchte des Studiums aller Veden.

Hier endet im neunten Buch des Shrimad Devī Bhāgavatam, des Mahāpurānam von 18.000 Versen von Maharishi Veda Vyāsa, das sechsundzwanzigste Kapitel: Die Geschichte von Sāvitrī.

Kapitel 27
Die Geburt von Sāvitrī

Nārāyana sprach: O Nārada, nachdem der König Ashvapati die genannte Hymne mit den vorgeschrieben Riten und Zeremonien gechantet hatte, erschaute er die Devī, deren Gestalt hell wie tausend Sonnen erstrahlte.

Lächelnd sagte sie zu dem König wie eine Mutter zu ihrem Sohn die folgenden Worte, während sämtliche Himmelsgegenden von dem Glanz erleuchtet wurden, der von ihrem Körper ausging.

Sāvitrī sprach: O König, ich kenne deinen Herzenswunsch und ich werde dir und deiner Gattin ganz gewiss das gewähren, wonach ihr euch sehnt. Deine keusche Frau sehnt sich nach einer Tochter, während du dir einen Sohn wünschst und so werden sich, einer nach dem anderen, euer beider Wünsche erfüllen.

Mit diesen Worten begab die Devī sich dann nach Brahmāloka und auch der König kehrte in sein Heim zurück.

Als Erstes wurde ihm eine Tochter geboren. Da es bei der Geburt der Tochter schien, als sei eine zweite Lakshmī geboren, und weil sie nach der Verehrung der Devī Sāvitrī geboren wurde, gab der König ihr den Namen Sāvitrī. Die Zeit verging und die Tochter wuchs Tag für Tag gleich dem Mond in der hellen Monatshälfte zu einer schönen jungen Frau heran.

Der König Dyumatsena hatte einen Sohn namens Satyavāna, der sich stets an die Wahrheit hielt und der einen guten Charakter sowie zahlreiche gute Eigenschaften besaß; die Tochter erwählte ihn zu ihrem Bräutigam.

Der König vermählte sie mit reichen Gaben an Juwelen und Schmuck mit Satyavāna, der voller Freude mit seiner Braut heimkehrte.

Ein Jahr später geschah es, dass der wahrheitsliebende und kraftvolle Satyavāna auf Anweisung seines Vaters hin auszog, um Früchte und Brennholz zu sammeln. Seine treue Gattin Sāvitrī ging mit ihm.

Unglücklicherweise fiel Satyavāna von einem Baum und starb. Der Todesgott Yama sah seine Seele in Gestalt eines daumengroßen Purushas (purusha bedeutet Mensch), nahm sie an sich und ging mit ihr fort. Die treue Sāvitrī aber folgte ihm.

Als der hochherzige Yama, der beste unter den Sādhus, bemerkte, dass Sāvitrī ihm folgte, sprach er sie mit folgenden süßen Worten an: O Sāvitrī, wohin willst du in dieser deiner sterblichen Hülle gehen? Wenn du mir folgen willst, dann gib diesen deinen Körper auf.

Ein sterblicher Mensch vermag in seiner aus den fünf Elementen zusammengesetzten vergänglichen Hülle nicht zu meiner Stätte zu gelangen.

O keusche Schöne, der Zeitpunkt des Todes ist für deinen Gemahl gekommen. Daher wird Satyavāna in meine Heimstatt gehen, um die Früchte seines Karmas zu ernten.

Jedes Lebewesen wird infolge seines Karmas geboren und stirbt dann wiederum infolge des Karmas seines Lebens. Das Karma allein verhängt Freude, Schmerz, Sorgen und alles andere. Durch Karma wird eine verkörperte Seele (jīva) zum Götterkönig Indra oder wird durch Karma zum Sohn eines Brahmā. Durch sein Karma kann ein Jīva zum Diener von Hari werden und Freiheit von Geburt und Tod erlangen.

Durch das eigene Karma kann man alle Arten von höheren geistigen Kräften (siddhi) und auch die Unsterblichkeit erlangen. Auch eine der vier gesegneten Welten wie Vishnus Sālokya kann man vermittels Karma für sich gewinnen.

Mehr noch als das: Durch Karma wird ein Wesen zu einem Deva, einem Menschen, einem König, einem Shiva oder einem Ganesha. Die Existenz als Munīndra (Herrscher unter den Weisen), Asket, Krieger (kshatriya), Kaufmann (vaishya) oder Barbar (mlechcha), als bewegliches Wesen, als Stein, menschenfressender Unhold (rākshasa), Pferdemensch (kinnara), König, Baum, Tier, Tier des Waldes, niederes Tier, Wurm, Daitya, Dānava oder Asura – jede dieser Existenzformen wird vom Karma und nur vom Karma allein hervorgebracht.

O Nārada, nachdem Yama diese Worte gesprochen hatte, schwieg er.

Hier endet im neunten Buch des Shrimad Devī Bhāgavatam, des Mahāpurānam von 18.000 Versen von Maharishi Veda Vyāsa, das siebenundzwanzigste Kapitel: Die Geburt von Sāvitrī.

Kapitel 28
Die Geschichte von Sāvitrī

Nārāyana sprach: O Nārada, als die keusche, intelligente Sāvitrī diese Worte von Yama vernommen hatte, antwortete sie voller Hingabe: O Dharmarāja, was ist Karma? Warum und wie ist es entstanden? Was ist die Ursache des Karmas? Was ist die Natur der verkörperten Seele (jīva)? Was ist dieser Körper? Und wer ist es, der Karma (Handlung) ausführt? Was ist Erkenntnis (gyāna)? Was ist der unterscheidende Intellekt (buddhi)? Was ist der Lebensodem (prāna) der verkörperten Seele? Was sind die Sinne (indriya) und was deren Eigenschaften und die über sie gebietenden Gottheiten (devatā)? Wer ist der Genießer und wer derjenige, der einen Genuss erleben lässt? Was sind die Sinnesfreuden (bhoga) und was die Mittel, um ihnen zu entgehen? Und was ist die Natur jenes Zustandes, wo man ihnen entkommen ist? Was ist das Wesen des verkörperten Selbst (jīvātmā) und was das Wesen des höchsten Selbst (paramātmā)?

O Deva, bitte berichte mir in allen Einzelheiten von alledem!

Dharma sagte: Karma (Aktivität, Handlung) ist von zweierlei Art: gut und schlecht. Das Karma, von dem die Veden sagen, dass es zum Dharma (zum Leben in Einklang mit dem kosmischen Gesetz) führt, ist gut; alle anderen Handlungen sind schlecht. Gott zu dienen ohne irgendwelche egoistische Absicht (sankalpa) und ohne auf irgendwelche Früchte davon abzuzielen (ahaitukī) führt zur Ausrottung allen Karmas und zu höchster Hingabe (parābhakti) an Gott. Ein Mensch, der solch ein hingebungsvoller Verehrer (bhakta) von Brahman ist, erlangt Befreiung – dies verkünden die vedischen Schriften (shruti). Wer führt dann Karma aus und wer erfährt Genuss (der Früchte des Karmas)? Für solch einen Bhakta Brahmans gibt es weder Geburt, noch Tod, Alter, Krankheit, Kummer oder Furcht.

O keusche Schöne, Bhakti ist von zweierlei Art, dies wird von sämtlichen Shrutis bestätigt. Die eine Art von Hingabe führt zum

Nirvāna und die andere führt zum Wesen Haris. Die Vaishnavas erstreben Bhakti gegenüber Hari, das ist Saguna Bhakti. Die anderen Yogis und die besten Brahmankenner streben nach Nirguna Bhakti.

Er, der der Same allen Karmas ist und der für immer die Früchte des Karmas zuweist, der das Karma in Person ist und die Mūla Prakriti – das ist der Bhagavān. Er ist das höchste Selbst. Er ist die materielle oder substantielle Ursache des Karmas.

Wisse, dass es in der Natur dieses Körpers liegt, sich schließlich aufzulösen und zu sterben. Raum (ākāsha), Luft, Feuer, Wasser und Erde – dies sind gleichsam die Fäden des Werkes der Schöpfung Brahmās, dessen Natur Sein ist.

Dehī oder die verkörperte Seele ist der Ausführende von Karma, der Kartā, und er ist der Genießer (der Früchte seines Karmas). Und das Selbst (ātmā) ist der Auslöser, der innere Anreger dazu, Karma auszuführen und dessen Früchte zu genießen.

Die Erfahrungen der ganzen Vielfalt von Freude und Schmerz werden Erfahrung von Sinnesfreuden (bhoga) genannt; Befreiung (mukti) ist dem entkommen zu sein.

Die Erkenntnis, mittels derer der Ātman und Māyā unterschieden werden, wird Gyānam genannt. Durch Gyānam werden die Sinnesobjekte als getrennt und verschieden vom Selbst erkannt. Der Buddhi, der Intellekt oder die Unterscheidungskraft, vermag die Dinge auf rechte Weise zu erkennen und wird als Same des Gyānam angesehen.

Als Prāna werden die verschiedenen Arten von Atem oder Luft (vāyu) im Körper bezeichnet und dieser Prāna ist die Lebenskraft der verkörperten Wesen.

Der Geist (manas) ist der oberste und beste der Sinne; er ist ein Teil von Īshvara. Er zeichnet sich durch seinen Zustand des Zweifels und der Ungewissheit aus. Er treibt unwiderstehlich zu allen Arten von Handlungen an. Er ist unkenntlich und unsichtbar und stört das Gyānam.

Die Sinne sind Hören, Tasten, Sehen, Schmecken und Riechen. Sie sind gleichsam die verschiedenen Gliedmaßen der verkörperten Seele und treiben zu Aktivität an. Sie sind zugleich Feinde und Freunde, denn sie vermitteln sowohl Schmerz als auch Freude. Brahmā, Vāyu, die Sonne, die Erde und andere sind ihre Devatās.

Der Jīva hält und stützt den Prāna und den Körper. Der Paramātmā, das höchste Selbst, ist der Beste von allen, allgegenwärtig, jenseits der Gunas und der Prakriti. Er ist die Ursache aller Ursachen und Brahman selbst.

O keusche Schöne, in Einklang mit den Shāstras habe ich dir alle deine Fragen beantwortet. Dies ist das Wissen (gyāna) der Wissenden (gyānin).

O mein Kind, nun kehre in dein Haus zurück, wie es dir gefällt.

Sāvitrī sagte: Wohin soll ich gehen, nachdem ich meinen Ehemann verlassen habe und auch dich, den Ozean des Wissens? Bitte beantworte mir die Fragen, die ich dir nun stelle: In welche Mutterleiber gehen die Jīvas als Folge welchen Karmas ein?

Welche Karmas führen in die Himmelswelten und welche Karmas führen in die verschiedenen Höllenwelten? Welche Karmas führen zur Befreiung (mukti) und welche Karmas führen zu Hingabe an Gott (bhakti)? Welche Karmas machen einen zu einem Verwirklichten (yogi) und welche Karmas bewirken Krankheiten? Welche Karmas haben ein langes Leben zur Folge und welche ein kurzes? Welche Karmas machen einen glücklich und welche Karmas führen einen in Kummer und Elend? Welche Karmas bewirken, dass man verunstaltete Gliedmaßen hat, einäugig, blind, taub, lahm oder geistig behindert wird? Welche Karmas machen einen zu einem Verrückten?

Welche Taten haben zur Folge, dass man habgierig oder zu einem Dieb wird? Welche Karmas führen einen zur Erlangung höherer Geisteskräfte (siddhi) oder lassen einen die vier höchsten Welten, Sālokya und die anderen, erlangen? Welche Karmas machen jemanden zu einem Brahmanen oder zu einem Asketen oder lassen einen die

Himmelswelt Vaikuntha erreichen? Welche Karmas befähigen einen dazu in Goloka, die herrlichste aller Welten, einzugehen und frei von jeglicher Krankheit zu sein?

Wie viele Höllen gibt es? Was sind deren Namen und was geschieht in ihnen? Wie lange muss man in jeder dieser Höllen verweilen und welche Karmas haben welche Krankheiten zur Folge?

O Deva, bitte erfülle mir meinen Wunsch und beantworte mir die Fragen, die ich dir gerade vorgetragen habe.

Hier endet im neunten Buch des Shrimad Devī Bhāgavatam, des Mahāpurānam von 18.000 Versen von Maharishi Veda Vyāsa, das achtundzwanzigste Kapitel: Die Geschichte von Sāvitrī.

Kapitel 29
Fortsetzung der Geschichte von Sāvitrī. Geschenke und die Auswirkungen der verschiedenen Karmas

Nārāyana sprach: Yama war überaus erstaunt über diese Fragen Sāvitrīs. Dann begann er, ihr mit einem Lächeln zu berichten, welche Früchte die unterschiedlichen Taten der Jīvas zeitigen.

Yama sprach: O mein Kind, du bist gerade mal ein zwölfjähriges Mädchen, aber aus deinen Worten spricht eine Weisheit, welche der Weisheit der höchsten Weisen (gyānin) und Verwirklichten (yogi) wie Sanaka und anderen gleich kommt. O mein Kind, infolge der von Sāvitrī Devī gewährten Wunschgabe bist du als ihre Teilinkarnation geboren worden. Der König Ashvapati hat dich durch seine harte Askese als Tochter erlangt. So wie Lakshmī in ihrer Beziehung zu Vishnu vom Glück gesegnet und ihm sehr lieb ist, wie Mahādevī gegenüber Mahādeva, Aditi gegenüber Kashyapa, Ahalyā gegenüber Gautama, so bist du es gegenüber Satyavāna, was herzliche Zuneigung, Glück und andere gute Eigenschaften anbetrifft.

So wie Shachī in ihrer Beziehung zu Mahendra, Rohinī zum Mondgott Chandra, Rati zu Kāmadeva, Svāhā zu Agni, Svadhā zu den

Pitris, Sagyā zum Sonnengott Sūrya, Varunānī zu Varuna, Dakshinā zu Yagya, die Göttin Erde zu Varāha, Devasenā zu Kārtika gehörend und vom Glück gesegnet und voller Freude ist, so mögest auch du vom Glück gesegnet und voller Freude sein, was deine Beziehung zu Satyavāna anbetrifft – o Sāvitrī, diese Wunschgabe gewähre ich dir aus eigenem Antrieb. Nun erbitte dir weitere Wunschgaben, o du vom Glück Gesegnete, ich werde dir alle deine Wünsche erfüllen.

Sāvitrī sagte: O Edler, möge ich einhundert Söhne von Satyavāna erlangen – dies ist, was ich mir wünsche. Möge mein Vater ebenfalls einhundert Söhne erlangen. Möge mein Schwiegervater sein verlorenes Augenlicht wieder gewinnen und auch sein verlorenes Königreich wieder erlangen – dies ist ein weiterer Wunsch von mir. Du bist der Herr der Welt, daher gewähre mir diesen Wunsch, dass ich in diesem meinem Körper einhunderttausend Jahre lang leben und danach zusammen mit Satyavāna nach Vaikuntha gehen werde.

Nun bin ich sehr begierig, von dir zu hören, welche Früchte die unterschiedlichen Karmas der verschiedenen Jīvas hervorbringen. Bitte sei so freundlich und tue mir den Gefallen, darüber zu berichten.

Dharma sprach: Du bist wahrlich eine sehr keusche Frau. Daher werden sich deine Gedanken ganz gewiss verwirklichen. Nun beschreibe ich dir, wie die Karmas der Jīvas zur Reife gelangen. Höre: Außer in diesem heiligen Land Bhārata ernten die Menschen nirgends die vollständige Frucht ihrer zweifachen – der guten und der schlechten – Karmas.

Nur die Suras (die Devas), Daityas, Dānavas, Gandharvas, Rākshasas und Menschen vollbringen Karmas. Die Tiere und andere Wesen erzeugen kein Karma.

Diejenigen Jīvas, die Karmas hervorbringen, erleben die Reifung ihrer Karmas in Himmelswelten, Höllenwelten und in anderen Mutterleibern (yoni). Insbesondere erfahren die Jīvas, indem sie verschiedene Yonis durchwandern, die Früchte ihrer jeweiligen guten und schlechten Taten, die sie in ihren vorherigen Leben vollbracht haben. Die guten Karmas tragen in den Himmelswelten Frucht und die schlechten Taten führen die Jīvas in die Höllenwelten.

Karma kann durch spirituelle Hingabe (bhakti) ausgelöscht werden. Bhakti ist von zweierlei Art: Nirgunā Bhakti, auf Nirvāna ausgerichtet und Sagunā Bhakti, auf Prakriti, die schöpferische Intelligenz Brahmans ausgerichtet, was Māyā mit einschließt. Krankheiten sind die Folge schlechter und von Unwissenheit getragener Handlungen und Gesundheit von guten und vernunftbestimmten Karmas. Ähnliches gilt für Kurzlebigkeit und Langlebigkeit und für Freude und Schmerz. Durch schlechte Handlungen wird man blind oder leidet unter anderen körperlichen Behinderungen. Durch besonders gute Karmas erlangt man Siddhis und Ähnliches.

Dies sind allgemeine Aussagen, ich werde jetzt über genauere Einzelheiten sprechen. Höre: Was ich dir jetzt sage, ist ein Geheimnis, das selbst in den Purānas und Smritis kaum zu finden ist.

In diesem Bhāratavarsha sind die Menschen die besten unter all den verschiedenen Arten von Wesen. Die Brahmanen wiederum sind die besten unter den Menschen und auch die Besten, was die Ausführung der verschiedensten Arten von Handlungen anbetrifft.

O du keusche Frau, unter den Brahmanen sind diejenigen die besten, die auf die Brāhmanas (vedische Schriften, welche die Durchführung von Yagyas behandeln) ausgerichtet sind.

Es gibt zwei Arten von Brahmanen: Sakāma (voller Wünsche) und Nishkāma (frei von Wünschen). Die Nishkāmi Brahmanen stehen über den Sakāmi Brahmanen. Denn die Sakāmis beschäftigen sich damit, die Früchte ihrer Karmas zu genießen, während die Nishkāmis frei von solchen Beeinträchtigungen sind.

Wenn ein Nishkāmi Bhakta seinen Körper aufgibt, geht er in eine reine Welt ein, die lauter und perfekt ist und frei von Krankheit und Leid. Von dort kehrt er nicht wieder zurück. Die Nishkāma Bhaktas nehmen eine göttliche Gestalt an und gelangen nach Goloka, wo sie den höchsten Gott, das höchste Selbst, den zweiarmigen Krishna, verehren.

Die Sakāmī Vaishnavas gelangen nach Vaikuntha, aber sie kehren später wieder nach Bhārata zurück und kommen dort in Familien der Zweimalgeborenen zur Welt. Schritt für Schritt werden auch sie zu Nishkāmas, wenn sie allmählich reine, ungetrübte Hingabe (bhakti) entwickeln.

Die Brahmanen und Vaishnavas, die in all ihren Geburten Sakāmis bleiben, erlangen niemals den Zustand reinen, ungetrübten Intellektes und niemals reine Hingabe an Vishnu.

Diejenigen Brahmanen, die in den heiligen Wallfahrtsorten (tīrtha) leben und dort Askese (tapas) praktizieren, gehen in Brahmāloka ein. Später kehren sie dann wieder nach Bhārata zurück.

Diejenigen, die sich hingebungsvoll ihrem eigenen Dharma widmen und an anderen Orten als in Tīrthas leben, gelangen nach Satyaloka und kehren dann wieder nach Bhārata zurück.

Die Brahmanen, die ihrem eigenen Dharma folgen und die Sonne hingebungsvoll verehren, gehen in die Welt der Sonne ein und kommen dann erneut nach Bhārata.

Jene, welche der Mūla Prakriti hingebungsvoll dienen und dem Nishkāma Dharma folgen, gelangen nach Mani Dvīpa und müssen von dort nicht wieder zurückkehren.

Die Bhaktas von Shiva, Shakti und Ganesha, die getreu ihrem eigenen Dharma folgen, gehen nach Shiva Loka und kehren dann von dort wieder.

Diejenigen Brahmanen, die andere Devas verehren und ihrem eigenen Dharma folgen, gelangen in die Welt der entsprechenden Devas und kehren später wieder zurück nach Bhārata.

Die Nishkāmi Bhaktas von Hari gelangen durch ihre Hingabe Schritt für Schritt in die Welt von Shrī Hari.

Diejenigen, die nicht ihrem eigenen Dharma folgen und nicht die Devas verehren, sondern stets handeln, wie es ihnen beliebt, ohne jede Rücksicht auf die vedischen Handlungsanweisungen, gelangen mit Sicherheit in die Höllenwelten – daran besteht kein Zweifel.

Diejenigen unter den Brahmanen und den anderen drei Ständen (varna), die ihrem eigenen Dharma folgen – sie alle erfreuen sich der Früchte ihrer guten Handlungen. Aber jene, die nicht ihrem Svadharma folgen, gehen wahrlich in die Höllenwelten ein. Sie kehren nicht nach Bhārata zurück, um dort erneut geboren zu werden, sondern sie genießen die Frucht ihrer Karmas in den Höllenwelten.

Daher sollen die vier Varnas, insbesondere die Brahmanen, ihrem eigenen Dharma folgen und sich getreulich an ihre eigenen Dharmas halten. Die Brahmanen sollen ihre Töchter mit gleichermaßen qualifizierten (dharmatreuen) Brahmanen verheiraten. Dann gehen sie in Chandraloka, die Welt des Mondes, ein und weilen dort für die Dauer der Lebenszeit von vierzehn Indras. Und wenn sie ihre Töchter mit der Beigabe von kostbarem Schmuck verheiraten, wird das zweifache Ergebnis erlangt.

Wenn ein Brahmane seine Tochter mit dem Wunsch verheiratet, dadurch eine bestimmte Himmelswelt zu erlangen, so erlangt er eben diese Himmelswelt. Wenn er dies aber tut, ohne dabei an die Erfüllung eines Wunsches zu denken, sondern nur, um damit den Willen Gottes zu erfüllen und Gott zu erfreuen, dann muss er nicht in eine der Himmelswelten eingehen, sondern er wird frei von allem Karma und gelangt nach Vishnu Loka.

Wer den Brahmanen Weideland und Kühe, Silber, Gold, Gewänder, Früchte und Wasser schenkt, geht in Chandraloka ein und lebt dort ein Zeitalter (manvantara) lang – aufgrund des so erworbenen Verdienstes (punyam) lebt er lange Zeit glücklich in jener Welt.

Wer den heiligen Brahmanen Gold, Kühe, Kupfer usw. schenkt, gelangt nach Sūryaloka und lebt dort zehntausend (ayuta) Jahre lang frei von Krankheit und anderen Übeln.

Wer den Brahmanen Ländereien und große Reichtümer schenkt, geht in Vishnu Loka ein und in die herrliche Shveta Dvīpa Welt. Dort lebt er so lange, wie Sonne und Mond existieren. O Muni, die verdienstvollen Menschen leben wahrlich lange in dieser weithin ausgedehnten Welt.

Wer hingebungsvoll den Brahmanen Behausungen schenkt, geht in das selige Vishnu Loka ein und lebt in jener herrlichen Welt Vishnus so viele Jahre, wie das gespendete Haus Moleküle besitzt. Wer zu Ehren eines der Devas ein Haus spendet, gelangt in die Welt jenes Devas und weilt dort so viele Jahre, wie das gespendete Haus Moleküle besitzt. Der lotusgeborene Brahmā sagte, dass man das vierfache Ergebnis hiervon erlangt, wenn man einen königlichen Palast spendet und das einhundertfache, wenn man ein Land spendet, und noch einmal doppelt so viel, wenn man ein besonders prächtiges Land spendet.

Wenn man einen Wasservorratsbehälter erbauen lässt, um die eigenen Sünden auszulöschen, so wird man in Janar Loka so viele Jahre lang leben, wie es den Molekülen darin entspricht.

Wenn man zusätzlich zu anderen Gaben einen Brunnen (vāpī) spendet, so erlangt man die zehnfache Frucht davon. Wenn man sieben Vāpīs spendet, erlangt man die gleiche Frucht wie für das Bauen eines Wasservorratsbehälters. Ein Vāpī soll viertausend Dhanus lang und ebenso breit sein (ein Dhanu misst vier Handbreiten).

Wenn man seine Tochter einem guten Bräutigam zur Frau gibt, so erlangt man dadurch die gleiche Frucht wie für das Spenden von zehn Vāpīs, und wenn man gleichzeitig noch Schmuck schenkt, ist der spirituelle Verdienst doppelt so groß. Den gleichen Verdienst erwirbt man auch, wenn man einen Teich von Schlamm reinigt. Soviel zu den Vāpīs.

O keusche Frau, wenn man einen Ashvattha-Baum pflanzt und ihn einem göttlichen Zweck weiht, wird man zehntausend Jahre lang in Tapar Loka leben. O Sāvitrī, und wer zum Wohle aller einen Blumengarten anlegen lässt, wird zehntausend Jahre lang in Dhruva Loka (der Welt des Polarsternes) leben.

O keusche Frau, wer zu Ehren von Vishnu in Bhārata einen prächtigen Wagen (vīmāna) spendet, wird ein Manvantara lang in Vishnuloka leben, und wenn der Wagen besonders kunstvoll gefertigt ist und herrliche bunte Farben besitzt, wird dadurch die vierfache Frucht erlangt. Wer eine Sänfte spendet, erwirbt dafür den halben Verdienst. Wenn jemand voller Hingabe Bhagavān Shrī Hari einen prachtvollen Tempel baut, so wird er einhundert Manvantaras lang in der Welt Vishnus leben.

O keusche Frau, wer eine königliche Straße spendet, die beidseitig mit weiträumigen Gebäuden geziert ist, der wird allseits geliebt und hoch geehrt zehntausend Jahre lang in Indraloka leben.

Entsprechende Früchte erlangt jemand, wenn die genannten Gaben den Göttern oder den Brahmanen gespendet werden. Wer schenkt, erfreut sich an der Frucht. Kein Schenken – keine Frucht.

Nachdem der tugendhafte Spender die himmlischen Freuden genossen hat, nimmt er in Bhārata als Brahmane – oder nach und nach in anderen guten Familien und schließlich in einer Brahmanenfamilie – Geburt an.

Nachdem ein tugendhafter Brahmane sich in den Himmelswelten erfreut hat, nimmt er wiederum in Bhārata seine Geburt in der Familie eines Brāhmana, Kshatriya oder Vaishya an.

Ein Kshatriya oder ein Vaishya kann niemals Brahmanenschaft erlangen, selbst wenn er zig Millionen Askesen durchführt – dies sagen die vedischen Schriften (shruti).

Kein Karma erschöpft sich, auch nicht in Milliarden von Zeitaltern (kalpa), ehe nicht seine Früchte genossen wurden. Die Früchte des Karmas müssen genossen werden, ob sie nun segensreich oder widrig sind.

Durch die Schau der Devas und den immer aufs Neue wiederholten Besuch der heiligen Stätten (tīrtha) wird Reinheit erlangt.

O Sāvitrī, somit habe ich dir dies alles mitgeteilt. Was möchtest du sonst noch hören? Sprich.

Hier endet im neunten Buch des Shrimad Devī Bhāgavatam, des Mahāpurānam von 18.000 Versen von Maharishi Veda Vyāsa, das neunundzwanzigste Kapitel: Fortsetzung der Geschichte von Sāvitrī. Geschenke und die Auswirkungen der verschiedenen Karmas.

Kapitel 30
Das Gespräch zwischen Sāvitrī und Yama über das Heranreifen der Karmas

Sāvitrī sagte: O Dharmarāja, bitte sei so freundlich und beschreibe mir im Einzelnen jene Taten, welche die verdienstvollen Menschen in die Himmelswelten und verschiedene andere Sphären führen.

Dharmarāja sprach: O mein Kind, wer in Bhārata den Brahmanen Reis und andere gute Nahrung spendet, geht in Shivaloka ein und lebt dort hochgeehrt so viele Jahre, wie es der Menge der gespendeten Nahrung entspricht. Dieses Anna-Dāna (das Geben von Nahrung) ist eine großartige Spende (dāna) – und sie kann nicht nur den Brahmanen sondern ebenso den anderen Ständen dargebracht werden, mit den entsprechenden Ergebnissen für den Spender.

Es gibt keine höherwertigere Spende als diese Spende von Anna, und es wird auch nie eine höherwertige Spende geben. Es ist bei dieser Spende kein Unterschied zu beachten, Menschen welchen Standes diese Spende erhalten oder nicht erhalten dürfen, und auch kein Unterschied in Bezug auf den Zeitpunkt, wann man eine solche Spende geben soll.

O mein Kind, Sitze (āsanam) die den Devas und den Brahmanen geschenkt werden, tragen den Geber nach Vishnuloka, wo er dann allseits geliebt und hoch geehrt zehntausend Jahre lang lebt.

Die Gabe von ausgezeichneten milchgebenden Kühen an die Brahmanen bringt den Schenker nach Vishnuloka, wo er dann in großer Herrlichkeit eine so große Anzahl von Jahren lebt, wie jene gespendeten Kühe Poren an ihren Körpern haben.

Wenn die Kühe an einem besonders segensreichen Tag geschenkt werden, steigert sich der Verdienst dafür um ein Vierfaches, und wenn sie in einem heiligen Wallfahrtsort gespendet werden, um ein Hundertfaches. Wenn die Kühe an einem heiligen Ort gespendet werden, an dem Nārāyana verehrt wird, erlangt man eine milliardenfache Frucht dafür.

Wer voller Hingabe den Brahmanen in Bhārata Kühe schenkt, wird zehntausend Jahre lang in großer Herrlichkeit in Chandraloka leben.

Wer einem Brahmanen eine zweimäulige Kuh schenkt, geht in Vishnuloka ein und lebt dort in großer Herrlichkeit so viele Jahre, wie diese Kuh Haare an ihrem Körper hat.

Wer einem Brahmanen einen schönen weißen Schirm schenkt, lebt zehntausend Jahre lang von großer Freude erfüllt in Varunaloka. Einem kranken Brahmanen Gewänder zu schenken, bringt einen nach Vayuloka, wo man zehntausend Jahre lang hochgeehrt lebt.

Wer einem Brahmanen den Shālagrāma-Stein zusammen mit Gewändern schenkt, wird in großer Herrlichkeit so lange in Vaikuntha weilen, wie Sonne und Mond existieren.

Jemand, der einem Brahmanen eine prächtige Bettstatt schenkt, wird ruhmreich in Chandraloka weilen, so lange wie Sonne und Mond existieren.

Den Devas und den Brahmanen Lichter (dīpam) darzubringen führt den Spender nach Agniloka, wo er ein Manvantara lang in großer Herrlichkeit weilt.

Wer den Brahmanen in Bhārata Elefanten schenkt, wird auf demselben Thron zusammen mit Indra sitzen für dessen gesamte Lebensspanne.

Jemand, der den Brahmanen Pferde schenkt, wird für die Lebensspanne von vierzehn Indras in Varunaloka leben. Ebenso wird für die Lebensspanne von vierzehn Indras in Varunaloka leben, wer einem Brahmanen eine prächtig ausgestattete Sänfte schenkt.

Einem Brahmanen einen Landsitz oder einen guten Obstgarten zu spenden, führt einen nach Vayuloka, wo man dann voller Herrlichkeit ein Manvantara lang weilt.

Wer einem Brahmanen einen weißen Wedel (chāmara) oder Fächer schenkt, gelangt nach Vayuloka und lebt dort zehntausend Jahre lang.

Wenn jemand Getreide und Juwelen spendet, erlangt er ein langes Leben und sowohl der Schenker als auch der Empfänger der Gabe gehen ganz gewiss in Vaikuntha ein.

Wer stets den Namen von Shrī Hari rezitiert, lebt ewig und der Tod begibt sich weit fort von ihm.

Ein intelligenter Mensch, der im Lande Bhārata im letzten Viertel der Vollmondnacht das Dol Jātrā Fest (das Schaukelfest zu Ehren von Shrī Krishna) feiert, wird zu Lebzeiten befreit sein, die Freuden dieser Welt genießen und schließlich nach Vishnuloka gelangen, wo er einhundert Manvantaras lang leben wird – daran gibt es keinerlei Zweifel. Wenn das Schaukelfest unter dem Einfluss des Mondhauses (Nakshatra) Uttara Phalgunī stattfindet, wird die Frucht davon verdoppelt – dies hat Brahmā selbst verkündet. Der Veranstalter des Festes lebt bis zum Ende eines Kalpa.

Wer einem Brahmanen Sesam (til) schenkt, geht in Shivaloka ein und weilt dort voller Freude so viele Jahre, wie es der Anzahl der gespendeten Sesamkörner entspricht; danach wird er in einem guten Mutterleib wiedergeboren und wird lange und glücklich leben. Wenn man den Sesam auf einem Kupferteller darbringt, verdoppelt sich die gute Wirkung.

Wer in Bhārata einem Brahmanen zusammen mit Gewändern und Schmuck eine keusche Frau gibt, geht in Chandraloka ein, wo er für die Lebensdauer von vierzehn Indras lebt und sich Tag und Nacht an den bezaubernden Apsarās, den Himmelsmädchen, erfreut. Dann begibt sich der Spender für zehntausend Jahre nach Gandharvaloka und erfreut sich dort Tag und Nacht am Zusammensein mit der Apsarā Urvashī. Danach wird er tausend Leben lang stets treue, vom Glück gesegnete, wohlhabende, liebevolle und süß sprechende Ehefrauen haben.

Wer den Brahmanen gute, köstliche süße Früchte (naivedyam) spendet, weilt für eine Anzahl von Jahren, die der Zahl der Früchte entspricht, in großer Herrlichkeit in Indraloka. Später erlangt er dann eine gute Geburt und prächtige Söhne.

Jemand, der den Brahmanen tausend Bäume schenkt, die gerade Früchte tragen, oder ihnen einfach nur schöne Früchte schenkt, wird sich lange, lange Zeit der Himmelswelten erfreuen und dann erneut in Bhārata geboren werden.

Wer wertvolle Dinge und gute Gebäude zusammen mit Getreide und ähnlichem an die Brahmanen verschenkt, gelangt in das Reich der Devas und lebt dort einhundert Manvantaras lang. Danach erlangt er eine sehr gute Geburt und wird der Herr unermesslichen Reichtums.

Wer voller Hingabe den Brahmanen Ländereien schenkt geht ganz gewiss in die Himmelswelten ein und lebt dort einhundert Manvantaras lang in großer Herrlichkeit. Danach wird er in einem guten Mutterschoß wiedergeboren und wird ein König sein. Einhundert Leben lang hört die Erde nicht auf, ihn zu beherbergen. Er wird reich, wohlhabend, hat viele Söhne und wird der Herrscher über viele Menschen sein.

Wer ein schönes Dorf mitsamt Weideland und Kühen schenkt, wird voller Herrlichkeit einhunderttausend Manvantaras lang in Vaikuntha leben. Danach erlangt er eine gute Geburt und besitzt einhunderttausend Dörfer. Die Erde hört nicht auf, ihn zu beherbergen, selbst wenn er hunderttausend Mal wiedergeboren wird.

Wer ein Dorf schenkt, das von guten und loyalen Untertanen bewohnt wird sowie mit reichen Ernten, Wasservorräten, Bäumen und fruchttragenden Bäumen mit schönen Blättern gesegnet ist, wird einhundert Lebensspannen Indras lang in großer Herrlichkeit in

Kailāsha weilen. Danach wird er in eine edle Familie hineingeboren und wird in Bhārata als Rājadhirāja (oberster Herrscher) über unzählige (niyuta) Städte herrschen. Daran besteht keinerlei Zweifel. Die Erde hört nicht auf, ihn zu beherbergen, selbst wenn er hunderttausend Mal wiedergeboren wird. Wahrlich, er wird der reichste Mensch auf Erden sein.

Wer einem Brahmanen einhundert Länder und Städte schenkt, die von guten oder mittelmäßigen Untertanen bewohnt und mit Brunnen, Wasservorräten und schönen Bäumen gesegnet sind, lebt voller Herrlichkeit zehn Millionen Manvantaras lang in Vaikuntha. Danach wird er auf der Erde in einer hochgestellten Familie wiedergeboren, wird zum Herrscher über Jambudvīpa und besitzt auf Erden so großen Reichtum wie der Götterkönig Indra. Die Erde hört nicht auf, ihn zu beherbergen, selbst wenn er Millionen Male wiederkehrt. Er ist wahrlich ein Mahatma, eine große Seele und ein Rājrājeshvara, ein König über Könige, und lebt bis zum Ende des Kalpa.

Jemand, der einem Brahmanen seinen gesamten Besitz schenkt, erhält schließlich das Vierfache davon zurück – daran gibt es keinerlei Zweifel. Wer einem askesereichen Brahmanen Jambu Dvīpa schenkt, erlangt am Ende ganz zweifellos die hundertfache Frucht davon.

Wisse aber: Auch wenn du ganz Jambu Dvīpa oder die ganze Erde schenkst, sämtliche heiligen Stätten (tīrtha) bereist, alle Arten von Askese betreibst, allen Schutz gewährst und alle Arten von Gaben wohltätig spendest, wirst du dennoch wieder auf dieser Erde Geburt annehmen müssen.

Aber wenn du ein hingebungsvoller Verehrer der Mūla Prakriti wirst, dann kannst du dir sicher sein, dass du nicht wieder hierher kommen und erneut geboren werden musst.

Die Verehrer der Mūla Prakriti gehen in Mani Dvīpa, die höchste Stätte der Shrī Bhuvaneshvarī Devī, ein und weilen dort und werden Zeuge (des Entstehens und Vergehens) unzähliger Brahmās.

Wenn die Verehrer des Devī Mantras ihre sterblichen Hüllen aufgeben, nehmen sie göttliche Erscheinungsformen an, die alle Arten von höheren Bewusstseinskräften (vibhūti) besitzen, frei sind von Geburt, Tod und Altern; die gleiche Gestalt (sārūpya) wie die Devī annehmend leben sie dort und dienen ihr. Sie weilen dort in Mani Dvīpa und werden Zeuge der Auflösungen des Universums.

Die Devas und die Siddhas sterben, das gesamte Universum löst sich auf und verschwindet – aber die Bhaktas der Devī sterben niemals und sind stets frei von Geburt, Tod und Altern.

Wer dem Bhagavān Hari im Monat Kārtika ein Tulasī-Blatt darbringt, weilt drei Yugas lang im Tempel von Shrī Hari. Wenn er danach wieder eine gute Geburt angenommen hat, erlangt er Hingabe an Shrī Hari und wird der Beste unter denjenigen, die ihre Sinne beherrschen.

Wer früh am Morgen vor Sonnenaufgang in der Gangā badet, erfreut sich sechzigtausend Yugas lang seines Aufenthaltes im Tempel von Shrī Hari. Wenn er dann in einer edlen Familie wiedergeboren wird, erlangt er das Vishnu-Mantra und nachdem er seine sterbliche Hülle verlassen hat, wird er mit den Lotusfüßen von Shrī Hari vereint. Er muss nicht mehr von Vaikuntha auf diese Erde zurückkehren. Er widmet sich dem Dienst an Hari und erlangt dieselbe Gestalt wie Hari.

Wer täglich in der Gangā badet, wird rein und lauter wie die Sonne und erwirbt mit jedem Schritt, den er macht, denselben Verdienst wie den der Durchführung eines Pferdeopfers. Die Erde wird durch die Berührung mit dem Staub zu seinen Füßen geläutert, und er erfreut sich eines Aufenthaltes in Vaikuntha, solange Sonne und Mond existieren. Später wird er dann aus einem guten und schönen Mutterschoß wiedergeboren und erlangt durch seine wachsende Hingabe an Hari Befreiung.

Er wird überaus energievoll sein, der beste aller Asketen, rein, tugendhaft, gebildet und selbstbeherrscht.

Wenn jemand in Bhārata in der Zeit, wo die Sonne sich in der Mitte zwischen den Tierkreiszeichen Fische und Krebs befindet und sie die Erde heftig erhitzt, den Menschen kühles Wasser zum Trinken darbringt, wird er für den Zeitraum der Lebensspanne von vierzehn Indras freudevoll in Kailāsha weilen. Wenn er dann hier erneut geboren wird, so wird er schön an Gestalt sein, glücklich, voller Hingabe an Shiva, energievoll und ein Experte der Veden und der Vedāngas.

Wer einem Brahmanen im Monat Vaishākha (April/Mai) Shaktu (Getreideschrot) schenkt, wird sich so viele Jahre eines Lebens im Shiva Tempel erfreuen wie Moleküle in dem Shaktu sind.

Wer in Bhārata den Krishna-Janmāshtamī-Eid einhält, wird frei von allen Sünden, die er in einhundert Leben begangen hat, daran gibt es keinen Zweifel. Derjenige, der dieses Gelübde einhält, wird vierzehn Lebensspannen Indras lang von großer Freude erfüllt in Vaikuntha weilen, danach dann hier eine gute Geburt annehmen und Hari Bhakta (Hingabe an Hari) erlangen.

Wer hier im Bhārata Varsha das Shivarātri-Gelübde einhält, wird sieben Manvantaras lang voll großer Freude in Shivaloka leben. Wer in der Zeit der Shivarātri-Feierlichkeiten Shiva Betelblätter darbringt, wird so viele Yugas von großer Freude erfüllt in Shivas Welt weilen, wie es der Anzahl der dargebrachten Betelblätter entspricht. Wenn er danach hier eine gute Geburt annimmt, entwickelt er Hingabe an Shiva und wird gelehrt, wohlhabend und mit Söhnen, Untergebenen und Ländereien reich gesegnet sein.

Wer diesen Eid einhält und Shankara in den Monaten Chaitra oder Māgha verehrt und mit dem Zweig eines Baumes in der Hand Tag und Nacht tanzt – einen Monat lang oder einen halben Monat lang oder zehn oder sieben Tage lang – der wird in Shivaloka so viele Yugas lang leben wie die Anzahl der Tage, die er getanzt hat.

Wer den Shrī-Rāma-Navamī-Eid einhält, wird sieben Manvantaras lang von großer Freude erfüllt in Vishnus Welt leben. Wenn er dann hier wiederum eine gute Geburt erlangt hat, wird er ein hingebungsvoller Verehrer von Shrī Rāma – des Besten all jener, die Selbstbeherrschung besitzen – und zudem sehr wohlhabend sein.

Wer die Sāradīyā-Pūja (die große Durgā Pūja im Herbst) der Mūla Prakriti mit Gaben von Wohlgerüchen, Lichtern, Nahrung und der Opferung von Büffeln, Ziegen, Schafen, Nashörnern, Fröschen oder anderen Tieren vollzieht zusammen mit Tanz, Musik und anderen festlichen Aktivitäten, wird sieben Manvantaras lang in Shivaloka weilen. Wenn er danach wieder eine ausgezeichnete Geburt annimmt, wird er reines Wissen, unermesslichen Reichtum, Söhne und Enkel besitzen und ein überaus mächtiger Herrscher sein, der viele Pferde und Elefanten sein Eigen nennt. Daran besteht keinerlei Zweifel.

Derjenige, der einen halben Monat lang, mit dem achten Tage der hellen Monatshälfte beginnend, hingebungsvoll die Mahā Devī Lakshmī verehrt, weilt für die Zeit der Lebensspanne von vierzehn Indras in Goloka. Danach nimmt er eine ausgezeichnete Geburt an und wird ein Herrscher sein.

Jemand, der in der Vollmondnacht im Monat Kārtika ein Rāsa Mandala mit einhundert Gopas und Gopīs erstellt und Shrī Krishna und Rādhā im Shālagrāma oder in einem Bildnis mit sechzehn Arten von Darbringungen verehrt, wird für die Lebensspanne eines Brahmā in Goloka leben. Danach wird er in Bhārata wiedergeboren und entwickelt entschlossene Hingabe an Shrī Krishna.

Wenn seine Bhakti sich noch mehr steigert, erlangt er die Einweihung in das Mantra von Shrī Hari und nachdem er seine sterbliche Hülle aufgegeben hat, gelangt er nach Goloka. Dort wird er dieselbe Gestalt (sārūpya) wie Krishna erhalten und wird der oberste Begleiter (pārishada) Krishnas. Gänzlich frei von Alter und Tod muss er nicht befürchten, wieder auf die Erde hinabzufallen.

Wer an den Feierlichkeiten am Ekādashī-Tag teilnimmt und dabei an jenem hellen oder dunklen elften Tag Fasten einhält und Askese betreibt, wird voller Wonne und Freude in Vaikuntha leben. Später wird er erneut in Bhārata geboren und ein Verehrer von Hari sein.

Wenn seine Hingabe dann an Stärke zunimmt und er sich ganz und gar Hari hingibt, wird er nach Goloka heimkehren, nachdem er seine sterbliche Hülle aufgegeben hat; dort erlangt er die Sārūpya von Krishna und wird sein Pārishada; von Alter und Tod befreit wird er nicht wieder herabfallen.

Wer am zwölften Tage der hellen Monatshälfte des Monats Bhādra Indra verehrt, wird sechzigtausend Jahre lang hochgeehrt in Indras Welt leben.

Jemand, der in Bhārata an einem Sonntag, an dem die Sonne in ein neues Zeichen eintritt (sankrānti), am hellen siebten Tithi mit den vorgeschriebenen Zeremonien die Sonne verehrt und die Nahrung zu sich nimmt, die Havisyānna genannt wird (mit Ghee gekochter Reis), wird für die Lebensspanne von vierzehn Indras in Sūryaloka leben. Wenn er dann wieder nach Bhārata zurückkehrt, wird er frei von jeglicher Krankheit und wohlhabend sein.

Derjenige, der am vierzehnten Tage der dunklen Monatshälfte Sāvitrī verehrt, lebt sieben Manvantaras lang ruhmreich und in großer Herrlichkeit in Brahmās Welt. Nach seiner Rückkehr nach Bhārata erfreut er sich großer Schönheit, unvergleichlicher Tapferkeit, eines langen Lebens, umfassenden Wissens und großen Reichtums.

Wer am fünften Tage der hellen Monatshälfte des Monats Māgha mit beherrschten Sinnen und voller Hingabe die Devī Sarasvatī mit sechzehn Arten von Nahrung verehrt, wird für einen Tag und eine Nacht Brahmās in Mani Dvīpa leben. Danach wird er als ein Dichter und Gelehrter (pandit) wiedergeboren.

Wer sein ganzes Leben lang jeden Tag einem Brahmanen Kühe und Gold schenkt, lebt für zweimal so viele Jahre in Vishnuloka, wie die Kühe Haare an ihrem Körper haben. Dort spielt und scherzt er mit Vishnu und verbringt voller Freude sein Leben mit guten und segensreichen Tätigkeiten. Schließlich kehrt er nach Bhārata zurück und wird ein Herrscher über Könige. Er ist vom Glück gesegnet, reich, gelehrt, besitzt großes Wissen und viele Söhne und ist in jeder Hinsicht glücklich.

Wer hienieden einen Brahmanen mit Süßspeisen versorgt, geht in Vishnuloka ein und erfreut sich dort so viele Jahre seines Lebens, wie es der Zahl der Körperhaare des Brahmanen entspricht. Schließlich kommt er zurück nach Bhārata und wird dort glücklich, reich, gebildet, langlebig, stets vom Glück begünstigt und sehr mächtig sein.

Wer den Namen Haris wiederholt oder den Namen Haris an andere weitergibt, wird so viele Yugas hoch geehrt in Vishnuloka leben, wie es der Anzahl der Wiederholungen des Namens oder Mantras entspricht. Nach seiner Rückkehr nach Bhārata wird er reich und glücklich sein. Wenn die Wiederholung von Haris Name in Nārāyana Kshetra geschieht, ist die Wirkung zigmillionenfach größer. Wer zehn Millionen Mal in Nārāyana Kshetra den Namen Haris wiederholt, wird zweifellos von allen Sünden befreit, wird ein zu Lebzeiten Erlöster sein und nicht wiedergeboren, sondern stets in Vaikuntha leben. Er erlangt Sālokya (Leben in der gleichen Welt wie Vishnu), wird ein Bhakta von Shrī Vishnu und wird niemals fallen.

Wer in seinem Leben jeden Tag ein irdenes Lingam verehrt, gelangt nach Shivaloka und lebt dort so viele Jahre, wie es der Anzahl der Erdpartikel in dem Lingam entspricht. Nach seiner Wiedergeburt wird er ein König, der über Könige herrscht.

Wer täglich den Shālagrāma-Stein verehrt und das Wasser trinkt, mit dem dieser abgewaschen wurde, weilt einhundert Leben Brahmās in Vaikuntha und wird dann wiedergeboren; nachdem er dann die seltene Hari Bhakti erlangt hat und seine sterbliche Hülle verlässt, gelangt er nach Vishnuloka, von wo er nie wieder zurückkehrt.

Wer alle Arten von Askese (tapasyā) praktiziert und sämtliche Gelübde einhält, lebt für die Lebensspanne von vierzehn Indras in Vaikuntha. Nach seiner Wiedergeburt in Bhārata wird er der König der Könige sein, erlangt dann ewige Befreiung (moksha) und kehrt nicht wieder.

Wer in allen heiligen Orten (tīrtha) badet und eine Pilgerfahrt um die ganze Erde macht, erlangt Nirvāna. Er wird nicht wiedergeboren.

Wer im heiligen Lande Bhārata ein Pferdeopfer durchführt, erlangt halben Indrastatus für so viele Jahre, wie Haare am Körper des Pferdes sind. Wer ein Rajasūya-Opfer ausführt, erhält das Vierfache der genannten Frucht.

Von allen Opfern ist das Devī-Yagya, das der Devī geweihte Opfer, das beste. O Schöne, nachdem vor Zeiten Tripurāsura getötet worden war, vollzogen Vishnu, Brahmā, Mahādeva und Indra dieses Opfer. O schöne Frau, dieses der Shakti gewidmete Opfer ist das höchste und beste aller Opfer und es gibt in den drei Welten nichts, das ihm gleich kommt.

Dieses große Opfer wurde dereinst von Daksha durchgeführt, und er trug dafür eine Fülle edelster Opfergaben zusammen. Aber dann gab es darüber einen Streit zwischen Daksha und Shankara. Die Brahmanen, die das Opfer durchführten, verfluchten Nandī und andere (Ganas von Shiva), und Nandī verfluchte daraufhin die Brahmanen. Mahādeva verbot deswegen die Fortsetzung des Opfers und sorgte dafür, dass es abgebrochen wurde.

Aber nicht nur der Prajāpati Daksha veranstaltete dieses Devī-Yagya; es wurde ebenfalls von Dharma, Kashyapa, Ananta, Kardama, Svāyambhuva Manu und dessen Sohn Priyavrata, Shiva, Sanat Kumāra, Kapila und Dhruva durchgeführt. Die Durchführung dieses Opfers bringt die Frucht der Ausführung von Tausenden und Abertausenden von Rajasūya-Opfern. Daher ist kein anderes Opfer bedeutender als dieses Devī-Yagya.

Wer dieses Yagya durchführt, lebt gewiss hundert Jahre lang und wird ein zu Lebzeiten Befreiter (jīvan mukta). Er wird Vishnu an Wissen, Energie, Stärke und Askese gleichen – wahrlich, so ist es! O mein Kind, so wie Vishnu der Höchste ist unter den Devas, Nārada unter den Vaishnavas, die Veden unter den heiligen Schriften (shāstra), die Brahmanen unter den verschiedenen Ständen, die Gangā unter den heiligen Pilgerstätten, Shiva unter den Heiligsten der Heiligen, das Ekādashī-Gelübde unter all den Vratas, Tulasī unter den Blüten, der Mond unter den Nakshattras, Garuda unter den Vögeln, Prakriti, Rādhā, Sarasvatī und die Erdgöttin unter den Frauen, der Geist (manas) unter den raschen und ruhelosen Sinnen, Brahmā unter den Prajāpatis und unter allen Wesen, Vrindāvan unter den Wäldern, Bhārata Varsha unter den Varshas, Lakshmī unter den Wohlhabenden, Sarasvatī unter den Gelehrten, Durgā unter den Keuschen, und Rādhikā unter den von Glück Gesegneten – so ist das Devī-Yagya das höchste und beste aller Yagyas.

Wenn man einhundert Pferdeopfer durchführt, erlangt man gewiss den Status eines Indra. Dadurch, dass man in sämtlichen Tīrthas badet, alle Arten von Opfern ausführt, alle Arten von strengen Gelübden (vrata) einhält, alle Veden studiert und die ganze Erde umwandelt, erlangt man den Dienst an der Shakti, und der Shakti zu dienen ist die direkte Ursache der Erlösung.

Die Verehrung der Lotusfüße der Devī ist das Beste und Höchste – dies verkünden sämtliche Purānas, alle Veden und alle Itihāsas (Epen wie das Rāmāyana oder das Mahābhārata). Die Herrlichkeit der Mūla Prakriti zu besingen, sich ihr in der Meditation zuzuwenden, ihren Namen und ihre Eigenschaften zu chanten, ihre Hymnen (stotra) auswendig zu lernen, sich vor ihr zu verneigen, ihren Namen zu wiederholen, täglich das für ihre Fußwaschung verwendete Wasser (pādoka) zu trinken und sich von ihren Yagyaresten zu ernähren, wird von allen Autoritäten empfohlen und jeder wünscht sich, dies zu tun.

Daher verehre jene Mūla Prakriti, deren Natur Brahman ist – welches wiederum Māyā in sich fasst! O mein Kind, nimm nun deinen Ehemann und lebe glücklich mit ihm in deinem Heim. O mein Kind, was ich dir somit über das Heranreifen der Karmas beschrieben habe, ist heilsam für jeden Menschen, wird von allen ersehnt und von allen anerkannt. Daraus geht wahrhafte Erkenntnis hervor, daran besteht keinerlei Zweifel.

Hier endet im neunten Buch des Shrimad Devī Bhāgavatam, des Mahāpurānam von 18.000 Versen von Maharishi Veda Vyāsa, das dreißigste Kapitel: Das Gespräch zwischen Sāvitrī und Yama über das Heranreifen der Karmas.

Kapitel 31
Yama gibt Sāvitrī das Shakti-Mantra

Nārāyana sprach: O Nārada, als Sāvitrī durch den Dharmarāja Yama von der höchsten Herrlichkeit der Mūla Prakriti gehört hatte, füllten sich ihre Augen mit Freudentränen und ihr ganzer Körper wurde von ekstatischer Freude erfüllt. Dann wandte sie sich erneut an Yama.

Sāvitrī sagte: O Dharmarāja, die Herrlichkeit der Mūla Prakriti zu besingen ist für alle das einzige Mittel der Rettung. Es bewahrt sowohl den Sänger als auch den Zuhörer vor Alter und Tod. Dies ist das höchste Prinzip der Devas, der Siddhas und der Asketen. Dies ist der Yoga der Yogis und das Vedastudium der Vedenkenner. Nichts kann sich auch nur mit einem Sechzehntel von einem Sechzehntel des spirituellen Verdienstes vergleichen, den diejenigen erlangen, die sich dem Dienst an der Shakti widmen, sei es Erlösung (mukti), Unsterblichkeit oder die Erlangung unzähliger höherer Bewusstseinskräfte (siddhi) – nichts davon kann dem Vergleich damit standhalten.

O du bester aller Vedenkenner, Schritt für Schritt habe ich all dies von dir gehört. Bitte beschreibe mir nun, wie man die Mūla Prakriti verehren soll und was die Folgen der segensreichen und widrigen Karmas sind.

Mit diesen Worten neigte die keusche Sāvitrī ihr Haupt und begann Yama in Einklang mit den Veden mit Hymnen zu preisen.

Sāvitrī sagte: O Dharmarāja, der Sonnengott übte vor Zeiten in Pushkara eine äußerst strenge Askese und verehrte Dharma.

Infolgedessen nahm Dharma selbst dann als Sohn von Sūrya Geburt an. Und du bist dieser Sohn von Sūrya, die Inkarnation von Dharma und daher verneige ich mich ehrerbietig vor dir.

Du bist der Zeuge aller Wesen (jīva). Du siehst sie alle mit gleichem Blick und daher ist dein Name Samāna (der Ausgewogene). Ich verneige mich ehrerbietig vor dir.

Manchmal nimmst du aus eigenem Entschluss den Wesen das Leben. Daher ist dein Name Kritānta (Endebringer). Verehrung dir!

Du trägst den Stab in Händen, um Gerechtigkeit zu üben, Urteile zu verkünden und die Sünden der Jīvas zu vernichten. Daher ist dein Name Dandadhara (der den Stab in Händen hält). Ich verneige mich ehrerbietig vor dir.

Zu allen Zeiten zerstörst du das Universum. Niemand vermag dir zu widerstehen. Daher wirst du Kāla (allmächtige Zeit) genannt. Verehrung dir!

Du bist ein Asket, voller Hingabe an Brahman, selbstbeherrscht und du weist den Jīvas die Früchte ihrer Handlungen zu. Du hast deine Sinne unter Kontrolle, daher wirst du Yama (der Bezwinger) genannt. Ich verneige mich ehrerbietig vor dir.

Du erfreust dich stets an deinem eigenen Selbst. Du bist allwissend. Du bist der Quäler der Sünder und der Freund der Tugendhaften. Daher ist dein Name Punya Mitra (Freund der Guten). Ich verneige mich ehrerbietig vor dir.

Du bist als Teilinkarnation von Brahman geboren. Der feurige Glanz Brahmans durchstrahlt deinen Körper. In deiner Meditation wendest du dich dem höchsten Brahman (para brahmā) zu. Du bist der Herr. Verehrung dir!

O Muni, nachdem Sāvitrī Yama mit diesen Worten gepriesen hatte, verneigte sie sich zu seinen Füßen. Yama gab ihr dann das Mantra der Mūla Prakriti und unterwies sie in der Methode ihrer Verehrung. Dann belehrte er sie über das Heranreifen der Früchte der guten Taten.

O Nārada, wer am Morgen, nachdem er aufgestanden ist, diese aus acht Strophen bestehende Hymne an Yama rezitiert, wird von Todesfurcht und von all seinen Sünden befreit. Ja, selbst wenn er zuvor ein wahrhaft übler Sünder gewesen sein sollte, wird Yama ihn vollständig läutern, wenn er täglich voller Hingabe dieses Yamāshtakam rezitiert.

Hier endet im neunten Buch des Shrimad Devī Bhāgavatam, des Mahāpurānam von 18.000 Versen von Maharishi Veda Vyāsa, das einunddreißigste Kapitel: Yama gibt Sāvitrī das Shakti-Mantra.

Kapitel 32
Die Aufzählung der verschiedenen Höllenwelten für die Sünder

Nārāyana sprach: Nachdem der Sohn des Sūrya Sāvitrī den Regeln entsprechend in das große Samenmantra, das höchste Wurzelmantra der Mahā Shakti Shrī Bhuvaneshvarī, eingeweiht hatte, begann er ihr die unterschiedlichen Folgen der verschiedenen guten und schlechten Handlungen vorzutragen. Niemals gelangen die Menschen in die Hölle, wenn sie gute Karmas ausführen. Nur die schlechten Taten führen die Menschen in die Höllenwelten.

Die verschiedenen Purānas berichten von einer Vielzahl von Himmelswelten. Die Wesen gelangen infolge ihrer unterschiedlichen guten Karmas in jene Welten. Gute Karmas führen Menschen nicht in die Höllen, aber die schlechten Taten führen sie unvermeidlich in die verschiedenen verborgenen Höllenwelten. In verschiedenen Schriften wird von unterschiedlichen Höllenschlünden berichtet. Unterschiedliche Taten führen den Menschen in unterschiedliche Höllenwelten.

O mein Kind, diese Höllenschlünde (kunda) sind weithin ausgedehnt, sehr tief, schmerz- und qualvoll, überaus schreckenerregend und hässlich.

Die wichtigsten dieser Schlünde oder Kundas sind vierundsechzig an der Zahl, aber es gibt noch viele weitere Kundas.

Vernimm nun die Namen der Kundas, die in den Veden erwähnt werden. Ihre Namen sind: Vahni Kunda, Tapta Kunda, Kshāra Kunda, Bhayānaka Kunda, Vit Kunda, Mūtra Kunda, Shleshma Kunda, Gara Kunda, Dūshikā Kunda, Vasā Kunda, Shukra Kunda, Shonita Kunda, Ashrū Kunda, Gātramala Kunda, Karnamala Kunda, Majjā Kunda, Māmsa Kunda, die schwer zugängliche Nakra Kunda, Loma Kunda, Kesha Kunda, die schwer zugängliche Ashthi Kunda, Tāmra Kunda, die überaus heiße und schmerzvolle Lauha Kunda, Charma Kunda, die heiße Surā Kunda, die messerscharfe Dornen Kunda, Visha Kunda, die heiße Taila Kunda, die sehr schwere Astra Kunda, Krimi Kunda, Pūya Kunda, die schreckliche Sarpa Kunda, Mashaka Kunda, Damsha Kunda, die furchtbare Garala Kunda, Vajra Damshtra Vrishchika Kunda, Shara Kunda, Sūla Kunda, die grauenhafte Khadga Kunda, Gola Kunda, Nakra Kunda, die leidvolle Kāka Kunda, Manthāna Kunda, Vīja Kunda, die schmerzvolle Vajra Kunda, die heiße Pātshāna Kunda, die scharfe Pāshāna Kunda, Lālā Kunda, Masī Kunda, Chakra Kunda, Vakra Kunda, die überaus schreckliche Kurma Kunda, Jvālā Kunda, Bhashma Kunda, Dagdha Kunda und andere.

Außer diesen gibt es noch die Kundas Taptashūchī, Asipatra, Kshuradhāra, Sūchīmukha, Gokhāmūkha, Kūmbhīpāka, Kālasūtra, Matsyoda, Krimi, Kantuka, Pāmshubhojya, Pāshavesta, Shūlaprota, Prakampana, Ulkāmakha, Andhakūpa, Vedhana, Tādana, Jālarandhra, Dehachūrna, Dalana, Shosana, Kasa, Shūrpa, Jvālāmūkha, Dhūmāndha, Nāgavestana und verschiedene andere.

O Sāvitrī, die Kundas bereiten den Sündern überaus große Schmerzen und Qualen und sie stehen stets unter der wachsamen Aufsicht unzähliger Diener Yamas, von denen manche Stäbe zur Züchtigung (danda), andere Schlingen, andere Keulen, Speere und furchtbare Säbel in Händen halten. Diese Diener sind grausame Fanatiker und voller wahnsinniger Arroganz. Sie alle werden von Tamoguna beherrscht und sind unbarmherzig, von unwiderstehlicher Kraft erfüllt, furchtlos und haben lodernde Augen. Einige von ihnen sind Yogis, andere sind Siddhas. Sie haben die unterschiedlichsten Gestalten.

Wenn die Sünder im Sterben liegen, erblicken sie diese Diener Yamas. Aber diejenigen, die sich an ihre Pflicht hielten und Shāktas, Sauras oder Gānapatyas (Verehrer der Shakti, der Devas oder Ganeshas) oder tugendhafte Siddha-Yogis sind, erblicken niemals die Diener Yamas.

Diejenigen, die getreulich ihrem eigenen Dharma folgten, die Weisheit und höheres Wissen besitzen, die geistig stark und furchtlos sind, die sich in ihren Gefühlen von den Devas leiten lassen oder wahrhafte Vaishnavas (Verehrer von Shrī Vishnu) sind, erblicken niemals jene Diener Yamas.

O keusche Frau, ich habe dir die Kundas aufgezählt. Höre nun, wer in den Kundas lebt.

Hier endet im neunten Buch des Shrimad Devī Bhāgavatam, des Mahāpurānam von 18.000 Versen von Maharishi Veda Vyāsa, das zweiunddreißigste Kapitel: Die Aufzählung der verschiedenen Höllenwelten für die Sünder.

Kapitel 33

Die Beschreibung des Schicksals der verschiedenen Sünder in den unterschiedlichen Höllenwelten

Dharmarāja sprach: Diejenigen, die Hari dienen, die rein sind, die erfolgreich Yoga betreiben, die Gelübdetreuen, die Keuschen, die Asketen und die Brāhmachāris gehen niemals in die Höllenwelten ein. Daran besteht keinerlei Zweifel.

Diejenigen, die voller Stolz auf ihre hohe gesellschaftliche Stellung ihre Freunde mit äußerst harten, brennenden Worten peinigen, kommen in die Vahni Kunda und müssen dort so viele Jahre bleiben, wie es der Anzahl der Haare an ihrem Körper entspricht. Danach werden sie drei Leben lang als Tiere geboren und werden von der glühenden Hitze der Sonne versengt.

In die Tapta-Kunda-Hölle gelangt, wer einem Brahmanen, der hungrig und durstig als Gast sein Haus betritt, nicht Nahrung und Trank zukommen lässt. Er lebt dort so viele Jahre, wie es der Anzahl der Haare an seinem Körper entspricht und muss dort in einem feurigen Bett schlafen, das große Qualen verursacht. Danach wird er sieben Leben lang als Vogel geboren.

Jemand, der an einem Sonntag oder an einem Tag, an dem die Sonne ihr Zeichen wechselt, oder an einem Neumondtag oder an einem Shraddhā-Tag Wäsche unter Verwendung von Salz wäscht, kommt in die Höllenwelt Kshāra Kunda und muss dort so viele Jahre verbringen, wie es Fäden in den Wäschestücken gibt. Schließlich wird er dann sieben Leben als Wäscher verbringen.

Eine üble Person, welche die Mūla Prakriti, die Veden, die vedischen Schriften (shāstra), die Purānas, Brahmā, Vishnu, Shiva oder die anderen Devas, Gaurī, Lakshmī, Sarasvatī oder die anderen Devīs schmäht, gelangt in die Hölle namens Bhayānaka Narakakunda. Keine andere Hölle ist qualvoller als diese. Die Sünder müssen dort viele Zeitalter (kalpa) lang leben und werden dann als Schlangen wiedergeboren.

Es gibt keine größere Sünde als die Schmähung der Devī, und nichts vermag diese Sünde zu tilgen. Daher sollte man niemals die Devī schmähen.

Wer aufhört, regelmäßige Zuwendungen an die Devas oder die Brahmanen fortzusetzen oder weiterzuleiten, kommt in die Vishtā Kunda und muss dort sechzigtausend Jahre lang Fäkalien essen. Danach wird man dann dieselbe Anzahl von Jahren immer wieder in Bhārata als Wurm in Fäkalien leben müssen.

Wenn jemand ohne die Erlaubnis des Besitzers eine ausgetrocknete Wasserstelle aufgräbt oder Wasser aus dessen Wasserstelle schöpft, gelangt er in die Mūtra Kunda und muss dort so viele Jahre lang Urin trinken, wie Moleküle in dem gestohlenen Wasser waren. Danach muss er einhundert Jahre lang als Ochse in Bhārata leben.

Ein Mensch, der sich guter Nahrung erfreut und den Mitgliedern seiner Familie nichts davon abgibt, kommt in die Shleshma Kunda, wo er volle einhundert Jahre lang Schleim essen muss. Danach wird er in Bhārata als Preta (übler Geist) wiedergeboren und sich einhundert Jahre lang von Schleim, Urin und Eiter ernähren. Dann ist er von seiner Sünde geläutert.

Wer seinem Vater, seiner Mutter, seinem spirituellen Lehrer, seiner Ehefrau, seinen Söhnen und Töchtern und bedürftigen Personen keine Unterstützung zukommen lässt, geht in die Gara Kunda ein, wo er volle einhundert Jahre lang Gift essen muss. Danach wird er als ruhelos umherschweifender Geist (bhūta) wiedergeboren. Erst dann ist er von seiner Sünde geläutert.

Wer einen Gast zornig und abweisend anblickt, der ins Haus gekommen ist, kränkt damit die Devas und die Ahnen (pitri), die deshalb nicht mehr das Wasser annehmen, das ihnen von diesem Übeltäter dargebracht wird. Stattdessen lädt er damit eine große Sünde wie die der Ermordung eines Brahmanen auf sich und kommt schließlich in die Dūshikā Kunda und muss dort einhundert Jahre lang Verdorbenes essen. Danach wandert er einhundert Jahre lang als Bhūta umher, bis er schließlich von seiner Sünde geläutert ist.

Wenn jemand einem Brahmanen etwas schenkt, dies dann aber zurücknimmt und es jemand anderem gibt, kommt er in die Vasā Kunda und muss dort einhundert Jahre lang Innereien essen. Danach muss er sieben Leben als Eidechse (krikalāsa) in Indien verbringen und schließlich wird er als Mensch geboren, der sehr arm ist und nur sehr kurz lebt.

Wenn eine Frau oder ein Mann sich in verblendeter Leidenschaft daran beteiligt, Samen zu essen, gelangt er oder sie in die Shukra Kunda und muss dort einhundert Jahre lang Samen trinken und danach noch einhundert Jahre lang als Wurm auf Erden umherkriechen, bevor die Läuterung für diese Sünde abgegolten ist.

Wenn jemand einen Brahmanen blutig schlägt, der als Guru der Familie tätig ist, kommt in die Rakta Kunda und muss dort einhundert Jahre lang Blut trinken. Danach muss er sieben Leben lang als Tiger in Bhārata umherschweifen, um sich so Schritt für Schritt von seiner Sünde zu läutern.

Wer einen hingebungsvollen Verehrer von Krishna verspottet und auslacht, der in ekstatischem Bewusstsein Krishnas Lob singt und dabei Tränen der Freude vergießt, der gelangt in die Ashru Kunda und muss dort einhundert Jahre lang Tränen trinken. Danach muss er drei Leben lang als Chāndāla umherwandeln, ehe er von seiner Sünde geläutert ist.

Wer andauernd seine Freunde betrügt, lebt einhundert Jahre lang in der Gātramala Kunda. Danach muss er nacheinander drei Leben als ein Esel und drei Leben als ein Fuchs verbringen, ehe er schließlich geläutert ist.

Wenn jemand voller Arroganz einen tauben Menschen verspottet, kommt er in die Karnamala Kunda und muss dort einhundert Jahre lang Ohrenschmalz essen. Danach muss er sieben Leben auf Erden als tauber und von großer Armut geplagter Mensch verbringen, bis er schließlich von seiner Sünde geläutert ist.

Wenn jemand aus Habgier einen Raubmord begeht, um seine Familie zu versorgen, gelangt er in die Majjā Kunda und muss dort hunderttausend Jahre lang Innereien essen. Danach muss er sieben Leben als Fisch, sieben Leben als Moskito, drei Leben als Eber, sieben Leben als Hahn, Hirsch oder in anderer Tiergestalt verbringen, bis er schließlich geläutert ist.

Wenn ein dummer Mensch seine Tochter, die er aufgezogen hat, aus Geldgier verkauft, kommt er in die Mānsa Kunda und muss dort so viele Jahre bleiben, wie er Haare an seinem Körper hat. Dort schlagen die Diener Yamas mit ihren Keulen auf ihn ein bis das Fleisch auf seinem Kopf anschwillt. Von großem Hunger geplagt wird er dann das Blut auflecken, das aus seinem Kopf hervortritt. Dann kommt der Sünder als Wurm in Bhārata zur Welt und muss den Kot einer Tochter verzehren. Anschließend wird er nacheinander sieben Leben lang ein Jäger, drei Leben lang ein Eber, sieben Leben lang ein Hahn, sieben Leben lang ein Frosch, sieben Leben lang ein Blutegel und sieben Leben eine Krähe sein. Dann ist er von seiner Sünde geläutert.

Wenn sich jemand an einem Tag des Einhaltens von Gelübden, des Fastens oder einer Begräbniszeremonie rasiert, so wird er danach unrein und ist nicht mehr qualifiziert, irgendeine Handlung zu vollbringen. Schließlich kommt er in die Nakha Kunda, wo er einhundert Jahre der Devas lang mit Keulen geschlagen wird und Nägel essen muss.

Wenn jemand aus Nachlässigkeit ein irdenes Lingam Shivas verehrt, das durch Haare verunreinigt ist, so gelangt er in die Kesha Kunda und muss dort so viele Jahre lang bleiben, wie die Haare Moleküle haben. Dann geht er infolge von Shivas Zorn in den Mutterleib (yoni) einer Yāvanānī (einer Barbarin) ein. Einhundert Jahre später wird er frei davon und wird zu einem Rākshasa, einem menschenfressenden Dämon. Daran besteht kein Zweifel.

Wer nicht in Gayā zu Ehren der Ahnen (pitri) den Lotusfüßen Vishnus (vishnupāda) Pindas (Reisbällchen) darbringt, geht in die Höllenwelt Ashthikunda ein und muss dort so viele Jahre leben, wie Schmutzpartikel an seinem Körper sind. Danach wird er als Mensch wiedergeboren, wird aber sieben Leben lang lahm und arm sein. Dann ist er von seiner Sünde geläutert.

Ein dummer Mann, der seine schwangere Frau schlägt und misshandelt, muss einhundert Jahre lang in der glühend heißen Tāmra Kunda (die Hitze dort wird von geschmolzenem Kupfer erzeugt) leiden.

Wer Nahrung annimmt von einer kinderlosen Witwe oder von einer Frau, die gerade nach ihrer Menstruation gebadet hat, kommt einhundert Jahre lang in heiße Lauha Kunda (die Hitze dort wird von geschmolzenem Eisen erzeugt). Anschließend wird er sieben Leben lang eine Krähe und sieben Leben lang eine Wäscherin sein, deren Körper von Wunden und Geschwüren übersät und die sehr arm ist. Dann erst ist er von seiner Sünde geläutert.

Wenn jemand den Devas geweihte Gegenstände anfasst, nachdem er zuvor Felle oder unreine Tierhäute berührt hat, gelangt er in die Charma Kunda und muss dort volle einhundert Jahre lang leben.

Wenn ein Brahmane einen Shūdra um Nahrung bittet und diese dann isst, muss er einhundert Jahre lang die heiße Surā Kunda erdulden.

Danach muss er sich sieben Leben lang damit beschäftigen, die Begräbnisriten für Shūdras zu vollziehen und ist dann schließlich von seiner Sünde geläutert.

Ein Übelredner, der gegenüber seinem Meister stets harsche und unflätige Worte ausspricht, muss in die Tikshna Kantaka Kunda eingehen und dort Dornen essen. Außerdem decken die Diener Yamas ihn mit ihren Keulen immer wieder mit harten Schlägen ein. Danach wird er sieben Leben lang ein Pferd sein und ist dann von seiner Sünde geläutert.

Wenn jemand einem anderen Gift verabreicht und ihn dadurch umbringt, wird er endlos viele Jahre in der Visha Kunda verbringen, wo er Gift essen muss. Danach lebt er einhundert Jahre lang als aussätziger Mörder, dessen Körper von Wunden und Geschwüren übersät ist, und schließlich noch sieben Leben lang als Leprakranker. Erst dann ist er von seiner Sünde geläutert.

Wenn ein Mensch, der im heiligen Lande Bhārata geboren wurde, eine Kuh mit einem Stock schlägt oder ein Wagenfahrer dies tut oder einen seiner Diener anweist, dies zu tun, so muss er ganz gewiss vier Yugas lang in der glühend heißen Lauha Kunda leben. Danach muss er so viele Jahre als Kuh leben, wie die geschlagene Kuh Haare an ihrem Körper hat. Dann ist er von seiner Sünde geläutert.

Wer einen anderen Menschen mit einer glühenden Lanze (kunta) sticht, muss dafür zehntausend Jahre lang in der Kunta Kunda leiden. Danach wird er in einem guten Mutterleib geboren, aber stets kränklich sein. Schließlich ist er dann von seiner Sünde geläutert.

Wenn ein schurkischer Brahmane von Gier verblendet Fleisch isst (das nicht zuvor geopfert wurde) oder etwas isst, dass nicht Hari dargebracht wurde, gelangt er in die Krimi Kunda, wo er diese Dinge so viele Jahre lang in sich hinein würgen muss, wie Haare an seinem Körper sind. Danach wird er drei Leben lang ein unzivilisierter Barbar und Fleischesser (mlechcha) sein und kommt erst dann wieder in einer Brahmanen-Familie zur Welt.

Wenn ein Brahmane die Totenzeremonie (Shraddhā) für einen Shūdra durchführt oder Nahrung zu sich nimmt, die mit der Totenzeremonie für einen Shūdra in Verbindung steht oder den Leichnam eines Shūdra verbrennt, kommt er mit Gewissheit in die Pūya Kunda, wo er mit Yamas Stab gezüchtigt wird und Eiter und ähnliche üble Dinge essen muss.

Er muss dort so viele Jahre leben, wie Haare an seinem Körper sind. Dann wird er in Bhārata als sehr kranker, armer, tauber und stumpfsinniger Mensch wiedergeboren und muss sieben Leben lang als Shūdra umherwandeln.

Wer eine schwarze Schlange tötet, die ein Lotusmuster auf ihrer Haube trägt, muss so viele Jahre in Sarpa Kunda verbringen, wie Haare an seinem Körper sind. Er wird dort von Schlangen gebissen, von den Dienern Yamas geschlagen, muss die Exkremente der Schlangen essen und wird schließlich als Schlange wiedergeboren. Danach kommt er wieder als Mensch zur Welt, der von Borkenflechte und anderen Hautkrankheiten geplagt ist und am Ende durch einen Schlangenbiss zu Tode kommt.

Wer Moskitos und ähnliche kleine beißende Tiere tötet, die auch ein Recht haben zu leben und nur ihrer Natur folgen, gelangt in die Damshamasha Kunda, wo er von Moskitos und anderen bissigen

Tieren aufgefressen wird. Er lebt dort weinend und heulend ohne jede Nahrung für eine Anzahl von Jahren, die der Zahl der von ihm getöteten Kleinlebewesen entspricht. Außerdem fesseln ihn dort die Diener Yamas an Händen und Füßen und schlagen ihn. Danach wird er als Fliege wiedergeboren, bis er schließlich von seiner Sünde geläutert ist.

Wer einen Menschen schlägt und züchtigt, der nicht zu Recht geschlagen und gezüchtigt wird, oder einen Brahmanen verprügelt, der kommt in die Vajra Damshtra Kunda, die voller Würmer ist, und muss dort Tag und Nacht so viele Jahre verbringen, wie der von ihm geschlagene Mensch Haare am Körper hatte. Er schreit und weint, wenn er von den Würmern gebissen wird und muss großes Elend erdulden. Danach wird er sieben Leben lang als Krähe geboren, bis er schließlich von seiner Sünde geläutert ist.

Wenn ein dummer König seine Untertanen aus Geldgier bestraft und quält, gelangt er in die Vrishchika Kunda, wo er so lange bleiben muss, wie Haare an den Körpern seiner Untertanen sind. Daran gibt es keinen Zweifel. Schließlich wird er dann in Bhārata als Skorpion wiedergeboren, danach als kranker Mensch mit verkrüppelten Gliedmaßen. Dann endlich ist er von seinen Sünden geläutert.

Ein Brahmane, der Waffen trägt oder verwendet, der die Wäsche von anderen wäscht, die keine Sandhās (tägliche spirituelle Übungen) ausführen, oder der seine Hingabe an Hari aufgibt, muss in der Sarādi Kunda so viele Jahre leben, wie Haare an seinem Körper sind. Dort wird er mit scharfen Pfeilen gequält, bis er schließlich von seiner Sünde geläutert ist.

Ein König, der in wahnhafter Verblendung seine Untertanen in dunkle Gefängniszellen einsperren und umbringen lässt, kommt in eine schreckenerregende dunkle Hölle, die schmutzig ist und in der Würmer mit scharfen Zähnen leben. Diese Hölle wird Gola Kunda genannt. Er wird dort so viele Jahre von Insekten gebissen wie seine Untertanen Haare an ihren Körpern haben. Schließlich wird er als

Sklave jener Untertanen wiedergeboren, bis er schließlich von seiner Sünde geläutert ist.

Wenn jemand die Haie und Krokodile tötet, die aus dem Wasser an die Oberfläche kommen, muss er so viele Jahre in der Nakra Kunda weilen, wie Dornen oder ähnlich hervortretende Stellen am Körper jener Tiere sind. Danach wird er einige Male als Krokodil oder Hai geboren, bis er schließlich von seiner Sünde geläutert ist.

Ein Mann, der voller Lust danach trachtet, die nackten Brüste, Lenden oder Gesichter der Ehefrauen anderer zu betrachten, muss so viele Jahre in der Kāka Kunda leben, wie Haare an seinem Körper sind. Dort werden ihm von Krähen die Augen ausgehackt. Danach stirbt er drei Leben lang durch Feuer, bis er schließlich von seiner Sünde geläutert ist.

Wer in Bhārata den Devas und den Brahmanen Gold stiehlt, muss so viele Jahre in der Manthāna Kunda leiden, wie Haare an seinem Körper sind. Dort schlagen meine Diener ihn mit ihren Keulen. Seine Augen sind dort von Manthāna Danda Krabbeltieren bedeckt und er muss deren schmutzigen Kot essen. Dann wird er drei Leben lang als Mensch wiedergeboren, der erblindet und danach sieben Leben lang als ein sehr armer, grausamer, und sündiger Goldschmied und dann als Svarnavanik.

O Schöne, wer in Bhārata Kupfer, Eisen, Silber oder Gold stiehlt, lebt so viele Jahre in der Vīja Kunda wie Haare an seinem Körper sind. Die Vījas (eine Art von Insekten) bedecken dort seine Augen und er muss deren Exkremente essen. Außerdem foltern ihn meine Diener, bis er schließlich von seiner Sünde geläutert ist.

Wenn in Bhārata jemand die Statue eines Devatā oder einem Devatā geweihte Gegenstände stiehlt, muss er so viele Jahre in der Vajra Kunda leben, wie Haare an seinem Körper sind. Dort wird sein Körper immer wieder verbrannt. Meine Diener quälen ihn, sodass er schreit und heult. Außerdem leidet er großen Hunger. Schließlich ist er dann von seiner Sünde geläutert.

Wer einem Deva oder einem Brahmanen Gold, Silber, Kühe oder Gewänder stiehlt, muss so viele Jahre in der heißen Pāsāna Kunda leiden, wie er Haare an seinem Körper hat. Danach ist er drei Leben lang eine Schildkröte und drei Leben lang ein weißer Vogel. Anschließend wird er drei Leben als Leprakranker verbringen und ein Leben lang als Mensch mit hässlichen weißen Flecken am Körper. In sieben weiteren Leben leidet er dann unter schmerzhaften Koliken und krankem Blut und lebt nur kurz. Dann erst ist er von seiner Sünde geläutert

Wenn jemand einem Deva oder Brahmanen Messing oder Gegenstände aus Messing stiehlt, muss er so viele Jahre in der scharfen Pāsāna Kunda leiden, wie er Haare an seinem Körper hat. Danach kommt er sieben Mal in Bhārata als Pferd zur Welt und schließlich als Mensch, der unter Hodenvergrößerung und kranken Beinen leidet, bis er schließlich von seiner Sünde geläutert ist.

Wer von einer verdorbenen Frau Nahrung annimmt oder von ihren Zuwendungen lebt, muss so viele Jahre in der heißen Lālā Kunda leiden, wie er Haare an seinem Körper hat. Meine Diener foltern ihn dort. Er muss Spucke essen und großes Elend erdulden. In seiner folgenden Geburt als Mensch wird er unter Koliken und kranken Augen leiden. Schließlich ist er dann von seiner Sünde geläutert.

Ein Brahmane, der seinen Lebensunterhalt ausschließlich als Schreiber oder als Diener von Mlechchas (Barbaren) verdient, muss so viele Jahre in der Masī Kunda verbringen, wie Haare an seinem Körper sind. Dort muss er Tinte essen und wird von meinen Dienern gefoltert. Anschließend erlebt er drei Geburten als schwarzes Tier und weitere drei als schwarze Ziege. Dann wird als Tāl-Baum (Palme) geboren, bis er endlich von seiner Sünde geläutert ist.

Wenn jemand einem Deva oder einem Brahmanen Getreide, Betelblätter, Sitze (āsana) oder Bettstätten stiehlt, wird er einhundert Jahre lang in der Chūrna Kunda leben und wird dort von meinen Dienern misshandelt. Danach wird er nacheinander als Ziege, Hahn und als Affe geboren und schließlich wieder als Mensch, der aber an einem kranken Herzen leidet, keine Nachkommenschaft hat sowie arm und kurzlebig ist. Erst dann ist er von seiner Sünde geläutert.

Ein Mensch, der das Eigentum eines Brahmanen stiehlt und damit die Chakra Pūja durchführt oder ein Töpferrad oder ein anderes Rad herstellt, kommt einhundert Jahre lang in die Chakra Kunda und wird dort von meinen Dienern gequält. Danach wird er drei Leben als schwer kranker Ölmüller verbringen, der krank, ohne Nachkommen und rundum elend ist. Dann ist er von seiner Sünde geläutert.

Jemand, der einen sündigen Blick auf einen Brahmanen oder auf Kühe wirft, muss einhundert Yugas lang in der Vakra Kunda verbringen. Anschließend lebt er jeweils drei Leben lang als Katze, als Geier, als Eber, als Pfau und sieben Leben lang als ein Mensch, der verkrüppelt ist, dessen Ehefrau früh stirbt und der keine Nachkommen hat. Erst dann ist er von seiner Sünde geläutert.

Wer in eine Brahmanenfamilie hineingeboren wurde und verbotenerweise das Fleisch einer Schildkröte isst, muss einhundert Jahre lang in der Kūrma Kunda leben, wo er immer wieder von Schildkröten gefressen wird. Danach muss er jeweils drei Leben als Schildkröte, als Eber, als Katze und als Pfau verbringen, bis er schließlich von seiner Sünde geläutert ist.

Wer einem Deva oder Brahmanen geläuterte Butter oder Öl stiehlt, kommt dafür in die Jvālā Kunda oder Bhashma Kunda. Der Sünder wird dort einhundert Jahre lang in siedendem Öl gebraten. Danach muss er sieben Leben als Fisch und als Maus verbringen. Dann ist er von seiner Sünde geläutert.

Jemand, der im heiligen Lande Bhārata einem Deva oder Brahmanen das aus dem Myrobalanenbaum gewonnene süß duftende Öl oder andere Wohlgerüche stiehlt, muss so viele Jahre in der Dagdha Kunda verbringen, wie Haare an seinem Körper sind, und brennt dort Tag und Nacht. Danach muss er sieben Leben als ein Tier verbringen, das einen üblen Geruch verströmt, dann sieben Leben als

Moschustier und sieben Leben als Manthāna- Insekt. Erst dann wird er wieder als Mensch geboren.

Wenn ein mächtiger Mann aus Gier auf betrügerische Weise oder mit Gewalt das Erbe eines anderen an sich bringt, kommt er in die heiße Shūchī Kunda, wo er als Folge seiner eigenen Handlungen in einem Behälter voll siedenden Öls gequält wird. Das Erstaunliche dabei ist, dass sein Körper dadurch niemals völlig zerstört oder zu Asche verbrannt wird. Dort muss er sieben Manvantaras lang leiden und zudem großen Hunger erdulden und meine Diener züchtigen ihn immer wieder, indem sie mit ihren Keulen auf ihn einschlagen, sodass er laute Schmerzensschreie ausstößt. Danach lebt er sechzigtausend Jahre lang als Wurm, der im Kot wühlt. Schließlich wird er als Bettler wiedergeboren, der keinerlei Ländereien besitzt. In seinem Leben als Mensch hat er dann die Chance, sich fortan guten Taten zu widmen.

Hier endet im neunten Buch des Shrimad Devī Bhāgavatam, des Mahāpurānam von 18.000 Versen von Maharishi Veda Vyāsa, das dreiunddreißigste Kapitel: Die Beschreibung des Schicksals der verschiedenen Sünder in den unterschiedlichen Höllenwelten.

Kapitel 34
Die Beschreibung der verschiedenen Höllenwelten

Dharmarāja Yama sprach: O Schöne, ein gnadenloser und grausamer Mörder, der hier in Bhārata aus Geldgier einen Menschen umbringt, geht dafür in die Asipatra-Hölle ein und muss dort für die Lebenszeit von vierzehn Indras großes Elend erdulden und, wenn jener Mörder einen Brahmanen getötet hat, muss er einhundert Manvantaras lang in jener Hölle leiden. In dieser Hölle wird sein Körper mit Schwertern grausam verwundert und verstümmelt. Meine Diener züchtigen und schlagen ihn dort und er schreit laut und bekommt nichts zu essen. Danach muss er einhundert Jahre lang als Manthāna-Insekt leben, einhundert Leben als Eber, sieben Leben als Hahn, sieben Leben als Fuchs, sieben Leben als Tiger, drei Leben als Wolf, sieben Leben als Frosch und wird dann als Büffel wiedergeboren. Erst dann ist er von der Sünde des Mordes geläutert.

Wer eine Stadt oder ein Dorf in Brand setzt, muss drei Yugas lang in der Kshuradhāra Hölle verbringen, wo sein Körper zerstückelt wird. Danach wird er ein unreiner Geist (preta), der über die Erde irrt und dabei in Flammen steht. Dann wird er sieben Leben als Taube verbringen und unreine, unheilige Nahrung zu sich nehmen. Schließlich wird er sieben Leben lang krank sein und unter schweren Koliken leiden und sieben Leben lang ein Leprakranker sein. Erst dann erlangt er wieder einen reinen menschlichen Körper.

Wenn jemand Verleumdungen in das Ohr anderer flüstert, um sich selbst zu erhöhen, und die Devas und Brahmanen schmäht und verunglimpft, kommt er in die Shūchī Kunda und muss dort drei Yugas lang leben. Dort wird sein Körper von Nadeln zerstochen. Danach wird er jeweils sieben Leben als Skorpion, als Schlange und als Insekt geboren. Dann erhält er einen kranken menschlichen Körper, bis er schließlich von seiner Sünde geläutert ist.

Wer in das Haus eines anderen einbricht und dort alle Wertgegenstände sowie Kühe, Ziegen oder Büffel raubt, geht in die Gokā Munda ein, wo die Exkremente Kuhhufen gleichen. Dort wird er drei Yugas lang von meinen Dienern heftig geschlagen. Danach wird er sieben Leben lang eine kranke Kuh, drei Leben lang ein Schaf und drei Leben lang eine Ziege sein, ehe er wieder als Mensch zur Welt kommt; aber in diesem Leben als Mensch wird er krank, arm, ohne Frau oder Freunde und stets von Reue erfüllt sein. Schließlich ist er dann von seiner Sünde geläutert.

Wer andere, gewöhnliche Dinge stiehlt kommt für drei Jahre in die Nakra Mukha Kunda und wird dort von meinen Dienern schwer gefoltert. Danach verbringt er sieben Leben als von Krankheiten geplagter Ochse. Schließlich wird er als Mensch geboren, der Zeit seines Lebens sehr krank ist. Dann ist er endlich von seinen Sünden geläutert. Dies sind die schrecklichen Folgen übler Taten.

Wenn jemand eine Kuh, einen Elefanten oder ein Pferd tötet oder einen Baum fällt, so muss er drei Yugas lang in der Gaja Damsha Kunda verbringen. Dort wird er von meinen Dienern reichlich mit den Stoßzähnen von Elefanten gezüchtigt. Danach wird er drei Mal als Elefant und drei Mal als Pferd geboren. Anschließend kommt er als Kuh zur Welt und schließlich als Barbar (mlechcha). Damit ist er dann von seiner Sünde geläutert.

Wer eine durstige Kuh daran hindert, Wasser zu trinken, kommt in die Krimi Kunda und Gomukha Kunda, die mit kochend heißem Wasser gefüllt sind, und muss dort ein Manvantara lang leben. Wenn er danach wieder menschliche Geburt erlangt, wird er weder Kühe noch irgendwelchen Wohlstand besitzen, sondern ist sieben Leben lang krank und von niederem Stand. Dann ist er von seiner Sünde geläutert.

Wenn jemand, der in Bhārata geboren wurde, Kühe, Brahmanen, Frauen oder Bettler tötet, Abtreibungen verursacht oder mit denjenigen Gemeinschaft pflegt, mit denen man keine Gemeinschaft pflegen soll, so muss er für vierzehn Lebensspannen Indras in der Kumbhīpāka-Hölle leben. Dort wird er immer wieder von meinen Dienern zu Pulver zermahlen. Er wird manchmal ins Feuer geworfen, manchmal in Dornen, manchmal in siedendes Öl und manchmal in geschmolzenes Eisen oder Kupfer. Ein solch großer Sünder wird danach tausend Mal als Geier wiedergeboren, hundert Mal als Eber, sieben Mal als Krähe und sieben Mal als Schlange. Danach muss er sechzigtausend Jahre lang als Wurm leben, der den Kot durchwühlt. Anschließend muss er noch viele Leben als Ochse verbringen, bis er schließlich noch als unter großer Armut leidender Leprakranker wiederkehrt.

Sāvitrī sagte: O Bhagavān, was ist den vedischen Schriften (shāstra) zufolge Brahmahattyā (Brahmanenmord) und was Gohatyā (die

Ermordung einer Kuh)? Wer wird als Agamyā (eine Frau, der man sich nicht nahen sollte) bezeichnet? Wer wird als jemand bezeichnet, der ohne Sandhyā (tägliche spirituelle Praxis) ist? Wen kann man einen Nicht-Initiierten nennen? Von wem sagt man, dass er in heiligen Stätten (tīrtha) Pratigrahas (Geschenke, Spenden) annimmt? Was sind die Eigenschaften eines Grāmayājī (des Priesters einer Ortschaft), eines Devala (ein Brahmane, der von den Gaben lebt, die den Götterbildern dargebracht wurden, die er betreut), des Koches eines Shūdras, eines Pramatta (eines Wahnbetörten) und eines Vrishalīpati (Bezeichnung für jemanden, der ein zwölfjähriges Mädchen oder eine unfruchtbare Frau heiratet)? Bitte beschreibe mir all dies.

Dharmarāja sprach: O schöne Sāvitrī, wenn jemand einen Unterschied macht zwischen Krishna und seinem Bildnis oder zwischen einem Deva und seinem Bildnis, zwischen Shiva und seinem Lingam, zwischen der Sonne und dem Stein Sūrya Kānta, zwischen Ganesha und Durgā, von dem sagt man, dass er sich der Sünde des Brahmanenmordes (brahmahattyā) schuldig macht.

Wenn jemand irgendeine Art von Unterschied macht zwischen der persönlichen Gottheit seiner Wahl (ishta deva), seinem spirituellen Lehrer, seinem Vater und seiner Mutter, begeht er damit die Sünde des Brahmanenmordes.

Wer irgendeinen Unterschied macht zwischen den Verehrern von Vishnu und den Verehrern anderer Devas, von dem sagt man, dass er Brahmahattyā begangen hat.

Wer in Bezug auf die Achtung einen Unterschied macht zwischen dem Wasser, mit dem die Füße eines Brahmanen gewaschen wurde, und dem Wasser, mit dem ein Shālagrāma-Stein gewaschen wurde, von dem sagt man, dass er Brahmahattyā begangen hat.

Wer Krishna missachtet – der wahrlich der Gott der Götter, die Ursache aller Ursachen und der Ursprung von allem ist, der von allen Devas verehrt wird, der das Selbst aller ist, der eigenschaftslos und ohne Zweiten ist und dennoch vermittels seiner Māyā-Kraft viele Gestalten annimmt und der Ishāna ist, der höchste Herr und Meister aller Wesen – von dem sagt man, dass er damit in der Tat Brahmahattyā begeht.

Wenn jemand einen Vaishnava, ein Verehrer von Vishnu oder einen Shakta, einen Verehrer der Shakti, schmäht und kränkt, so begeht er damit Brahmahattyā.

Wer nicht den vedischen Anweisungen entsprechend die Pitris (Ahnen) und die Devas verehrt oder andere daran hindert, dies zu tun, begeht damit Brahmahattyā.

Wer Hrishikesha schmäht und ihn selbst nicht verehrt, welcher der höchste aller Heiligen, Wissen und Seligkeit, ewig und der eine Gott ist, den die Devas und die Vaishnavas und die Verehrer seines Mantras verehren sollen, von dem sagt man, dass er Brahmahattyā begeht.

Wer die Mūla Prakriti Mahā Devī missachtet und schmäht, deren Wesen das Brahman als Ursache aller Ursachen (kārana brahmā) ist, welche die Allmacht und die Mutter aller ist, die von allen verehrt wird, deren Natur alle Devas umfasst, die Ursache aller Ursachen, die Ādyā Shakti Bhagavatī, von dem sagt man, dass er Brahmahattyā begeht.

Wer nicht an den heiligen Festen Shrī Krisna Janmāshtamī, Shrī Rāma Navamī, Shivarātri, den sonntäglichen Ekādashīs und fünf anderen heiligen Festen (pārvana) teilnimmt, begeht damit Brahmahattyā und ist sündiger als ein Chāndāla.

Wer hier im Lande Bhārata am Ambuvāchi-Tag die Erde umgräbt oder Wasserstellen aufgräbt, begeht damit die Brahmahattyā-Sünde.

Wer nicht für seinen spirituellen Lehrer, seine Mutter, seinen Vater, seine treue Ehefrau oder seine Söhne und Töchter sorgt, obwohl diese frei von Fehlern sind, der begeht damit Brahmahattyā.

Wer sein ganzes Leben lang nicht heiratet und nicht ins Antlitz eines Sohnes blickt, wer keine Hingabe an Hari pflegt, wer Dinge isst, die nicht Hari dargebracht wurden und wer sein ganzes Leben lang weder Vishnu noch einen irdenen Lingam von Shiva verehrt, begeht wahrlich damit Brahmahattyā.

O Schöne, nun werde ich dir in Einklang mit den Shāstras berichten, was die Eigenschaften von jemandem sind, der sich der Sünde des Tötens einer Kuh (gohattyā) schuldig macht.

Höre: Wenn jemand beobachtet, wie ein anderer eine Kuh schlägt, und ihn dann nicht daran zu hindern versucht, oder wenn jemand zwischen einem Brahmanen und einer Kuh geht, so begeht er damit die Gohattyā-Sünde.

Ein ungebildeter Brahmane, der einen Ochsen hinter sich her zieht und jeden Tag mit einem Stock die Kühe schlägt, begeht damit ganz gewiss Gohattyā.

Wenn jemand einer Kuh die Überreste der Mahlzeit eines anderen zu essen gibt oder einem Brahmanen Nahrung gibt, der Kühe und Ochsen an seinen Wagen anspannt oder selbst die Nahrung eines solchen Brahmanen zu sich nimmt, so begeht er damit Gohattyā.

Wer für den Ehemann einer unfruchtbaren Frau (vrishalī) Opfer durchführt oder Nahrung von ihm annimmt, begeht damit eine Sünde, die einhundert Gohattyās entspricht, daran besteht kein Zweifel.

Jemand, der mit seinen Füßen Feuer berührt, Kühe schlägt oder den Tempel betritt, nachdem er zwar gebadet aber sich nicht die Füße gewaschen hat, begeht Gohattyā.

Ein Mensch, der isst, ohne sich zuvor die Füße gewaschen zu haben oder mit von Wasser nassen Füßen schläft oder kurz nach Sonnenaufgang isst, begeht damit Gohattyā.

Wer Nahrung isst, die er von einer Frau ohne Ehemann oder Söhne oder von Zuhältern oder Prostituierten erhalten hat oder wer nicht dreimal am Tag seine spirituellen Übungen (sandhyā) durchführt, begeht damit Gohattyā.

Eine Frau, die irgendeinen Unterschied macht zwischen ihrem Ehemann und der Gottheit (devatā) und ihren Ehemann mit harschen Worten kränkt, begeht damit Gohattyā.

Wenn jemand das Weideland von Kühen, Wasserstellen oder Land in der Umgebung von Festungen zerstört, um dort Getreide anzubauen, begeht Gohattyā.

Wer keine Buße (prāyashchitta) dafür auf sich nimmt, dass sein Sohn die Gohattyā-Sünde begangen hat, begeht damit selbst diese Sünde.

Wenn im Staat oder durch die Devas eine Krise entsteht und ein Verantwortlicher seine eigenen Kühe nicht beschützt, sondern sie stattdessen quält, so sagt man, dass er damit Gohattyā begeht.

Wenn jemand mit den Füßen auf das Bildnis eines Deva, auf Feuer, Wasser, auf einem Gott geweihte Gaben, auf Blumen oder auf Nahrung tritt, so begeht er damit die große Gohattyā Sünde.

Wenn ein Gast in jemandes Haus kommt und der Hausherr immer sagt *Nein, nein, ich habe nichts, gar nichts im Hause, das ich anbieten könnte!* und sich damit als Lügner, Betrüger und Kränker der Devas erweist, so begeht er damit die besagte Sünde.

O Schöne, wer auch immer seinen spirituellen Lehrer oder einen Brahmanen sieht und sich nicht vor ihm verneigt und ihn respektvoll begrüßt, begeht Gohattyā.

Ein Brahmane, der aus Ärger oder Zorn keinen Segen über jemanden spricht, der sich ehrerbietig vor ihm verneigt oder einem Schüler kein Wissen vermittelt, so begeht er damit Gohattyā.

O Schöne, somit habe ich dir in Einklang mit den vedischen Schriften die Eigenschaften eines Menschen beschrieben, der die Sünde des Tötens einer Kuh (gohattyā) oder die der Ermordung eines Brahmanen (brahmahattyā) begeht.

Höre nun, welches die Frauen sind, denen man nicht nahen soll (agamyā) und jene, denen man sich nahen darf (gamyā). Der eigenen Ehefrau darf man sich nahen und alle anderen Frauen sind Agamyās – so verkünden es die vedenkundigen Gelehrten (pandit). Dies ist eine allgemeine Regel, nun zu den Einzelheiten. O du keusche Frau, die Brahmanenfrauen von Shūdras und die Shūdrafrauen von

Brahmanen sind Atyāgamas – Frauen, denen man sich auf gar keinen Fall nahen darf, und sie werden sowohl von den Veden als auch von der Gesellschaft getadelt.

Ein Shūdra, der zu einer Brahmanenfrau geht, begeht damit einhundert Brahmahattyās und eine Brahmanenfrau, die zu einem Shūdra geht, kommt in die Kumbhīpāka-Hölle. Ein Shūdra sollte eine Brahmanenfrau meiden und ebenso sollte ein Brahmane eine Shūdrafrau meiden. Ein Brahmane, der zu einer Shūdrafrau geht, wird als Vrishalīpati angesehen (als einer, der ein zwölfjähriges Mädchen heiratet) und als ein Paria und als Abscheulichster unter den Chāndālas. Seine Gabe von Reisbällchen (pinda) an die Ahnen (pitri) wird als Kot angesehen und das von ihm dargebrachte Wasser als Urin. Weder in Devaloka noch in Pitriloka werden seine Gaben von Pindas oder von Wasser angenommen. Er verliert augenblicklich sämtliche spirituellen Verdienste (punyam), die er durch Verehrung der Devas und in Millionen von Leben durchgeführte Askese erworben hat, wenn er von Lust überwältigt die Vereinigung mit einer Shūdrafrau genießt. Daran gibt es keinen Zweifel.

Ein Brahmane, der Wein trinkt, wird als Ehemann einer Vrishalī (einer Shūdrafrau) angesehen, der sich von Kot ernährt. Falls er ein Vaishnava ist, so muss seinem Körper (zur Läuterung) ein Taptamudrā eingebrannt werden und falls er ein Shaiva ist, ein Tapta Shūla.

Die Ehefrau des spirituellen Meisters, die Ehefrau eines Königs, die Stiefmutter, die Tochter, die Ehefrau des Sohnes, die Schwiegermutter, die Schwester mit demselben Vater und derselben Mutter, die Ehefrau eines Bruders, die Ehefrau des Onkels mütterlicherseits, die Mutter des Vaters, die Mutter der Mutter, die Schwester der Mutter, Schwestern, die Tochter des Bruders, eine Schülerin, die Ehefrau eines Schülers, die Ehefrau des Sohnes der Schwester und die Ehefrau des Sohnes des Bruders werden von Brahmā als Atyāgamas bezeichnet – Frauen, denen man sich auf gar keinen Fall nahen darf. Die Menschen sind somit gewarnt.

Wenn jemand, von Leidenschaft überwältigt, zu diesen Atyāgamā-Frauen geht, wird er dadurch zum abscheulichsten aller Menschen. Die Veden sehen ihn als jemanden an, welcher sich der eigenen Mutter unzüchtig nähert, und er begeht damit einhundert Brahmahattyā-Sünden. So einer besitzt kein Recht irgendeine Handlung auszuführen. Er wird von niemandem berührt. Er wird von den Veden und überall in der Gesellschaft verabscheut. Schließlich geht er in die Kumbhīpāka-Hölle ein.

O Schöne, wer die Sandhyās, die täglichen spirituellen Übungen, falsch ausführt oder die Anweisungen dafür falsch auslegt oder nicht jeden Tag alle drei Sandhyās ausführt, wird als einer bezeichnet, der ohne Sandhyā ist.

Als Uninitiierter wird jemand bezeichnet, der aus bloßer Arroganz als Vaishnava, Shaiva oder Verehrer von Sūrya oder von Ganesha kein Mantra empfängt.

Die vier Handbreit des Landes, das sich zu beiden Seiten des Gangā-Stromes befindet, werden als Mutterleib der Gangā (gangā garbha) bezeichnet; Bhagavān Nārāyana weilt dort alle Zeit und dieses Gebiet wird daher als Nārāyana Kshetra bezeichnet. Man gelangt zu Vishnupada (zu den Füßen von Shrī Vishnu), wenn man an einem solchen Ort stirbt.

Vārānasi, Vadarī, der Ort, wo die Gangā in den Ozean mündet (Gangā-Sāgara), Pushkara, Hari Hara Kshetra, Prabhāsa, Kāmarūpa, Hardwar, Kedāra, Mātripura, die Ufer des Flusses Sarasvatī, das heilige Gebiet um Vrindāvan, Godāvarī, Kaushikī, Trivenī und der Himālayā sind allesamt berühmte Pilgerorte.

Wer an diesen Orten willentlich Geschenke annimmt, von dem sagt man, er sei ein Tīrthapratigrāhī. Die Tīrthapratigrāhīs gehen schließlich in die Kumbhīpāka-Hölle ein.

Ein Brahmane, der als Priester für die Shūdras fungiert, wird ein Shūdrayājī genannt. Die Dorfpriester werden Grāmayājīs genannt. Jene, die ihren Lebensunterhalt aus den Opfergaben beziehen, die den Göttern dargebracht wurden, nennt man Devalas. Diejenigen, die ohne Sandhyā Vandanams sind, werden Pramattas (Verrückte) genannt.

Somit habe ich dir die Kennzeichen der Vrishalīpatis aufgezählt. Diese sind große Sünder (mahāpātakas). Sie kommen schließlich in die Kumbhīpāka-Hölle.

O Schöne, ich werde nun nach und nach die anderen Kundas (Höllenwelten) anführen, in welche andere Menschen gelangen. Höre!

Hier endet im neunten Buch des Shrimad Devī Bhāgavatam, des Mahāpurānam von 18.000 Versen von Maharishi Veda Vyāsa, das vierunddreißigste Kapitel: Die Beschreibung der verschiedenen Höllenwelten.

Kapitel 35
Die Beschreibung der verschiedenen Höllen für die unterschiedlichen Sünder

Dharmarāja sprach: O du keusche Frau, ohne Dienst an den Göttern können die bindenden Stricke des Karma niemals durchtrennt werden. Reine Handlungen werden zu Samen der Reinheit und die unreinen Taten führen zu unreinen Samen.

Wenn ein Brahmane zu einer unkeuschen Frau geht und Nahrung von ihr annimmt, so gelangt er schließlich in die Kālasūtra-Hölle. Dort lebt er einhundert Jahre lang. Danach wird er als ein Mensch wiedergeboren, der stets krank ist, bis er schließlich von seiner Sünde geläutert ist.

Diejenigen Frauen, die sich nur ihrem Ehemann hingeben, werden Pativratās genannt. Diejenigen, die sich zwei Männern hingeben, nennt man Kulatās, die sich drei Männern hingeben, nennt man Dharshinīs, die sich vier Männern hingeben, werden Pumshchalīs, die sich fünf oder sechs hingeben, werden Veshyās, die sich sieben, acht oder neun Männern hingeben, werden Pungīs und die sich noch mehr Männern hingeben, werden Mahāveshyās genannt. Die Mahāveshyās dürfen von keinem Mitglied der gesellschaftlichen Stände berührt werden.

Ein Brahmane, der eine Kulatā, Dharshinī, Pumshchalī, Pungī, Veshyā oder Mahāveshyā aufsucht, gelangt dafür in die Matsyoda Kunda. Wenn er zu einer Kulatā ging, muss er hundert Jahre lang dort leben, wenn zu einer Dharshinī, vierhundert Jahre, zu einer Pumshchalī sechshundert Jahre, zu einer Veshyā achthundert Jahre, zu einer Pungī für tausend Jahre und wenn er zu einer Mahāveshyā ging, muss er zehntausend Jahre lang in der Matsyoda Kunda leiden. Dort wird er von meinen Dienern gezüchtigt, geschlagen und schwer gefoltert. Nach Ablauf dieser Zeit wird der Liebhaber der Kulatā als Tittiri-Vogel wiedergeboren, der Dharshinī-Liebhaber als Krähe, der Pumshchalī-Liebhaber als Kuckuck, der Veshyā-Liebhaber als Wolf und der Pungī-Liebhaber sieben Leben lang als Eber.

Ein unwissender Mensch, der während einer Mond- oder Sonnenfinsternis Nahrung zu sich nimmt, kommt so viele Jahre in die Aruntunda Kunda wie Moleküle in der Nahrung sind. Danach wird er als Mensch mit kranker Milz geboren, der weder Ohren noch Zähne besitzt und erst, nachdem er dieses Leben hinter sich gebracht hat, ist er von seiner Sünde geläutert.

Wenn jemand seine Tochter einem Mann als Ehefrau verspricht, sie dann aber einem anderen zur Frau gibt, kommt er dafür in die Pāmshu Kunda und muss dort einhundert Jahre lang Asche essen.

Wenn jemand seine Tochter verkauft, so muss er einhundert Jahre lang in der Pamshuvesta Kunda leben. Dort muss er auf einem Bett aus scharfen Pfeilen schlafen und wird von meinen Dienern gezüchtigt und geschlagen.

Ein Brahmane, der nicht hingebungsvoll das Shiva Lingam verehrt, gelangt für diese abscheuliche Sünde in die schreckenerregende Shūlaprota Kunda und muss dort einhundert Jahre lang bleiben. Danach muss er sieben Leben lang als vierbeiniges Tier und sieben

Leben als Devala-Brahmane verbringen. Dann ist er von seiner Sünde geläutert.

Wenn ein Brahmane einen anderen Brahmanen in einem schlechten, nutzlosen Streitgespräch besiegt, ihn lächerlich macht und zum Zittern bringt, so muss er so viele Jahre in der Prakampana Kunda verbringen, wie Haare an seinem Körper sind.

Wenn eine Frau von Zorn entbrannt ihren Ehemann züchtigt und ihm harte Worte an den Kopf wirft, kommt sie in die Ulkāmukha Kunda und muss dort so viele Jahre leben, wie Haare an seinem Körper sind. Dort stecken ihr meine Diener feurige Kometen oder Fackeln in den Mund und schlagen sie auf den Kopf. Wenn sie schließlich wieder menschliche Geburt erlangt, muss sie sieben Leben lang die Qualen des Daseins als Witwe ertragen. Danach wird sie krank geboren. Dann ist sie von ihrer Sünde geläutert.

Eine Brahmanenfrau, die sich einem Shudra hingibt, geht in die schreckliche dunkle Andhakūpa-Hölle ein, wo sie sich Tag und Nacht in unreinem Wasser aufhält und es vierzehn Lebensspannen Indras lang zu sich nehmen muss. Ihre Schmerzen sind unermesslich und meine Diener decken sie unaufhörlich mit harten Schlägen ein. Nachdem ihre Zeit in dieser Hölle abgelaufen ist, muss sie tausend Leben lang als weibliche Krähe, hundert Leben als Wildsau, hundert Leben als Füchsin, hundert Leben als Huhn, sieben Leben als weibliche Taube und sieben Leben als Äffin verbringen. Danach lebt sie in Bhārata als Chāndālī, die jedem zu Willen ist. Anschließend lebt sie als unkeusche Frau, die von der Schwindsucht geplagt ist, dann als Wäscherin und dann als leprakranke Ölmüllerin. Dann ist sie von ihrer Sünde geläutert.

O Schöne, die Veshyās müssen in den Höllenwelten Vedhana und Jālarandhra leben, die Pungīs in der Dandatādana-Hölle, die Kulatās in der Dehachūrna-Hölle, die Svairrinīs in der Dalana-Hölle und die Dharshinīs in der Shoshana-Hölle. In diesen Höllen müssen sie unsägliche Schmerzen erdulden. Immer wieder von meinen Dienern geschlagen und gezüchtigt müssen sie sich ein Manvantara lang von Urin und Kot ernähren. Nach Ablauf ihrer Zeit in der Hölle müssen sie einhunderttausend Jahre lang als Würmer leben, die den Kot durchwühlen. Erst dann sind sie von ihrer Sünde geläutert.

Wenn ein Brahmane zur Frau eines anderen Brahmanen geht, kommt er dafür in die Kasāya-Hölle. Das gleiche gilt für einen Kshatriya, Vaishya und Shūdra. Dort müssen sie zwölf Jahre lang das schmutzige und kochend heiße Kasāya-Wasser trinken, ehe sie schließlich von ihrer Sünde geläutert sind.

Der lotusgeborene Brahmā hat gesagt, dass die Ehefrauen der Brahmanen, Kshatriyas usw. in den gleichen Höllen wie die Brahmanen, Kshatriyas usw. leben müssen, bis sie von ihren Sünden geläutert sind.

Wenn ein Kshatriya oder Vaishya der Ehefrau eines Brahmanen beiwohnt, begeht er damit die Sünde seiner eigenen Mutter beizuwohnen und muss in der Shūrpa-Hölle leiden. Dort werden der Kshatriya oder Vaishya und die Brahmanenfrau unablässig von Würmern von der Größe eines Shūrpa gebissen. Meine Diener züchtigen sie und sie müssen heißen Urin trinken. Über einen Zeitraum von vierzehn Lebensspannen eines Indra müssen sie auf diese Weise dort große Schmerzen ertragen. Danach verbringen sie sieben Leben als Wildschweine und sieben Leben als Ziegen, bis sie schließlich von ihrer Sünde geläutert sind.

Wenn jemand falsche Versprechungen macht oder einen Meineid leistet, während er ein Tulasī-Blatt, Wasser der Gangā, einen Shālagrāma-Stein oder das Bildnis eines Gottes in Händen hält, oder wenn jemand einen Meineid leistet, während er einem anderen seine rechte Hand reicht oder sich dabei in einem Tempel aufhält oder einen Brahmanen oder eine Kuh berührt, oder wenn jemand seinen Freunden oder anderen Menschen Schaden zufügt, sie verrät oder falsches Zeugnis gegen sie ablegt – dann gehen alle diese Sünder in die Jvālā- Mukha-Hölle ein und müssen für den Zeitraum der

Lebensspanne von vierzehn Indras dort bleiben. Dort werden sie von meinen Dienern gezüchtigt und geschlagen und empfinden einen Schmerz, als wenn ihr Körper von glühend heißen Kohlen verbrannt wird.

Wer einen Meineid leistet mit einem Tulasī-Blatt in Händen, wird nach seinem Aufenthalt in der Hölle sieben Leben lang ein Chāndāla sein; wer ein Versprechen bricht, das er mit Wasser der Gangā in Händen gab, wird fünf Leben als Mlechcha (Barbar) verbringen; wer einen Meineid leistete, während er einen Shālagrāma-Stein berührte, wird sieben Leben lang ein Wurm sein, der den Kot durchwühlt; wer einen Eid bricht, bei dem er das Bildnis eines Gottes berührte, wird sieben Leben als Wurm im Hause eines Brahmanen verbringen; wer bei seinem Meineid jemandem die rechte Hand reichte, wird sieben Leben lang eine Schlange sein und danach als ein Brahmane leben, der keinerlei Kenntnis des Veda besitzt, bis er schließlich von seiner Sünde geläutert ist; wer sich bei seiner Lüge in einem Tempel aufhielt, wird sieben Leben als Devala (niedrigrangiger Brahmane) verbringen; wer bei seinem Meineid einen Brahmanen berührte, kommt als Tiger zur Welt, dann drei Leben lang als Tauber, drei Leben lang als Stummer, der weder Frau noch Freunde hat und dessen Familie ausgelöscht wird, bevor er schließlich von seiner Sünde geläutert ist.

Jemand, der sich gegen seine Freunde wendet, wird als Mungo wiedergeboren, die verräterischen Menschen kommen als Nashörner zur Welt, jemand, der ein Heuchler und Verräter ist, als Tiger und wer falsches Zeugnis ablegt, als Frosch.

Außerdem gehen sieben Generationen ihrer Familie vorwärts und rückwärts in die Höllenwelten ein.

Ein Brahmane, der sich nicht seinen täglichen Pflichten (nitya karma) widmet, wird als Jada, als stumpfsinniger Idiot, angesehen. Er hat kein Vertrauen in die Veden. Er hält keine Gelübde und kein Fasten ein. Er schmäht andere, die guten Rat erteilen. Ein solcher Mensch kommt in die Dhūmrāndhakāra-Hölle und muss sich dort ausschließlich von dunklem Rauch ernähren. Danach wird er nacheinander einhundert Leben lang als Wassertier geboren. Dann verbringt er noch mehrere Leben in unterschiedlichen Fischgestalten, bis er schließlich von seiner Sünde geläutert ist.

Wenn jemand einen Deva oder Brahmanen wegen deren Wohlstand verspottet, dann sind er und zehn Generationen seiner Familie vor und nach ihm gefallene Menschen und gehen in die grauenhaft dunkle, raucherfüllte Dhūmrāndhakāra-Hölle ein. Sein Schmerz kennt dort keine Grenzen und er muss sich dort vierhundert Jahre lang nur von Rauch ernähren. Schließlich wird er sieben Leben lang eine Maus sein, nimmt danach in unterschiedlichen Vogel-, Baum- und Tiergestalten Geburt an, bis er schließlich wieder als Mensch zur Welt kommt.

Ein Brahmane, der seinen Lebensunterhalt als Astrologe oder als Arzt verdient oder Dinge wie Lack, Eisen, Öl usw. verkauft, kommt in die Nāgavestana Kunda und muss dort so viele Jahre von Schlangen gefesselt verbringen, wie Haare an seinem Körper sind. Dann kommt er in verschiedenen Vogelgestalten zur Welt. Schließlich erlangt er wieder eine Geburt als Mensch und wird sieben Leben lang ein Astrologe und sieben Leben lang ein Arzt sein. Danach lebt er einige Male als Kuhhirte, als Schmied und als Maler, bis er schließlich von seiner Sünde geläutert ist.

O du keusche Frau, somit habe ich dir alle die berühmtesten Höllen beschrieben. Daneben gibt es noch unzählige kleinere Höllen. Die Sünder gelangen dorthin, leiden unter den Folgen ihrer eigenen Taten und werden in unterschiedlichen Mutterschößen wiedergeboren.

O Schöne, was möchtest du sonst noch hören. Sprich!

Hier endet im neunten Buch des Shrimad Devī Bhāgavatam, des Mahāpurānam von 18.000 Versen von Maharishi Veda Vyāsa, das fünfunddreißigste Kapitel: Die Beschreibung der verschiedenen Höllen für die unterschiedlichen Sünder.

Kapitel 36
Wie die Furcht vor Yama derjenigen zerstört wird, welche Verehrer der fünf Devatās sind

Sāvitrī sagte: O Dharmarāja, o du überaus vom Glück Gesegneter, o du Experte der Veden und ihrer Unterabteilungen (anga), bitte sei so freundlich und beschreibe mir, was die Essenz der verschiedenen Purānas und Itihāsas (Epen wie das Mahābhārata und das Rāmāyana) ist, deren Quintessenz, die allen lieb ist, die von allen anerkannt wird und die den Samen dafür bildet, dass die Fesseln des Karma durchtrennt werden, und die alles enthält, was in diesem Leben hoch, edel und Freude bringend ist.

Bitte sei so freundlich und beschreibe mir diese Essenz, mit deren Hilfe ein Mensch vollkommene Wunscherfüllung erlangen kann und welche die einzige Quelle von allem darstellt, was gut und segensreich ist, und die bewirkt, dass ein Mensch, der sie kennt, keinerlei Gefahren oder Widrigkeiten mehr begegnet, er in keine der furchtbaren Höllen eingehen muss, die du eben beschrieben hast, und er frei davon wird in die unterschiedlichen Mutterleiber einzugehen. Bitte sei so freundlich und beschreibe mir all dies.

O Bhagavān, welche Ausdehnung haben die verschiedenen Kundas oder Höllenwelten, die du eben aufgezählt hast? Was widerfährt den Sündern, die in ihnen leben? Von welcher Art ist jener andersartige Körper, durch den die Sünder die Folgen ihrer Taten erfahren, und warum wird ihr Körper nicht zerstört, wenn sie so lange Zeit so große Schmerzen erdulden müssen? Was für eine Art von Körper ist dies? Bitte sei so freundlich und erkläre mir all dies.

Nārāyana sprach: Als der Dharmarāja diese von Sāvitrī gestellten Fragen vernommen hatte, rief er sich Shrī Hari in Erinnerung und begann dann über das zu sprechen, was die Fesseln des Karma durchtrennt: O mein Kind, o Gelübdetreue, in den vier Veden, in allen Werken über Dharma (smriti), in allen Samhitās, in allen

Itihāsas, in allen Purānas, im Nārada Pancharātram, in den anderen Dharma Shāstras und in den Vedāngas wird einstimmig verkündet, dass die Verehrung der Pancha Devatās, der fünf Hauptgottheiten Shiva, Shakti, Vishnu, Ganesha und Sūrya, das Beste und das Höchste ist, welches Alter, Krankheit, Tod, alles Übel und allen Kummer vernichtet, das Allersegensreichste ist und zur höchsten Glückseligkeit führt.

In der Tat ist die Verehrung dieser Pancha Devatās die Quelle zur Erlangung aller Siddhis (siddhi bedeutet Erfolg und auch höhere geistige Kraft) und rettet einen davor in die Höllenwelten eingehen zu müssen. Aus ihrer Verehrung wächst der Bhakti-Baum, der Baum der Hingabe an Gott, heran und einzig und allein auf diese Weise kann die Wurzel des Baumes aller karmischen Bande für alle Zeiten durchtrennt werden. Dies ist die Stufe zu Mukti, zum Zustand ewiger Freiheit und zur unzerstörbaren höchsten Wirklichkeit.

Durch die Verehrung der Pancha Devatās erlangt man Sālokya, Sārshti, Sārūpya und Sāmīpya, die verschiedenen Stadien der glückseligen Vereinigung mit der Gottheit, in denen man in derselben Welt wie die Gottheit weilt (sālokya), denselben Rang und dieselben göttlichen Eigenschaften besitzt wie die Gottheit (sārshti), die gleiche Gestalt besitzt wie die Gottheit (sārūpya) und das Einswerden mit der Gottheit (sāmīpya) erfährt.

O du Gesegnete, die Verehrer dieser fünf Devatās gelangen niemals in jene von meinen Dienern beaufsichtigten Höllenwelten.

Diejenigen, die keine Hingabe an die Devī besitzen, kommen in diese meine Welten, aber diejenigen, welche die heiligen Stätten (tīrtha) von Hari besuchen, welche die Festlichkeiten feiern, die Hari geweiht sind (harivāsara), die sich zu den Füßen von Hari verneigen und Hari verehren, kommen niemals in meine Heimstätte namens Samyamana.

Jene Brahmanen, die dadurch geläutert sind, dass sie ihre drei Sandhyās (die täglichen spirituellen Übungen) ausführen und getreulich den reinen Āchāras (den brahmanischen Sitten und Riten) folgen, die sich nicht wohl fühlen, ehe sie nicht die Devī verehrt haben, die treu ihrem eigenen Dharma und ihren Āchāras folgen, die kommen niemals in meine Stätte.

Wenn meine schreckenerregenden Diener die hingebungsvollen Verehrer von Shiva erblicken, rennen sie in Panik davon, so wie die Schlangen voller Panik vor dem Göttervogel Garuda fliehen, und ich habe meine Diener angewiesen, sich ihnen niemals zu nähern.

Auch nahen meine Diener eher anderen Menschen als denjenigen, die Hari dienen. Sobald meine Diener die Verehrer des Krishna Mantras erblicken, flüchten sie voller Furcht wie die Schlangen beim Anblick des Garuda.

Auch Chitragupta, der in Yamas Welt die guten und schlechten Taten der Menschen aufzeichnet, löscht voller Furcht die Namen der Verehrer der Devī und bereitet respektvoll Madhuparka (eine mit Honig bereitete Speise für Gäste) usw. für sie; sie erheben sich noch über Brahmāloka hinaus und gehen in Mani Dvīpa, die Heimstatt der Devī, ein.

Die Verehrer des Shakti Mantras sind wahrlich in höchstem Grade vom Glück gesegnet. Die Begegnung mit ihnen beseitigt die Sünden der anderen Menschen und sie bringen tausend Generationen Erlösung.

So wie zahllose trockene Grasbüschel sogleich zu Asche verbrennen, wenn sie ins Feuer geworfen werden, so wird die Verblendung selbst verblendet bei dem Anblick der Gestalt jener Verehrer des Devī-Mantras. Bis in große Entfernung hin lösen sich bei ihrem Anblick Lust, Zorn, Gier, Krankheit, Alter, Tod, Furcht, Kālā (die alles vernichtende Zeit, Vergänglichkeit), die guten und schlechten Karmas und aller Geschmack an weltlichen Genüssen auf.

O Schöne, hiermit habe ich dir den Zustand derjenigen beschrieben, die nicht unter der Herrschaft von Kālā, von guten und schlechten Karmas, weltlichen Freuden usw. stehen und frei von Kummer sind. Nun will ich von diesem sichtbaren Körper sprechen. Höre: Erde, Wasser, Feuer, Luft und Raum (ākasha) sind die fünf Mahābhūtas, die großen Elemente und sie sind die Samen dieses sichtbaren Körpers und die Hauptfaktoren für die Hervorbringung der Schöpfung.

Der Körper, der aus Erde und den anderen Elementen besteht, ist vergänglich und ein Konstrukt, das letztlich dann zu Asche verbrannt wird.

Innerhalb dieses sichtbaren Körpers weilt ein Purusha (eine Bewusstseins-Entität) von der Größe eines Daumens. Dieser wird Jīva Purusha (individuelles Selbst) genannt. Der feine Jīva nimmt feinstoffliche Körper an, um sich an den Folgen der Handlungen zu erfreuen.

In meiner Welt wird dieser feine Körper von den Flammen des Feuers nicht verbrannt und vernichtet. Wenn dieser feinstoffliche Körper in Wasser versenkt oder unablässig geschlagen oder von einer Waffe getroffen oder von einem scharfen Dorn gestochen wird, so wird er davon nicht zerstört. Jener Körper wird auch von glühend heißen und geschmolzenen Stoffen nicht zerstört; auch nicht von glühendem Eisen, von heißen Steinen oder Statuen oder durch den Fall in einen kochenden Kessel. Daher muss jener Körper immer weiter Schmerzen erdulden.

O Schöne, somit habe ich dir in Einklang mit den vedischen Schriften (shāstra) von den verschiedenen Körpern und ihrem Ursprung berichtet. Nun will ich dir die Eigenschaften aller anderen Kundas beschreiben. Höre!

Hier endet im neunten Buch des Shrimad Devī Bhāgavatam, des Mahāpurānam von 18.000 Versen von Maharishi Veda Vyāsa, das sechsunddreißigste Kapitel: Wie die Furcht vor Yama derjenigen zerstört wird, welche Verehrer der fünf Devatās sind.

Kapitel 37
Die sechsundachtzig Kundas und ihre Eigenschaften

Dharmarāja sprach: Alle Kundas oder Höllenwelten sind von runder Gestalt wie der Vollmond.

Unter diesen brennt am Grund der Vahni Kunda ein Feuer, das mit Hilfe von verschiedenen Arten von Kohlesteinen unterhalten wird. Diese Kunda wird nicht zerstört, ehe Mahāpralaya (die große Auflösung des Universums) herbei gekommen ist. Die Sünder werden hier schwer gefoltert. Diese Hölle sieht wie lodernde Kohle aus und ihre Flammen lodern einhundert Hand hoch empor. Der Umfang dieser Hölle namens Vahni Kunda ist zwei Meilen groß. Sie ist voll von Sündern, die laute Schreie ausstoßen. Sie wird unablässig von meinen Dienern beaufsichtigt, die dort die Sünder züchtigen und bestrafen.

Als Nächstes kommt die Tapta Kunda. Sie ist mit heißem Wasser gefüllt, in dem sich zahlreiche Raubfische tummeln. Die Sünder dort werden von meinen Dienern hart geschlagen und stoßen andauernd laute Angstschreie aus, die rundum einen schrecklichen Widerhall erzeugen. Sie erstreckt sich über eine Meile, ist mit heißem Salzwasser gefüllt und zahlreiche Krähen sind in ihr beheimatet.

Danach kommt die Bhayānaka Kunda. Sie erstreckt sich über zwei Meilen und ist mit Sündern angefüllt, die von meinen Dienern geschlagen werden und unablässig schreien *Rettet uns, o rettet uns!*

Als Nächstes kommt die Vishthā Kunda. Sie ist mit Kot und Exkrementen gefüllt, zwischen denen die Sünder ohne Nahrung und mit ausgetrocknetem Gaumen und Hals umherirren. Sie erstreckt sich über zwei Meilen und ist ein überaus hässlicher und übler Ort, der von ekelhaftem Gestank erfüllt ist. Sie ist stets voller Sünder, die von meinen Dūtas gezüchtigt werden und den Kot und die Exkremente essen müssen. Dabei werden sie unablässig von Würmern gestochen und gebissen und schreien *Rettet uns, o rettet uns!*

Dann kommt die heiße Mūttra Kunda. Sie ist mit heißem Urin und Würmern angefüllt. Die großen Sünder müssen dort lange Zeit leben. Sie erstreckt sich über vier Meilen und ist sehr dunkel. Die Lippen, Gaumen und Kehlen der Sünder sind stets ganz ausgetrocknet und meine Dūtas schlagen unentwegt auf die Sünder ein.

Dann kommt die Shleshma Kunda. Sie ist voller Schleim und darin lebenden Insekten. Die Sünder müssen inmitten dieses Schleimes leben und davon essen.

Dann kommt die Gara Kunda. Sie ist voller Gift und erstreckt sich über eine Meile. Die Sünder müssen dort leben, müssen das Gift essen und werden von Würmern zerbissen. Sie zittern und schreien, während sie von meinen Dūtas gezüchtigt werden. Meine Diener dort haben die Gestalt von Schlangen mit blitzgleichen Zähnen; sie sind überaus zornig und grausam und stoßen mit rauen Kehlen harte Worte hervor.

Dann kommt die Dūshikā Kunda. Sie ist mit Schleim und Augenschleim gefüllt und umfasst eine Meile. Unzählige Würmer werden in ihr geboren und zahllose Sünder leben dort und werden bei jedem Schritt von Insekten gebissen und gestochen.

Als Nächstes kommt die Vasā Kunda. Sie ist mit Fett, Mark und Fleisch angefüllt und eine halbe Meile groß. Die Sünder, die darin leben, werden von meinen Dienern gezüchtigt und geschlagen.

Dann kommt die Shukra Kunda. Sie misst zwei Meilen im Durchmesser. Die Insekten, die aus dem Sperma (shukra) hervorgehen, beißen die dort unentwegt umherirrenden Sünder.

Dann kommt die Rakta Kunda, in der ein durchdringender, ekelhafter Gestank herrscht. Sie ist tief wie ein Brunnen (vāpī) und mit Blut angefüllt. Die Sünder leben dort und müssen das Blut trinken. Dabei werden sie unaufhörlich von Insekten gebissen.

Dann folgt die Ashru Kunda. Ihre Größe beträgt ein Viertel der zuvor genannten Brunnenhölle. Sie ist mit heißen Tränen angefüllt und man sieht dort viele Sünder weinend und schreiend umherlaufen, während sie von Schlangen gebissen werden. Dann gibt es noch die Gātra Mala Kunda. Die Sünder dort werden von meinen Gefolgsleuten gezüchtigt und bestraft, während sie von Insekten gebissen werden und schmutzige Körperabsonderungen essen müssen.

Dann kommt die Karna Mala Kunda. Die Sünder müssen dort Ohrenschmalz essen und schreien laut auf, während sie von Insekten gebissen werden. Sie hat ein Viertel der Ausdehnung der Vāpī-Hölle.

Dann kommt die Majjā Kunda. Sie ist mit Fett und Mark angefüllt und verbreitet einen ekelhaften, durchdringenden Geruch. Ihre Größe beträgt ein Viertel der Ausdehnung der Vāpī Hölle und wird stets von großen Sündern bevölkert.

Dann kommt die Māmsa Kunda. Sie ist mit vor Fett triefendem Fleisch gefüllt und misst ein Viertel der Ausdehnung der Vāpī Hölle. In ihr leben diejenigen, die ihre Töchter verkauft haben. Sie werden unaufhörlich von meinen Dienern gezüchtigt und bestraft und von schrecklichen Insekten gebissen und gestochen, sodass sie voller Furcht und Verzweiflung immer wieder schreien *Rettet uns, o rettet uns!* Außerdem müssen sie das Fleisch dort essen.

Dann kommen nacheinander die vier Kundas Nakha, Loma und andere. Auch sie haben die Größe eines Viertel Vāpī (Brunnen). Die dort lebenden Sünder werden unablässig von meinen Dienern gezüchtigt.

Als Nächstes kommt die sehr heiße Tāmra Kunda. Dort sind brennende Kohlen auf extrem heißes Kupfer geschichtet. In dieser Kunda gibt es hunderttausende glühend heiße Kupferstatuen. Die Sünder werden von meinen Dienern dazu gezwungen, jede dieser heißen Kupferstatuen zu umarmen und stoßen dabei laute Schmerzensschreie aus. Die Größe dieser Hölle misst vier Meilen.

Dann kommen die brennende Angāra Kunda und die heiße Lauha Dhāra Kunda. Hier müssen die Sünder glühend heiße Eisenstatuen umarmen, von denen verbrannt sie vor Furcht und Qual laut schreien. Wann immer meine Diener sie bestrafen, schreien sie sogleich

Rettet uns, o rettet uns! Die Hölle, welche die heiße Lauha Kunda genannt wird, ist acht Meilen groß, von dunkelster Finsternis erfüllt und äußerst schreckenerregend.

Dann kommen die Charma Kunda und die Surā Kunda. Von meinen Gefolgsleuten geschlagen müssen die dort lebenden Sünder Haut essen und heißen Urin trinken.

Dann kommt die Shālmalī Kunda. Sie ist von Dornengestrüpp und dornigen Bäumen überwuchert, die extreme Schmerzen bereiten. Sie ist zwei Meilen groß. Millionen und Abermillionen von großen Sündern werden dort von den Bäumen herabgeworfen und ihre Körper werden unten von über einen Meter langen scharfen Dornen aufgespießt.

Sie müssen dort leben und werden von meinen Dienern geschlagen. Ihre Gaumen trocknen aus und sie schreien immer wieder *Wasser! Wasser!* Von Furcht und Panik erfüllt rennen sie wie in heißem Öl gesotten umher und meine Gefolgsleute schlagen ihnen mit ihren Keulen die Schädel ein.

Dann kommt die Vishoda Kunda. Sie hat zwei Meilen Durchmesser und ist von dem Gift der Schlangen erfüllt, die Takshakas genannt werden. Die Sünder, die dort leben müssen, werden von meinen Gefolgsleuten bestraft und müssen das Gift trinken.

Dann kommt die heiße Taila Kunda, in der es keine Insekten gibt. Nur wirklich große Sünder sind hier zu finden. Überall flammen heiße Kohlen auf und wenn meine Gefolgsleute die Sünder schlagen, rennen diese voller Panik hin und her. Diese Hölle ist von einer schreckenerregenden dichten Dunkelheit erfüllt und sie ist überaus schmerzvoll. Sie bietet einen furchtbaren Anblick und ist zwei Meilen groß.

Dann kommt die Kunta Kunda, in der überall scharfe und spitze Eisenwaffen wie zum Beispiel Dreizacke zu finden sind. Die Sünder, die in dieser Kunda umherlaufen, werden von diesen Waffen verletzt. Diese Hölle ist eine halbe Meile groß. Die Gaumen und Lippen der

Sünder, die dort von meinen Dienern geschlagen werden, sind stets ausgetrocknet

Dann kommt die Krimi Kunda. Sie ist mit schrecklichen, schlangengleichen Würmern und Insekten mit scharfen Zähnen gefüllt, die unförmig und abscheulich anzusehen sind. Tiefe Finsternis herrscht in dieser schreckenerregenden Hölle. Die großen Sünder müssen dort leben und werden von meinen Dienern geschlagen.

Dann kommt die Pūya Kunda, die acht Meilen groß ist. Die Sünder dort werden von meinen Dienern geschlagen und müssen Eiter essen.

Dann kommt die Sarpa Kunda, in der sich, Millionen und Abermillionen von Schlangen von der Länge eines Tāl tummeln. Diese Schlangen umschlingen die Sünder und beißen sie. Gleichzeitig werden die Sünder auch noch von meinen Dienern geschlagen. Überall hört man ihre Schreie *Rettet uns, o rettet uns, wir sind verloren!*

Dann kommen nacheinander die Damsha Kunda, die Mashaka Kunda und die Garala Kunda. Sie sind voller Pferdefliegen und Moskitos und voller Gift. Jede von ihnen ist eine Meile groß. Die Sünder dort sind an Händen und Füßen gefesselt und wenn sie von den Pferdefliegen und Moskitos zerstochen und gleichzeitig von meinen Gefolgsleuten heftig geschlagen und vorangetrieben werden, bis ihre Körper ganz gerötet und mit Blut bedeckt sind, hört man überall ihre lauten Schmerzensschreie.

Dann kommen die Vajra Kunda und die Vrishikaz Kunda, die jeweils mit Vajra-Insekten und Skorpionen gefüllt sind. Jede dieser Höllen hat die Größe der Hälfte eines Vāpī. Die Sünder dort werden unablässig von Insekten und Skorpionen gebissen und gestochen.

Dann kommen nacheinander die Shara Kunda, die Shūla Kunda und die Khadga Kunda, die jeweils mit Pfeilen, Dornen und Säbeln gefüllt sind. Jede von ihnen hat die Größe eines halben Vāpī. Die dort lebenden Sünder werden verletzt und zerstochen, bis ihre Körper ganz von Blut überströmt sind.

Dann kommt die Gola Kunda. Sie ist mit kochend heißem Wasser gefüllt und vollkommen dunkel. Die Sünder, die darin leben, werden von Insekten zerbissen. Diese Kunda hat die Größe eines halben Vāpī. Von Insekten gebissen und von meinen Dienern geschlagen leben die Sünder dort in grenzenloser Furcht und man hört sie überall weinen und schreien. Zudem ist diese Kunda von ekelhaftem Gestank erfüllt, sodass das Leid ihrer Bewohner unermesslich ist.

Als Nächstes kommt die Nakra Kunda. Sie hat die Größe eines halben Vāpī und in ihren Wassern tummeln sich Millionen und Abermillionen von Krokodilen. Schrecklich verunstaltete Sünder bewohnen diese Hölle.

Dann folgt die Kāka Kunda. Hier werden die Sünder von Hunderten von abscheulichen Krähen gebissen und müssen Kot, Urin und Schleim essen.

Dann kommen die Manthāna Kunda und die Vīja Kunda, die jeweils voller Manthāna- und Vīja-Insekten sind. Jede dieser Höllen ist vierhundert Handbreit groß. Die Sünder dort werden von den Insekten gestochen und stoßen laute Schmerzensschreie aus.

Dann kommt die Vajra Kunda, die einhundert Dhanus misst. Viele Insekten leben dort, die mit ihren messerscharfen Zähnen, die Sünder beißen, die laute Schmerzensschreie ausstoßen. Diese Hölle ist von pechschwarzer Dunkelheit erfüllt.

Dann kommt die heiße Pāsāna Kunda von der Größe von zwei Vāpīs. Sie besteht aus so heißen Steinen, dass sie einer Masse von brennenden Kohlen gleicht. Die Sünder dort laufen ruhelos umher in dem Versuch, der Hitze zu entgehen.

Dann kommen die Pāsāna Kunda und die Lālā Kunda. Die Pāsāna Kunda, in der sich zahllose Sünder aufhalten, besteht aus spitzen Steinen mit scharfen Kanten. In der Lālā Kunda sind zahlreiche rote Wesen zu finden.

Dann kommt die Mapī Kunda. Sie ist einhundert Dhanus groß und zwei Meilen tief. Sie besteht aus heißen Steinen, deren jeder so groß wie der Berg Anjana ist. Von meinen Gefolgsleuten umhergetrieben und geschlagen laufen die Sünder dort ruhelos umher.

Dann kommt die Chūrna Kunda. Sie ist zwei Meilen groß und mit sieben Arten von heißem Pulver (chūrna) gefüllt. Die Sünder dort werden von meinen Gefolgsleuten umhergetrieben und geschlagen und laufen ruhelos umher. Sie müssen von den Pulvern essen und verbrennen sich daran.

Dann kommt die Chakra Kunda. Hier wirbelt unablässig eine Töpferscheibe mit sechzehn scharfkantigen Speichen umher und die Sünder werden von diesem Rad zerschmettert.

Dann kommt die Vakra Kunda. Sie ist elf Meilen tief. Sie ist äußerst abschüssig und führt steil nach unten. Sie führt hinab in eine Art Gebirgshöhle, die mit heißem Wasser gefüllt und stockdunkel ist. Die ruhelos umherirrenden Sünder werden dort von gefährlichen Wassertieren gebissen und ihre lauten Schmerzensschreie sind überall zu hören.

Dann kommt die Kūrma Kunda. In dem schrecklich aufgewühlten Wasser dieser Hölle hausen Millionen und Abermillionen von Schildkröten, welche die Sünder dort beißen.

Dann kommt die Jvālā Kunda, die von lodernden Flammen erfüllt ist. Sie hat einen Umfang von zwei Meilen. Die Sünder in dieser Hölle werden stets schwer bedrängt und stoßen, von großen Schmerzen gequält, laute Schreie aus.

Als Nächstes folgt die Bhashma Kunda. Sie ist zwei Meilen groß. Die Sünder, die dort leben müssen, werden von heißer Asche verbrannt und müssen die Asche essen. Sie ist zudem mit heißen Steinen und mit heißem Eisen angefüllt. Die Sünder werden von dem glühenden Eisen und den heißen Steinen verbrannt und ihre Kehlen und Gaumen sind ausgedörrt.

Dann kommt die Dagdha Kunda. Sie ist sehr tief, äußerst schreckenerregend und hat einen Umfang von zwei Meilen. Die Sünder dort werden stets von meinen Gefolgsleuten schwer bedroht.

Dann kommt die Shūchī Kunda. Sie ist mit Salzwasser gefüllt, das sich zu hohen Wellen auftürmt und in dem eine Vielzahl gefährlicher Wassertiere alle Arten von Geräuschen hervorbringen. Sie hat einen Umfang von acht Meilen und ist tief und so dunkel, dass die Sünder, die dort von den Wassertieren gebissen werden und voller Schmerz laute Schreie ausstoßen, sich gegenseitig nicht sehen können.

Dann kommt die Asipattra Kunda. Oberhalb dieser Kunda steht ein gewaltig großer und hoher Tāl-Baum (Palme). Die Kanten der Blätter dieses Baumes sind scharf wie die Schneide eines Schwertes. Die Kunda befindet sich eine Meile unterhalb dieses Tāl- Baumes. Die scharfkantigen Tāl-Blätter fallen aus der Höhe von einer Meile auf die Sünder herab und verwunden sie mit schweren Schnittwunden, sodass sie heftig bluten und von großem Schmerz geplagt schreien *Rettet uns, o rettet uns!*

Diese Hölle ist sehr tief und sehr dunkel und zahlreiche blutsaugende Insekten namens Rakta Kīta schwärmen dort umher. Soviel zu der schrecklichen Asipattra Hölle.

Als Nächstes kommt die Kshura Dhāra Kunda, die vierhundert Handbreit (hasta) groß ist. Sie ist mit Waffen angefüllt, die rasiermesserscharfe Schneiden haben. Das Blut der Sünder fließt dort in Strömen.

Dann kommt die Shūchī Mukha Kunda, die mit langen, scharfen, nadelförmigen Waffen gefüllt ist. Sie misst fünfzig Dhanus (ein Dhanu entspricht vier Hastas oder Handbreit). Die Sünder werden von den Nadeln gestochen und bluten unablässig. Ihr furchtbarer Schmerz kennt keine Grenzen.

Dann kommt die Gokhāmūkha Kunda, welche von der Insektenart namens Gokā bewohnt wird. Sie ist tief wie ein Brunnen und misst zwanzig Dhanus. Die großen Sünder müssen dort furchtbare Schmerzen erdulden und ihre Münder sind stets nach unten gewandt, während sie von den Gokā Insekten gestochen und gebissen werden.

Dann kommt die Nakra Kunda. Sie hat die Form eines Krokodilrachens und misst sechzehn Dhanus. Sie ist tief wie ein Brunnen und beherbergt zahlreiche Sünder.

Dann kommt die Gaja Damsha Kunda, die einhundert Dhanus misst.

Als Nächstes kommt die Kumbhīpāka Kunda. Sie gleicht einem unablässig rotierenden Rad, das dem Kālachakra (Rad der Zeit) ähnelt und ist schrecklich anzuschauen. Sie sieht wie ein Wasserkrug aus, misst acht Meilen und ist von dichter Dunkelheit erfüllt. Ihre Tiefe beträgt ein Lakh Purushas (entspricht der Größe von einhunderttausend Menschen).

Innerhalb der Kumbhīpāka Kunda befinden sich zahlreiche weitere Kundas, unter ihnen die Tapta Taila Kunda, die Tapta Taila Tāmra Kunda und andere. Diese Hölle ist mit Insekten und mit Sündern gefüllt, die fast bewusstlos vor Schmerz sind. Die Sünder schlagen sich gegenseitig und stoßen laute Schreie aus; zudem werden sie auch von meinen Dienern mit Keulen (mushala) geschlagen. Und so taumeln sie manchmal von Schwindel ergriffen zu Boden oder werden ohnmächtig, um sich dann wieder zu erheben und vor Schmerz zu schreien.

O Schöne, die Zahl der Sünder, die sich hier aufhalten, ist viermal so groß wie die Anzahl derer, die sich in allen anderen Höllen zusammen aufhalten. Sie sterben nicht, auch wenn sie noch so sehr geschlagen werden, sondern leben immer weiter, denn ihr Körper ist zum Leiden erschaffen worden und ist unzerstörbar. Diese Kumbhīpāka Kunda ist gleichsam das Oberhaupt aller Kundas.

Diejenige Kunda oder Hölle, in der die Sünder von Kāla auf eine Schnur aufgezogen werden, wo sie von meinen Dienern zuweilen hoch emporgehoben und dann wieder in die Tiefe hinabgesenkt werden, wo sie lange Zeit gewürgt werden, bis sie das Bewusstsein verlieren und ihr Leiden keine Grenzen kennt; diese von kochendem Öl erfüllte Hölle hat den Namen Kālasutra Kunda.

Dann kommt die Matsyoda Kunda, die wie ein Brunnen ausgehöhlt ist. Sie ist mit kochendem Wasser gefüllt und misst vierundzwanzig Dhanus.

Als Nächstes kommt die Abatoda Kunda. Sie misst einhundert Dhanus. Die dort lebenden Sünder werden von Feuer versengt und von meinen Dienern gezüchtigt. Sobald sie in das Wasser dieser Kunda hinabstürzen, werden sie von allen Arten von Krankheiten befallen.

Dann kommt die Krimi Kantuka Kunda. In ihr werden die Sünder von Krimi-Kantuka-Insekten gebissen und ihre lauten Schreie erzeugen einen großen Aufruhr. Ein anderer Name dieser Hölle ist Aruntunda Kunda.

Als Nächstes kommt die Pāmshu Kunda. Sie misst einhundert Dhanus und ist von brennenden Reishülsen übersät. Die Sünder, die hier leben, müssen diese Reishülsen essen.

Dann kommt die Pashavestana Kunda. Sie misst zwei Meilen. Sobald die Sünder in diese Kunda hinabfallen, werden sie von Seilen (pāsha) umwunden und gefesselt, daher der Name dieser Hölle.

Dann kommt die Shūlaprota Kunda. Sie misst zwanzig Dhanus. Sobald die Sünder in diese Hölle hinabgefallen sind, werden sie von allen Seiten mit Wurfpfeilen (shūlastra) gespickt.

Dann kommt die Prakampana Kunda. Sie misst eine Meile und ist mit eiskaltem Wasser gefüllt. Die Sünder dort frieren und zittern vor entsetzlicher Kälte.

Als Nächstes folgt die Ulka Kunda. Sie misst zwanzig Dhanus und ist voller brennender Asche und Meteore. Meine Gefolgsleute stopfen den Sündern, die dort leben, Fackeln und Meteore in ihre Münder.

Als Nächstes kommt die Andha-Kūpa Kunda. Sie ist rund, hat die Form eines Brunnens, ist von dunkelster Finsternis erfüllt und überaus furchterregend.

Die Sünder dort schlagen aufeinander ein und müssen Insekten essen. Ihre Körper werden von kochendem Wasser verbrannt und sie können in der stockdunklen Finsternis nicht das Geringste sehen. Die Kunda, in der die Sünder von den unterschiedlichsten Waffen verletzt werden, ist unter dem Namen Vedhana Kunda bekannt und misst zwanzig Dhanus.

Dann kommt die Dandatādana Kunda. Sie misst sechzehn Dhanus und die dort lebenden Sünder werden von meinen Dienern verfolgt und bedroht.

Dann kommt die Jālarandhra Kunda. Hier leben die Sünder wie die Fische in einem großen Netz gefangen.

Als Nächstes kommt die Dehachūrna Kunda. Sie ist vollkommen dunkel und ihre Tiefe entspricht der Größe von zehn Millionen Menschen. Sie hat einen Umfang von zwanzig Dhanus. Die Sünder dort werden mit eisernen Ketten gefesselt und in die große Tiefe hinabgeworfen. Bei ihrem Aufprall zerstäuben ihre Körper immer wieder zu Pulver und die Bewohner leben in einem Zustand hoffnungsloser Dumpfheit.

Die Kunda, in der die Sünder von meinen Dienern bedroht und schwer geschlagen werden, wird Dalana Kunda genannt. Sie hat einen Umfang von sechzehn Dhanus.

Als Nächstes kommt die Shosana Kunda. Ihre Tiefe entspricht der Größe von hundert Menschen und sie ist sehr dunkel. Die Sünder dort fallen in glühend heißen Sand hinab; ihr Schmerz kennt keine Grenzen und ihre Kehlen und Gaumen sind ganz ausgedörrt. Daher wird diese Hölle Shoshana Kunda (Dürrehölle) genannt.

Dann kommt die Kasha Kunda. Sie misst einhundert Dhanus, ist mit Schweiß und einem durchdringenden Gestank erfüllt. Die Sünder, die dort leben, müssen den übelriechenden Schweiß zu sich nehmen.

Dann kommt die Shūrpa Kunda. Sie misst zwölf Dhanus und ist wie ein Kornsieb geformt. Sie ist mit heißem Eisenstaub gefüllt und die vielen Sünder, die dort leben, müssen den ekelhaften Eisenstaub essen.

Als Nächstes kommt die Jvālāmūkha Kunda. Sie ist mit heißem rotem Sand gefüllt. Aus ihrer Mitte lodert eine Flamme bis zum Eingang dieser Hölle empor. Sie misst zwanzig Dhanus. Die Sünder werden von der Flamme versengt und müssen großes Elend erdulden. Sobald sie in diese Hölle hinabgeworfen werden, schwinden sie dahin.

Dann kommt die Dhumrāndha Kunda. Sie ist dunkel und von dichtem Rauch und glühenden Kohlen erfüllt. Die Sünder ersticken fast an dem Rauch und auch ihre Sehkraft wird in Mitleidenschaft gezogen. Diese Hölle misst einhundert Dhanus.

Dann kommt die Nāgabestana Kunda, wo es von Schlangen nur so wimmelt. Sobald die Sünder in diese Hölle hinabgeworfen werden, fallen von allen Seiten die Schlangen über sie her.

O Sāvitrī, somit habe ich dir von den sechsundachtzig Kundas und ihren speziellen Eigenschaften berichtet. Was möchtest du nun noch weiter hören? Sprich!

Hier endet im neunten Buch des Shrimad Devī Bhāgavatam, des Mahāpurānam von 18.000 Versen von Maharishi Veda Vyāsa, das siebenunddreißigste Kapitel: Die sechsundachtzig Kundas und ihre Eigenschaften.

Kapitel 38
Die Herrlichkeit der Devī und das Wesen von Bhakti

Sāvitrī sagte: O Herr, bitte schenke mir Hingabe (bhakti) an die Devī, die Ādyā Shakti Bhagavatī Mahā Māyā, Parameshvarī Māyī, welche die Essenz aller Essenzen und für die Menschen das Tor zu endgültiger Erlösung ist und die Ursache ihrer Erlösung von den Höllen; Hingabe zu ihr, die die Wurzel aller Dharmas ist, die zu Mukti (Befreiung) führen, die alles Übel vernichtet, die Furcht vor allen Karmas beseitigt und die stets alle Sünden vernichtet, die man zuvor begangen haben mag.

O du hervorragendster aller Vedenkenner, wie viele Arten von Muktis gibt es in dieser Welt? Was ist wahre Bhakti und welches sind ihre Eigenschaften? Was soll man tun, damit das Genießen der Karmas, die man vollbracht hat, ein für alle Mal aufhört und für immer endet?

O Bhagavān, das weibliche Geschlecht wurde ja vom Schöpfer so erschaffen, dass es keinerlei Tattvagyāna oder höheres Wissen besitzt; bitte erzähle mir nun etwas über dieses höhere Wissen.

Wohltätige Spenden zu verteilen, Opfer durchzuführen, ein Bad in den heiligen Wallfahrtsorten zu nehmen, Gelübde einzuhalten und Askese zu betreiben – all dies kann, was spirituellen Verdienst anbetrifft, nicht einmal mit einem Sechzehntel davon verglichen werden, dass man einem Unwissenden wahres Wissen vermittelt.

Die Mutter ist hundert Mal höher einzuschätzen als der Vater, das ist gewiss, aber der spirituelle Lehrer, der einem das höchste Wissen vermittelt, verdient noch hundert Mal mehr Dank und Verehrung als die Mutter, o Herr.

Dharmarāja sprach: O mein Kind, die Gaben, die du zuvor von mir erbeten hast, habe ich dir alle gewährt. Nun gewähre ich dir die Gabe, dass die Hingabe an die Shakti in deinem Bewusstsein erwachen möge.

O Gesegnete, du möchtest die Rezitation der Herrlichkeit der Shrī Devī hören, vermittels derer sowohl der, der darum bittet als auch der, der sie dann hört, mitsamt ihren Familien Erleuchtung erlangen.

Wenn selbst der Shesha Nāga Ananta Deva mit seinen tausend Mündern unfähig ist, die Herrlichkeit der Devī angemessen zu rezitieren, wenn selbst Mahādeva sie mit seinen fünf Mündern nicht angemessen verkünden kann, wenn Brahmā, der Schöpfer, unfähig ist, ihre Herrlichkeit mit seinen vier Mündern angemessen zu rezitieren, wenn sogar Vishnu, der Allwissende, hieran scheitert, wenn Kārtikeya mit seinen sechs Mündern ihre Herrlichkeit nicht vollständig zu beschreiben vermag und selbst Ganesha, der Guru der Gurus der großen Yogis, nicht dazu fähig ist, wenn die Pandits, die Kenner der vier Veden und der Essenz aller vedischen Schriften, auch nicht nur ein bisschen von ihr wissen können, wenn Sarasvatī ihre Herrlichkeit nicht beschreiben kann, wenn Sanatkumāra, Dharma, Sanātana, Sananda, Sanaka, Kapila, Sūrya und andere Söhne des Schöpfers hierin versagen und wenn all die anderen Siddhas, Yogīndras und Munīndras ganz und gar unfähig sind, die Taten der Prakriti Devī angemessen zu verherrlichen – wie soll ich dann die Fülle ihrer Herrlichkeit rezitieren können?

Sie, zu deren Lotusfüßen Brahmā, Vishnu, Shiva und andere in ihrer Meditation Zuflucht suchen und die in Gedanken zu erfassen selbst ihren Verehrern schwer fällt – wen wundert es, dass sie für alle anderen kaum erreichbar ist!

Brahmā, der Experte des Wissens der Veden, weiß mehr von ihr als die gewöhnlichen Menschen, die ihre segensreiche Herrlichkeit so wenig kennen. Mehr als Brahmā weiß Ganesha, der Guru der Gyānins, von ihr. Shambhu (Lord Shiva), der Allwissende, kennt sie am besten von allen, denn vor Zeiten erhielt er an einem abgelegenen Ort im Rāsa Mandala in der Welt Goloka das Wissen über die Prakriti Devī von Krishna, dem höchsten Selbst. Mahādeva gab dieses Wissen wiederum in Shivaloka an Dharma weiter und Dharma hat dann meinem Vater das Prakriti Mantra gegeben. Mein Vater erlangte Erfolg (siddhi) in der Verehrung der Prakriti Devī, nachdem er Askese praktiziert hatte.

Vor langer Zeit wollten die Devas mir anbieten, die Regierung über Yama Loka zu übernehmen; aber da ich zu dieser Zeit sehr leidenschaftslos gegenüber der Welt war, wollte ich dies nicht annehmen, sondern mich stattdessen der Askese widmen. Dann erzählte mein Vater mir von der Herrlichkeit der Prakriti Devī. Ich will dir nun berichten, was ich damals von meinem Vater hörte und was die Veden bezeugen, obwohl es sehr schwer zu verstehen ist. Höre aufmerksam zu!

O Schöngesichtige, so wie der ewige Raum seine eigene Ausdehnung nicht kennt, so kennt auch die Prakriti Devī ihre eigene Herrlichkeit nicht – was soll man dann erst diesbezüglich von jemand anderem sagen können?

Sie ist das Selbst von allen und besitzt alle Herrschaft und alle Kräfte. Sie ist die Ursache aller Ursachen, die Herrin über alles, der Ursprung von allem und die Erhalterin von allem. Sie ist ewig und stets eins mit ihrem kosmischen Körper, von ewiger Seligkeit erfüllt, ohne eine besondere Gestalt. Nichts kann ihr widerstreben. Sie ist frei von Furcht, frei von Krankheit und von Vergehen, ungebunden, der stille Zeuge von allem, die Zuflucht aller und höher als das Höchste.

Sie ist mit Māyā ausgestattet und sie ist die Mūla Prakriti. Die von ihr erschaffenen Objekte kennt man als die Schöpfung der Prakriti.

Sie existiert immerdar als Prakriti und Purusha, die stets so untrennbar voneinander sind wie Agni (das kosmische Feuer) und seine Brennkraft.

Sie ist die Mahā Māyā, deren Natur ewige Existenz, Intelligenz und Seligkeit – Sat Chit Ānanda – ist. Obgleich sie gestaltlos ist, nimmt sie verschiedene Gestalten an, um damit die Wünsche ihrer Bhaktas zu erfüllen.

Als Erstes erschuf sie die wunderschöne Gestalt von Gopāla Sundarī, die Gestalt von Shrī Krishna in all ihrer Lieblichkeit, Schönheit und ihrer bezaubernden Anziehungskraft. Sein Körper ist blau wie eine gerade entstandene Regenwolke. Er ist jugendlich und seine Kleidung ist die eines Kuhhirtenjungen. Millionen von Kandarpas, von Liebesgöttern, spielen gleichsam in seinem Körper. Seine Augen gleichen dem Herbstlotus am Mittag. Die Schönheit seines Antlitzes stellt die Schönheit von Millionen und Abermillionen von Vollmonden in den Schatten. Sein Körper ist mit unschätzbar wertvollem Juwelenschmuck geziert. Seine Lippen zeigen ein süßes Lächeln und er ist in ein unvergleichlich prächtiges gelbfarbenes Gewand gekleidet. Er ist Param Brahmā, die Verkörperung des höchsten Brahman. Sein ganzer Körper erstrahlt in Brahmā Teja, im feurigen Glanze Brahmans. Sein Anblick ist liebreizend und süß. Er strahlt Frieden aus. Er ist der Gemahl von Rādhā und er ist unendlich.

Er sitzt im Rāsa Mandalam auf einem Juwelenthron und Millionen lieblicher Gopīs blicken ihn alle gleichzeitig unentwegt mit einem Lächeln in ihren Gesichtern an.

Er hat zwei Arme. Eine Girlande aus Waldblumen hängt von seinem Hals herab und er spielt auf seiner Flöte. Seine Brust erstrahlt im Glanze des Kaustubha Juwels, das er stets trägt. Sein Körper ist mit Kunkuma-, Aguru-, Moschus- und Sandelpaste eingerieben. Eine Girlande aus wunderschönen Champaka- und Mālatīblumen hängt von seinem Hals herab. Auf seinem Haupt trägt er, ein wenig schräg sitzend, eine herrliche Krone in der Form des lieblichen Mondes.

So schauen seine hingebungsvollen Verehrer (bhakta) ihn in ihrer Meditation.

O mein Kind, die Furcht vor ihm ist es, die den Schöpfer dazu bewegt, sich der Tätigkeit der Erschaffung dieses Universums zu widmen und die Prārabdha-Früchte des Karmas der Wesen aufzuzeichnen. Aus Furcht vor ihm verteilt Vishnu die Früchte der Askese (tapas) und erhält die Welten. Auf seine Anweisung hin vernichtet Kālāgni Rudra Deva alles.

Durch seine Gnade wurde Shiva zu Mrityunjaya, zum Sieger über den Tod und zum besten aller Gyānins. Dadurch, dass Shiva ihn erkannte, wurde er selbst zu einem Wissenden und zum Herrn über alle Wissenden, der voll von höchster Glückseligkeit, Hingabe und Leidenschaftslosigkeit ist.

Aus Furcht vor ihm wurde der Wind zum schnellsten von allen, der die Dinge mit sich fortreißt. Aus Furcht vor ihm strahlt die Sonne Hitze aus, spendet Indra Regen, zerstört Yama, brennt Agni und kühlt das Wasser alle Dinge.

Auf seine Anweisung hin gebieten die Hüter der zehn Himmelsgegenden über ihr Reich, bewachen es und verbreiten ihre segensreichen Gebote. Aus Furcht vor ihm ziehen die Planeten ihre zugewiesenen Bahnen. Aus Furcht vor ihm tragen die Bäume Blüten und bringen Früchte hervor. Auf seine Anweisung hin zerstört Kālā (die Zeit) alles.

Auf seine Anweisung hin geben alle Wesen, ob sie nun an Land oder im Wasser leben, ihre Leben auf, wenn die Zeit gekommen ist. Bevor die festgelegte Zeit dafür gekommen ist, stirbt kein Mensch, selbst wenn er im Krieg oder in einer gefährlichen Situation verletzt wird.

Auf seine Anweisung hin stützt der Wind die Gewässer, stützen die Gewässer die Schildkröte, stützt die Schildkröte die Weltenschlange Ananta, stützt Ananta die Erde und die Erde die Ozeane, Berge und alle Edelsteine.

Vergebung ist das Wesen der Erde, denn sie trägt alle auf sich. Aus diesem Grund ruhen alle bewegten und unbewegten Dinge auf ihr und gehen dann wieder in sie ein.

Einundsiebzig göttliche Yugas machen eine Lebenszeit Indras aus. Achtundzwanzig Lebensperioden Indras machen einen Tag und eine Nacht im Leben Brahmās aus. Dreißig dieser Tage machen einen Monat Brahmās aus. Zwei Monate bilden eine Jahreszeit (ritu), sechs Ritus bilden ein Jahr Brahmās und einhundert Jahre Brahmās sind die Lebensspanne eines Brahmā. Wenn Brahmā stirbt, schließen sich die Augen von Shrī Hari. Das ist die prākritische Pralaya, die Auflösung der Natur.

Zu dieser Zeit stirbt von Deva Loka bis Bhūr Loka alles, was sich bewegt oder nicht bewegt, und Brahmā, der Schöpfer, löst sich im Nabel von Shrī Krishna auf. Der vierarmige Vishnu, der seine Heimat in Vaikuntha hat, ruht dann schlafend auf dem Milchozean, dem Kshīra Samudra und löst sich schließlich in der linken Körperhälfte von Shrī Krishna, des höchsten Selbst, auf.

Sämtliche anderen Shaktis oder kosmischen Energien lösen sich in Mūla Prakriti, der Māyā von Vishnu, auf. Die Mūla Prakriti Durgā, die als Gottheit über die Unterscheidungskraft (buddhi) gebietet, löst sich in der Buddhi von Krishna auf. Skanda, die Teilmanifestation von Nārāyana, löst sich in Krishnas Brust auf. Ganesha, der beste aller Devas, der als Teilmanifestation von Krishna geboren wurde, löst sich im Arm von Shrī Krishna auf. All jene, die als Teilmanifestationen von Padmā geboren wurden, lösen sich im Körper von Padmā auf und Padmā selbst löst sich im Körper von Rādhā auf.

All die Kuhhirtinnen und auch alle Körper der Devas lösen sich in Rādhās Körper auf, aber Rādhā selbst, die Gottheit, die über den Lebensatem (prāna) von Shrī Krishna gebietet, löst sich im Prāna von Shrī Krishna auf.

Sāvitrī, die vier Veden und sämtliche Shāstras lösen sich in Sarasvatī auf und Sarasvatī selbst löst sich in der Zunge von Shrī Krishna, des höchsten Selbst, auf.

Die Gopas der Goloka-Welt lösen sich in den Poren von Shrī Krishnas Haut auf und der Prāna Vāyu (die Lebensenergie) von allen löst sich in seinem Prāna Vāyu auf.

Das Feuer löst sich im Verdauungsfeuer des Bauches von Shrī Krishna auf und das Wasser löst sich in der Spitze seiner Zunge auf. Die Vaishnavas, die Verehrer von Vishnu, die den Unsterblichkeitstrank der Hingabe an Gott, die Essenz aller Essenzen trinken, lösen sich in seinen Lotusfüßen auf.

All die kleineren Virāts lösen sich im großen Virāt auf und der große Virāt selbst löst sich im Körper von Shrī Krishna auf.

O mein Kind, Krishna ist es, der in den Poren seiner Haut endlose Universen beheimatet. Wenn er seine Augen schließt, findet die prākritische Pralaya statt und wenn er seine Augen öffnet, beginnt die Schöpfung. Das Schließen und das Öffnen seiner Augen dauert dieselbe Zeit. Brahmās Schöpfung dauert einhundert Jahre Brahmās und das Pralaya dauert ebenfalls einhundert Jahre.

O Gelübdetreue, niemand vermag zu zählen, wie viele Brahmās oder wie viele Schöpfungen und Auflösungen des Universums es schon gab. So, wie man die Anzahl der Staubpartikel nicht zu zählen vermag, so kann man auch all die Schöpfungen und Auflösungen nicht zählen. Dies ist das große, unaussprechliche Wunder!

Und er, Shrī Krishna, dessen Schließen der Augen das Pralaya beginnen lässt und dessen Öffnen der Augen die Schöpfung dem Willen Gottes entsprechend beginnen lässt, dieser Krishna löst sich zur Zeit des Pralaya in der Prakriti auf. Jene höchste Shakti, die Mūla Prakriti, die alles hervorbringende schöpferische Intelligenz, ist die Eine ohne Zweites. Nur sie ist eigenschaftslos (nirguna) und der höchste Purusha. Sie wird von den Rishis (Sehern) der Veden als Sat, als reine Existenz, bezeichnet.

Jene Mūla Prakriti ist der unwandelbare Zustand ewiger Freiheit (mukti). Während des Pralaya erscheint diese eine und einzige Mūla Prakriti als Gyāna Shakti oder Wissensenergie. Wer in diesem Universum vermöchte ihre Herrlichkeit angemessen zu rezitieren?

Es gibt vier Stadien der Befreiung (mukti): Sālokya, Sārūpya, Sāmīpya und Nirvāna. Dies verkünden die Veden.

Aber Bhakti, Hingabe an Gott, ist das Höchste. Wahrlich, Deva Bhakti ist sogar höher einzuschätzen als Mukti. Mukti führt zu Sālokya, Sārūpya, Sāmīpya und Nirvāna. Aber die Bhaktas haben keinen Wunsch danach. Sie wollen nur dem Herrn dienen und nichts anderes. Ein Shiva zu werden, ein Amara oder Unsterblicher zu werden, ein Brahmā zu werden, Geburt, Tod, Krankheit, Alter, Furcht, Kummer, Reichtum, eine göttliche Gestalt zu erlangen oder Nirvāna oder Moksha – auf all dies blicken die Bhaktas gleichermaßen mit Nichtachtung und Geringschätzung, denn Mukti ist ohne jedes Dienen an Gott, während Bhakti das Dienen fördert. Soviel zum Unterschied zwischen Bhakti und Mukti. Höre nun von der Vernichtung der Früchte der Handlungen (karma) der Vergangenheit.

O du keusche Frau, der Dienst an dem höchsten Herrn durchtrennt die Fesseln des Karmas. Dieses Dienen ist wahrlich das höchste Wissen.

Somit, o mein Kind, habe ich dir die höchste Wahrheit verkündet, die alle segensreichen Ergebnisse hervorbringt. Nun gehe in Freiheit, wohin immer es dir beliebt.

Nachdem Yama, der Sohn des Sūrya, diese Worte zu Sāvitrī gesprochen hatte, gab er ihrem Ehemann das Leben zurück, segnete sie und wollte sich auf den Weg in seine Heimat machen.

Als Sāvitrī sah, dass der Dharmarāja fortgehen wollte, war sie wegen des Verlustes einer wahrlich guten Gesellschaft sehr traurig. Sie verneigte sich zu seinen Füßen und begann zu weinen. Als Yama, der Ozean der Barmherzigkeit, Sāvitrī weinen sah, begann er ebenfalls zu weinen und sprach dann zu ihr die folgenden Worte.

Dharma sprach: O mein Kind, erfreue dich nun einhunderttausend glückliche Jahre lang deines Lebens im heiligen Lande Bhārata. Danach wirst du schließlich in Devīloka oder Mani Dvīpa eingehen. Kehre nun zurück in dein Heim und halte vierzehn Jahre lang das Sāvitrī-Vrata genannte Gelübde. Dieses Gelübde soll man ab dem vierzehnten Tage der hellen Monatshälfte des Monats Jyeshtha einhalten.

Danach widme dich dem Mahā-Lakshmī Vrata. Der rechte Zeitpunkt dafür ist der achte Tag der hellen Monatshälfte des Monats Bhādra. Dieses Gelübde sollst du sechzehn Jahre lang ununterbrochen einhalten. Eine Frau, die hingebungsvoll dieses Gelübde einhält, gelangt in die Welt der Mūla Prakriti.

Du sollst in jedem Monat am Dienstag die Devī Mangala Chandikā, die Schenkerin alles Guten, verehren.

Am achten Tage der hellen Monatshälfte sollst du die Devī Shāshtī verehren. Die Manasā Devī, die alle Siddhis gewährt, sollst du am Sankrānti-Tag (der Tag, an dem die Sonne in ein neues Zeichen wechselt) eines jeden Jahres verehren. Du sollst Rādhā, die im Mittelpunkt des Rāsa steht und die Krishna mehr liebt als ihren eigenen Lebensatem (prāna), in jeder Vollmondnacht des Monates Kārtika verehren und du sollst am achten Tage der hellen Monatshälfte Fasten einhalten und die Vishnu Māyā Bhagavatī Devī, die Zerstörerin aller Probleme und Gefahren, verehren.

Eine keusche Frau, die einen Ehemann und Söhne hat und die Weltenmutter Mūla Prakriti verehrt – ob in einem Yantra, mit einem Mantra oder in einer Statue oder einem Bildnis –, wird alle Freuden dieser Welt genießen und schließlich dann in Devīloka oder Manidvīpa eingehen.

O mein Kind, ein Verehrer, der ein Sādhaka (einer auf dem Weg zum Erfolg) ist, muss Tag und Nacht all die Erscheinungsformen der Devī verehren. Zu allen Zeiten muss man die allgegenwärtige Durgā, die höchste Īshvarī, verehren. Es gibt keinen anderen Weg, um den höchsten Segen zu erlangen.

Mit diesen Worten machte sich der Dharmarāja auf den Weg in seine Heimat und auch Sāvitrī kehrte mit ihrem Ehemann in ihr Heim zurück.

Nachdem beide, Sāvitrī und Satyavān, zu Hause angekommen waren, erzählten sie allen ihren Freunden und Verwandten, was geschehen war.

Nach einiger Zeit wurden durch die Gnade Yamas Sāvitrīs Vater Söhne geschenkt, ihr Schwiegervater gewann sein Augenlicht und sein Königreich zurück und Sāvitrī selbst bekam viele Söhne. Einhunderttausend Jahre lang erfreute sich Sāvitrī dann ihres Lebens im heiligen Lande Bhārata, bis sie schließlich zusammen mit ihrem Gemahl in Devīloka einging.

Sāvitrī ist die Gottheit, die über die Sonnensphäre, das Sūryamandalam, gebietet. Die Sonne ist das zentrale höchste Brahman. Das Gāyatrī-Mantra weist die Existenz des höchsten Brahman im Zentrum der Sonne nach. Daher wird sie Sāvitrī genannt. Oder ihr Name ist Sāvitrī, weil alle Veden aus ihr hervorgegangen sind.

Somit habe ich dir die herrliche Erzählung über Sāvitrī vorgetragen und dir von dem Heranreifen der Karmas der unterschiedlichen Jīvas berichtet. Was möchtest du nun noch Weiteres hören? Sprich.

Hier endet im neunten Buch des Shrimad Devī Bhāgavatam, des Mahāpurānam von 18.000 Versen von Maharishi Veda Vyāsa, das achtunddreißigste Kapitel: Die Herrlichkeit der Devī und das Wesen von Bhakti.

Kapitel 39
Die Geschichte von Mahā Lakshmī

Nārada sagte: O Herr, im Gespräch mit dir habe ich nun von der Unterredung zwischen Sāvitrī und Yama über die gestaltlose Devī Mūla Prakriti und von der Herrlichkeit Sāvitrīs gehört und erkannt, dass all dies wahr ist und zu unendlich Gutem führt.

Nun möchte ich gern die Geschichte über die Devī Lakshmī hören. O du bester aller Vedenkenner, was ist die Natur von Lakshmī? Von wem wurde sie zuerst verehrt und mit welchem Mantra? Bitte sei so freundlich und beschreibe mir ihre Herrlichkeit.

Nārāyana sprach: Vor Zeiten, zu Beginn der prākritischen Schöpfung, trat im Rāsamandalam aus der linken Seite von Krishna, dem höchsten Selbst, eine Devī in Erscheinung. Sie sah außerordentlich liebreizend aus, hatte (aus der Ferne gesehen) eine dunkelblaue Hautfarbe, breite Hüften, eine schlanke Taille, volle Brüste und sah wie ein wunderschönes zwölf Jahre altes junges Mädchen aus, dessen Hautfarbe (aus der Nähe betrachtet) dem reinen Weiß einer Champaka-Blume glich.

Die Schönheit ihres Antlitzes stellte Millionen und Abermillionen herbstlicher Vollmonde in den Schatten. Beim Anblick ihrer schönen großen Augen wird der voll erblühte Lotus am Mittag eines Herbsttages von großer Scham erfüllt.

Durch den Willen Gottes teilte diese Devī sich dann auf einmal in zwei Teile auf; die beiden sahen in jeder Hinsicht gleich aus. Ob in Bezug auf Schönheit, gute Eigenschaften, Alter, Liebreiz, Farbe, körperliche Erscheinung, Mentalität, Kleidung, Schmuck, Lächeln,

Blick, Liebe oder Menschlichkeit – sie waren in jeder Beziehung vollkommen gleich.

Die Erscheinungsform der Devī, die aus der rechten Körperseite hervorging, wird Rādhā genannt, und die aus der linken Körperhälfte hervorging, wird Mahā Lakshmī genannt.

Rādhā verspürte als erste das Verlangen nach dem zweiarmigen Krishna, der höher als das Höchste ist, dann verlangte Mahā Lakshmī nach ihm. Rādhā ging aus der rechten Körperseite hervor und hatte als erste das Verlangen nach Krishna.

Krishna teilte sich daraufhin ebenfalls sogleich in zwei Teile auf. Aus seiner rechten Körperhälfte ging eine zweiarmige und aus seiner linken Körperhälfte eine vierarmige göttliche Gestalt hervor. Die zweiarmige Erscheinungsform wies zunächst Mahā Lakshmī die vierarmige Erscheinungsform zu und nahm dann selbst Rādhā als Gemahlin.

Lakshmī blickt mit einem sanften, kühlenden Blick auf das gesamte Universum, daher erhielt sie den Namen Lakshmī, und weil sie wahrlich groß ist, wird sie Mahā Lakshmī genannt.

Und so kam es, dass der Gemahl von Rādhā zwei Arme besitzt und der Gemahl von Lakshmī vier Arme.

Rādhā ist Aprākriti Shuddha Sattva – ihr Wesen ist reines Sattva und sie ist von den Gopas und Gopīs umgeben.

Der vierarmige Purusha nahm Lakshmī mit sich nach Vaikuntha. Der zweiarmige Purusha ist Krishna und der vierarmige Nārāyana. Sie sind in jeder Beziehung gleich.

Mahā Lakshmī nahm mit Hilfe ihrer Yogakräfte unterschiedliche Erscheinungsformen an. Als die Mahā Lakshmī in Vaikuntha ist sie die Fülle reinen Sattva-Gunas und gebietet über alle Arten von Reichtum und Wohlstand. Für die Menschheit verkörpert sie das höchste Ideal einer Frau in Bezug auf Gattenliebe. In der Himmelswelt ist sie die Svarga Lakshmī. In der Unterwelt der Nāgas, der Schlangenwesen, ist sie Nāga Lakshmī. Sie ist die Rāja Lakshmī der Könige und die Familienvater-Lakshmī für die Familienväter, in deren Heim sie als Wohlstand und Inbegriff aller segensreichen und guten Dinge im Leben weilt. Sie ist die Urahnin, sie ist die kosmische Kuh Surabhi unter den Kühen und in den Opfern ist sie Dakshinā, der Opferlohn. Sie ist die Tochter des Milchozeans und sie ist als Padminī die Verkörperung aller Schönheit in den Sphären des Mondes und der Sonne. Sie ist der Glanz und die Pracht und Schönheit der Schmuckstücke, der Edelsteine, der Früchte, des Wassers, der Könige und Königinnen, der himmlischen Frauen und aller Häuser, von Nahrung, Kleidung, reinen Orten, Bildern, kunstvollen Krügen, Perlen, Juwelen, Kronjuwelen, Girlanden und Diamanten, von Milch, Sandelholz, schönen Zweigen, der Farbe neugebildeter Regenwolken und aller anderen herrlichen Farben.

Als Erstes wurde sie in Vaikuntha von Nārāyana verehrt. Als Nächstes wurde sie dann von Brahmā und dann von Shankara mit großer Hingabe verehrt. Sie wurde von Vishnu im Kshiroda Samudra verehrt. Danach wurde sie verehrt von Svāyambhuva Manu, dann von den Indras (Herrschern) unter den Menschen, dann von den Munis, Rishis, guten Familienvätern, von den Gandharvas in Gandharvaloka und von den Nāgas in Nāgaloka.

Von Brahmā wurde sie in den drei Welten einen Halbmonat lang voller Hingabe verehrt – beginnend mit dem achten Tag der hellen Monatshälfte des Monats Bhādra und mit dem achten Tag der dunklen Hälfte dieses Monats endend.

Sie wurde von Vishnu hingebungsvoll in den drei Welten an glückbringenden Dienstagen der Monate Pausha, Chaitra und Bhādra verehrt. Manu verehrte sie am Tage des Pausha Sankrānti, d. h. an dem Tag des Monats Pausha, an dem die Sonne in ein neues Tierkreiszeichen wechselte, sowie an einem glückbringenden Dienstag im Monat Māgha.

So verbreitete sich die Verehrung von Mahā Lakshmī überall in den drei Welten.

Dienstags wurde sie von Indra, dem König der Devas und von Mangala (Mars) verehrt. Dann wurde sie von Kedāra, Nīla, Subala, Dhruva, Uttānapada, Shakra, Bali, Kashyapa, Daksha, Kardama, Sūrya, Priyavrata, Chandra, Vāyu, Kubera, Varuna, Yama, Hutāsana und anderen verehrt.

So wurde ihre Verehrung nach und nach in allen Teilen der Welt verbreitet.

Sie ist die Gottheit, die über Wohlstand und Reichtum gebietet, und so ist sie der Wohlstand und Reichtum aller Wesen.

Hier endet im neunten Buch des Shrimad Devī Bhāgavatam, des Mahāpurānam von 18.000 Versen von Maharishi Veda Vyāsa, das neununddreißigste Kapitel: Die Geschichte von Mahā Lakshmī.

Kapitel 40
Das Gespräch zwischen Nārada und Nārāyana über die Geburt von Lakshmī

Nārada sagte: O Herr, wie kam die ewige Devī Mahā Lakshmī, die geliebte Gemahlin von Nārāyana, die in Vaikuntha lebt und als Göttin über Vaikuntha gebietet, auf die Erde hinab und wie wurde sie die Tochter des Ozeans? Von wem wurde sie als Erstes gepriesen? Bitte sei so freundlich und tue mir den Gefallen, davon in allen Einzelheiten zu berichten.

Nārāyana sprach: O Nārada, als vor Zeiten infolge des Fluches von Durvāsā der Götterkönig Indra sein Königreich verloren hatte, stiegen sämtliche Devas auf die Erde hinab. Auch Lakshmī verließ voller Zorn und von Kummer und Sorge erfüllt die Himmelswelten und begab sich nach Vaikuntha, um bei Nārāyana Zuflucht zu suchen.

Die Devas aber gingen kummervollen Herzens zu Brahmā und dann mit ihm zusammen zu Nārāyana nach Vaikuntha. Nach ihrer Ankunft dort nahmen sie allesamt Zuflucht zu dem Herrn von Vaikuntha.

Alle Devas waren von großem Schmerz erfüllt und ihre Kehlen, Gaumen und Lippen waren ganz ausgetrocknet.

Zu dieser Zeit stieg Lakshmī, die für alle die Verkörperung von Wohlstand und Reichtum ist, auf Anweisung von Nārāyana auf die Erde hinab und wurde in ihrer Teilinkarnation als Tochter des Ozeans geboren.

Die Devas quirlten dann zusammen mit den Daityas den Kshīroda Sāgara, den Milchozean, aus dem schließlich Mahā Lakshmī hervorging. Als Vishnu sie anblickte, war ihre Freude grenzenlos. Dann gewährte sie lächelnd den Devas Wunschgaben und legte Nārāyana (als Zeichen der Vermählung) eine Blumengirlande um den Hals.

O Nārada, die Devas gewannen ihre Himmelswelt von den Asuras zurück und verehrten daraufhin mit Lobeshymnen Mahā Lakshmī, wodurch sie von da an frei von Gefahr und Problemen leben konnten.

Nārada sagte: O Bhagavān, Durvāsā war doch der beste aller Munis. Er war ein Brahmankenner und besaß spirituelles Wissen. Warum verfluchte er denn dann Indra? Welche Kränkung hatte Indra ihm zugefügt? Und wie quirlten die Devas und die Daityas den Milchozean? Wie und mit welchen Hymnen wurde Lakshmī gnädig gestimmt, sodass sie vor Indra erschien? Was geschah zwischen ihnen? Bitte berichte mir all dies, o Herr.

Nārāyana sprach: Vor Zeiten wurde Indra, der Herr über die drei Welten, (durch übermäßigen Genuss des Somatrankes) so berauscht, dass er alle Scham verlor und sich von Lust überwältigt in einem abgelegenen Hain mit der Apsarā Rambha vergnügte. Nachdem er sich lustvoll mit ihr vereint hatte, wurde er von großer Zuneigung zu ihr ergriffen. Sein Geist war ganz von Sehnsucht nach ihr erfüllt und so blieb er lange Zeit voller Leidenschaft mit ihr in jenem Wald zusammen.

Eines Tages erblickte Indra den Muni Durvāsā, der auf dem Weg von Vaikuntha nach Kailāsha war und im feurigen Glanze Brahmans erstrahlte, sodass es aussah, als wenn vom Körper des Rishis gleichsam die Strahlen von tausenden Mittagssonnen ausgingen. Das lockige Haar des Muni leuchtete in goldenem Glanz. Auf seiner Brust trug er seine altehrwürdige heilige Schnur. Er trug abgetragene Kleider und in seinen Händen hielt er einen Asketenstab (danda) und einen Wasserkrug (kamandalu). Auf seiner Stirn war eine helle Markierung (tilaka) in Gestalt der Mondsichel zu sehen. Er war von einhunderttausend seiner Schüler begleitet, die alle mit den Veden und Vedāngas bestens vertraut waren.

Als Purandara (Indra) in seinem Zustand der Berauschtheit den Rishi sah, verneigte er sich vor ihm und begann ihm und seinen Schülern voller Hingabe Hymnen zu chanten, was diese sehr erfreute. Der Rishi mit seinen Schülern segnete Indra und der Muni schenkte ihm eine Pārijāta-Blüte.

Diese herrliche Pārijāta-Blüte hatte Vishnu dem Muni bei dessen Abschied von Vaikuntha geschenkt. Alter, Tod, Krankheit und Kummer lösten sich allesamt durch den segensreichen Einfluss dieser wunderschönen Blüte auf, und auch endgültige Befreiung gehörte zu den Gaben der Blüte.

Der Devendra aber war ganz berauscht von dem Gedanken an seinen eigenen Reichtum, und so warf er die Blüte achtlos auf den Kopf seines Elefanten Airāvata. Sobald der Elefant mit der Blüte in Berührung kam, nahm er sofort die Gestalt Vishnus an, die dem Bhagavān in Bezug auf Aussehen, Schönheit, gute Eigenschaften, feurige Energie und Alter vollkommen glich.

Der Elefant wandte sich daraufhin von Indra ab und lief in einen dichten Wald fort. Der Herr der Devas vermochte nicht, ihn wieder unter seine Kontrolle zu bringen.

Als der Muni Durvāsā jedoch sah, dass Mahendra die schöne Blüte auf diese Weise entehrt hatte, wurde er von Zorn entflammt und verfluchte Indra mit den Worten: O Indra, dein Reichtum hat dich in einen solchen Wahn versetzt, dass du mich beleidigt und entehrt hast. Du hast die Blüte, die ich dir liebevoll schenkte, voller Arroganz auf den Kopf des Elefanten geworfen.

Sobald man Nahrung, Wasser oder Früchte erhält, die zuvor Vishnu geopfert wurden, soll man sie sogleich zu sich nehmen – andernfalls begeht man die Sünde des Brahmahattyā. Wenn jemand die Gaben missachtet, die Vishnu dargebracht wurden und die er zufällig erhielt, so verliert er all seinen Wohlstand, seinen Reichtum, seine Intelligenz und sein Königreich.

Wenn jedoch jemand Nahrung isst, die zuvor voller Hingabe Vishnu dargebracht wurde, so segnet und erhebt er damit einhundert Generationen der Vorfahren seiner Familie und wird selbst zu Lebzeiten befreit. Wer jeden Tag Vishnus Naivedyam isst und sich vor Hari verneigt und ihn hingebungsvoll verehrt und ihm Hymnen singt, der wird wie Vishnu, was Energie und Reichtum anbetrifft, und durch die bloße Berührung mit der Luft, die seinen Körper umgibt, werden die heiligen Pilgerorte allesamt geläutert.

O du Dummkopf, die Erde wird gesegnet durch die Berührung mit dem Staub zu den Füßen eines solchen hingebungsvollen Verehrers von Vishnu.

Jemand, der Nahrung isst, die nicht Hari dargebracht wurde oder Fleisch, dass nicht zuvor einer Gottheit dargebracht wurde, der Nahrung isst, die ihm von einer unkeuschen Frau gegeben wurde oder von einer Frau, die keinen Ehemann und keine Söhne hat, oder Nahrung, die in der Begräbniszeremonie eines Shūdras dargebracht wurde, oder Nahrung isst, die er von einem Brahmanen erhielt, der für einen Shūdra das Shiva Lingam verehrte, oder von einem Brahmanen, der als Priester von den Geschenken lebt, die in einem Tempel dargebracht werden, oder die Nahrung von einem, der seine Tochter verkauft hat, oder Nahrung von einem, der seinen Lebensunterhalt mit Dingen verdient, die mit dem weiblichen Schoß zu tun haben, oder Nahrung, die von der Mahlzeit anderer übrig blieb oder die aus abgestandenen Überresten besteht, oder Nahrung von einem, der ein zwölfjähriges Mädchen geheiratet hat, oder Nahrung, die er von einem Ochsentreiber oder von jemandem erhielt, der nicht in der Initiation sein persönliches Mantra erhalten hat, oder Nahrung von einem Leichenverbrenner oder von einem Brahmanen, der Frauen aufsucht, die er nicht aufsuchen sollte, oder Nahrung von einem, der sich gegen seine eigenen Freunde gewandt hat, von einem, der ohne Glauben ist, der verräterisch ist, der falsches Zeugnis ablegt oder Nahrung von einem Brahmanen, der in einem heiligen Wallfahrtsort Geschenke annimmt, – sämtliche auf die beschriebene Weise begangenen Sünden werden sogleich ausgelöscht, wenn jemand das Prāsadam von Vishnu (Vishnu dargebrachte Speise) isst.

Selbst ein Chāndāla (einer, der außerhalb der Gesellschaft lebt), der sich dem Dienst an Vishnu widmet, segnet damit Millionen von Vorfahren seiner Familie – während ein Mensch, der keine Hingabe an Hari besitzt, sich nicht einmal selbst zu retten vermag.

Wenn jemand unwissentlich etwas erhält, das zuvor Vishnu als Gabe dargebracht wurde, wird er dadurch ganz gewiss von allen Sünden befreit, die er in seinen letzten sieben Leben begangen hat, und wenn er dies wissentlich und mit großer Hingabe tut, wird er dadurch ganz gewiss von allen Arten von Sünden befreit, die er in zig Millionen Leben begangen hat.

Nun, o Indra, ich bin ein Verehrer von Shrī Hari und, da du die von mir überreichte Pārijāta-Blüte auf den Kopf des Elefanten geworfen hast, sage ich dir hiermit, dass Mahā Lakshmī dich verlassen und zu Nārāyana zurückkehren wird.

Ich bin von großer Hingabe an Nārāyana erfüllt, daher fürchte ich mich vor niemandem. Ich fürchte weder den Schöpfer, noch Kālā, den Zerstörer, noch Alter oder Tod – ganz zu schweigen andere unbedeutende Persönlichkeiten. Ich fürchte weder deinen Vater Kashyapa noch deinen Familienpriester Brihaspati.

Derjenige aber, auf dessen Kopf jetzt die von mir überreichte Pārijāta-Blüte liegt, sollte wahrlich auf jede Weise verehrt werden.

Als Indra diese Worte von Durvāsā hörte, war er außer sich vor Furcht. Von großem Kummer erfüllt ergriff er die Füße des Muni und weinte laut.

Indra sagte: Nicht zu Unrecht ist nun dieser Fluch über mich gekommen und mein Wahn ist dank ihm verschwunden. Ich erbitte jetzt nicht meine Rāja Lakshmī zurück von dir. Stattdessen bitte ich dich, mich in Wissen zu unterweisen.

Reichtum ist wahrlich die Ursache allen Verhängnisses, er ist die Ursache der Verschleierung allen Wissens, er verbirgt die endgültige Erlösung und ist ein großes Hindernis auf dem Weg zur höchsten Hingabe.

Der Muni sprach: Geburt, Tod, Alter, Krankheit und Leiden – all diese entstehen aus dem Reichtum und der listenreichen Anwendung großer Macht. Durch die Dunkelheit des Reichtums wird man blind und sieht nicht mehr den Weg, der zur Befreiung (mukti) führt.

Ein dummer Mensch, der sich an seinem Reichtum berauscht, ist wie einer, der vom Wein berauscht ist. Von zahlreichen Freunden umgeben hat er sich in Wahrheit in unlösbare Fesseln verstrickt. In einem Menschen, der von seinem Reichtum berauscht und durch seine Besitztümer wie blind geworden ist und von all diesen Dingen überwältigt wurde, entsteht kein Gedanke an wahres Wissen. Wer rajasisch ist, fühlt sich unwiderstehlich zu Begierden und Leidenschaften hingezogen, und niemals sieht er den Weg, der zu Sattvoguna führt.

Ein Mensch, der von den Objekten der Sinne überschattet gleichsam blind geworden ist, kann von zweierlei Art sein: rajasisch oder tamasisch. Wenn er kein Wissen der vedischen Schriften (shāstra) besitzt, ist er tamasisch, und wenn er Wissen der Shāstras besitzt, ist er rajasisch.

O Kind der Devas, in den Shāstras werden zwei Wege erwähnt. Der eine ist Pravritti und wendet sich den Objekten der Sinne zu und der andere ist Nivritti, der sich von ihnen abwendet. Die verkörperten

Wesen (jīva) folgen zuerst – voller Freude und aus eigenem Entschluss, wie in einem Zustand des Wahnes – dem schmerzensreichen Pravritti-Weg.

Wie Bienen, die in ihrer Begierde nach Honig wie von Sinnen sind, zu einer Lotusknospe fliegen und sich in ihr verfangen, so geraten die Jīvas, die verkörperten Seelen, in ihrer Begierde nach Sinnesfreuden zunächst in den äußerst schmerzvollen Kreislauf von Geburten und Toden und verstricken sich in das weltliche Leben (samsāra), das sich schließlich als schal und leer erweist und sich als die eine Ursache von Alter, Tod und Kummer herausstellt.

Viele Leben lang durchwandert der Jīva, von seinem eigenen Karma geleitet, zahlreiche unterschiedliche Mutterschöße, bis er schließlich durch die Gnade der Götter heiligen Menschen begegnet.

Nur Einer von Tausend oder von Hundert findet die Mittel, den schrecklichen Ozean der Welt zu überqueren. Wenn die heiligen Weisen die Lampe des Wissens anzünden und den Weg zur Befreiung (mukti) weisen, dann beginnt der Jīva zu versuchen, seine Fesseln zu durchtrennen, die ihn an diese Welt binden. Schließlich findet er nach vielen Leben, vielerlei Askese und vielem Fasten sicher den Weg zur Befreiung, der zur höchsten Freude führt.

O Indra, diese Antwort auf deine Frage habe ich selbst von meinem Guru gehört.

O Nārada, als Indra diese Worte des Muni Durvāsā gehört hatte, begann er Leidenschaftslosigkeit gegenüber dem Samsāra zu empfinden. Tag für Tag intensivierte sich sein Gefühl der Leidenschaftslosigkeit.

Als Indra eines Tages von der Einsiedelei des Munis nach Hause zurückkehrte, sah er, dass die Himmelswelt von Daityas überfallen worden war und einen furchtbaren Anblick bot. An einigen Orten waren Szenen der Unterdrückung und Gräueltaten zu beobachten. An einigen Stellen gab es gar keine befreundeten Devas mehr. An einigen Stellen sah er Devas, die den Verlust ihres Vaters, ihrer Mutter, ihrer Ehefrauen oder Verwandten beklagten. Überall gab es Aufruhr und Unordnung.

Als Indra sah, dass die Himmelwelt in die Hände der Feinde gefallen war, machte er sich auf den Weg, um Brihaspati, den Familienpriester der Devas, zu suchen. Nachdem Indra hier und dort nach ihm Ausschau gehalten hatte, gelangte er schließlich an die Ufer des Flusses Mandākinī und sah dort seinen Guru Deva, der gerade in den Wassern der Mandākinī sein Bad genommen hatte und sich nun, sein Gesicht nach Osten der Sonne zugewandt, in seiner Meditation auf das höchste Brahman (para brahmā) ausrichtete, dessen Antlitz alles überschaut. Tränen der Freude entströmten den Augen von Brihaspati, und die Haare seines Körpers hatten sich in ekstatischer Seligkeit aufgerichtet.

Er war der altehrwürdige Meister des Wissens, der spirituelle Lehrer von allen und überaus tugendhaft. Alle großen Menschen dienen ihm und seine Freunde lieben ihn über alles. Diejenigen, die Gyānins (zur Erkenntnis Gelangte) sind, sehen ihn als ihren Guru an. Er war der älteste unter seinen Brüdern und er war bei den Feinden der Devas sehr unbeliebt.

Als Indra seinen Familienpriester Brihaspati in der Meditation versunken dasitzen sah, wartete er. Als der Guru Deva sich schließlich nach einem Prahara (drei Stunden) erhob, verneigte Indra sich zu seinen Füßen und begann von großem Kummer überwältigt zu weinen. Dann berichtete er seinem Guru von dem Fluch des Brahmanen, von dem so schwer zu erlangenden Wissen, das er erhalten hatte, und von dem beklagenswerten Zustand seiner Stadt Amarāvatī, die von Feinden besetzt war.

O bester aller Brahmanen, als der intelligente und redekundige Brihaspati die Worte seines Schülers vernommen hatte, wurden seine Augen rot vor Zorn und er sagte: O Herr über die Devas, ich habe alles gehört, was du gesagt hast. Weine nicht. Sei geduldig. Höre aufmerksam zu, was ich dir nun sage.

Die weisen Staatenlenker, die ein gutes Verhalten zeigen und moralischen Prinzipien folgen, verlieren in Zeiten der Krise niemals einen kühlen Kopf und fallen nicht dem Kummer anheim.

Nichts dauert ewig, ob Gewinn oder Verlust, alles ist vergänglich und daran zu hängen bringt nichts als Kummer. Alles steht unter dem Einfluss des eigenen Karmas, das man sich selbst durch seine Taten geschaffen hat. Was man in vorhergehenden Leben getan hat, davon muss man danach die Früchte ernten. Dies ist, was in alle Ewigkeit Leben um Leben jedem widerfährt. Schmerz und Freude sind wie ein dahinrollendes Rad. Was soll man sich da bekümmern?

Es wurde bereits gesagt, dass jeder in diesem heiligen Lande Bhārata sein eigenes Karma genießen muss. Ein Mensch muss die Folgen seiner eigenen Handlungen genießen, ob sie nun segensreich oder widrig sind. Auch in Millionen von Zeitaltern wird das Karma sich niemals erschöpfen, bevor nicht seine Folgen ausgekostet wurden. Man muss das Karma auskosten, ob es nun erfreulich oder leidvoll ist – dies bezeugen die Veden und ebenso auch Shrī Krishna, der höchste Gott. Bhagavān Shrī Krisna selbst hat dem lotusgeborenen Brahmā im Sāma Veda Sākhā dargelegt, dass alle Menschen ihre Geburten, ob in Bhārata oder in irgendeinem anderen Land, als Folge der Handlungen erlangen, die sie zuvor vollbracht haben.

Der Fluch eines Brahmanen ist die Folge von Karma und ebenso ist auch der Segen eines Brahmanen die Folge von Karma. Durch Karma erlangt man Wohlstand und Reichtum und durch Karma gerät man in Armut. Auch wenn du Hunderte von Millionen von Geburten annimmst – die Früchte des Karmas werden dir notwendigerweise folgen.

O Indra, die Frucht des Karmas folgt einem wie der eigene Schatten. Das Karma wird niemals erlöschen, ehe man nicht seine Folgen genossen hat. Die Auswirkungen des Karmas werden je nach Zeit, Ort und der betroffenen Person verstärkt oder gemindert. Wenn du Menschen von unterschiedlicher Art zu verschiedenen Zeiten und an unterschiedlichen Orten etwas gibst, so wird der Verdienst (punyam), den du dadurch erwirbst, entsprechend unterschiedlich sein. Geschenke, die an speziellen Tagen gemacht werden, tragen eine millionenfache Frucht oder unendlich viel Frucht oder sogar mehr als dies.

Andererseits bringen Geschenke von ähnlicher Art, die an vergleichbaren Orten gemacht werden, auch das gleiche Punyam. Geschenke, die in unterschiedlichen Ländern gemacht werden, können ein millionenfaches Punyam oder unendlich so viel Punyam oder sogar mehr als dies zeitigen. Aber ähnliche Dinge, die ähnlichen Empfängern geschenkt werden, bringen auch ähnliche Punyams.

So wie verschiedene Arten von Saatkörnern in unterschiedlichen Arten von Böden unterschiedlich gedeihen, so bringen auch Geschenke, die unterschiedlichen Empfängern gemacht werden, unterschiedliche Grade von Punyam hervor – je nachdem, manchmal sogar unendlich viel mehr oder unendlich viel weniger.

Einem Brahmanen an einem gewöhnlichen Tag etwas zu schenken bringt nur einfaches Punyam, aber wenn einem Brahmanen das Geschenk am Amāvasyā-Tag (Neumondtag) oder an einem Sankrānti-Tag (einem Tag, an dem die Sonne in ein neues Tierkreiszeichen wechselt) überreicht wird, dann wird dafür das hundertfache Punyam erlangt.

Gaben, die in der Chāturmāsya-Zeit oder an einem Vollmondtag gespendet werden, bringen unendliche Punyams hervor.

Wohltätige Spenden zur Zeit einer Mondfinsternis bringen ein zehn Millionen Mal größeres Ergebnis und zur Zeit einer Sonnenfinsternis das zehnfache Punyam.

Spenden, die am Akshaya-Tritīya-Tag oder am Navamī-Tag überreicht werden, bringen unendlich viel Punyam.

Geschenke oder Spenden an einem heiligen Feiertag darzubringen bringt also sehr viel mehr spirituelle Verdienste als an gewöhnlichen Tagen.

Das Überreichen von Geschenken oder Spenden an heiligen Feiertagen zeitigt besonders große spirituelle Verdienste und das Gleiche gilt an solchen Tagen auch für das rituelle Baden, das Rezitieren von Mantras und andere heilige Handlungen.

So wie tugendhafte Handlungen hervorragende Früchte tragen, so werden auch schlechte Folgen aus schlechten Handlungen hervorgehen.

So wie ein Töpfer mit Hilfe von Antriebsstange, Rad und Bewegung verschiedene Töpfe, Krüge, Tassen oder Teller herstellt, so weist der Schöpfer mit Hilfe des ununterbrochenen Fadens des Karmas den verschiedenen Wesen (jīva) ihre jeweiligen Früchte zu.

Wenn du willst, dass das Heranreifen des Karmas ein Ende nimmt, dann verehre Nārāyana, auf dessen Anweisung hin alle Dinge der Natur erschaffen werden. Er ist der Erschaffer selbst von Brahmā, der Erhalter selbst von Vishnu, der Zerstörer selbst von Shiva und er ist Kālā (die alles verschlingende Zeit) selbst für Kālā.

Shankara hat gesagt: Wer sich Madhusūdana in Zeiten großer Not in Erinnerung ruft, von dem weicht alle Gefahr und für den beginnt eine Zeit der Freude.

O Nārada, mit diesen Worten unterwies der weise Brihaspati den Götterkönig Indra. Dann umarmte er ihn und gab ihm von Herzen seinen Segen und seine guten Wünsche mit auf den Weg.

Hier endet im neunten Buch des Shrimad Devī Bhāgavatam, des Mahāpurānam von 18.000 Versen von Maharishi Veda Vyāsa, das vierzigste Kapitel: Das Gespräch zwischen Nārada und Nārāyana über die Geburt von Lakshmī.

Kapitel 41
Die Quirlung des Milchozeans und das Erscheinen von Lakshmī

Nārāyana sprach: O Zweimalgeborener, Indra rief sich in seinem Geist Hari in Erinnerung und machte sich dann zusammen mit Brihaspati, dem Guru der Devas, und mit allen anderen Devas auf den Weg in Brahmās Versammlungshalle. Schon bald erreichten sie Brahmās Welt und sowie Indra, Brihaspati und die anderen Devas den Schöpfer des Universums erblickten, verneigten sie sich respektvoll vor ihm.

Brihaspati, der Āchārya der Devas, unterrichtete daraufhin Brahmā über alles, was geschehen war.

Als Brahmā dies gehört hatte, lächelte er und sprach zu Indra: O Indra, du bist als Mitglied meiner Dynastie geboren, ja, du bist mein Enkel. Der Ārya Brihaspati ist dein Guru. Du selbst bist der Herrscher über die Devas und du bist sehr klug und weise. Der Bruder deines Großvaters ist der mächtige Daksha, ein großer Vishnu Bhakta.

Wie kann es sein, dass jemand, dessen Familie nach allen drei Seiten hin rein und lauter ist, sich als dermaßen hochmütig und arrogant erweist! Von jemandem, dessen Mutter voller Hingabe gegenüber ihrem Ehemann ist und dessen Vater, dessen Vater seiner Mutter und dessen Bruder seiner Mutter allesamt selbstbeherrscht und von reinem Sattva erfüllt sind, erwartet man nicht, dass er ein solches Maß von Arroganz an den Tag legt.

Drei Vergehen gibt es, die einen Menschen dazu veranlassen, sich gegenüber Hari unehrerbietig zu verhalten: ein Vergehen seines Vaters, ein Vergehen des Vaters seiner Mutter oder ein Vergehen seines Guru, seines spirituellen Lehrers.

Bhagavān Nārāyana weilt in dem herrlichen, heiligen Tempel des physischen Körpers und herrscht über die Herzen aller. In demselben Augenblick, in dem Shrī Nārāyana diesen Körpertempel verlässt, bleibt der Körper leblos zurück.

Unter den Kräften der Prakriti bin ich selbst der Geist (manas), Shankara ist das Wissen, Vishnu ist der Lebensatem (prāna) und Bhagavatī Durgā ist die unterscheidende Intelligenz oder der Intellekt (buddhi); wenn diese Kräfte sich im Ātman, dem Selbst, widerspiegeln, entsteht ein individuelles Wesen (jīva) mit einem Körper, der es ermöglicht, sich an den Objekten der Sinne zu erfreuen und der deswegen Bhoga Sharīrabhrit genannt wird.

Wenn ein König aufbricht, folgen seine Diener ihm nach. Wenn daher dieser Ātman den Tempel des Körpers verlässt, verlassen auch seine Diener – der Geist, der Intellekt usw. – augenblicklich den Körper und folgen dem Ātman.

O Indra, wahrlich, wir alle sind Teile von Shrī Krishna. Ich selbst, Shiva, Ananta Deva, Vishnu, Dharma, Mahā Virāt – sind allesamt Teile von ihm und ihm in Hingabe verbunden – und du hast Missachtung gegenüber seiner Blüte an den Tag gelegt.

Bhagavān Shankara, der Herr über die Geister (bhūta), hat mit dieser Blüte die Lotusfüße von Shrī Krishna verehrt. Der Rishi Durvāsā hat dir diese Blüte geschenkt, aber du hast sie missachtet. Diese Pārijāta-Blüte sollte, nachdem sie zu den Lotusfüßen von Krishna dargebracht wurde, das Haupt eines Unsterblichen zieren, der dadurch zum besten aller Devas wird und dem höchste Verehrung gebührt.

Nun ist infolge des unvermeidlichen Verlaufes des Schicksals großes Leid über dich gekommen. Das Schicksal ist die größte Macht von allen. Wer soll jenen Unglücklichen retten können, gegen den sich das Schicksal gewandt hat? Als Lakshmī Devī sah, dass du die Blüte missachtet hast, die zuvor Shrī Krishna dargebracht wurde, hat sie dich voller Zorn verlassen.

Begib dich nun zusammen mit mir und deinem Familienpriester Brihaspati nach Vaikuntha und verehre dort den Gemahl der Lakshmī. Durch seine Gnade könntest du deine Himmelswelt zurückerlangen.

Mit diesen Worten machte sich Brahmā zusammen mit Indra und all den anderen Devas auf den Weg, um den ewigen Purusha Bhagavān Nārāyana aufzusuchen.

Als sie schließlich bei ihm eintrafen, sahen sie, dass er von feuriger Energie erfüllt war und einen Glanz wie den von Millionen von Sommersonnen zur Mittagszeit verbreitete, obwohl er gleichzeitig Stille und sanfte Kühle ausstrahlte.

Er hat weder Anfang noch Ende noch Mitte, er ist unendlich. Er war von seinen vierarmigen Pārishadas sowie von Sarasvatī, den vier Veden und der Gangā umgeben.

Als Brahmā und die anderen Devas ihn erblickten, verneigten sie sich hingebungsvoll vor ihm und begannen ihm dann mit Tränen in den Augen Hymnen zu chanten.

Als Brahmā ihm schließlich erzählte, was vorgefallen war, brachen die Devas, die ihre Heimat verloren hatten, in Tränen aus.

Nārāyana sah, dass die Devas von großer Furcht und tiefem Kummer erfüllt waren. Sie waren nicht mehr wie zuvor mit Juwelenschmuck geziert, besaßen keine Fahrzeuge (vāhana) mehr und ihre göttliche Ausstrahlung hatte allen Glanz verloren und war dem Ausdruck von Furcht gewichen.

Als Nārāyana, der Zerstörer aller Furcht, die Devas in diesem Zustand vor sich sah, sprach er zu Brahmā und den anderen Devas die folgenden Worte: O Brahmā, o ihr Devas, lasst ab von eurer Furcht. Wovor solltet ihr euch denn fürchten? Ich bin hier bei euch und ich werde euch die unbesiegbare Rājya Lakshmī in der Fülle des Reichtums zurückgeben.

Aber im Augenblick möchte ich euch einen zeitgemäßen Rat geben. Hört.

Es gibt endlos viele Universen, in denen zahllose Wesen leben. Sie alle stehen unter meiner Herrschaft, aber ihr sollt wissen, dass auch ich unter ihrer Herrschaft stehe. Meine hingebungsvollen Verehrer sehen mich als den Höchsten an. Sie kennen niemand anderen als mich allein. Sie sind frei von Furcht. Deshalb werde ich nicht ruhig in meinem Zuhause bleiben, wenn meine Verehrer in Not sind, sondern werde in diesem Fall sogleich zusammen mit Lakshmī mein Zuhause verlassen.

Durvāsā Rishi ist eine Teilinkarnation von Shankara. Er ist von großer Hingabe zu mir erfüllt. Er ist ein Pakkā Vaishnava. Als er euch verfluchte, habe ich augenblicklich mit Lakshmī zusammen euer Heim verlassen.

Lakshmī weilt nicht in einem Heim, in dem keine Muschelhörner geblasen werden, in dem es keine Tulasī-Bäume gibt, in dem Shiva und Shivā nicht verehrt werden oder in dem die Brahmanen nicht mit Nahrung versorgt werden.

O Brāhma, o ihr Devas, dort, wo ich oder meine Bhaktas missachtet werden, wird Lakshmī überaus ungehalten und sie wird augenblicklich den Ort verlassen, wo dies geschah.

Auch nicht einen Augenblick lang wird Lakshmī in einem Haus bleiben, in dem ein dummer Mensch, der keine Hingabe an mich besitzt, am Harivāsara-Ekādashī-Tag oder am Tag des jährlichen Festes meines Geburtstags Nahrung zu sich nimmt.

Auch wenn der Bewohner eines Hauses meinen Namen oder seine eigene Tochter verkauft oder Gäste nicht hingebungsvoll versorgt, verlässt Lakshmī augenblicklich dieses Haus und geht fort.

Wenn der Sohn einer unkeuschen Frau ein Brahmane ist, dann sind er und der Ehemann der unkeuschen Frau große Sünder. Wenn sich jemand in das Haus eines solchen Menschen begibt oder wenn jemand Nahrung von einem Shūdra annimmt, während dieser eine Shraddhā-Zeremonie durchführt, so wird Lakshmī sehr zornig und verlässt das Haus.

Wenn ein Brahmane den Leichnam eines Shūdras verbrennt, so erweist er sich damit als sehr erbärmlich und als abscheulichster aller Brahmanen. Lakshmī wird nicht auch nur für einen Augenblick in seinem Haus bleiben.

Wenn ein Brahmane sich als Koch eines Shūdras betätigt und ein Ochsengefährt fährt, so scheut Lakshmī sich davor, ihr in seinem Haus dargebrachtes Wasser zu trinken und verlässt sein Haus.

Wenn ein Brahmane im Herzen unheilig und grausam ist, wenn er andere beneidet und beschimpft oder als Priester für einen Shūdra tätig wird, so wird Lakshmī Devī niemals in seinem Haus bleiben.

Die Weltenmutter wird nicht auch nur einen Augenblick lang im Hause eines Menschen weilen, der im Hause von jemandem Nahrung zu sich nimmt, der ein zwölfjähriges Mädchen geheiratet hat, deren Menstruation gerade erst begann.

Wenn jemand mit seinen Fingernägeln Gras schneidet oder mit seinen Fingernägeln auf den Erdboden schreibt oder einen Brahmanengast enttäuscht (ohne respektvolle Bewirtung) aus dem Haus gehen lässt, so wird Lakshmī niemals in seinem Haus bleiben.

Wenn ein Brāhmana morgens schon bei Sonnenaufgang Nahrung zu sich nimmt, tagsüber schläft oder tagsüber Geschlechtsverkehr hat, so bleibt Lakshmī niemals in seinem Haus. Lakshmī verlässt einen Brahmanen, der sich nicht an die Regeln für gutes Benehmen (āchāra) hält, der von Shūdras Geschenke annimmt oder der keine Initiation in sein persönliches Mantra erhalten hat.

Ein unwissender Mensch, der nackt und mit nassen Füßen schläft, der dauernd unmotiviert lacht und wie ein Irrer zusammenhanglos daherredet und dabei ständig das Thema wechselt, wird augenblicklich von Lakshmī verlassen.

Lakshmī verlässt zornig das Haus eines Menschen, der seinen ganzen Körper mit Öl einreibt und dann andere berührt und dabei mit verschiedenen Körperteilen unangenehme Geräusche von sich gibt.

Wenn ein Brahmane aufhört Gelübde einzuhalten, zu fasten, die Sandhyā-Zeremonie durchzuführen und Vishnu hingebungsvoll zu verehren, dann bleibt Kamalā (Lakshmī) nicht länger in seinem Heim.

Wenn jemand immer wieder die Brahmanen beschimpft und ihnen seinen Hass zeigt, Tiere verletzt und in seinem Herzen weder Freundlichkeit noch Mitgefühl pflegt, den verlässt die Weltenmutter Lakshmī.

O Lotusgeborener, aber Lakshmī, die Mutter aller Segnungen, wird stets dort weilen, wo Hari verehrt und Haris Name gechantet wird. Lakshmī wird sich dort aufhalten, wo die Herrlichkeit von Shrī Krishna und seiner Bhaktas besungen wird. Lakshmī weilt stets mit allergrößter Freude dort, wo Muschelhörner geblasen werden, wo Muschelhörner, der Shālagrāma-Stein und Tulasī-Blätter zu finden sind und wo täglich die Verehrung und Meditation der Devī Lakshmī ausgeübt wird. Wo Shivas Lingam verehrt und Shivas Herrlichkeit besungen wird, wo Shrī Durgā verehrt und ihre Herrlichkeit besungen wird, dort weilt stets die lotusbewohnende Glücksgöttin Lakshmī. Wo die Brahmanen geehrt und voller Freude bewirtet werden und wo alle Devas verehrt werden, da weilt stets die keusche Lakshmī, die Göttin mit dem Lotus-Antlitz.

Nachdem der Gemahl der Lakshmī diese Worte zu den Devas gesprochen hatte, sagte er zu Lakshmī: O Devī, bitte begib dich unverzüglich zu dem Kshiroda Ozean und verkörpere dich dort mit einem Teil von dir.

Dann wandte er sich an Brahmā und sprach: O Lotusgeborener, auch du solltest dich dorthin begeben und den Kshiroda Ozean quirlen. Wenn Lakshmī sich dort manifestiert, dann übergib sie den Devas.

O Devarishi, mit diesen Worten begab der Gemahl der Kamalā sich in seine inneren Gemächer.

Die Devas gelangten nach einer langen Reise schließlich an die Gestade des Kshiroda- Ozeans. Dort machten die Devas und die Daityas den goldenen Berg Sumeru zum Quirlstock, die kosmische Schildkröte Deva Kurma zum Quirlgefäß und die Weltenschlange Ananta Deva zum Quirlstrick und begannen den Ozean zu quirlen.

Während des Quirlens gingen nach und nach Dhanvantarī, Amrita, das Pferd Uchchaihshravā, zahlreiche unschätzbar teure und begehrenswerte Juwelen, der Elefant Airāvata und schließlich die schönäugige Lakshmī aus dem Milchozean hervor.

Sobald die Vishnupriyā Shrī Lakshmī Devī sich aus dem Ozean erhoben hatte, legte die keusche junge Frau eine Girlande um den Hals von Nārāyana, dem Herrn aller Wesen, der in strahlender Schönheit auf den Wassern des Kshiroda-Ozeans ruhte. Dann verehrten Brahmā, Maheshvara und die anderen Devas voller Freude die Devī Lakshmī und sangen ihr Lobeshymnen. Über die Verehrung erfreut warf Lakshmī Deva einen segnenden Blick auf die Heimstatt der Devas, um sie von dem Fluch zu befreien.

So erhielten die Devas schließlich durch die Gnade der Lakshmī Devī und die Erlangung der Wunschgabe von Brahmā ihre Heimat und ihre Besitztümer aus den Händen der Daityas zurück.

O Nārada, somit habe ich dir die Geschichte von Lakshmī Devī erzählt, welche die Essenz aller Essenzen in sich fasst und sehr erfreulich anzuhören ist. Was möchtest du sonst noch hören. Sprich.

Hier endet im neunten Buch des Shrimad Devī Bhāgavatam, des Mahāpurānam von 18.000 Versen von Maharishi Veda Vyāsa, das einundvierzigste Kapitel: Die Quirlung des Milchozeans und das Erscheinen von Lakshmī.

Kapitel 42
Das Dhyānam und das Stotram von Mahā Lakshmī

Nārada sagte: O Bhagavān, ich habe nun von der Herrlichkeit von Hari, vom Wissen um die höchste Wirklichkeit (tattvagyānam) und der Geschichte von Lakshmī gehört. Nun beschreibe mir die ihr gewidmete Meditation (dhyānam) und Hymne (stotram).

Nārāyana sprach: O Nārada, Indra badete dann an einem heiligen Ort, zog frische Kleidung an und stellte als Erstes am Ufer des

Kshiroda-Ozeans auf einem Podest einen irdenen Krug (ghata) auf. Danach verehrte er voller Hingabe mit Blumen und Wohlgerüchen die sechs Gottheiten Ganesha, Sūrya, Agni, Vishnu, Shiva und Shivā.

Als Nächstes rief Indra dann Mahā Lakshmī, die Verkörperung der höchsten Kräfte und der Fülle des Reichtums, an und begann sie dann nach den Anweisungen von Brahmā zu verehren, der in Gegenwart der Munis, der Brāhmanas, von Brihaspati, Hari und den anderen Devas das Amt des obersten Opferpriesters übernommen hatte.

Er rieb eine Pārijāta-Blüte mit Sandelpaste ein und brachte sie dann zu den Füßen von Mahā Lakshmī dar, während er ihr Meditationsmantra rezitierte. Das Meditationsmantra, das der Devendra rezitierte, war das gleiche, das Bhagavān Hari zuvor Brahmā gegeben hatte. Ich teile es dir nun mit. Höre: O Mutter, du hast deinen Sitz auf dem tausendblättrigen Lotus. Die Schönheit deines Antlitzes übertrifft die Schönheit von Millionen Vollmonden im Herbst. Du erstrahlst in deinem eigenen Glanz. Du bist wunderschön und überaus lieblich. Deine Farbe gleicht der von geschmolzenem Gold.

Deine wundervolle Gestalt strahlt Reinheit aus und dein Körper ist über und über mit Juwelenschmuck geziert. Du trägst ein goldfarbenes Gewand – und schau, wieviel Schönheit von ihm ausstrahlt!

Deine Lippen zeigen stets ein süßes Lächeln. Deine Schönheit ist unvergänglich. Du bist für alle Wesen die Schenkerin von Reichtum.

O Mahā Lakshmī, auf dich ist meine Meditation ausgerichtet.

Nachdem Indra die mit zahlreichen Eigenschaften ausgestattete Devī mit diesem Mantra in seiner Meditation verehrt hatte, brachte er ihr die sechzehn Arten von Gaben (upachāra) dar. Dabei ging jede Darbringung einer dieser Gaben mit der Wiederholung eines Mantras einher und sämtliche Gaben waren angemessen, rein und von ausgezeichneter Qualität.

Indra sprach: O Mahā Lakshmī, Vishvakarman hat diesen unschätzbar wertvollen, mit Juwelen reich geschmückten Sitz (āsana) hergestellt. Ich bringe dir diesen Sitz dar. Bitte nimm ihn freundlich an. O Devī, die in dem Lotus weilt, dieses heilige Wasser der Gangā wird hoch geschätzt und von allen begehrt. Es ist gleichsam das Feuer, welches den Brennstoff in Gestalt der Sünden der Sünder verbrennt.

O lotusbewohnende Göttin, dieses Dūrbhagras, diese Blüten, diese Gabe (arghya) von mit Sandelpaste versehenem, wohlduftendem Wasser der Gangā bringe ich dir dar. Bitte nimm es freundlich an.

O geliebte Gemahlin von Hari, dieses süß duftende Blumenöl und diese süß duftende Āmalakifrucht tragen zur Schönheit des Körpers bei, daher bringe ich sie dir dar. Bitte nimm sie freundlich an.

O Devī, ich bringe dir dieses Seidengewand dar. Bitte nimm es freundlich an.

O Devī, diesen herrlichen aus Gold und Edelsteinen gefertigten Schmuck, der die Schönheit erhöht, bringe ich dir dar. Bitte nimm ihn freundlich an.

O geliebte Gemahlin von Krishna, ich bringe dir dieses süß duftende heilige Räucherwerk (dhūpa) dar, das aus verschiedenen Kräutern und Pflanzen hergestellt wurde, überaus erfreulich und die Quelle aller Schönheit ist. Bitte nimm es freundlich an.

Ich bringe dir diese süß duftende, erfreuliche Sandelpaste dar, o Devī. Bitte nimm sie freundlich an.

O Herrscherin über die Devas, ich bringe dir dieses freudebringende heilige Licht (dīpa) dar, welches das Auge dieser Welt ist und das alle Finsternis vertreibt. Bitte nimm es freundlich an.

O Devī, ich bringe dir diese köstlichen und überaus saftigen, süßen Früchte (naivedya) unterschiedlicher Art dar. Bitte nimm sie freundlich an.

O Deveshī, diese Nahrung (anna) ist Brahmā und stellt das Hauptmittel für das Überleben der Lebewesen dar; durch sie wird die Ernährung des Körpers und zugleich geistige Zufriedenheit bewirkt. Daher bringe ich dir diese Nahrung dar. Bitte nimm sie freundlich an.

O Mahā Lakshmī, ich bringe dir diese hochwertige Nahrung (paramānna) in Form einer köstlichen Süßspeise dar, die aus Reis, Milch und Zucker bereitet wurde. Bitte nimm sie freundlich an.

O Devī, ich bringe dir diese überaus köstliche und freudebringende Svastikaspeise dar, die aus Zucker und geläuterter Butter bereitet wurde. Bitte nimm sie freundlich an.

O geliebte Gemahlin von Achyuta, ich bringe dir zahlreiche wohlschmeckende Mahlzeiten, köstliche reife Früchte und geläuterte Butter, die aus Kuhmilch bereitet wurde, dar. Bitte nimm dies freundlich an.

O Devī, wenn man Zuckerrohrsaft erhitzt, erhält man einen Sirup, der – aufs Neue erhitzt – eine wunderbare Köstlichkeit namens Gur entstehen lässt und diesen Gur bringe ich dir nun dar. Bitte nimm ihn freundlich an.

O Devī, ich bringe dir eine Süßspeise dar, die aus Yavamehl, Weizenmehl, Gur und geläuterter Butter zubereitet wurde. Bitte nimm sie freundlich an.

Ich bringe dir hingebungsvoll diese aus Svastika und anderen Arten von Getreidemehl bereitete Gabe dar. Bitte nimm sie freundlich an.

O Kāmalā, ich bringe dir diesen Fächer und weißen Chāmara dar, der kühle Luft zufächelt und sehr freudebringend ist, wenn der Körper sich erhitzt hat.

O Devī, ich bringe dir dieses mit Kampfer eingeriebene Betelblatt dar, dass die Empfindungslosigkeit der Zunge beseitigt. Bitte nimm es freundlich an.

O Devī, ich bringe dir dieses schön parfümierte kühle Wasser dar, dass den Durst löscht und als die Lebensessenz dieser Welt gilt. Bitte nimm es freundlich an.

O Devī, ich bringe dir dieses aus Baumwolle und Seide gefertigte Gewand dar, das die Schönheit und den Glanz des Körpers erhöht. Bitte nimm es freundlich an.

O Devī, ich bringe dir diese aus Gold und Juwelen gefertigten Schmuckstücke dar, die eine Quelle der Schönheit und des Liebreizes sind. Bitte nimm sie freundlich an.

O Devī, ich bringe dir diese reinen Girlanden dar, die aus zu verschiedenen Jahreszeiten blühenden Blumen gefertigt sind, die einen sehr schönen Anblick bieten und den Devas und den Königen Freude bereiten. Bitte nimm sie freundlich an.

O Devī, ich bringe dir diese heiligen aromatischen Wohlgerüche dar, durch die Körper und Geist geläutert werden, die überaus segensreich sind und aus zahlreichen duftenden Kräutern und Pflanzen hergestellt wurden. Bitte nimm sie freundlich an.

O geliebte Gemahlin des Gottes Krishna, ich bringe dir dieses reine und heilige Āchamanīya Wasser zum Ausspülen des Mundes dar, das von heiligen Wallfahrtsorten hierher gebracht wurde. Bitte nimm es freundlich an.

O Devī, ich bringe dir diese Bettstatt dar, die aus herrlichen Edelsteinen und Juwelen gefertigt wurde und mit Blüten, Sandelpaste, Stoffen und Schmuck reich geziert ist. Bitte nimm sie freundlich an.

O Devī, ich bringe dir all diese außerordentlich edlen, seltenen und reich gezierten Gaben dar, die würdig sind, von den Devas genossen zu werden. Bitte nimm sie freundlich an.

O Devarishi, von der Rezitation der entsprechenden Mantras begleitet brachte der Devendra von großer Hingabe erfüllt der Devī den Vorschriften entsprechend diese Gaben dar. Dann wiederholte (japam) er das Mūla-Mantra der Devī eine Million Mal. Schließlich erschien die Gottheit des Mantras vor ihm und brachte damit seinem Japam vollständigen Erfolg (siddhi).

Der lotusgeborene Brahmā gab dem Devendra das Mantra *Shrīm Hrīm Klīm Aim Kamalāvāsinyai Svāhā.* Dieses Mantra gleicht einem alle Wünsche erfüllenden göttlichen Baum (kalpavriksha) und dieses vedische Mantra ist das höchste aller Mantras. Das Wort *Svāhā* befindet sich am Ende dieses Mantras.

Vermittels dieses Mantras erlangte Kubera, der Schatzmeister der Devas, seine Fülle an Reichtum. Durch die Macht dieses Mantras wurden die Großkönige Daksha Sāvarni Manu und Mangala zu Herrschern über die Erde mit ihren sieben Kontinenten. Priyavrata, Uttānapāda und Kedārarāja wurden alle durch dieses Mantra zu Siddhas und zu großen Herrschern.

O Nārada, als Indra mit seinem Japam zum Erfolg gelangte, erschien Mahā Lakshmī vor ihm. Sie saß in einem göttlichen Himmelsfahrzeug, das mit herrlichen Edelsteinen und Juwelen geschmückt war. Ihr Körper war von der glanzvollen Ausstrahlung umgeben, welche einst die Erde mit ihren sieben Kontinenten hervorgebracht hatte. Ihre Hautfarbe war weiß wie das Weiß der Champaka Blüte und ihr ganzer Körper war mit prächtigem Schmuck geziert. Ihr Antlitz drückte stets huldvolle Gnade aus und ein liebliches Lächeln zierte ihre Lippen. Sie war stets bereit, ihren Verehrern (bhakta) Gutes zu tun. Um ihren Hals trug sie eine Girlande aus Juwelen und Edelsteinen, die hell wie zehn Millionen Monde erstrahlten.

O Devarishi, als Indra so die Weltenmutter Mahā Lakshmī in ihrer friedvollen Präsenz vor sich sah, wurde sein Körper von seliger Freude erfüllt und alle Haare an seinem Körper richteten sich auf. Seine Augen füllten sich mit Tränen der Freude und er begann ihr sogleich Hymnen (stotra) vorzutragen – die vedischen, alle Wünsche erfüllenden Hymnen, die ihn Brahmā zuvor gelehrt hatte.

Indra sagte: O lotusbewohnende Göttin, o Nārāyanī, o geliebte Gemahlin von Krishna, o Padmāsane, o Mahā Lakshmī, Verehrung dir! O Padmadalekshane, o Padmanibhānane, o Padmāsane, o Padme, o Vaishnavī, Verehrung dir!

Du bist der Reichtum aller. Du wirst von allen verehrt. Du schenkst allen die glückselige Hingabe an Shrī Hari. Vor dir verneige ich mich.

O Devī, du weilst allezeit an Krishnas Brust und bezauberst ihn mit deiner göttlichen Magie. Du bist die Schönheit, die dem Mond innewohnt. Du hast deinen Sitz auf dem herrlichen juwelenblättrigen Lotus eingenommen. Verehrung dir!

O Devī, du bist die Göttin, die über alle Reichtümer gebietet. Du bist Mahādevī, die große Göttin. Du schenkst unerschöpflichen Reichtum und die stetige Zunahme des Reichtums. Vor dir verneige ich mich.

O Devī, du bist die Mahā Lakshmī Vaikunthas, die Lakshmī des Kshiroda-Ozeans. Du bist Indras himmlische Lakshmī. Du bist die Rāja Lakshmī der Könige. Du bist die Griha Lakshmī der Familienväter und die Gottheit, die ihren Haushalt segnet und schützt.

Du bist die kosmische Kuh Surabhī, die aus dem Ozean hervorging. Du bist die Dakshinā, die Gemahlin des Yagya. Du bist Aditi, die Mutter der Devas. Du bist die Devī Kamalā, die stets in dem Lotus weilt. Du bist Svāhā bei den Opfern (Yagya), in denen die geläuterte Butter dargebracht wird. Du bist das Svadhā Mantra in den Kāvyas, den Speiseopfern für die Ahnen. Verehrung dir!

Du bist die eigentliche Natur von Vishnu. Du bist die Erde, die alle Wesen stützt und nährt. Du bist Shuddha Sattva, makellose Reinheit und du bist stets voller Hingabe an Nārāyana.

Du bist gänzlich frei von Zorn und Eifersucht und gewährst allen die Erfüllung ihrer Herzenswünsche. Du bist die segensreiche Sāradā. Du gewährst höchste Verwirklichung und hingebungsvollen Dienst an Hari. Ohne dich wären alle Welten gänzlich schal, nutzlos wie Asche und gänzlich leblos. Du bist die große Mutter und der höchste Freund aller Wesen. Du bist die Quelle der Verwirklichung der vier Hauptlebensziele des Menschen: Dharma, Artha, Kāma und Moksha. So wie eine Mutter ihre Kinder mit der Milch ihrer Brüste nährt, so nährst du alle Wesen als ihre Mutter.

Ein Säugling, der auf die Milch seiner Mutter angewiesen ist, mag vom Schicksal (daiva) gerettet werden können, wenn er seine Mutter verliert, aber die Menschen können niemals Rettung finden, wenn sie dich verlieren!

O Mutter, du bist stets voller Gnade, bitte sei auch mir gnädig. O ewige Göttin, meine Besitztümer sind in die Hände meiner Feinde gefallen. Bitte sei so gnädig und gib mir mein Königreich aus den Händen meiner Feinde zurück. O geliebte Gemahlin von Hari, seit du von mir gegangen bist, wandere ich ziellos in der Fremde umher, ohne Freunde, wie ein Bettler und ich habe all meinen Wohlstand verloren. O Devī, gewähre mir Erkenntnis (gyāna) und Dharma. Gib mir das Glück wieder, nach dem ich mich sehne, und meine Macht, meinen Einfluss und meine Besitztümer.

O Nārada, dann verneigten sich Indra und die anderen Devas immer wieder mit Tränen in den Augen vor Mahā Lakshmī. Brahmā, Shankara, Ananta Deva, Dharma und Keshava baten wieder und wieder Mahā Lakshmī um Vergebung.

Lakshmī gewährte daraufhin den Devas die Erfüllung all ihrer Wünsche und legte voller Freude eine Blumengirlande um den Hals von Keshava.

Die Devas kehrten hochzufrieden in ihre Heimat zurück und auch die Devī Lakshmī begab sich voller Freude fort, um Shrī Hari aufzusuchen, der auf dem Kshiroda-Ozean ruhte. Brahmā und Maheshvara freuten sich beide sehr und kehrten, nachdem sie die Devas gesegnet hatten, in ihre jeweiligen Heimstätten zurück.

Wer auch immer diese heilige Hymne dreimal am Tag rezitiert, wird ein mächtiger Herrscher und erlangt so großen Reichtum und Wohlstand wie der Gott Kubera. Wer dieses Stotra fünfhunderttausend Mal rezitiert, bei dem stellt sich vollkommener Erfolg (siddhi) ein. Wer dieses Siddhi Stotra einen Monat lang immer wieder regelmäßig liest, wird sehr glücklich und erlangt den Status eines Rājarājendra – eines Herrschers über Könige.

Hier endet im neunten Buch des Shrimad Devī Bhāgavatam, des Mahāpurānam von 18.000 Versen von Maharishi Veda Vyāsa, das zweiundvierzigste Kapitel: Das Dhyānam und das Stotram von Mahā Lakshmī.

Kapitel 43
Die Geschichte von Svāhā

Nārada sagte: O Rishi Nārāyana, o vom Glück reich Gesegneter, o Herr, du gleichst Nārāyana in Bezug auf gute Eigenschaften, Ruhm, Energie und allen anderen Dingen. Wahrlich, du bist gleich Nārāyana. Du bist der beste aller Gyānins und keiner, der dir gleich kommt, ist unter den Siddha-Yogis, den Asketen und den Munis zu finden. Auch bist du die Krone unter den Vedenkennern.

Ich habe gerade die wundervolle Erzählung über Mahā Lakshmī vernommen, die du mir vorgetragen hast. Nun erzähle mir bitte noch etwas anderes, das noch unbekannt, in jeder Hinsicht gut, in Einklang mit dem Dharma und den Veden ist und das bisher noch nicht in den Purānas niedergeschrieben wurde.

Nārāyana sprach: Es gibt zahlreiche wundervolle, geheime Erzählungen, die bisher noch nicht in den Purānas aufgeführt sind. Was du bisher gehört hast, ist tatsächlich nur ein ganz kleiner Teil. Bitte führe aus, was du hören möchtest und als das Beste ansiehst und ich werde es dir vortragen.

Nārada sagte: Wenn in den Yagyas, den Opferzeremonien für die Devas, geläuterte Butter als Darbringung in das Opferfeuer gegossen wird, wird stets Svāhā dabei ausgesprochen und dies gilt überall als hervorragend und empfehlenswert. Ebenso wird das Wort Svadhā bei der Darbringung der Opfergaben an die Ahnen (pitri) ausgesprochen. Auch das Bezahlen des Opferlohnes (dakshinā) ist vorgeschrieben und gilt als richtig und ausgezeichnet.

Daher, o Kenner der Veden, möchte ich gerne hören, was es mit Svadhā und mit Dakshinā auf sich hat und was ihr Nutzen und Verdienst ist. Bitte berichte mir darüber.

Sūta sagte: Als Nārāyana Rishi diese Worte von Nārada hörte, lächelte er und begann ihm die überaus alten und ehrwürdigen Aussagen der Purānas zu diesem Thema vorzutragen.

Nārāyana sprach: Zu Beginn der Schöpfung versammelten sich die Devas in der herrlichen Ratshalle Brahmās, um Fragen in Bezug auf den Erwerb ihrer Nahrung zu klären. Sie teilten Brahmā mit, dass sie unter Nahrungsmangel litten. Brahmā versprach ihnen daraufhin, ihr Nahrungsproblem zu lösen und begann Hymnen an Hari zu chanten.

Nārada sagte: O Herr, Bhagavān Nārāyana hat sich doch mit einem Teil seiner selbst als das Opfer (Yagya) verkörpert. Waren die Devas denn dann nicht gesättigt, wenn die Brahmanen während eines Yagyas das Ghee in das Opferfeuer gegossen hatten?

Nārāyana sprach: O Muni, tatsächlich erhielten die Devas nicht die Gaben der geläuterten Butter, die von den Brahmanen und Kshatriyas hingebungsvoll in das Opferfeuer gegossen wurden. Infolgedessen waren sie überaus bekümmert; sie begaben sich erneut in Brahmās Versammlungshalle und teilten Brahmā mit, dass es ihnen immer noch an Nahrung mangelte.

Als Brahmā dies hörte, meditierte er sogleich und nahm Zuflucht zu Shrī Krishna. Krishna gab daraufhin Brahmā und den Devas den Rat, die Mūla Prakriti zu verehren. Auf Anweisung von Shrī Krishna begann Brahmā, sich in der Meditation auf die Prakriti auszurichten, verehrte sie und chantete ihr Hymnen.

Dann erschien als Teilinkarnation der Prakriti eine allmächtige Devī vor Brahmā. Sie war strahlend schön, von blauer Hautfarbe und überaus lieblich anzusehen. Diese Devī war Svāhā. Ein Lächeln zierte ihre Lippen und ihr Blick drückte göttliche Gnade aus. Es schien, dass sie stets willens war, ihren hingebungsvollen Verehrern (bhakta) alle Wünsche zu erfüllen. Als sie vor Brahmā erschien, sprach sie zu ihm: O Lotusgeborener, sprich aus, was du als Wunschgabe begehrst.

Als der Schöpfer ihre Worte vernahm, sagte er ehrerbietig zu ihr: O Devī, mögest du dich als Brennkraft des Feuers manifestieren. Ohne dich vermag das Feuer nichts zu verbrennen. Nachdem während des Opfers irgendein Mantra verwendet wurde, soll dein Name ausgesprochen und dann die Opfergabe für die Devas dem Feuer überantwortet werden – dann wird die Opfergabe zu den Göttern gelangen und sie wirklich erreichen und sie werden sich sehr darüber freuen.

O Mutter, mögest du der liebste und wertvollste Schatz des Feuers, seine Schönheit und seine Gemahlin sein. Dann sollst du alle Zeit in der Welt der Götter sowie unter den Menschen und den anderen Wesen höchste Verehrung erfahren.

Als Svāhā Devī diese Worte von Brahmā hörte, wurde sie sehr traurig und sprach dann aus, was sie bewegte: Ich will Krishna zum Gemahl gewinnen und solange Askese (tapasyā) betreiben, wie es nötig ist, um dieses Ziel zu erreichen. Dies ist mein Herzenswunsch. Alle anderen Dinge sind für mich unwirklich wie ein Traum.

Ich wende mich stets in meiner Meditation den Lotusfüßen von Shrī Krishna zu – allein durch den Dienst an ihm wurdest du zum Schöpfer der Welt, wurde Shambhu der Sieger über den Tod, stützt und trägt Ananta Deva dieses Universum, ist Dharma der Zeuge der Tugendhaften, verdient Ganesha zu Recht, als Erster von allen verehrt zu werden, wurde die Prakriti Devī für alle anbetungswürdig und gewannen die Munis und die Rishis die Hochachtung aller.

O mein Kind, nachdem Padmā, die Göttin mit dem Lotusantlitz, diese Worte zu dem Lotusgeborenen gesprochen hatte, meditierte sie unaufhörlich, um die Lotusfüße von Shrī Krishna zu schauen, der ewig frei von Krankheit und Tod ist, und sie begann mit der Ausübung einer strengen Askese. Einhunderttausend Jahre lang stand sie auf einem Bein und widmete sich ganz dem Tapasyā. Schließlich sah sie den höchsten Purusha Shrī Krishna vor sich, der jenseits der Prakriti und ihrer Attribute ist. Als die schöne, von Liebessehnsucht erfüllte Svāhā die liebliche Gestalt des Herrn der Liebe vor sich sah, schwanden ihr die Sinne.

Der allwissende Bhagavān Krishna kannte ihren Herzenswunsch und nahm Svāhā auf seinen Schoß, deren Körper durch das lange

Zeit ausgeübte Tapasyā ganz hinfällig geworden war; dann sprach er zu ihr: O Devī, du sollst im nächsten Zeitalter, dem Varāha Kalpa, meine Gemahlin sein. Zu dieser Zeit wirst du die Tochter von Nāgnajit und unter dem Namen Nāgnajiti bekannt sein.

O Geliebte, zur gegenwärtigen Zeit aber sollst du die Energie (shakti) des Feuergottes Agni und seine Ehefrau sein. Infolge der von mir erlangten Wunschgabe wirst du von allen verehrt werden. Der Feuergott wird dich zur Herrin seines Hauses machen und sich mit größter Hingabe um dich kümmern. Du wirst große Freude am Zusammensein mit ihm haben.

O Nārada, nachdem der Bhagavān diese Worte zu Svāhā gesprochen hatte, verschwand er. Kurze Zeit später erschien dort auf Anweisung von Brahmā der Feuergott Agni. Zweifelnden Geistes richtete er sich in seiner Meditation nach den Regeln des Sāma Veda ganz auf sie, die Weltenmutter, aus und verehrte sie. Dann umwarb er sie hingebungsvoll und heiratete sie schließlich mit allen vorgeschriebenen Zeremonien und Mantras.

Einhundert göttliche Jahre lang erfreuten sie sich an ihrem Zusammensein. Nachdem sie sich an einem sehr abgelegenen Ort aneinander erfreut hatten, spürte Svāhā Devī schließlich, dass sie schwanger war. Die Schwangerschaft zog sich volle zwölf Jahre (der Götter) lang hin, dann gebar sie nacheinander drei Söhne: Dakshināgni, Gārhyapatyāgnī und Āhavanīyāgni.

Die Rishis, Munis, Brāhmanas und Kshatriyas sprechen seither das Abschlussmantra *Svāhā* aus, nachdem sie die geläuterte Butter in das Opferfeuer gegossen haben. Wer dieses ausgezeichnete Mantra *Svāhā* ausspricht, erlangt damit sofortigen Erfolg in seinen Handlungen.

Danach wurden alle Mantras, die nicht mit *Svāhā* abschließen so wirkungslos wie Schlangen, die kein Gift mehr haben, wie Brahmanen, die kein Wissen der Veden besitzen, wie eine Ehefrau, die nicht ihrem Ehemann dient, wie Menschen, die zu Ungebildeten geworden sind oder wie Bäume, die weder Früchte noch Äste haben.

O mein Kind, die Brahmanen waren von nun an sehr zufrieden und ebenso die Devas, die bei den Opfern nun ihre Opfergaben erhielten. Dank des Mantras *Svāhā* erwies sich nun alles als fruchtbar.

Somit habe ich dir die Erzählung über Svāhā vorgetragen. Wer diese bedeutsame Geschichte hört, dessen Freude nimmt zu und Moksha, die Befreiung, ist für ihn in Reichweite.

Was möchtest du sonst noch hören? Sprich.

Nārada sagte: Ich würde gerne hören, wie Agni, der Gott des Feuers, Svāhā verehrte und ihr Lobeshymnen sang. Bitte erzähle mir von der Methode der Verehrung von Svāhā und der zugehörigen Meditation (dhyānam) und Hymne (stotra).

Nārāyana sprach: O bester aller Brahmanen, ich werde dir nun das Dhyānam aus dem Sāma Veda sowie die Methode der Verehrung und das Stotra mitteilen. Höre aufmerksam zu.

Zu Beginn einer jeden Opferzeremonie soll man als Allererstes in einem Shālagrāma-Stein oder in einem irdenen Krug (ghata) die Devī Svāhā verehren und dann die Zeremonie mit der Erwartung und dem Vorsatz beginnen, dass man die gewünschte Frucht erlangen wird.

Folgendes ist das Dhyānam der Svāhā Devī: O Devī Svāhā, du bist die Verkörperung der Mantras. Du bist der Erfolg der Mantras und du selbst bist eine Siddhā. Du schenkst den Menschen Erfolg und die Früchte ihrer Handlungen. Du tust allen Wesen Gutes.

Nach diesem Dhyānam soll man Wasser zur Fußwaschung (pādya) und andere Gaben darbringen und dabei das entsprechende Mantra aussprechen, dann wird man erfolgreich sein.

Höre nun das Wurzelmantra. Dieses Mūla-Mantra ist *Oṁ Hrīm Shrīm Vahnijāyāyai Devyai Svāhā.* Wenn die Devī mit diesem Mantra verehrt wird, werden sich alle Wünsche erfolgreich verwirklichen.

Agni, der Gott des Feuers, rezitierte das folgende Stotra: Du bist Svāhā, du bist die geliebte Frau des Feuers, die Gemahlin des Feuers.

Du erfreust alle.

Du bist die Shakti, du bist die Tatkraft, du bist die Verwalterin der Zeiten (kāla). Du bist das Verdauungsfeuer, das die Nahrung verdaut. Du bist Dhruvā (unerschütterlich wie der Polarstern). Du bist die Zuflucht der Menschen. Du bist die Brennkraft des Feuers. Du vermagst alles zu verbrennen. Du bist die innere Essenz dieser Welt. Du bist es, die einen von dieser schrecklichen Welt erlöst. Du bist das Leben der Götter und du nährst die Götter.

O Nārada, wer mit Hingabe diese sechzehn Namen von Svāhā liest, erlangt Erfolg in dieser und in der nächsten Welt. Keine seiner Handlungen wird auf irgendeine Weise mit einem Makel behaftet sein, sondern alle seine Handlungen werden erfolgreich durchgeführt und tragen erfolgreich Frucht.

Wer dieses Stotra liest und keine Ehefrau hat, erlangt eine gute Ehefrau – ja, ein Mensch der dieses Stotra rezitiert, erlangt eine Ehefrau, die der wunderschönen Apsarā Rambhā gleicht und verbringt seine Zeit in allergrößter Seligkeit.

Hier endet im neunten Buch des Shrimad Devī Bhāgavatam, des Mahāpurānam von 18.000 Versen von Maharishi Veda Vyāsa, das dreiundvierzigste Kapitel: Die Geschichte von Svāhā.

Zentrale Sanskritausdrücke

Amrita – Unsterblichkeitstrank
Arghya – eine Wassergabe
Bhagavān – der Herr
Brahmāvidyā – Wissen von der höchsten Wirklichkeit
Brahmā – der Schöpfer des Universums
Brahman – höchste, allumfassende Wirklichkeit
Brahmāchāri – keusch lebender Student des Veda
Brahmānda – das Universum
Buddhi – Intellekt, Intelligenz, Unterscheidungskraft
Chakra – Rad
Daityas – Widersacher der Götter
Danavas – Widersacher der Götter
Devas – Götter
Devī – Göttin
Dharma – Kosmisches Gesetz, Urkraft der Evolution; auch Pflicht oder Rechtschaffenheit, die eigene Berufung
Dhyāna – Meditation
Gunas – Grundprinzipien der Schöpfung: Sattva (Reinheit), Rajas (Unruhe), Tamas (Dumpfheit)
Gyāna – höhere Erkenntnis
Hara – ein Name von Shiva
Hari – ein Name von Vishnu
Kāla – Zeit
Kālī – eine zerstörerische Erscheinungsform der göttlichen Mutter
Kaliyuga – das dunkle Zeitalter
Kāma – Wunsch, Begierde
Karma – Handlung; auch: Folgen vergangener Handlungen
Krishna Dvaipāyana – ein Name von Veda Vyāsa
Kshetra – Feld, Ort

Lakshmī – eine glückverheißende Erscheinungsform der göttlichen Mutter
Maharishi – großer Seher
Mahātmas – große Persönlichkeit
Mahesha – Name von Shiva
Maheshvara – Name von Shiva
Manu – Urvater der Menschheit
Manvantara – ein großer Zeitraum (Zeitalter); umfasst ein Leben Manus
Moksha – Befreiung
Mukti – Befreiung
Muni – Weiser
Nirguna – ohne Eigenschaften (Gegenteil: saguna)
Punyam – Verdienst im Sinne von Schatz an gutem Karma
Purānas – Werke vedischer Geschichtsschreibung
Purusha – Mensch, auch Bezeichnung für das transzendentale Selbst
Rajas – Leidenschaft oder Unruhe, eines der drei Gunas
Rasas – Geschmacksarten
Rāsas – Gefühlsregungen
Rishi – Seher
Rudra – Name von Shiva
Saguna – mit Eigenschaften versehen (Gegenteil: nirguna)
Samhitās – vedische Schriften
Samsāra – Kreislauf von Geburt und Tod, die vergängliche Welt
Sattva – Reinheit, eines der drei Gunas
Shakti – Kraft, Energie
Shambhu – ein Name von Shiva
Shankara – ein Name von Shiva
Shāstras – die vedischen Schriften
Shrī – glanzvoll, glückverheißend. Ein Name der Devī Lakshmī
Siddhas – Vollendete; hochentwickelte Yogis

Suras – anderer Name für die Devas, die Götter
Svarga – Himmelswelt der Devas
Tamas – Dumpfheit oder Verblendung, eines der drei Gunas
Tapas – strenge Askese
Turīya – das oder der Vierte. Bezeichnung für reines, transzendentales Bewusstsein
Vāhana – Fahrzeug oder Reittier
Vāk – Name der Devī als Herrin der Sprache
Veda – Wissen
Vedānta – Ende des Veda, Einheitswissen
Vidyā – Wissen
Vishvakarma – der Architekt der Götter
Yagya – vedische Opferzeremonie
Yoga-Nidrā – Yogaschlaf
Yuga – Zeitalter

Kleiner Hinweis zur Aussprache von Sanskritwörtern
Die langen Vokale ā, ī, ū werden doppelt so lang gesprochen wie kurze Vokale.
e und o sind immer lang.
Das kurze a wird wie dasunbetonte e im französischen „le" gesprochen und am Ende eines Wortes vollständig verschluckt: Rāma wird zu Rām, Veda zu Ved usw.
ch wird „tsch" gesprochen wie im englischen Charles.
j wird „dsch" gesprochen wie im englischen James.

Vorschau auf Band V

Buch 12